아랍의 언어와 정치

이 저서는 2017년도 조선대학교 특별과제(단독 저역서 출판) 연구비의 지원을 받아 연구되었음

아랍의 언어와 정치

사희만 지음

한국학술정보

머리말

정치는 "언어를 사용하여 청중들에게 정치적 쟁점을 알리고 이 쟁점과 관련하여 어떤 행동을 취하게끔 청중을 설득하는 언어적 활동이다"라고 정의할 수 있다. 이러한 의미에서 언어는 정치 활동에서 가장 중요한 역할을 수행하고 정치적 견해를 표현하는 도구로 여겨진다. 심지어 "언어가 정치적 사건들을 서술하는 도구일 뿐 아니라 그 자체가 사건의 일부"라고도 한다. 따라서 정치인과 정치 집단이 어떤 언어를 사용하여 정치적 현실을 구성하는가를 분석하는 것은 매우 유용한 연구 작업이 된다.

본서는 이러한 관점에서 아랍어학 전공자인 필자가 그간 학계에 발표했던 논문들 중에서 아랍어와 정치의 상호 작용 즉, 정치·사회적 역할에 의해 작동되는 언어적 기능을 다루고자 했던 논문들을 모아 한 권의 책으로 정리한 것이다.

1장에서는 아랍 민주화 혁명 과정에서 혁명의 주역인 시위자들의 정치적 요구가 가장 뚜렷하게 나타나는 시위 구호를 언어적·수사적 측면에서 분석하고자 하였으며, 튀니지와 이집트의 민주화 혁명의 확산 과정에서 시위 구호와 더불어 세상을 바꾸는 '음악의 힘'을 보여준 저항 노래들에 관한 연구가 포함되었다.

2장에서는 오랜 기간 독재자로 군림했던 이집트 무바라크 대통령과 튀니지 벤 알리 대통령이 각기 민주화 과정에서 행한 연설에 나타난 언어와 수사적 태도의 변화에 대한 분석을 시도하였다. 역시 장기 집권하였던 이라크 사담 후세인의 정치 담화를 통해 언어와 권력의 상관성을 규명하고자 하였다.

3장에서는 9.11 테러를 배후 조종한 주동자로 알려지면서 국내에서도 아랍과 이슬람에 관한 사회적 관심과 학문적 담론을 크게 불러일으켰던 '알 카에다'의 지도자 오사마 빈 라덴의 담화를 분석하였다. 이어서 테러와의 전쟁을 주도한 부시 미국 대통령과 빈 라덴의 담화에 대한 수사적 비교 분석을 시도하였는데 이들은 서로 다른 문화적·종교적 배경을 갖고 있기에 흥미롭고 의미있는 연구 작업이라고 판단하였다.

4장에서는 '아랍의 봄'의 성과 중 하나라고 할 수 있는 정치적 풍자를 본격적으로 다룬 방송 프로그램을 통해 풍자와 정치의 관련성을 분석해보고자 하였다. 또한 이라크 전쟁에 관한 서구 방송사와 아랍 위성방송의 보도 성향과 논조를 아랍어 기사 자료를 토대로 비교 분석한 논문이 포함되었다. 이 논문은 신문방송학 전공자가 포함된 국제 공동연구의 학문적 성과로서 발표 당시 아랍어문학계에서는 학제 간 연구의 새로운 연구 방법으로 주목받은 바 있다. 본서의 제한된 지면상 연구 범위 중 일부 내용을 편집 정리하였음을 밝혀둔다. 끝으로 알자지라 방송 뉴스 기사의 언어적 특징을 고찰한 연구 논문이 추가되었다.

마지막 5장에서는 이집트 민족주의자인 무스타파 카밀의 연설에 나타난 수사적 특성이 당시의 시대적 상황에서 어떻게 구현되는 가를 파악하고자 한 연구가 포함되었는데 이는 필자의 학위 논문 중 일부를 발췌 요약한 것임을 밝혀둔다. 또한 본 장에는 이집트 민족주의자들의 글이나 연설에서 '민족'을 뜻하는 어휘들의 정치·사회적인 의미 변화를 고찰한 논문이 포함되었다.

본서의 제목을 두고 필자는 잠시 고민에 빠졌었다. 평소 개인적으로 '정치'나 '정치적'이라는 말을 별로 좋아하지 않는 데다 어학전공자의 책 제목에 '정치'라는 단어가 들어가는 것에 대한 부담감이 작용한 때문이다. '정치'라는 단어를 피하고 싶어 14편 논문의 연구 내용을 다시 살펴봐도 '정치' 이외의 적절한 어휘가 떠오르지 않았다. 이에 대해서는 앞서 머리말 서두에 인용한 내용으로 변명(?)을 대신하고자 한다. 결국 기존에 펴낸『아랍의 언어와 문학』,『아랍의 언어와 문화』에 더해『아랍의 언어와 정치』까지 나오게 되니 본의 아니게 기획 시리즈처럼 되고 말았다.

필자의 연구 논문을 모아 단행본으로 펴내다 보니 연구 방법이나 연구 범위의 기술 내용이 중복 또는 반복되는 부분이 있을 수 있다. 이에 대해서는 독자들의 넓은 양해를 바란다.

본서가 아랍어학계에서 그간 소홀히 다루어졌던 담화 분석을 비롯한 "언어와 정치" 분야의 연구 지평이 확대되고 더욱 활성화하는데 일조가 된다면 더 이상 바랄 것이 없겠다. 이 책에서 잘못된 부분에 대해서는 동료 후학들의 질정(叱正)을 기대한다.

출판을 허락하고 연구비를 지원해준 조선대학교와 이 책을 출판해주신 한국학술정보(주)와 편집담당 선생님들께도 감사드린다. 끝으로 평생 학자로서 한 눈 팔지 않고 꿋꿋이 학문의 정도를 갈 수 있도록 든든한 등받이가 되어주고 격려해준 나의 사랑하는 가족에게 감사의 마음을 전하며 그간의 연구 성과가 한 권의 책으로 출간되는 기쁨을 함께 나누고 싶다.

2018년 1월

연구실에서 저자 씀

일러두기

본서에서 아랍어 발음 표기를 다음과 같이 제시해두고자 한다.

1) 자음

’[ء], b[ب], t[ت], th[ث], j[ج], ḥ[ح], kh [خ], d[د], dh[ذ], r[ر], z[ز], s[س], sh[ش], ṣ[ص], ḍ[ض], ṭ[ط], ẓ[ظ], ‘[ع], gh[غ], f[ف], q[ق], k[ك], l[ل], m[م], n[ن], h[ه], w[و], y[ي]

2) 모음(단모음, 장모음, 이중모음)}

/i,ī/, /u,ū/, /a,ā/, /aw/, /ay/

3) 정관사 al-은 다음에 오는 자음과의 동화 여부에 관계없이 항상 al- 또는 l-로 표기하기로 한다(예: /al-sha‘b/huwa l-ḥal)

4) 성문 폐쇄음인 함자(’)가 어두에 올 때는 이를 표기하지 않는다.

5) ö는 연결형에서만 t로 표기하기로 한다.

목 차

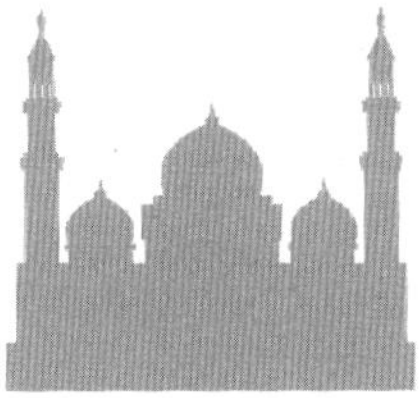

PART 1

혁명의 언어

제1장

아랍 민주화 혁명에 나타난 시위 구호의 분석

Ⅰ. 서론

2010년 말 튀니지에서 붙기 시작한 민주화의 열풍이 이집트를 거쳐 시리아와 예멘 등 중동의 아랍 국가들로 번져나가며 장기 독재자와 전횡적 왕정 하에서 억압받던 민중의 민주화 열망이 폭발하였다. 특히 튀니지와 이집트에서는 30년 넘게 장기 집권해온 벤 알리와 무바라크 대통령이 하야함으로써 근대 아랍 역사상 유일한 시민 혁명을 이루어냈다. 아랍의 민주화 혁명은 그 동안 억눌려있던 민주화의 열망이 평화적 시위로 표출된 것이다.

그 동안 독재자를 시민들의 힘으로 권좌에서 물러나게 한다는 것도 아랍의 정치 현실상 상상하기 어려웠지만 시위의 규모나 양상이 방대하고 치열하였으며 시위 방법 역시 다양하였다. 시위대는 구호 열창 뿐 아니라 시위 참가자 개인이 사전에 직접 준비한 구호를 적은 피켓이나 플래카드, 종이 쪽지를 휴대하거나 심지어 얼굴이나 입고 있는 옷, 길바닥, 탱크 측면에 항의 구호를 적거나 건물 벽에 항의 벽보를 게시하는 등 다양하게 나타났다.

정치적 행위에는 시간과 공간, 건물, 물건(objects) 등과 같은 정치적 맥락의 특성이 포함된다. 즉, 시위가 일어나는 장소는 주로 길거리로서 도보 행진과 깃발을 들고 구호 열창을 하게 된다. 정치 활동이나 정치 프로세스에는 시민과 투표자, 압력단체나 시민 단체의 회원, 시위자와 반체제 인사 등이 관련된다, 특히 반정부 시위와 항의 집회 과정에서 분노와 불만을 표출하고 정치적 불복과 불인정의 이의 제기 등의 목적으로 구호를 외치는 행위는 독재자의 하야와 그의 독재 정권 종식을 통한 민주화 실현이라는 정치적 의사 표현의 목적을 띤 정치적 행위로 해석할 수 있다. 여기서 구호는 집회나 시위에서 어떤 정치적 요구나 주장 등을 간결한 형식으로 기억하기 쉽게 표현한 문구로서 정치적 소통 방법 중 하나로 규정할 수 있다(Hosu & Pavelea 2010, 21-22)

이처럼 시위 구호를 분석해보는 것은 튀니지와 이집트 시위 참가자들의 요구와 주장, 태도 등을 파악하는 데 사회 언어학적으로도 의미가 있을 것으로 기대된다. 따라서 본 연구에서는 구호의 언어적 특징을 파악한 후에 구호가 담고 있는 내용 분석을 시도하고자 하며, 구호에서의 주요 발화 대상과 이들을 지칭하는 묘사 용어를 조사함으로써 시위 참여자들의 이들에 대한 이미지와 수사적 태도, 구호에 사용된 수사적 기법까지 고찰해보고자 한다. 이와같이 시위 구호에 대한 종합적 분석을 통해 튀니지와 이집트 민주화 혁명의 성격의 한 단면까지도 파악할 수 있기를 기대한다.

여기서 본 연구의 분석 대상인 시위 구호는 시위에 참가한 시위자들이 소리쳐 외치는 구호와 글로 쓴 시위 문구를 모두 포함하는 것으로 하며 시기적으로는 튀니지와 이집트의 민주화 혁명 과정에서 나타난 시위 구호로서 엄밀히 구분하기는 어렵지만 튀니지 시위 구호는 2010년 12월 17일 시디 부지드에서 한 젊은 청년이 무허가 노점상의 단속에 분신 자살한 데 대해 항의 시위가 발생한 이후부터 벤 알리 대통령이 축출된 2011년 1월 14일까지 나타난 시위 구호와 이집트에서 시위가 본격적으로 시작된 2011년 1월 25일부터 무바라크가 대통령 직에서 물러난 2월 11일까지 17일 동안 민주화 혁명 기간 발생한 시위 구호를 포함하는 것으로 한다.

본 연구에서는 기본 자료인 구호 수집을 위해 인터넷 상에서 확보한 시위 구호와 시위 장면을 사진 촬영한 다큐멘터리 사진집 등을 통해 최대한 많은 구호를 수집하여 분석하고자 하였으나 연구 지면의 제약상 151개의 구호를 선별하여 분석 대상으로 삼았으며 구어체 구호의 발음 표기는 가급적 원음에 가깝게 표기하고자 하였다. 편의상 구분을 위해 튀니지 구호는 (T), 이집트 구호는 (E)를 예시 구호 앞에 부기해두고자 한다.

II. 구호의 언어

1. 문어체 구호 vs 구어체 구호

중동과 북 아프리가 지역에 걸쳐있는 아랍국가 들에서는 문어체 아랍어와 구어체 아랍어가 공용되는 양층 언어 현상이 나타난다. 구어체 아랍어는 일상 생활의 회화 언어로 사용되며, 문어체 아랍어는 주로 문자 표기를 요하는 신문, 잡지, 강의, 연설, 방송 등 공식적인 활동에서 사용되는 언어이다. 문어체와 구어체가 상이하고 또 구어체 아랍어는 지역에 따라 변이 형태가 각기 다른 방언들이 사용된다.

튀니지와 이집트의 시위 구호에 대한 분석 결과 각기 문어체 아랍어와 튀니지, 이집트의 구어체 아랍어가 병용되었다. 구호의 언어에 대한 본격적인 분석에 들어가기 전에는 대부분의 구호들이 구어체로 되어있을 것으로 예상하였다. 그 이유는 구호 그 자체가 말이며 또 글로 작성되었더라도 구호의 내용이 성난 시위자의 주장과 감정이 담겨있는 직설적 표현과 욕지거리 등 비속어들이 포함되어 있어 문어체 아랍어보다 구어체 아랍어가 더 적합한 때문으로 판단했었다. 이는 문어체가 권위와 공적인 격식, 추상성의 특징을 갖는 반면, 구어체는 사적인 비 격식, 구체성의 특징을 갖기 때문이며(Holes 1995, 291), 또 구어체는 대중과의 유대감이나 친근감을 조성하고, 공동의 목표를 달성하고자 할 때 보다 효과적이라는 점을 감안하면 시위 구호들에서 구어체 아랍어가 사용되는 것은 동질감을 표현하려는 당연한 언어적 선택으로 간주될 수 있기 때문이다(Blog Johnson 2011, 1).

그러나 튀니지와 이집트의 민주화 시위과정에서 나타난 시위 구호의 언어를 분석한 결과는 예상과는 달리 오히려 구어체로 된 구호보다 문어체 아랍어로 된 구호의 비중이 훨씬 컸음을 알았다. 우선 가장 큰 이유는 2011년의 민주화 혁명을 주도한 세력은 고등 교육을 받아 문어체 아랍어와 영어를 구사할 수 있는 중산층과 젊은 청년 대학생들이었다는 점이다. 실제 시위 과정에서 구어체 구호를 적게 사용한 것은 다른 아랍 국가의 대다수 아랍 국민들에게 자신들의 메시지를 광범위하게 전파시키려는 의도에서 비롯된 것으로 추정된다(Lahlali 2014,11). 본고에서 분석 대상으로 수집된 구호 151개 중에서 문어체 구호는 85개, 구어체 구호는 39개로 나타나 위와 같은 판단을 뒷받침한다.

드문 경우지만 문어체 아랍어와 구어체 아랍어 표현이 혼용된 구호도 5개가 발견되었다. 이집트인들의 애국심을 고취하는 구호에서 명제는 문어체로, 애국의 감정을 드러내는 표현은 구어체이다.

(E) maṣr tataḥaddath ʿan nafsi-hā. bi-nḥibbi-k yā maṣr
"이집트인은 이구동성으로 말하다. 이집트여, 우리는 그대를 사랑한다"

2. 외국어 구호

사실, 무바라크 정권이 장기 집권을 할 수 있었던 배경에는 미국과 EU의 지원을 받아왔기 때문이다. 이집트의 정치 개혁은 이집트와 중동 지역 내에서 이들 자국 이익을 불안정하게 할 것으로 우려했기 때문에 신중한 입장을 취해왔다. 따라서 구호에도 무바라크를 지원하며 지역 내에서 중요한 역할을 수행하는 미국과 이스라엘에 대한 분명한 반감과 저항을 담은 내용들이 담겨있다.

(E) USA WHY YOU SUPPORT Dectatour
"미국은 왜 독재자를 지원하나"
(E) AMERICA, SHOULD Support the People Not The tyrant
"미국은 독재자를 지지하지 말고 국민을 지지해야한다"

따라서 튀니지와 이집트 시위자들은 미국을 비롯한 유럽 서방국가들에게 시위 메시지를 전달하기 위해 아랍어 뿐 아니라 영어와 프랑스어로 된 구호를 사용하기도 하였다(Fawwaz & Hussein 2011, 20). 특히 이집트에서 경찰이 시위 진압에 실패하고 군이 개입하기 시작한 1월 28일 밤 타흐리르 광장에는 독일어로 쓰여진 구호 플래카드가 등장하기도 하였다(Assaf 2011,54).

(E) Freiheit fürs Land
Mubarak
Geh in Ruhestand!
"이 땅에 자유를! 무바라크 퇴임하고 떠나라!"

또한 아랍어 뿐 아니라 외국어로 된 구호가 사용된 점은 텔레비전이나 인터넷 뉴스 영상을 통해 시위 구호를 보고 듣는 시청자가 아랍 뿐 아니라 전 세계에서 지켜보고 있다는 점을 튀니지와 이집트 시위자들이 잘 알고 있음을 의미한다(Coelho 2013,1). 조사 결과 본고에서 파악한 외국어 구호는 모두 22개로서 조사대상 147개의 약 15%로 적지 않은 비중임을 알 수 있다.

여기서 특기할 점은 튀니지가 프랑스의 식민 지배를 받아 프랑스어의 영향력이 아직까지 남아있기 때문에 구호에서도 영어보다는 프랑스어로 된 구호사용이 나타났다. 프랑스어 dégage(떠나라)는 영어로 된 구호 game over와 함께 튀니지 시위에서 가장 널리 사용된 구호이다(Coelho 2013,1). "게임 종료"를 의미하는 이 영어 구호는 튀니지 혁명이 SNS혁명이라 불릴 만큼 민주화 혁명의 기폭제 역할을 수행한 점을 고려할 때 정보 기술의 발전과 관련된 비유로서 그 연관성이 암시되는 구호이다.

(T) dégage..Ben Ali(프랑스어)

"떠나라...벤 알리"

(T) BENALI DEHORS!

"나가라, 벤 알리"

(T) game over

"게임 종료"

(E) Go Out

"나가라"

(E) Life without you is better

"당신(무바라크)없는 삶이 더 좋다"

시위 구호 중에는 영어와 아랍어가 혼용된 구호도 관찰되었다(Alif 2011,126)

(T) RCD OUT bi-kulli ḥazm

"RCD 결단코 아웃"

(E) insāniyya Humanity

karāma Dignity

ḥurriyya Liberty(Gröndahl 2011,31)

"인간성, 존엄성, 자유"

3. 구호의 문형

구호의 문장 형태는 의사소통의 기능에 따라 화자가 사건의 내용을 객관적으로 진술하는 문장인 서술문과 명령문, 의문문 등이 사용되었다. 특히 명령문의 문형이 구호로 많이 사용된 점이 특기할 만한데[1] 여기서는 구호 문장의 특징적 문형으로 명령문에 대해서만 고찰해보고자 한다.

2인칭에 대한 아랍어 명령문은 동사의 어형 변화를 통해 의미상 주어의 성과 수가 내포된 명령형 동사로서 irḥal(떠나라)처럼 하나의 단어 형태를 취한다. 또한 시위 구호로 2인칭에 대한 직접 명령과 함께 3인칭 동사의 명령형도 사용되었는데 yasquṭ Mubārak (무바라크 타도하자)처럼 권유의 의미를 가진 간접 명령문이다. 튀니지 민주화 혁명에서 등장한 명령문 형태의 구호는 프랑스어 어휘인 Dégage(떠나라/물러나라)이다. 곧 이어 이집트에서도 민주화 시위가 시작되자 단일 어휘 형태의 명령문 irḥal이 구호로 등장하였다. 이 명령문은 변화를 촉구하는 시위대의 격정과 열망이 반영되어 있으며 당연히 "떠나라/물러나라"고 말하는 대상은 압제적이고 부패한 통치자들이다(Srage 2013, 1). 특히 이 명령문의 irḥal 구호는 2011년 1월 말부터 2월 초까지 계속된 이집트 혁명의 진앙 지인 타흐리르 광장에서 가장 많이 사용된 구호이며 풍자 만화, 농담, 일화, 욕설 등 다양한 방식으로 SNS와 인터넷을 통해 전파되었다 (Srage 2013, 2-3). 때문에 시리아, 리비아, 예멘 등 아랍의 봄이 발생한 다른 아랍 국가들과 심지어 이스라엘에서도 사용되는 등 파급 효과가 큰 시위 구호가 되었다. 튀니지와 이집트의 시위에서는 명령문으로서 irḥal과 유사한 의미를 지닌 구호들이 사용되었는데 특히 이집트 시위에서 명령문 형태의 구호가 다양하게 사용되었다.

1) 좁은 의미에서 구호를 단일 어휘 형태의 명령형으로 정의할 만큼 시위 구호와 명령형은 밀접한 관련성이 있다. Denton,R.E.(1980). "The Rhetorical Functions of Slogans. Classifications and Characteristics". *Communication Quarterly*, 28, p.10

(T) istaqīlū "물러나라", "사표내라" (T) ‘Ali barra "알리 아웃"

(T) barra "아웃" (E) <u>gh</u>ūr "사라져라" (E) im<u>sh</u>i "꺼져" E) iṭla‘ barra "나가" (E) inzil "(권좌에서)내려와" (E) ṭīr inta "날아가라"2)

서술문과 달리 명령문의 특징은 문장에 주어가 나타나지 않는다는 점이다. 그러나 아래 구호에서 보듯이 구체적인 주어가 명시적으로 드러나기도 한다.

(E) irḥal yā ẓālim
"물러가라 독재자여"

(E) iḍrib iḍrib yā ḥabīb mahmā taḍrib mu<u>sh</u> h-ansīb
"때려봐, 때려봐 하비브야, 아무리 때려도 우리는 떠나지 않을테니"

결국, 시위에서 명령문의 구호가 많이 사용된 것은 시위자가 자신의 요구와 주장을 직설적이고 단호하게 표현하는데 가장 적합한 문형이기 때문으로 파악된다.

---

2) 이 구호는 2010년 여름 개봉하여 히트한 코미디 영화 ṭīr inta의 제목에서 따온 것이다

Ⅲ. 구호의 내용

1. 분노・불만의 표출

튀니지와 이집트의 시위 구호에서는 독재자들 자신들 뿐 아니라 그들의 일기족 특히 부인들이 분노와 불만의 표출 대상이 되었다. 이들 부인들은 남편 못지않게 권력을 누리고 호화 생활을 일삼는 것으로 악명이 높았다.

튀니지 시위 구호에는 벤 알리와 집권당인 입헌 민주연합(al-tajammu'u, RCD)[3]에 대한 분노와 불만이 주를 이루었다. 이들 구호에서는 "떠나라, 나가라", "망하라"는 명령형의 구호들이 대부분이다.

(T) Ben Ali dégage(프랑스어)
"떠나라...벤 알리"
(T) RCD Dégage
"RCD 나가라"
(T) yasqut al-tajammu'u
"입헌민주연합 타도하자"

특히 돈에 대한 집착과 사치로 원성을 샀던 벤 알리의 부인 레일라 트라벨시(Leila Trabelsi)는 그녀의 형제들과 조카 등 친척들을 동원해 각종 이권 사업에 개입하는 등 부패의 상징이었다. 벤 알리와 트라벨시 양가는 튀니지의 주요 사업을 장악하였기 때문에 튀니지 국민들 사이에서는 일명 '가문'(the family)으로 알려졌다(Honwana

3) RCD는 벤 알리가 전임 대통령인 부르기바를 축출하고 대통령에 취임하며 만든 새로운 집권당 Rassemblement Constitutionnel Démocratique의 프랑스어 약칭이다.

2013, 29). 실제로 민중 시위에서는 벤 알리의 독재 정권보다 '마피아'처럼 조직적으로 일가 친척을 동원해 부패를 일삼은 트라벨시를 향한 분노가 더 강하게 표출되었다.

(T) lā lā li-Ṭrābelsī alladhīna nahabū l-mīzāniyya
"돈을 훔쳐간 트라벨시 가문은 절대 안돼"
(T) muḥākama sha'biyya li-'iṣābat al-ṭarābulsiyya
"트레발시 패거리들에게 국민의 심판을"

그밖에 정부 각료들과 주 튀니지 미국대사 Jeffrey Feltman, 프랑스 대사 Boris Boillon 등 외국 대사들의 이름도 "떠나라"는 대상 인물로 구호에 등장하였다(Alif 2011,127).

(T) Jeffrey Feltman OUT Dégage!
"제프리 펠트만 튀니지에서 나가라!"

이는 미국과 프랑스 정부가 벤 알리 정권을 지지하고 영향력을 행세하지 않은데 대한 시위자들의 불만이 작용한 것이다. 실제로 구호로 lā li-ttadakhuli l-amrīkiyy lā li-ttadakhuli l-faransiyy ("미국의 간섭은 안돼, 프랑스의 간섭은 안돼")가 사용된 것이 이를 입증한다.

이집트의 시위 구호에도 무바라크를 지칭한 구호와 무바라크, 부인 수잔 여사, 아들인 가말 등 무바라크의 가족에 관한 불만을 표출하는 내용이 시위 구호의 주를 이루었다.

(E) yā Gamāl qul li-abū-ka al-sha'b al-miṣriyy bi-yakrahū-ka
"가말아 너의 아버지에게 이집트 국민은 너를 싫어한다고 전해주거라"

(E) irḥal yā Gamāl ma'a bābā
"기말아, 아버지와 떠나라"

무바라크의 이름 앞에 '일가' '가문'을 뜻하는 어휘를 연결시킴으로써 무바라크 뿐 아니라 그의 부인과 아들 등 무바라크 일가 모두 이집트를 떠나도록 요구한다.

(E) āl Mubārak ukhrugū min miṣr-nā
"무바라크 일가야, 모두 우리 이집트를 떠나라"

무바라크의 가족과 관련된 구호는 협박조거나 "아들에게 권력 승계는 안돼", "수잔과 이혼해도", "무바라크는 낯짝이 두꺼워" 등 모멸적인 내용들이다. 부정, 불법 행위에 대한 분노심과 불만이 솔직하게 직설적으로 구호에 표현된 것이다. 이는 무바라크 정권의 압제하에 짓눌려온 두려움때문에 일상 대화에서 써온 언어적 가식을 벗어던지고 길거리 시위에 나온 젊은 이집트 청년 시위자들이 행한 혁명의 언어의 한 특징이다('Abdu l-laṭīf 2012, 53).

특히 서민은 굶주려 빈곤에 시달리는데 무바라크와 그의 정권은 입에 발린 말과 말의 성찬을 쏟아내는데 대해 비난하는 구호가 주목되었다.

(E) shabi'nā kalām wa shabi'nā qawāla..
fīh nās bi-ta'kul mi-zzibāla
"우리는 (번지르한)말에 배부르고 (장황한)연설에 배부르다, 그런데 쓰레기를 먹는 사람들도 있다"

다음 구호는 이집트 농업부 장관이 이스라엘로부터 수입한 식물 성장 촉진제가 질병을 전파한 것과 이스라엘에 가스를 헐값에 수출한 것에 대한 비난이다.

(E) al-saraṭān fī kulli makān wa l-ghāz mitbā' bil-maggān
"암이 도처에 있고 가스는 공짜로 팔린다"

다음 구호 역시 이스라엘에 가스를 싸게 팔고 중간 이익을 무바라크가 챙긴 불법적 매국 행위에 대한 비난이다.

(E) Ḥusni Mubārak yā 'amīl bi'ta al-ghāz wa fāḍil al-nīl
"브로커 무바라크야, 가스를 팔아먹고 남은 것은 나일 강이다"
(E) irḥal irḥal yā 'amīl bi'ta bilāda-ka li-isrā'īl
"브로커야 떠나라 떠나라, 너는 조국을 이스라엘에 팔았다"

다음 구호에서는 시위 초기 이집트 정부의 검열을 받아 뉴스를 보도하던 이집트 텔레비전 방송에 대한 불신과 비난의 내용이 담겨있다.

(E) al-tilifizyūn al-maṣriyy 'ār
"이집트 텔레비전 방송은 수치이다"

2. 국민적 요구

튀니지와 이집트 민주화 혁명 과정에서 시위에 참여자들의 구호들에는 장기 집권에 따른 독재자 대통령들의 퇴진을 요구하는 정치적 요구가 우선적으로 주를 이루었다. 2011년 1월 14일 벤 알리 대통령은 2014년 대통령 선거에 출마하지 않겠다고 대 국민 연설에서 밝히지만 그의 말을 신뢰하지 못한 국민들은 내무성을 향해 벤 알리 집권기간 최대 규모의 시위를 행하며 벤 알리의 사퇴를 요구하는 구호를 외쳤다.

(T) al-sha'b yurīd istiqālat Ben 'Ali
"국민은 벤 알리의 사퇴를 원한다"

(T) intifāḍa mustamirra wa Ben 'Ali barra
"폭동을 계속하자, 벤 알리가 나갈 때까지"

(T) al-sha'b yurīd isqāṭ al-ḥukūma
"국민은 정부의 타도를 원한다"

(T) al-sha'b yurīd isqāṭ al-niẓām
"국민은 정권 타도를 원한다"

이집트에서도 경찰의 과잉 유혈 진압과 무바라크의 국면 전환용 임시변통 수습책에 불만을 표출한 시위대는 무바라크 퇴진과 정권 타도를 요구하는 구호를 외쳤다.

(E) yasquṭ Mubārak
"무바라크 타도하자"

(E) yasquṭ Mubārak wa l-ḥizbu l-waṭaniyy

"무바라크와 국민당 타도하자"

(E) yasquṭ Ḥusni Mubārak wa-llāhi min al-qalb

"맹세코 진심으로, 후스니 무바라크 타도하자"

튀니지에서 처음 사용된 구호 al-sha'b yurīd isqāṭ al-niẓām ("국민은 정권 타도를 원한다")가 1월 26일 이집트 타흐리르 광장에도 등장하였다. 이 구호는 무바라크의 폭압적인 장기 독재, 부패, 인권 탄압, 실업과 생활고 등 과거지사에 대한 심판과 응징의 성격이 강하다.

"백만 명의 행진"(masīra milyûn)으로 명명된 2월 1일 시위에서는 카이로의 타흐리르 광장에 수십만 명의 시위 군중들이 무바라크의 퇴진을 요구하고 정권 타도를 요구하는 구호를 외쳤다.

(E) al-sha'b yurīd taḥrīr al-maydān

"국민은 타흐리르 광장의 해방을 원한다"

(E) al-sha'b yurīd isqāṭa-ka anta

"국민은 바로 당신, 당신의 타도를 원한다"

(E) al-sha'b yurīd i'dām al-ra'īs

"국민은 대통령의 처형을 원한다"

또한 시위대의 요구에는 비상법의 폐지, 새 헌법 제정, 의회 해산, 시위대 학살 책임자 처벌, 부패 관료 처벌 등이 포함되었다.

(T) al-sha'b yuṭālib bi-majlis ta'sīsī

"국민은 제헌 의회를 요구한다"

(E) nurīd muḥākama qatalat ikhwāni-nā

"우리는 우리 형제들을 죽인 자들의 처벌을 원한다"

이날 오후 무바라크는 텔레비전으로 중계된 연설에서 9월로 예정된 대통령 선거에 출마하지 않을 것이며 아들인 가말 무바라크에게도 대통령 직을 이양하지 않을 것임과 정치 개혁을 추진하겠다고 약속했다. 그러나 평화로운 정권 이양을 위해 대통령 직을 계속 수행하겠다는 그의 언명은 시위대의 반발과 분노를 사고 정권의 즉각적인 타도를 요구하고 나섰다(Assaf 2011,58).

여기서 튀니지와 이집트에서 독재자의 퇴진과 관련된 정치적 요구에 사용된 구호의 어휘는 "(경찰에 의해 점거되었던) 타흐리르 광장의 해방", "독재자의 사퇴나 하야", "정권 타도"를 거쳐 "처형"에 이르기까지 강경한 의미적 상승을 이루었음을 알 수 있다.

튀니지 민주화 시위에서 처음 사용되기 시작하여 이집트 시위에서도 계속 사용된 구호 al-sha'b yurīd isqāṭ al-niẓām은 은유나 비유가 들어있지 않은 직설적인 언어로 국민이 원하는 바를 분명히 말하는 방식의 구호는 매우 참신한 것이다. 그럼으로써 오히려 시위 구호 중 가장 엄중하고 강경한 의미로 받아들여지는 이 구호는 본래 튀니지의 시인 아부 알까심 알샤비(Abū al-Qāsim al-Shābbi)의 시 "삶의 의지"(irādat l-ḥayāt)의 유명한 첫 구절에서 원용된 것이다. 물론 이 시에 등장하는 "sha'b"의 의미는 낭만적 의미에서의 일반적인 "사람들"이다(Colla 2012, 4).

idhā al-sha'b yawman arāda l-ḥayāt fa-lā budd an yastajība l-qadar
"어느 날 사람들이 삶을 원한다면, 신의 섭리는 그에 응답하리라"

튀니지의 시위 구호 중에는 이 시의 첫 구절 중 후반부를 온전히 인용한 구호도 발견되었다(Alif 2011,141). 즉 국민이 정권 타도를 원하면 "운명의 예정에 따라 그렇게 된다"는 암시이다.

(T) fa-lā budd an yastajība l-qadar
"신의 섭리는 그에 응답하리라"

이 구호에서 주목할 점은 어휘 al-sha'b이 혁명이 진행되면서 시위자들과 동일시되는 어휘로 새로운 정치적 의미를 갖게 되었다는 점이다. 그것은 독재 정권과 맞서 싸울 수 있는 능력 즉 진정한 "민중의 힘"(people power)과 관련되는 "주권 재민"의 의미이다(Mehrez 2012, 229). 아래 영어로 된 구호 "Power of the People"는 1월 25일 타흐리르 광장 시위에 등장하였는데 열흘 전 튀니지 독재 정권이 붕괴됨으로써 장기 집권 독재자도 축출될 수 있다는 것을 보여준 데 대해 튀니지에 감사한다는 내용으로(Khalil 2011, 144) 감사를 뜻하는 영어 어휘의 철자가 틀렸다.

(E) Power of The People
Thanx Tunis
"민중의 힘, 고맙다 튀니지"

무바라크 정권은 시위에 대한 불신감을 조장하려는 목적으로 시위자들이 일당 5유로와 켄터키 치킨을 받는 대가로 시위에 동원되었다는 소문을 퍼트렸는데(Khalil 2011,143) 다음 구호는 기본적 식재료에 대한 요구와 함께 소문에 대한 반박이다.

(E) ʿads ziyāda/shaṭṭa ziyāda/
fēn al-Kentākī yā bin al-kaddāba
"(우리 형편이) 렌즈콩과 고추가 없어서 아쉬운데
켄터키 치킨이 어디 있나?/너는 거짓말쟁이"

튀니지 재스민 혁명의 발단이 된 부아지지의 분신 자살 후 시디 부지드(Sidi Bouzid)에서 맨 처음 등장한 시위 구호는 사회적 요구인 "shughl, ḥurriyya, karāma"(일, 자유, 존엄성)[4]으로 구호의 내용이 추상적이어서 대중의 관심을 끌지 못했다. 이집트에서도 거의 동일한 구호가 사용되었다.

(E) shughl ..ḥurriyya, ʿadāla ijtimāʿīyya
"일, 자유, 사회적 정의"

시위 단체들은 구호가 구체적이고 단도직입적 일수록 일반 튀니지 국민들의 감정에 호소할 수 있다는 점을 알게 되었다. 그리하여 구호들은 대통령 일가의 특정인 즉 벤 알리 대통령과 부패의 상징인

4) 2016년 1월 16일 튀니지에서 한 청년 실업자가 고압선 송전탑에 올라 실직에 항의시위 중 사망하자 청년 시위대가 시위를 벌이며 5년전 재스민 혁명의 구호 "일, 자유 그리고 존엄"을 외쳤는데 청년 실업이 여전히 튀니지의 심각한 사회 문제임을 알 수 있다. http://news.joins.com/article/ 19445215#none

부인 트라벨시를 비난의 목표로 삼기 시작했다(Gana 2013,10).

(T) yā Ṭrābelsī yā ḥaqīr khallī l-khubz lil-faqīr
"치사한 트라벨시, 가난한 사람들을 위해 빵을 좀 남겨줘라"

이어서 곧 보다 노골적인 정치적 요구인 "벤 알리, 물러나라" 등의 구호가 등장하였다. 아래 구호는 특히 경제적, 사회적 문제의 요구와 벤 알리의 축출을 요구하는 정치적 요구를 모두 담고있다(Gana 2013, 11).

(T) khubz wa mā' wa ben 'Ali lā
"빵과 물 없이는 살 수 없지만, 벤 알리는 필요없다"
(T) tūnis ḥurra ḥurra, ben 'Ali 'Ali barra
"튀니지는 자유롭다 자유롭다, 벤 알리 알리 나가라"

튀니지 정부의 부패에 대한 항의 구호로 전국으로 급속도로 확산된 유명한 구호도 튀니지의 극심한 실업 문제와 관련된다.

(T) laday-nā al-ḥaqq fī l-'amal yā 'isābat l-luṣūṣ
"우리에게도 일할 권리가 있다, 도둑놈들아"
(T) al-tashghīl istiḥqāq yā 'iṣābat al-surrāq
"도둑놈들아, 취업은 당연한 권리이다"[5]

---

5) http://www.tunisia-sat.com/vb/showthread.php?t=1567891

이집트 구호에서도 많이 언급된 국민적 요구는 인간으로서 누려야할 기본적인 가치인 '자유', '존엄성', '정의'들이다.

(E) uṣmudū min agli l-ḥurriyya
"자유를 위해 맞서라"
(E) al-ḥurriyya tusāwī ḥayāt
"자유는 삶 그 자체이다"
(E) 'aysh, ḥurriyya, karāma insānīyya
"빵, 자유, 인간의 존엄"
(E) illī inta ḥubbak ḥurriyya
"네가 사랑하는 것은 자유"[6)]

지금까지의 분석에서 튀니지와 이집트에서 사용된 "정권 타도"의 국민적 요구와 관련된 구호들의 정형화된 대표적 문형은 "al-sha'b yurīd + 목적어"(국민은 원한다 + 요구의 내용)의 어순이며 여기에서 변형된 다양한 구호들이 파생되었음을 알았다[7)].

3. 애국심

구호에서 튀니지와 이집트 국민을 지칭하는 경우 혁명을 독려하거나 혁명을 이룬데 대한 자긍심과 자신감, 헌신적 애국심을 피력한다.

---

6) 이 구호는 이집트 가수 무함마드 무니르(Muhammad Mounir)가 부른 노래 제목이기도 하다
7) 이 문형의 어순을 사용하여 역설적으로 무바라크를 주어로 한 구호도 눈에 띄었다. Mubārak yurīd taghyīr al-sha'b(무바라크는 국민을 변화시키기를 원한다)

(T) Tūnis li-l-jamī'

"모든 사람을 위한 튀니지"

튀니지 시위에서 피켓에 초승달과 십자가가 그려진 그림 밑에 위 구호가 적혀있다.

(T) al-muḥāmī wa-l-baṭṭāl ṣaff wāḥid fī l-niḍāl

"투쟁에서 변호사와 실업자는 하나다"

(E) thawra thawra yā maṣrīyyīn min agli mā nikhallaṣ mil-khāynīn

"이집트인들이여, 혁명, 혁명! 반역자들 제거를 위해"

(E) iḥnā awlādi-k yā maṣr

"이집트여 우리는 당신의 아들 딸입니다"

(E) kullu-nā miṣrīyyūn Iṣḥū

"우리는 모두 이집트인이다. 깨어나라"

(E) inzil yā miṣriyy ṭālib bi-ḥaqqi-k

"이집트인이여, 우리와 함께 당신의 권리를 요구하시오"

구호 속에 등장하는 어휘 dam(피)는 혁명이라는 상황 맥락에서 새로운 의미를 획득하게 된다. 그것은 혁명 과정에서 목숨을 잃은 희생자들을 보고 애국심에 불타는 시위자들에게 감정의 촉매가 되었다. 즉 dam의 언급은 튀니지나 이집트가 각기 같은 혈육의 동족(sha'b)임을 확인시켜준다(Mehrez 2012, 225).

(T) awfiyā' awfiyā' li-dimā' al-shuhadā'
"순교자가 흘린 피를 헛되지 않게"

(T) bil-rūḥ bi-ddam nafdī-ka yā shahīd
"순교자여, 그대 위해 영혼과 피를 바치리"

(T) lan nastaslim lan nubā' dam Muḥammad lan yuḍayy'
"우리는 굴복하지 않으며, 배반하지 않으리 무함마드 부아지지의 피는 헛되지 않을 것이다"

튀니지 군 참모총장이던 라쉬드 암마르(Rashid Ammar) 장군은 2011년 1월 9일 수도 투니스와 전국 주요 도시의 시위대에 발포하여 해산시키라는 벤 알리의 명령을 거부하고 튀니지 군대도 라쉬드 암마르 장군을 지지함으로써 군과 경찰 사이에는 긴장이 고조되었다(Filiu 2011, 21). 다음 구호에서도 튀니지 시위대의 군에 대한 신뢰와 애정이 잘 드러나고 있는데 이는 기본적으로 애국심에 바탕한 것이다. 즉 이 구호는 이집트의 구호 "국민과 군은 하나이다"와 같은 맥락의 구호이다.

(T) uḥibbu-ka yā sha'b tūnis uḥibbu-ka yā jaysh
"튀니지 국민이여 그대를 사랑하오, 군대여 그대를 사랑하오"

"분노의 금요일"(yawm al-ghaḍab)로 명명된 1월 28일 시위가 격화되며 시위대가 "국민은 정권 타도를 원한다"는 강경 구호를 외치고 나오자 진압에 실패한 경찰이 시위 현장에서 철수하고 이집트 군 병력들로 교체 배치되었다. 이에 시위대는 근대 역사 속에서 이집트 군이 외세, 왕정을 전복시킨 "국민의 보호자"로서의 이미지를 담화나 구호 속에서 사용함으로써[8] 전략적으로 이집트 군과의 충돌을 피하며 유화적인 태도를 취하고자 하였다. 실제로 1월 28일 밤 이집트 군 병력과 탱크가 타흐리르 광장에 도착하자 시위대는 오히려 환호하며 다음 구호들을 외치며 열광하였다. 특히 "군대와 국민은 하나다"의 구호를 통해 역사적인 맥락에서 국민과 군은 한 '가족'임을 말하고자 하였다(Mehrez 2012, 258).

(E) al-gaysh wa al-sha'b aydin wāḥida
"군대와 국민은 하나다"

2월 11일 군부의 사임 압력에 굴복한 무바라크가 대통령직에서 물러나기로 결정했다는 뉴스가 타흐리르 광장에 알려지자 시위자들은 환호하며 irfa' ra'sa-ka fōq, inta maṣriyy(머리를 높이 들어라, 당신은 이집트인이다)(Filiu 2011,27) 구호를 합창했다.[9] 인간의 존엄성을 되찾게 된 시위대는 다음 구호를 통해 자긍심과 애국심을 표현했다.

(E) miṣriyy..wi-ftakhir
"이집트인인 것이 나는 자랑스럽다"

(E) miṣr tūlad min gadīd
"이집트는 새롭게 태어났다"

---

8) 근대 역사 속에서의 이집트 군은 1882년 오라비 혁명, 영국 식민 정책에 항거해 일어난 1919년 혁명, 1952년 자유 장교단이 주도한 군사 혁명을 통해 왕정을 타도함으로써 이집트 국민의 지지를 받고 국민의 편에 서는 "국민의 군대"로 인식되었다(Mehre 2012,.254 -255).

9) 2011년 5월 1일 쿠웨이트 대학교에서 열린 국제회의에 참석한 이삼 샤라프(Essam Sharaf) 이집트 총리가 회의장에 입장하자 청중들이 환호하며 이 구호를 합창하였다. http://mondoweiss.net/2011/05/arab-spring- listen-to-the-chants-of-pride-in-egyptian -revolution

독재자의 퇴진 운동에는 애국심을 바탕으로 모든 계층과 종교, 분파가 참여하였다. 종교적 갈등이 있었던 무슬림과 콥틱 교도들이 시위에서는 함께 구호를 외치며 참여했는데 콥틱 교도들이 손을 잡고 인간 띠를 만들어 예배하는 무슬림 시위대를 보호하는 모습을 보이며 "우리는 하나이다"(aydin wāḥida)라는 애국심과 연대를 과시하는 표현들이 구호에 나타났다.

(E) muslimīn ma'a masīḥīyīn kullu-nā ṭālibīn al-taghyīr
"무슬림과 기독교도인 우리 모두는 변화를 요구한다"

(E) muslim...masīḥī..aydin wāḥida
"무슬림과 기독교도는 하나이다"

(E) al-hilāl wayyā l-ṣalīb ḍidda l-qatl wa al-ta'dhīb
"초승달과 십자가는 살인과 고문에 반대한다"

(E) al-hilāl wayyā l-ṣalīb bi-yiqūlū lā yā ḥabīb
"십자가(기독교인)와 함께 초승달(무슬림)은 말합니다. 하비브야[10], 안돼!"

여기서 주목할 점은 시위자들의 구호에서 이슬람의 종교적 성격이 강한 구호들이 코란이나 하디스에서 인용한 몇몇 구호를 빼고는 많이 부각되지 않았다는 점이다(Fawwaz & Hussein 2011,9).

wa in tatawallū yastabdilu qawman ghayra-kum thumma lā yakūnū amthāla-kum(코란47:38)

10) 여기서 하비브는 경찰에게 강경진압을 지시한 내무장관 하비브 엘-아들리를 지칭한다.

"그래도 너희가 외면한다면 그분은 너희의 거주지에 너희같이 아니한 다른 백성으로 너희를 대체하시니라"

inna allāh lā yuṣliḥ 'amal al-mufsidīn(코란10:81)

"하느님은 우매한 자들의 일이 번성치 않도록 하니라"[11]

ittaqū al-ẓulma fa-inna al-ẓulma ẓulumāt yawm al-qiyāma

"부당한 권력 행사를 조심해라. 압제는 심판의 날 암흑으로 바뀔지니"(하디스)

예컨대 무슬림들이 집회나 시위에서 주로 사용하는 Allāh akbar("알라는 위대하다")같은 구호들은 시위 현장에서 '자유'를 외치는 구호에 파묻혀 거의 들리지 않을 정도였다(Alexander 2011, 74). 아랍 국가에서 시위 집회를 갖기에 편리한 장소는 모스크와 같은 종교시설이다. 노동조합과 같은 비종교적 시설에서 집회를 할 수 있는 튀니지와 달리 1981년 이래 비상법률이 시행되어 공공장소에서 시위가 금지되어 온 이집트에서는 금요일 모스크 집회에서 시위자들이 집단적으로 열광하여 Allāh akbar를 외친다고 해서 종교적 열광을 드러내는 것을 의미하는 것은 아니다. 이는 마치 축구 경기를 관람하는 관중들이 응원할 때 외치는 구호 Allāh akbar와 다를 바 없다(Filiu 2011, 23).

이집트의 시민 운동가들이 이집트 "경찰의 날"인 1월 25일을 기해 인권 침해에 대하여 카이로와 알렉산드리아에서 대규모 항의 시위를 하기로 하고 시위 구호로 무슬림 형제단의 모토인 al-islām

11) 위 코란구절의 구호는 희망과 인내의 메시지를 담고 있는데 이는 무바라크 정권이 물러나고 민주적 정권이 들어설 수 있다는 희망을 시위자들에게 심어주기 위한 것이다(Lahlali 2014,5).

huwa l-ḥal(이슬람이 해결책이다)대신에 Tūnis huwa l-ḥal(튀니지가 해결책이다)를 채택하였는데(Filiu 2011,23) 이는 민주화 혁명에 종교적 색채가 끼어들지 않게 하려는 의도로 판단된다.

4. 냉소적 유미

14세기 아랍 사회학자 이븐 칼둔(Ibn Khaldun)은 이집트 사람들이 유별나게 명랑 쾌활한 민족이라고 하였다(Peterson 2012,1). 실제로 아랍인 중에서도 이집트 사람이 우스갯소리를 가장 잘 한다는 것은 널리 알려져 있는 사실이다. 구어체 아랍어에 damu-hu khafīf(피가 가볍다)[12]란 표현이 있는 것을 보아도 이집트인들의 유머러스한 기질을 짐작케 한다. 이집트 민주화 혁명이전 독재 정치 시대에는 무바라크를 비롯한 정치인과 경찰 등에 관한 정치적 풍자가 친구나 친척끼리 은밀히 우스개로 하는 정도였으나 민주화 혁명이 진행되는 과정에서 독재 권력자를 겨냥한 풍자가 공개적으로 행해지면서 권력에 대한 저항 수단으로 새롭게 제시되었다. 카이로의 타흐리르 광장에 모여든 수많은 시위자들이 무바라크 하야를 요구하는 재치 넘치는 구호와 정치적 유머를 적은 시위 표지판[13]을 들고 시위에 참가하였다(사희만 2013, 50-51).

구호의 분석 결과 무바라크의 대통령 하야를 요구하는 명령형 irḥal과 대체 동사가 주로 사용된 구호에서 냉소적 유머가 관찰되었다. 유머와 관련된 튀니지 시위 구호는 조사 결과 발견되지 않았는

12) 속으론 화가 부글부글 끓어올라도 농담으로 받아 넘길 수 있는 성격 좋은 사람을 칭할 때 흔히 사용하는 표현이다. 이 표현은 이집트 뿐 아니라 다른 아랍국가에서도 일반적으로 통용된다. Badawi, El-Said & Hinds, Martin(1986). *A Dictionary of Egyptian Arabic.* Beirut, Librairie Du Liban. p.258

13) 예컨대 "나 머리 좀 자르러 가자", "막 결혼했다. 집에 좀 가게 해줘라" 등.

데 이는 아랍 국가라 할지라도 개별 국가에 따라 민족적 기질이 상이할 수 있음을 보여준다.

(E) yā Mubārak, yā Mubārak i-ṣṣu'ūdiyya bi-ntiẓāri-k.
"무바라크여, 무바라크여, 사우디가 당신을 기다리고 있다"

항의 피켓과 종이를 들고 있는 팔이 아프다는 다소 희화적인 표현이다.

(E) irḥal ba'a yā 'amm īdī ti'ibit
"떠나라, 아저씨! (피켓들고 있는) 내 손이 힘들다"

(E) irḥal. imra'tī 'āyiza tūlid, wa l-walad mu<u>sh</u> 'āyiz yi<u>sh</u>ūfak
"떠나라..부인이 출산하려는데. 아기가 너를 보고 싶어하지 않는다"

(E) <u>sh</u>īlū Mubārak wa ḥuṭṭū <u>kh</u>arūf yimkin yi'mil fī-nā ma'rūf
"무바라크를 제거하고 양을 앉혀 놔라, 우리한테 더 잘 할 것이다"

일주일 동안 시위가 계속되어도 대통령으로부터 아무런 응답이 없자 이집트인의 전형적인 신랄한 위트로 결의를 보이고 있다(Khalil 2011, 94).

(E) usbū' yā ra'īs wa lā ḥattā tilifūn

"대통령님, 일주일이 지났는데 전화 한 통 없네요"

(E) ḥattā law ṭalaqta Suzān mu<u>sh</u> ha-nirḥal mil-mīdān

"수잔과 이혼한다고 하더라도 우리는 (타흐리르) 광장을 떠나지 않을 것이다"

(E) Hitlar intaḥar YOU CAN DO IT

"히틀러는 자살했다 당신도 할 수 있다

다음 구호는 아랍어 속담인 ikrām al-mayyit dafnu-hu(고인을 명예롭게 하는 것은 그를 묻어주는 것)의 어휘를 바꿔 구호로 사용한 경우인데 언어적 재치와 풍자가 엿보인다(Khalil 2011, 55).

(E) ikrām al-niẓām dafnu-hu

"정권에 명예롭게 하는 일은 그것을 매장하는 것"

다음 구호는 유명한 철학자 데카르트의 명언 "나는 생각한다, 고로 존재한다"에서 착상하여 만든 언어적 재치가 엿보이는 구호이다.

(E) anā <u>th</u>awriyy i<u>dh</u>an anā maugūd

"나는 혁명가이다. 고로 나는 존재한다"

5. 경고/금지

튀니지 구호에서는 벤 알리의 집권 연장이나 승계에 대한 반대와 미국, 프랑스 등 외국 세력의 간섭을 경고하는 구호가 등장하였다.

(T) intabih! sha‘b sarī‘ l-iltihāb

“조심해라! 불이 잘 붙는 민족이니”

(T) lā li-ttaddakhuli l-amrīkiyy lā li-ttaddakhuli l-faransiyy

“미국의 간섭은 안돼, 프랑스의 간섭은 안돼”

(T) lā tamdīd lā tawrīth iḥnā ma‘a-k yā būzīd

“정권 연장도 승계도 안돼, 우리는 당신과 함께한다. 부지드야”

무바라크가 사퇴하지 않을 경우에 대한 경고가 다음 구호에 잘 드러난다.

(E) yā Mubārak irḥal ghūr aḥsan bukra tamūt maqtūl

“무바라크여, 영원히 떠나라, 아니면 내일 죽음을 당하리”

양 손등에 다음 구호를 적은 시위자의 구호도 무바라크가 자진 사퇴하지 않을 경우 청년 시위자들이 타도할 것임을 경고한다.

(E) sa-tarḥal bi-yadi al-shabāb

“당신은 청년들의 손에 의해 떠나게 될 것이다”

다음 구호는 정부와 시위대 사이에서 애매모호한 입장을 취하는 이집트 군부를 국민 편에 끌어들이려는 회유와 경고의 메시지를 담고 있다.

(E) lā lā lā yā gaysh khallīk barra wa iw‘a taṭīsh Ḥusni Mubārak mush ha-ya‘īsh

"아니야, 아니야, 군대여, 개입하지 마라, 무모한 짓 하지마라, 호스니 무바라크는 살지 못할 것이다"

다음 구호는 언론 자체에 대한 경고라기보다 일반 국민들에게 언론 매체들의 불공정 보도를 조심하라는 경고로 해석된다.

(E) iḥdharū..al-tilifizyūn al-maṣriyy fīh samm qātil
"경고! 이집트 텔레비전에는 치명적 독이 있다"

아래 구호에 사용된 어휘 kifāya는 아랍어로 '충분하다'를 뜻한다. 이 구호가 이집트에서 처음 등장한 것은 2005년 대통령 선거를 앞두고 재야 반정부 운동 연합세력인 이집트 변화 운동(Egyptian Movement for Change)이 주도한 반정부 시위에서였다. 국내 외 비판 여론의 압력으로 무바라크가 처음으로 복수 후보를 허용한 선거에서 야당 세력이 조심스럽게 들고 나온 구호였다. 이후 이 단체는 단체 이름보다 구호인 '키파야'로 더 알려지게 되었다. 사전적 의미로는 비교적 온건하고 관대한 표현인 이 kifāya(키파야) 구호는 2011년 이집트의 민주화 시위 초기 부자(父子) 권력 세습을 노리는 무바라크에게 "지금까지는 그대로 봐줄 수 있는데 더 이상은 안된다"는 관용의 뜻과 함께 경고의 메시지가 포함되어 있다. 즉, '키파야'는 미래에 대한 가능성을 배제하는 것이다[14].

(E) kifāya "충분하다"

---

14) http://blog.daum.net/odu1893/258

(E) kifāya yā Mubārak, lā littawrīth

"여기까지는 우리가 참겠다. 아들에게 세습하지 않는다면, 소급해서 문제는 삼지 않겠다"

(E) kifāya ihāna

"모욕을 참는 것은 지금까지이다. 더 이상은 못 참는다"

6. 경찰

경찰은 무바라크 정권의 억압의 상징으로 오랫동안 간주되어 왔다. 2009년 유출된 미국 대사관의 전보는 일반적이고 만연하게 행해지고 있는 고문을 포함한 경찰의 만행을 잘 보여주고 있다. 혁명 발발 이전인 2010년 6월 알렉산드리아에서 분쟁이 발생하여 시민활동가인 칼리드 무함마드 사이드(Khaled Mohamed Saeed)가 경찰의 구타 행위로 사망했다는 목격자의 증언이 나와 시민활동 단체들이 "우리는 모두 칼리드 사이드입니다"라는 페이스 북 페이지를 만들어 전국적인 관심을 이끌었다(Assaf 2011,114). 혁명 기간이 페이스북의 제목을 그대로 본뜬 구호가 나타났다.

(E) kullu-nā khālid sa'īd

"우리는 모두 칼리드 사이드입니다"

무바라크의 30년에 걸친 독재와 정치적 억압, 부패와 부정을 마침내 청산할 때가 되었다고 판단한 반정부 세력은 "경찰의 날"인 1월 25일을 대규모 시위를 감행하는 날로 잡았다. 수십만 명의 시위대가 타흐리르 광장에 집결하고 다음 구호를 외치며 평화적 시위를 호소하였다.

(E) silmiyya, silmiyya
"평화롭게, 평화롭게"

실제 이 구호는 평화적 시위의 성격을 유지하는데 크게 기여함으로써 이집트 민주화 혁명이 성공적으로 진행되고 완결될 수 있게 한 구호로 판단된다('Abdu l-laṭīf 2012, 35).

그러나 경찰은 평화적인 시위에 최루탄과 물대포, 고무총, 진압봉으로 대응하였다(Assaf 2011,10). 경찰의 무자비한 강경 유혈 진압을 비난하는 구호와 함께 그동안 무고한 시민에 대한 고문과 감시 등 정권의 하수인으로 전락한 경찰의 위상을 비하한 표현들도 구호에 나타났다.

(E) irhāb = al-shurṭa "경찰=테러"
(E) ḍarabū-nā bi-l-maṭṭāṭ mush ḥa-nay'as mush ḥa-niṭāṭī
"그들(경찰)은 우리를 고무총으로 쏘았다, 우리는 실망하거나 굴복하지 않을 것이다"(Khalil 2011,69)

(E) shurṭa maṣr yā shurṭa maṣr intū biītū kilāb al-qaṣr
"이집트 경찰이여, 이집트 경찰은 대통령 궁의 개가 되었다"

특히 "분노의 금요일"인 1월 28일 밤 반정부 시위대와 무바라크를 지지하는 시위대가 충돌하여 수십 명의 사상자가 발생하였으며 이들 친 무바라크 시위자들은 차량 방화, 현금 자동지급기 탈취, 도로 점거를 하는 등 이들은 대부분 반정부 시위대에 공포 분위기 조성과 혁명 때문에 혼란이 야기되었다는 구실을 조작하기 위해 경찰의 사주를 받거나 고용된 깡패들인 것으로 밝혀졌다(Assaf 2011,20).

그밖에 구호에 나타난 내용 중에는 시위 과정에서 희생된 시위자들을 순교자로 찬양하거나 시위에 참여한 민중의 힘으로 독재 권력을 붕괴시켰다는 자부심이 담겨진 구호들이 관찰되었다.

(T) al-majd li-l-<u>sh</u>uhadā l-abṭāl
"영웅 순교자들에게 영광이"

(E) <u>th</u>awratu-nā asqaṭat al-ʻar<u>sh</u>
"우리의 혁명이 왕좌를 무너뜨렸다"

또한 유명한 코미디극의 제목 intahā al-dars yā <u>gh</u>abiyy(수업은 끝났다, 바보야)을 구호로 사용하거나, 대통령 선출을 위한 찬반 국민 투표에서 등장했던 캠페인 구호 naʻam li-Mubārak (무바라크에게 찬성을)에서 힌트를 얻어 만든 것으로 보이는 lā li-Mubārak (무바라크는 안 돼!)도 발견되었다.

Ⅳ. 구호의 수사적 분석

1. 행위 주체의 묘사 용어

구호에서의 주요 발화 대상은 벤 알리와 무바라크, 부인이나 아들 등 그의 가족들임을 알았다. 다음에서는 구호 속에서 이들을 지칭하는 묘사 용어를 조사함으로써 시위 참여자들의 이들에 대한 이미지와 수사적 태도를 분석해 보고자 한다.

묘사어	의미	구호의 맥락
ʻamīl	대리인, 중개상	"가스를 팔아먹고 남은 것은 나일 강", "이스라엘에 나
	독재자	라를 팔아먹은", "모사드와 미국의 대리인아!"
diktātūr	파라오	"독재자 무바라크, 이집트를 나가라"
far ʻūn	독재자	"파라오야, I r h l, 히에로글리프로 써주어야 알아먹
ẓālim	히틀러	겠지"
Hitler	학살자	"떠나라, 독재자"
saffāḥ		"히틀러도 자살했다, 당신도 할 수 있다"
		"학살자 타도하자"
khawna	반역자	"반역자와 깡패에 대항해 방방곳곳에서 혁명, 혁명",
ḥarāmīya	도적	"반역자와 도적에도 불구하고 이집트는 우리에게 소중
		할 것이다",
andāl	깡패	"가말아, 네 아버지는 깡패다"
voleurs	도둑	(T) "트라벨시는 도둑"
ʻiṣābah	갱단	"쓰러져라, 쓰러져라. 갱단 두목, 늑대들아" (T) "트레
ʻiṣābat al-		발시 갱단"
sarrāq	도둑놈들	(T) "도둑놈들아, 취업은 당연한 권리이다", "도둑놈들
ʻiṣābat al-		아 우리에게는 일할 권리가 있다"
tajwīr	사기꾼	"사기꾼들로부터 해방, 해방을"
lahalīb		
balṭagī	악당	"이집트는 악당, 도적을 위한 휴게소가 아니다"
shayṭān	악한	"도적이나 악당이 아니라, 자유를 위해 손에 손잡고,"
qurṣān	악마	"떠나라 악마야"
bāṭil	해적	"떠나라 해적아"
	거짓말장이	"무바라크는 거짓말장이"
khartīt	코뿔소	"코뿔소 무바라크야, 떠나라 떠나라"
		"무바라크와 그의 아들, 부인은 모두 감정도 자질도 없
		다. 코뿔소, 도적의 아들"

ghurāb	까마귀	"까마귀 가말아, 네 아버지(무바라크)를 데리고 벤 알리에게 가라"
'ijl tais	송아지 숫염소	"떠나라 떠나라. 비열한 놈. 밖으로 밖으로 송아지야, 숫염소야"
diyāb	늑대	"쓰러져라 쓰러져라. 갱단두목, 늑대야"
khinzīr	돼지	"찌꺼기, 돼지의 통치로부터 자유, 자유" "돼지야 떠나라"
thu 'bān	뱀	"군대와 국민이 너에게 말한다, 떠나라, 뱀"
kalb	개	"우리는 원하지 않는다, 그의 개도 그의 감옥도"
al-fār	쥐	(T) "쥐새끼 같은 대통령"
balīd	멍청이	"바보 호스니 무바라크, 이집트 국민은 종이 아니다"
ḥaqīr	비열한	"변화 변화. 떠나라 떠나라. 비열한 놈"
khasīs	비열한	"떠나라 떠나라. 비열한 놈"
rimma	썩은	"썩어빠진, 돼지의 통치로부터 자유 자유"
ghabī	바보같은	"수업은 끝났다, 바보 같은 놈"
ibn al-tīt	개자식	"꺼져, 개자식"
yā 'amm	아저씨	"떠나라 아저씨, 내 손만 피곤하다"
al-ra'īs Mubārak	대통령 무바라크	"통행금지를 지킨 유일한 사람은 무바라크 대통령이다"

시위 구호에서 독재자와 그의 가족들에 대한 묘사어를 분석한 결과, 구호에 나타난 욕설이나 모욕적인 표현의 대상은 벤 알리, 무바라크 독재자 대통령과 그의 가족들을 대상으로 한 것이며 흔히 표현 대상을 악의적으로 지칭하는 비유적인 수식어가 수반되었다.

시위 참가자들은 무바라크와 그의 가족들을 불법적이고 부도덕한 것으로 묘사하였다. 30년 넘게 독재 정치를 해온 '독재자'로서 국익에 반해 사리사욕을 위해 부정부패를 일삼은 '도적'과 '반역자'로 묘사되었다. 무바라크의 대 이스라엘 정책과 관련한 시위대의 불만은 이스라엘에 대한 반감과 연결되어 '이스라엘에 나라를 팔아먹은''반역자'와 "이스라엘에 가스를 싸게 팔아먹고" 중간이익을 챙기는 '브로커'로 묘사된다. 무바라크는 야당과 반대자들에 대한 탄압과 불법 구금, 고문을 일삼았던 '깡패', '악한', '해적' 등으로 묘사된다. 무바라크에 대한 묘사는 부정적 이미지의 동물에 많이 비유되어 '코뿔소'(못생긴 외모), '까마귀'(이별의 불길함)', '늑대(약육강식의 비유로 강자를 의미)', '뱀'(사악함) '돼지'(더러움)로도 묘사되었다. 또 무바라크를 경멸하는 '바보', '멍청이', '비열한 놈', '거짓말쟁이' 등의 비속어들이 사용되었다. 취업을 갈망하는 청년 실업자 시위대에게 벤 알리 정권은 모두 '도둑놈들'이다. 벤 알리의 부인 트레발시에게는 그녀의 친척들을 싸잡아 비난하는 수식어로 '트레발시 갱단', '트레발시는 도둑'이 사용되었다.

구호에 사용된 친족용어 '아저씨(숙부)'는 대통령에서 평범한 시민으로 신분 강등이 되었음을 암시함과 동시에 시위자들의 냉소적 유머와 반감을 표현하였다. 구호에서 유일하게 사용된 공식 호칭인 '대통령 무바라크' 역시 현 상황에서의 그의 위상을 빗대어 반어적으로 비아냥거리기 위한 표현으로 사용되었다.

2. 수사적 특성

1) 수사법

시위 구호 al-hilāl wayyā l-ṣalīb ḍidda l-qatl wa l-ta'd̲h̲īb(초승달은 십자가와 함께 살인과 고문에 반대한다)에서 초승달과 십자가는 각각 이슬람과 콥틱 기독교를 상징하는 은유적 상징이다. 구호에서 대통령의 이름을 호칭하지 않고 qaṣr(궁전)이나 동물에 비유해 경찰을 "대통령 궁전의 개"라고 표현한 것 역시 은유적 표현들이다.

구호에 등장하는 표현 gildu-hu tik̲h̲īn(그의 피부는 두껍다)는 우리말 "낯짝도 두껍다"에 해당하는 환유법[15]의 표현으로 "체면이

15) 환유법은 본물(本物)을 말하지 않고 관련있는 수반물(隨伴物)을 들어 그것을 표현하는 방법이다.

나 염치가 없다"는 의미이다.

(E) mu<u>sh</u> mā<u>sh</u>yīn qāʿidīn Ḥusni Mubārak gildu-hu tik<u>h</u>īn
"우리는 떠나지 않고 머무를 것이다 호스니 무바라크의 피부
는 두껍다"

구호 중에는 아랍어의 전통 수사법인 대조법(al-ṭibāq)이 사용된
구호도 포착되었다. 즉 "배부르다"와 "쓰레기를 먹는다"의 상반되
는 이미지를 제시하여 그것들을 대조 비교함으로써 보다 강력한 표
현의 효과를 꾀하고 있다.

(E) <u>sh</u>abiʿnā kalām wa <u>sh</u>abiʿnā qawāla
  ..fīh nās bi-taʾkul mi-ẓzibāla
  "우리는 (번지르한)말에 배부르고 (장황한)연설에 배부르다,
  그런데 쓰레기를 먹는 사람들도 있다"

2) 어형 반복
기본적으로 반복은 음악성의 표현이라고 할 수 있는데 특히 어형
반복은 아랍어의 다양한 어형 변화에 따른 억양과 강세가 아랍어의
음악성을 창출하며 청자의 감성을 자극한다. 구호에서의 어형 반복
은 대개 통사적으로 대구절(對句節)안에서 사용되며 각운이 일치됨
으로써 시적 율동미의 효과를 낸다.

(E) Ḥusni Mubārak yā **balīd** <u>sh</u>aʿb maṣr mu<u>sh</u> ʿ**abīd**
  "후스니 무바라크 어리석은 자, 이집트 국민은 노예가 아니다"

(E) sha‘bunā rāfiḍah min **sinīn** bass Mubārak gildu-hu **tikhīn**
"우리 국민은 오래전부터 거부하지만, 무바라크의 낯짝은 두껍다"

(E) kull al-sha‘b yaqūl wa **yinādī** Ḥusni Mubārak barra **bilādī**
"모든 국민은 말하며 촉구한다, 후스니 무바라크야 조국을 떠나라"

(E) al-saraṭān fī kulli **makān** wa l-ghāz mitbā ‘bil-**maggān**
"모든 곳에 암이다, 가스는 공짜로 팔린다"

(E) qālū ajinda wa qālū **kentākī**...iḥna yā maṣr rūḥnā **fidā-kī**
"사람들은 음모를 말하고 켄터키를 말했다...이집트여 우리의 영혼은 너를 위해 바친다"

3) 어휘 반복

아랍어의 수사적 특성인 반복이 시위 구호에서도 명사와 동사의 어휘 반복을 통해 나타남으로써 반복된 의미가 강조되는 효과가 있다. 이는 특히 말로 외치는 구호의 특징이기도 한데 동일 어휘가 두세 번 연속 반복되며 각운이 일치하는 대구절을 이루는 구호들은 시위에서 반 구절 씩[16] 선창과 후창을 반복하게 된다.

(E) **‘ali ‘ali ‘ali** ṣṣawt(ṣūt) / al-niẓām khāyif mawt(mūt)
"목소리를 높여라 높여라 높여라/ 정권은 죽음을 두려워한다"

(E) **thawra thawra** fī kulli makān / ḍidda l-khawna wa l-andāl
"혁명 혁명, 모든 곳에서 / 반역자와 깡패에 대항하여"

(E) **iḍrib iḍrib** yā ḥabīb / mahmā taḍrib mush hansīb
"때려봐라 때려봐라 하비브야 / 아무리 때려도 우리는 포기하지 않는다"

(E) **i‘tiṣām i‘tiṣām** / ḥattā yasquṭ al-niẓām
"정권이 무너질 때까지 연좌데모, 연좌데모"

(T) yā muwāṭin yā baṭṭāl **shārik shārik** fī al-niḍāl
"시민이여, 실업자여 투쟁에 참여하라, 참여하라"

---

16) 예로 든 구호에서 선창 부분과 후창부분은 슬래시(/) 부호로 구분된다.

V. 결론

본 연구에서는 튀니지와 이집트의 민주화 혁명 과정에서 나타난 시위 구호에 대한 내용 분석과 함께 언어적 수사적 분석을 시도하였다. 분석 결과 다음과 같은 연구 결과를 추출할 수 있었다.

첫째, 구호의 내용 분석을 통해 시위 구호에는 발화 대상자 또는 정치 참여자들에 대한 요구나 입장이 잘 드러남으로써 구호가 정치 담화의 한 종류에 속함을 알았다. 즉, 구호에는 외세 간섭의 배제를 요구하는 등 사회정치적 기능을 갖고 있으며 시위 구호를 통해 오랫동안 독재 정치 하에서 억압받아온 국민들이 요구하는 가치는 기본적으로 인간으로서의 존엄성, 자유, 사회적 정의임을 알았다.

둘째, 구호의 형식은 대중의 행동을 조작하는 데 적합하도록 문구가 짧고 간결하면서도 대구 내의 어휘와 어형의 반복을 통해 리듬감 있게 쉽게 따라할 수 있도록 만들어졌다. 특히 시위자들은 정치적 변화가 우선적으로 중요하다는 인식을 강조하기위해 간결한 명령문의 문형을 채택한 것임을 알았다.

셋째, 구호는 시위자의 감정과 분노, 저항을 담고 있기에 특성상 문어체 아랍어보다는 구어체 아랍어의 사용이 선호될 것이라는 예상과는 달리 오히려 문어체 아랍어 구호가 많이 사용되었는데 이는 시위자들의 비교적 높은 교육 수준을 보여주며 다른 아랍 국가로의 구호의 전파성을 고려한 것이다.

넷째, 튀니지와 이집트 민주화 시위의 전개 과정을 살펴볼 때 시위에서 생산된 많은 구호 중 혁명의 성격을 가장 잘 함축하는 대표적 구호는 al-<u>sh</u>a'b yurīd isqāṭ al-niẓām(국민은 정권 타도를 원한다)임이 확인되었다.

다섯째, 시위 구호에는 이슬람과 관련된 내용의 시위 구호가 많이 사용되지 않았다. 시위가 이슬람과 기독교의 종파를 초월하여 애국심을 바탕으로 독재 정권 타도와 민주화를 열망하는 튀니지와 이집트 전 국민의 참여로 이루어졌음을 보여주며 이는 민주화 혁명이 지닌 성격의 난면을 보여주는 것이다.

여섯째, 구호에서 발화 대상자인 독재자와 가족들에 대한 수식어의 분석 결과 시위자들의 수사적 태도는 부정적이고 불법적, 비도덕적이었으며 동물 비유나 욕지거리 등 비속어들을 사용함으로써 반감과 분노심을 표출하였다.

일곱째, 시위 구호는 시위자들의 창의적 발상과 언어적 재간으로 만들어지는 것 외에도 일부 구호는 코란, 시, 속담, 노래 가사 등 다양한 원천에서 차용되었음을 알았다. 또한 튀니지인들 보다는 이집트인들이 구호를 만드는 언어적 재능이나 재치가 더 뛰어난 것으로 판단된다.

분석한 결과를 종합할 때 아랍 민주화 혁명 과정에서 시위 구호는 언어적 형식과 내용의 측면에서 혁명의 주역인 시위자들의 정치적 요구가 가장 뚜렷하게 나타나 있는 언어적 수사적 표현으로서 시위자들을 결집시키는 끈끈한 '접착제'로서 기능하였으며 민주화 혁명을 성공적으로 이끄는데 중요한 역할을 수행하였음을 알 수 있었다.

제2장

튀니지 재스민 혁명에서의 저항 노래에 관한 연구

Ⅰ. 서론

아랍 민주화 혁명 기간 동안 거리에 쏟아져 나온 시위자들은 구호, 플래카드, 포스터와 노래 등 다양한 형태와 방식으로 자신들의 요구와 불만을 표출하였다. 그 중에서도 노래는 물리적 공간을 요하는 다른 시위 형태나 방식과 달리 유튜브, 페이스 북 등 SNS를 통해 급속히 전파됨으로써 민주화 혁명 확산 과정에서 중요한 역할을 수행하였다. 특히 시위 문화에서는 현장의 분위기가 중요하고 음악과 같은 중요한 심미적 요소를 포함하게 되기 때문에(Rosenberg 2013,179) 시위 집회 현장에서 슬로건이나 함성과 함께 어우러져 불리는 노래는 시위 참여자들을 결속시키는 결정적 역할을 하게 된다. 미국의 유명한 반전 가수이자 인권 운동가인 존 바에즈(Joan Baez)가 "거리에서 음악을 동반하지 않는 정치는 비현실적인 것이다"라고 말하였듯이(Rosenberg 2013,179) 역사적으로 혁명적 시위 과정에서 탄생한 저항 노래(protest song)[17] 예컨대 프랑스 혁명 당시 프랑스 국민들이 노래했던 '라마르세예즈(La Marseillaise)'나 인권 운동의 테마 송처럼 된 '승리는 우리 손에(We shall overcome)', 튀니지 혁명의 테마 송으로 간주되는 '우리나라 대통령(Rais il blad)'은 시위 참여자들의 결집과 일체감 조성에서 음악의 힘을 여실히 보여주는 예이다.

아랍권에서 저항 노래라는 새로운 장르는 전통적인 아랍 음악의 주류와는 전적으로 다른 힙합[18] 음악의 형태로 등장하였다. 힙합은 그것이 단순하고 생성하기 용이하다는 점 때문에 젊은 세대가 추구하는 저항 음악의 장르이다(Rosenberg 2013, 179). 전 세계적으로 나타나는 보편적 음악 장르로서 '헤비메탈' 음악이 냉전 시대 철의 장막을 무너트렸다고 한다면, 오늘날 청년 문화와 거리 문화로 특징되는 '힙합'은 글로벌 시대의 상징적 음악 장르라고 할 수 있다(LeVine 2007,42).

튀니지 민주화 혁명에서도 힙합 노래는 "국민들 사이에서 은밀하게 발산되고 있던 분노 표출의 수문 역할을 하면서"(Fernandes 2012,1) 결정적인 문화적 모티프로 나타났다(LeVine 2011,1). 튀니지 혁명의 전개 과정에서 트위터나 페이스 북과 같은 소셜 네트워크 서비스(SNS)의 중요성 못지않게 랩의 저항 노래는 중요한 역할을 수행하였다.

본래 랩은 미국에서 사회적으로 소외되어 있던 흑인 젊은이들이

17) '프로테스트 송'은 '저항 노래', '민중 가요', '항의 노래', '시위 노래' 등으로 옮길 수 있으나 본고에서는 '저항 노래'로 옮기기로 한다.

18) 힙합은 대중음악의 한 장르를 일컫는 말임과 동시에 문화 전반에 걸친 시대적 흐름을 나타내는 말이다. 본고에서는 랩이 힙합 음악을 이루는 네 가지 요소 중 하나라는 점을 감안하여 랩과 힙합 노래를 동일 개념의 용어로 혼용하고자 한다.

자신들이 느끼는 사회적 박탈감과 인종 차별에 대한 분노를 특유의 비트와 가사로 만들어 즐기면서 시작된 음악이다. 그렇다면, 사회문화적 환경이 전혀 다른 튀니지 민주화 혁명 과정에서 저항 노래로서 랩이 혁명 열기의 확산에 큰 영향력을 발휘하게 된 이유는 무엇일까 하는 의문점에서 본 연구의 필요성이 제기되었다.

이와 같은 연구의 필요성에 따라 본 논문에서는 아랍 민주화 혁명의 진앙 지인 튀니지를 중심으로 저항 노래들이 재스민 혁명 과정에서 시위자들에게 어떻게 영감을 주고 시위자들을 결집시켰는지, 특히 음악의 한 장르인 랩이 시위가 벌어진 거리에서 권력에 맞서 시위자들을 결집시키는 문화적 모티프가 될 수 있었는지를 분석해보고자 한다. 이를 위해 튀니지 재스민 혁명의 저항 노래들 중에서 가장 큰 영향을 미쳤다고 판단되는 튀니지의 랩가수 엘 제네랄의 저항 노래 '우리나라 대통령'과 '튀니지 나의 조국(Tounes Bladna)'의 가사에 나타난 주제와 언어적 특징을 도출하여 제시해 보고자 한다.

아랍 민주화 혁명 과정에서의 시위 노래에 대한 국내외 학계의 연구는 거의 전무한 형편이다. 다만 모로코를 중심으로 민주화 혁명이전의 시위 노래에 대한 사회언어학적 연구로서 Sarali Gintsburg(2013)의 "난 사투리로 너희들을 위해 랩을 지껄여주마:모로코 힙합 문화의 지역성과 글로벌"(*Yo! I'll spit my rap for y'all...in darija:Local and global in Moroccon hip hop culture*)와 "모로코의 사회정치적 시위 노래: 주요 주제와 언어적 양상"(*Songs of Social and Political Protest in Morocco: Key Themes and some Linguistic Aspects*), 팔레스타인 저항 운동에 나타난 저항 음악을 다룬 David McDonald(2013)의 "나의 목소리는 나의 무기 음악, 민족주의와 팔레스타인 저항의 시학"(*My Voice is My Weapon*

Music, Nationalism, and the Poetics of Palestinian Resistance)이 이 분야 연구의 기초적 연구 성과물이다.

본문에서 분석 대상의 저항 노래의 출처표기는 원제목의 이니셜을 따라 '우리나라 대통령'은 (R), '튀니지 나의 조국'은 (T)로 각각 표시하기로 한다. 특히 '튀니지 나의 조국'의 가사는 알제리 원어민의 도움을 받아 노래를 들으며 직접 가사를 적어 옮기는 작업을 거쳤음을 밝혀둔다.

II. 재스민 혁명에서의 엘 제네랄과 저항 노래

본 장에서는 엘 제네랄의 두 저항 노래에 대한 본격적인 분석에 앞서 재스민 혁명이 전개되는 과정에서의 엘 제네랄과 그의 저항 노래에 대한 개요를 잠깐 제시해보고자 한다.

2010년 튀니지 재스민 혁명에서 정권을 향해 처음 비판적인 노래를 부른 것은 엘 제네랄이란 예명으로 알려져 있던 젊은 언더그라운드 래퍼 하마다 벤 아모르(Hamada Ben Amor)이다. 엘 제네랄은 재스민 혁명 발발 이전인 2008년 18세의 나이에 처음 만든 'Malesh'(왜?)라는 제목의 랩 노래를 발표하였다. 이 노래 제목 '왜?'는 그의 조국 튀니지가 왜 부패하고 도둑이 들끓고 폭력이 난무하는 상황에 처하게 됐냐는 물음이었다. 그가 래퍼가 되어 벤 알리에 대해 처음 부른 'Sidi Rais'(대통령 각하)라는 제목의 노래도 대통령에게 부패를 척결하도록 촉구하는 내용이었다(Walt 2011, 2). 이 노래는 후에 재스민 혁명의 주제가처럼 된 '우리나라 대통령'의 등장을 미리 알리는 전주곡인 셈이었다.

튀니지 민주화 혁명 발발 이전이던 2010년 11월 7일[19] 엘 제네랄은 자신이 직접 작사한 노래 '우리나라 대통령'을 페이스 북과 유튜브에 올렸다. 이미 콘서트 개최나 CD제작, 방송출연이 허용되지 않았기 때문에 유튜브나 페이스 북, 트위터 같은 SNS매체에 의존할 수 밖에 없었다. 튀니지의 독재자 대통령 벤 알리를 겨냥한 그의 노래는 굶주리고 고통받는 튀니지 국민들을 대신하여 대통령과 그의 친족들의 부패를 비난하고 그의 가부장적 태도를 조롱하는 일종의 벤 알리에 대한 전쟁 선포였다(Filiu 2011,37). 또한 이 랩은 식량 부족과 언론 자유, 실업을 포함하여 생계를 유지하려는 보통의 튀니지 인들이 당면하고 있는 문제들에 대해 독재자 벤 알리를 비난하는 것이었다. 이 노래로 인해 그의 페이스 북이 폐쇄되고 핸드폰이 도청되었지만 오히려 일반 대중 사이에서 그의 인기는 더 높아만 갔다. 이제 막 시작된 시위에서 이 노래는 수천 건의 다운로드를 기록하며 엘 제네랄은 하루아침에 돌풍을 일으키는 존재가 되었으며 시위 참여자들은 시위 현장에서 그의 노래를 함께 따라 부르기 시작했다(Walt 2011,3).

2010년 12월 17일 튀니지의 젊은 과일 노점상이던 무함마드 부아지지(Mohammed Bouazizi)가 분신을 하는 사건이 일어나자 엘 제네랄은 시위가 격화되고 있던 12월 22일 새로운 랩 노래 '튀니지 나의 조국'을 발표했다. 이 노래가 발표된 지 얼마 안되어 비밀경찰에 체포, 연행되어 고문과 심문을 받은 그는 이러한 시위 노래를 부르는 이유에 대해 "난 진실을 말하고 있을 뿐"이라고 답하였다. 그

19) 11월 7일이라는 날짜는 1987년 당시 벤 알리 총리가 무혈 쿠데타를 일으켜 하비브 부르기바 대통령의 30년 통치를 종식시킨 것을 기념하는 국경일이라는 점에서 의미가 있다(Bohn 2011,2).

는 3일 동안 구금된 후 시위대의 압력에 굴복하여 석방되었으며 이후 그의 노래들은 재스민 혁명의 주제곡이 되었다. 2011년 1월 14일 벤 알리의 하야 이후 '우리나라 대통령'은 튀니지 뿐 아니라 이집트를 비롯한 다른 중동 아랍 국가에서 시위자들의 혁명가로 계속 사용되기에 이르렀다(Cullum 2011,4).

Ⅲ. 저항 노래의 주제 분석

저항 노래는 자유로운 음악적 창의성과 사회관이 담겨있게 되며 일반적으로 시국과 관련된 사회 운동과 관련되는 노래로 정의될 수 있다. 따라서 저항 노래의 가사는 의미심장한 경험적 지식에 바탕을 둔 내용을 담게 된다. 이러한 관점에서 사회학자 세르게 데니소프(R. Serge Denisoff)는 저항 노래를 '마그네틱'(magnetic)과 '레토리컬'(rhetorical)로 세분하였다. '마그네틱' 저항 노래는 사람들을 저항 운동으로 끌어들이고 단체의 결속과 참여를 조장하는데 목적이 있고 반면에 '레토리컬' 저항 노래는 흔히 개인의 분노를 특징으로 하며 정치적 견해를 바꾸려고 의도된 솔직한 정치적 메시지를 전달한다(Denisoff 1966 581-589).

3.1 벤 알리와 그의 가족

벤 알리와 그의 가족, 측근들이 미국, 영국, 프랑스 등 서방 국가들의 원조를 악용하여 온갖 사치와 부정부패를 누리고 있을 때 일반 청년들은 대학 졸업 후 일자리를 얻지 못해 실업자가 되는 정치적 현실에 대해 벤 알리를 대담하고도 노골적으로 비판한다.

> "당신들은 우리의 피와 땀으로 궁전을 지었고 비단 옷을 입었지"(T)

다음 노래 구절에서 그들은 누구인지 자명하다.

> "그들은 대낮에도 공공연한 도둑질을 하고, 나라를 지배한다
> 누구라고 지칭하지 않더라도 당신은 그들이 누구인지 알 것이다"(R)

여기서 '그들은' 벤 알리의 부인 라일라 트라벨시(Leila Trabelsi)와 그녀의 친정 가족들을 지칭하며 그들이 나라 재산을 마치 사유재산처럼 쓰고 있다는 일반 국민들의 분노심을 대변하고 있음이 분명하다. 이들의 탐욕은 트라벨시가 튀니지를 떠나면서 1.5톤의 금괴를 갖고 있었다는 보도가 뒷받침한다(Williams 2011,1).

엘 제네랄은 대통령을 직접 호칭하며 정치적 실정 즉 국민들은 아랑곳없이 자신의 배만 채우는 정치적 행태를 비난한다.

> "대통령이여, 당신의 국민들이 죽어가고 있소
> 국민들은 쓰레기 더미에서 먹을 것을 찾고 있소.
> 무슨 일이 벌어지고 있는지 보시오"(R)

더 나아가 벤 알리와 그의 정권의 압제적이고 탄압적 통치를 비난한다.

> "나는 억압받는, 구둣발로 짓밟히는 국민들의 이름으로 말하오.
> ....그러나, 나의 종말은 손바닥 구타일 것임을 알아요
> 많은 억압을 당하고 있음을 알기 때문에 나는 말하기로 했소
> 처형당할 것이라고 사람들이 충고했음에도"(R)

"여전히 불공정한 일들은 일어나며,
여전히 국민들은 이 나라 대통령에 성내며
여전히 국가는 국민들에게 독배를 마시게 하며..."(T)

여기서 노래 속에는 벤 알리에 대한 실망감과 좌절감, 분노의 감정이 실려 있음을 알 수 있으며 이러한 감정은 노래 전체를 통해 드러난다

3.2 부정부패

엘 제네랄의 랩에 등장하는 주요 주제 중 하나는 튀니지 정권에 만연된 부정부패임을 알 수 있다. 미국의 타임 지와의 인터뷰에서 엘 제네랄은 튀니지 사회의 부정부패를 고발하며 다음과 같이 말했다

"부패가 만연하였다. 거리에 나가면 경찰이 시민들을 무시하는 것을 볼 수 있다. 돈 많고 힘있는 자들은 법원에 가면 판사에게 뇌물을 주고 석방될 수 있지만 돈 없는 가난한 서민들은 감옥에 갇혀야 한다. 만약 당신이 영세한 장사꾼이라면 대통령과 줄이 닿는 사기꾼에게 농간을 당할 수 있다. 우리 부모는 좋은 직업을 갖고 있고 가난하지 않지만 나의 친구들은 대부분 부당한 대접을 받고 있다"(Walt 2011,2).

"엄청난 돈이 프로젝트와 사회 기반 시설,
학교, 병원, 개 보수 공사에 들어갔지만,
개 자식들이 국민의 돈으로 자신들의 배를 채우기만 했소."(R)

"그들은 돈과 자리를 훔쳤으며, 우리를 개처럼 던졌다"(T)

3.3 경찰

벤 알리의 장기 집권 동안 튀니지는 전형적인 경찰국가였다. 경찰은 독재 권력의 원천이자 독재자의 하수인으로 전락해 있었다. 벤 알리가 하비브 부르기바 대통령을 축출하고 쿠데타를 일으켜 집권할 당시 경찰조직의 총수인 보안부서의 기관장을 역임하고 내무장관에 올랐기 때문에 경찰력을 장악하고 내부 정적의 탄압에 경찰력을 동원하는 것이 가능하였다. 그가 일으킨 쿠데타는 '경찰 쿠데타'라고 할 만하며 그의 장기 통치기반은 군이 아닌 경찰이었다고 할 수 있다(Lutterbeck 2013,1).

경찰은 의견을 달리하는 반대자들에게는 서류 발행을 해주지 않았고 경미한 법규 위반이라도 할 경우 취업도 제한하는 등 일반 국민들의 모든 생활에 간섭함으로써 경찰은 공포의 조직으로 간주되었다. 또 정치적 견해를 달리하는 정치인들과 인권 운동가들을 고문하고 감시하며 일체의 반정부 활동을 금지하였다.

엘 제네랄은 이와 같은 경찰의 불법적인 폭력성을 꼬집는다.

> "곤봉을 든 경찰을 보시오, 탁,탁,탁..자기들 마음 내키는 대로 하는 걸
> 그래도 '안돼!'라고 말 한마디 하는 사람 없소"(R)
>
> "헌법에 나와있는 법령도 무용지물,
> 매일 죄 없는 사람 죄를 뒤집어 씌운다고 하오
> 경찰은 그가 정직한 사람임을 알고 있음에도 말이야
> 경찰 놈들이 히잡 쓴 여인들을 때린다"(R)
>
> "그들은 우리를 총으로 쏴 죽인다……………………..
> 그들은 외부 지원을 받아 장갑차로 대량 학살하였다"(T)

3.4 빈곤과 실업 문제

벤 알리 대통령의 경제 운용의 무능력과 청년 실업 등 경제 실정으로 경제사정은 악화되었다. 뇌물을 주지 않으면 일자리조차 얻을 수 없을 정도로 청년들의 불만은 최고조에 달하였다.

재스민 혁명에서 국민들이 요구한 가장 기본적인 것은 빈곤 철폐다. 일차적인 경제적 빈곤이 정치적 요구로 연결되었으며 부패한 정권의 교체나 인권 보장, 민주주의 확립 등의 요구가 나왔다.

엘 제네랄은 튀니지 국민들이 기본적인 의식주도 해결되지 않는 빈곤의 문제를 다음과 같이 고발한다.

> "대통령, 당신의 국민들이 죽었고 많은 사람들이 쓰레기를 먹고 있소
> 거기서 이 나라에 무슨 일이 벌어지고 있는 지 보게 될 것이요
> 비극이 도처에서 벌어지고 사람들은 잠잘 곳을 찾지 못했소"(R)

또한 튀니지 국민들이 개에 비유될 정도의 열악한 삶을 영위해나가고 있으며 인간으로서의 최소한의 자존감도 가질 수 없는 현실을 비판한다.

> "우리는 개처럼 살고 있소
> 국민의 절반이 모욕감 속에 살아가고 있소. 고통의 쓴 잔을 맛보며"(R)

다른 아랍 국가에 비해 높은 교육열을 가진 튀니지는 매년 7만여 명의 대학생을 배출하는데 제한된 일자리로 인해 청년 실업은 심각한 문제가 아닐 수 없다. 다음 구절은 실업으로 고통 받는 젊은 청년들의 목소리를 대변한다.

"누구는 권좌에 앉아있고 대학졸업자가 실업자이면 커다란 불공평"(T)

3.5 사회적 병폐

튀니지는 이슬람 국가이다. 엘 제네랄 역시 무슬림으로서 이슬람의 세속화된 사회적 현상을 질타하며 이를 방치한 벤 알리 정권을 비난한다.

"이슬람은 수치스럽게 되었고 정체 상태에 놓여있으며,
바야흐로 불신앙이 선호되는 시대이다"(T)

"술집을 권장하는 나라이지 않은가"(T)

"새해 첫날 밤 곳곳에서 술집은 흥청거리고.......
사람들은 주연에 수십억의 돈을 쓴다"(T)

대부분의 무슬림 음악가들이 자신들의 정치적 음악과 종교적 신앙을 분리하는 것을 더 선호하는 경향이고(LeVine 2007, 13) 엘 제네랄 역시 종교를 이용해 정치적 목적을 달성하려는 일부 정치인들에 대해서는 반대하며 종교는 정치와는 거리를 둬야 한다(Bohn 2011, 6)는 신념을 갖고 있다. 이같은 신념을 반영하듯이 그의 저항 노래는 과격하거나 극단주의적인 이슬람을 지지하거나 대변하는 수준은 아님을 알 수 있다. 엘 제네랄은 튀니지 무슬림 사회의 일탈된 현상을 지적하고 있다

일반적으로 아랍 세계에서 노래의 주제로 "알라(allāh), 조국(al-waṭan), 국왕(al-malik)"을 사용하는 것은 금기시된다(Gintsburg 2013b,4).

그러나 엘 제네랄의 경우 노래 가사를 통해 대통령 벤 알리의 독재 정치를 비판하고 있을 뿐 아니라 이슬람의 사회적 병폐 등을 다루고 있다. 즉 엘 제네랄은 노래의 주제로서 금기시되고 있는 '이슬람'과 '대통령'을 다루고 있는데 이는 저항 노래의 성격을 반영한 특징으로 지적할 만하다.

Ⅳ. 저항 노래의 언어적 특징

4.1 수사적 의문문

엘 제네랄의 저항 노래에서 주목되는 언어적 특징은 문장의 유형 중에서 수사적 의문문이 비교적 많이 사용하고 있다는 점이다. 이같은 특징은 밥 딜런(Bob Dylan)의 '바람에 실려'(*Blowing in The Wind*)에서 9개의 수사적 질문이 전쟁의 무모함과 관련하여 사용된 것과 마찬가지로 저항 노래의 일반적 특징으로 간주된다(Saeed 2011, 1). 수사적 질문은 화자가 이미 알고 있는 사항을 의문문의 형식을 사용하여 강조 확인하기 위한 목적이 있으며 수사적 의문문이 긍정이면 부정의 단언의 효력을 갖고, 수사적 의문문이 부정이면 긍정의 단언의 효력을 갖는다(이정민 · 배영남 1987, 778).

예컨대 엘 제네랄은 "그녀가 당신 딸이라면 받아들이겠소?", "표현의 자유가 어디 있습니까"라는 질문을 던지지만 청자에게 답변을 구하는 대신에 부정의 뜻을 강조하며 자문자답하고 있다.

> "그녀가 당신 딸이라면 받아들이겠소?
> 난 알아요, 내 말을 들으면 눈물이 나올 것임을"(R)

"표현의 자유가 어디 있소? 그것은 말 뿐이었다"(R)

다음 (T)의 가사 중에 "고통으로 가득 찬 국민의 마음을 알지 못하는가?", "술집을 권장하는 나라이지 않은가?"의 수사적 의문문에서는 동사 turā가 사용되었는데 이는 의문문의 형식을 빌려 화자의 의문을 강조하는 구문이다. 이는 의문문이기 보다는 감탄의 성격이 강한 구문으로 상대방을 의식하지 않고 거의 독백조로 자신의 생각을 강하게 표현하게 된다(Cantarino 1974, 1351 36).

"고통으로 가득 찬 국민의 마음을 알지 못하는가?"(T)
"술집을 권장하는 나라이지 않은가?"(T)

4.2 연설조의 직설 화법

흔히 래퍼들은 정치적 구실이나 속임수를 둘러대지 않고 직설적으로 말하는 경향이 있다. 엘 제네랄의 랩 가사는 연설조의 직설 화법을 사용하였으며, 민주화 혁명을 주도한 젊은이들과는 동떨어진 정치 연설의 수사적 어법을 모방하였다(Fernandes 2012,2).

아랍인들은 "비스밀라히 라흐마니 라힘"(자비롭고 자애로우신 알라의 이름으로)의 종교적 표현을 강의나 강연을 시작할 때, 음식을 먹기 시작할 때, 서간문, 공문 작성 시에 맨 서두에 사용한다. 신을 존재의 원인자로 믿고 있는 무슬림들은 모든 것이 신의 말씀으로 시작되었다고 믿기 때문에 기도를 포함한 모든 행위 시에 이 표현으로 시작한다.

아랍어 연설문에서도 이러한 언어적 표현을 원용하여 흔히 '국민의 이름으로'의 어구가 많이 사용된다. 엘 제네랄은 노랫말 속에 이 표현을 씀으로써 벤 알리 대통령에게 자신이 국민들의 목소리를 대변하고 있음을 강조함과 동시에 시위 청중들에게는 자신들을 대신하여 대표자로 노래하고 있음을 확인시키려 했던 것으로 판단된다.

> "우리는 (당신에 의해)억압받고 구둣발로 짓밟히는 국민들의 이름으로 말합니다"(R).

엘 제네랄의 뮤직 비디오는 노래가 시작되기 전 벤 알리가 공포에 겁먹은 어린 학생을 심문하는 뉴스 자료 화면으로 섬뜩한 분위기 속에서 시작한다.

> "왜 불안하니?
> 나한테 말해보렴. 무서워하지 말고"

그런 다음 노래를 시작하기 전 그는 튀니지 방언으로 퉁명스럽고 성난 어조의 연설조로 말한다.

> "대통령, 여기서 오늘 당신에게 말합니다.
> 나의 이름으로, 국민의 이름으로, 고통 속에 살아가는 모든 사람들의 이름으로.."(R)

엘 제네랄의 랩에서 사용된 또 다른 연설 문체는 '청자 부르기'(addressing)이다. '청자 부르기'[20]는 아랍 정치인들이 대중 연설이나 공식 연설에서 본격적인 메시지 전달에 앞서 청자와의 사전

20) 일반적으로 아랍어 정치 연설에서 '청자 부르기'에는 친족용어인 i<u>kh</u>wa wa a<u>kh</u>awāt(형제자매들), ayyuhā al-<u>sh</u>a'b(국민 여러분), ayyuhā al-sayyidāt wa al-sādat(신사 숙녀 여러분), ayyuhā al-muwāṭinīn(국민 여러분)등이 주로 사용된다.

상호작용을 위한 일종의 교감적 언어사용이다(이원표 2002,432). 엘 제네랄은 노래 제목이기도 한 ra'īs al-bilād (우리나라 대통령)을 사용하여 벤 알리를 직접 호칭하고 있다.

> "대통령, 여기서 오늘 당신에게 말합니다"(R)
> "대통령, 당신의 국민들이 죽어가고 있소..."(R)
> "대통령, 나보고 겁내지 말고 말하라고 했지요"

4.3 반복 어법

기본적으로 반복은 음악성의 표현이라고 할 수 있다. 음악에 있어서의 일정한 리듬의 취사선택과 반복은 인간의 원초적 감흥을 불러일으키고, 일정한 의미나 관념을 전달하는 기능을 드러낸다(김봉군 1990, 258).

이러한 기능을 수행하는 리듬은 저항 음악에서도 중요한 역할을 수행한다. 왜냐하면 그 노래를 듣고 있는 청자들이나 직접 부르는 시위자들로 하여금 공동체로서의 일체감을 갖도록 하기 때문이다. 엘 제네랄의 '우리나라 대통령'에서는 대략 두세 개 행 또는 4행마다 각 행의 끝자리에서 반복적으로 각운(Rhyme)이 사용되고 있음을 알 수 있다.

이 노래에서 <u>sh</u>/mīm/ '/bā의 자음이 어말에서 각각 반복됨과 동시에 동일한 모음 + 자음의 어형 반복이 일어나고 있음을 알 수 있는데 이처럼 운의 일치와 어형 변화에 따른 강세와 억양이 아랍어의 음악성을 창출하여 청자의 감성을 자극하게 된다.

또한 음운이나 어휘 층위 뿐 아니라 담화 층위에서도 아래 4행에 걸친 노래 후렴구의 반복이 3회 이루어졌다. 이 후렴구는 다음 4.6

에서 논하게 될 가수와 청중의 상호 호응(call & response)속에서 활발하게 반복이 이루어지는 부분이다.

> "대통령, 당신의 국민들이 죽어가고 있소. 사람들이 쓰레기를 먹고 있소
> 거기서 이 나라에 무슨 일이 벌어지고 있는 지 보게 될 것이요
> 비극은 도처에서 벌어지고, 사람들은 잘 곳을 찾지 못했소
> 나는 억압받는, 구둣발로 짓밟히는 국민들의 이름으로 말합니다"(R)

4.4 구어체 방언

엘 제네랄은 튀니지 구어체 방언('Ammiyya)으로 노래하였다. 구어체 방언으로 말하는 것의 효능은 그것이 사람들을 고무하고 화자와 청자 사이의 심리적 장벽을 제거한다는 것이다(Yafai 2011,3). 문어체 아랍어가 권위와 공적인 격식, 추상성의 특징을 갖는 반면에 구어체는 사적인 비 격식, 구체성의 특징을 갖기 때문이다(Holes 1995, 291).

벤 알리가 혁명이 진행되는 과정에서 행한 세 차례 연설 중 1차와 2차 연설은 문어체 아랍어로 행하고 마지막 연설에서 튀니지 방언을 사용한 것은 권력 상실의 위기감을 실감하고 자신에게 등을 돌린 국민들에게 좀 더 가까이 다가서며 친근감을 표현하려는 언어적 선택으로 분석되었다(사희만 2012, 18). 벤 알리의 이러한 태도 변화와는 달리 역설적이게도 엘 제네랄은 노래를 통해 문어체가 아닌 구어체로 대통령과 그의 가족을 언급함으로써 권위와 권력에 도전한다는 인상을 주었다. 즉 엘 제네랄이 랩 노래에서 다음과 같이 질문을 던진 것은 두 가지 금기를 건드리고 있는 것이 된다. 대통령과 그의 가족에 관해 말하는 것과 권력의 상징인 대통령에게 거리낌 없

이 대중의 일상 언어인 구어체로 말을 거는 것이다.

> "경찰이 베일 쓴 여인을 때리고 있네,
> 만약 당신 딸에게 그런 짓을 한다면 어떻게 하겠소?"(R)

동일한 의미의 내용이지만 구어체로 발화되는 메시지는 청자에게 주는 정서적 감동이 문어체와는 차이가 있으며 정치적 메시지의 진정성의 온도 차이도 느껴진다(Holes 1995, 284). 이처럼 구어체 랩의 저항 노래는 일반 국민이 말하는 언어를 통해 그간 억눌려있던 불만과 요구를 대변함으로써 솔직하고 자유로운 표현의 자유에 대한 국민들의 두려움을 불식시켜주었다.

4.5 어휘

일반적으로 랩의 가사에 등장하는 어휘적 특징인 비속어나 욕지거리는 많이 사용되지 않았다. 실제로 엘 제네랄이 음악적 영감을 받았다고 하는 알제리의 래퍼 루트피 더블 카논(Lotfi Double Kanon)과는 대조적으로 전혀 비속어나 욕을 많이 사용하지 않은 점은(Bohn 2011,4) 특기할 만 하다. 유일하게 사용된 비속어는 벤 알리를 비롯한 권력층의 부패를 비난하는 맥락에서 사용된 '개자식'과 '개처럼'의 부사어이다.

> "개자식들이 국민의 돈으로 자신들의 배를 채우기만 했어요."(R)
> "개자식들아, 너희들은 우리에게서 훔쳐갔다"(T)
> "그가 겪고 있는 고통을, '우리는 개처럼 살고 있다'고 말한다"(R)
> "우리를 개처럼 던져 버리고 비웃었다"(T)

4.6 래퍼와 청중의 상호 호응

시위나 집회 공간에서의 가수와 청중간의 상호 호응은 참여감을 갖게 하고 시위 운동의 의도를 모방하도록 한다는 점에서 그 효과가 매우 크다(McDonald 2013, 224). 이미 앞 장에서 언급하였듯이 엘 제네랄의 랩 노래가 튀니지 텔레비전과 알 지지라 위성방송에 방송되고 시위가 전국으로 확대되자 시위대가 그의 노래를 따라 부르기 시작하였고 시위 집회에 엘 제네랄이 직접 나와서 노래를 부르면 이에 호응한 참여자들이 노래를 함께 부르는 경우도 나타났다. 이는 그 노랫말과 가락이 표상하는 감정 속으로 참여자들이 들어가 그것과 동일시하여 시위 공동체와 결속하는 것을 뜻한다. 즉 운동의 사회적 공간에서 집합 열광의 현상이 일어나게 되는 것이다(박영신 2006,74).

또한 민중 음악의 장르에 속하는 노래는 청중들로부터 본능적 반응을 불러일으키기 때문에(Saeed 2011,2) 이 노래는 지금까지와는 다른 의미를 지니게 되었다. 즉 거리로 뛰쳐나온 시위자들은 이 노래를 통해 다른 삶을 갈구하는 감정을 분명하게 표현하였다. 즉 저항 노래를 함께 따라 부르며 평소 억눌려있던 감정의 응어리나 불만을 외부에 표출함으로써 일종의 카타르시스로서 작용한 것이다. 이러한 방식으로 엘 제네랄의 '우리나라 대통령'은 변화를 언급하는 힙합으로서 시위대의 주제가가 되었다.

V. 결 론

본 연구에서는 아랍 민주화 혁명의 진앙지인 튀니지의 저항 노래들이 재스민 혁명 과정에서 시위자들에게 어떻게 영감을 주고 시위자들을 결집시키는 문화적 모티프가 될 수 있었는지를 분석해보고자 하였으며 이를 위해 저항 노래들 중에서 가장 큰 영향을 미쳤다고 판단되는 튀니지의 래퍼 엘 제네랄의 저항 노래 '우리나라 대통령'과 '튀니지는 나의 조국'의 가사에 나타난 주제와 언어적 특징을 분석하였다. 분석 결과 다음과 같은 연구 결과를 확인할 수 있었다.

첫째, 재스민 민주화 혁명에서 랩가수 엘 제네랄이 불렀던 힙합 노래들의 문화적 모티프는 시위자들의 비참한 현실을 반영하는 도시적 이미지들 즉 독재 정권의 억압과 부패, 빈곤, 실업, 경찰의 야만적 폭력성, 사회적 병폐 등이었으며 엘 제네랄은 랩의 노래 가사 속에 이러한 정치 사회적 현실에 대한 비판적 견해를 잘 용해시켜 표현하고 있음을 알았다. 이로써 저항 정신을 담는 힙합 노래 장르의 보편적 특성과 일치함을 알았다.

둘째, 엘 제네랄의 랩에서 다루어진 주제들은 튀니지에만 국한되지 않고 다른 아랍 국가들에도 공통적으로 적용되는 일반성을 갖고 있는 주제들이다. 따라서 이러한 일반성을 갖고 있는 주제들이 시위자들의 공감을 끌어내고 나아가 다른 아랍 국가로 혁명이 확대될 수 있는 요인이 된 것으로 판단된다. 결과적으로 저항 노래로서의 엘 제네랄의 랩 가사의 내용은 사회학자 데니소프가 제시한 시위 공동체로서의 결집과 참여를 조장하는 '마그네틱' 저항 노래로 파악되었다.

셋째, 언어적 특징으로는 저항 노래의 일반적 특징인 수사적 의문문의 사용이 포착되었으며, 아랍 수사의 대표적 수사법인 반복 어법이 각운과 어형 변화의 반복 등을 통해 음악성 창출을 위해 사용되었음을 알았다. 특히 후렴구의 반복은 공동체로서의 시위자들의 결집과 래퍼와 시위대의 상호 호응을 통한 일체감 조성에 기여한 것으로 판단되었다. 그밖에 비속어의 사용, 랩 가사의 구어체 방언, 연설체 화법 등의 특징을 파악할 수 있었다.

결론적으로 엘 제네랄의 랩은 오랜 독재 정치하에서 억압받던 국민들에게 독재 권력에 맞서 저항할 수 있도록 시위자들을 결집시키면서 특히, SNS혁명이라고 불릴 만큼 젊은이들이 주도하였던 재스민 혁명에서 힙합 음악이 고난과 역경에 처한 동년배 젊은이들에게 호소력있는 예술 장르로서 큰 공명을 일으키며 중요한 역할을 하였음을 알았다.

제3장

혁명 참여의 음악: 타흐리르 광장의 시위 노래

"나의 음악이 부드럽지만, 무대 위에서 나는 전사가 된다" -Emel Mathlouthi-

1. 서 론

2011년 아랍 민주화 혁명이 진행되는 과정에서 거리의 시위자들은 자신들의 요구와 불만을 구호와 플래카드, 포스터와 노래 등의 다양한 형태로 표출하였다. 그 중에서도 튀니지와 이집트를 중심으로 한 <아랍의 봄>의 시위 집회에서 시위 노래는 구호와 더불어 시위자들을 결집시키는 중요한 역할을 하였다. 즉 시위는 음악과 같은 중요한 심미적 요소를 포함하는 현장의 분위기가 중요한 물리적 공간이 되므로(Rosenberg 2013,179) 시위 현장에서 슬로건이나 함성과 함께 어우러져 불리는 노래는 시위 참여자들을 결속시키게 된다. 곧 시위 과정에서 노래를 함께 부른다는 것은 노래 가사와 리듬,

멜로디에 의해 나타나는 감정에 참여자들이 공감하며 동일 공동체에 결속함을 뜻한다. 즉 시위의 사회적 공간에서 집합 열광의 현상이 일어나게 된다(박영신 2005, 74).

이러한 열정에 북받친 아티스트들이 노랫말을 짓고 거기에 곡을 붙이게 되며 따라서 시위 현장의 열광적 공간은 노래를 만드는 사람들에게 창조의 기회가 된다(박영신 2005, 84). 아랍 민주화 혁명 과정에 참여한 음악 아티스트들 역시 자신이 만든 노래를 이용해 독재 정권의 억압과 불의에 맞서 과감하고 분명하게 반대 의사를 말하고 시위 군중을 자극하고 활기를 불어넣음으로써 2011년 <아랍의 봄>에서 중요한 역할을 수행하였다. 특히 이집트 민주화 혁명의 진앙지이자 혁명의 상징적 공간으로서 시위 중심지였던 카이로 타흐리르 광장은 혁명 기간 내내 음악 아티스트들이 시위 현장에 함께 하며 시민들의 민주화 시위에 대한 지지를 노래로 표현하면서 그야말로 세상을 바꿀 수 있는 "음악의 힘"을 실감할 수 있는 열광의 공간이었다.

이와 같이 시위 노래는 자유로운 음악적 창의성과 사회관을 담고 있으며 시위 노래는 시국과 관련된 사회 운동과 관련되는 노래로 정의될 수 있다. 또한 시위 노래의 가사는 의미심장한 경험적 지식에 바탕을 둔 내용을 담고 있다. 결국 시위 노래는 사람들을 시위로 끌어들이고 단체의 결속과 참여를 조장하는데 목적이 있고 솔직한 정치적 메시지를 전달한다(Denisoff 1966, 581-589)고 할 수 있다. 또한 18세기 프랑스 사상가 장 자크 루소(Jean-Jacques Rousseau)는 음악이 정치 참여의 언어이자 감성의 표현으로서 도덕적 특질과 사회적 중요성을 지닌다고 주장하였다(Street 2012, 144). 그러나 무엇보다도 시위 노래가 갖는 역사성은 그것이 하나의 정서적 표현 형식으로서 사람들에게 공유된 정서가 어떤 사건을 만날 때 반응하는, 사람들의 마음속에 공통적으로 각인된 기억 혹은 기록이라는 점이다(유종순 2016, 8).

본 연구에서는 이와 같은 시위 노래의 목적과 기능에 비추어 이집트 민주화 혁명 과정에서 시위 노래들이 어떻게 시위자들에게 영감을 주고 결집시켰는지, 시위가 벌어진 거리에서 권력에 맞서 시위자들을 결집시키는 문화적 모티프가 될 수 있었는지를 시위 노래의 가사를 통해 분석해보고자 한다.

이를 위해 이집트 민주화 혁명에서 불러진 시위 노래들 중에서 시위 과정에 큰 영향을 미쳤다고 판단되는 시위 노래로 라미 에삼(Ramy Essam)의 irḥal(물러나라), 이집트 밴드 우스트 엘 발라드(Wust al-Balad)와 카이로케(Cairokee)[21]가 함께 만든 ṣawt al-ḥurriyya(자유의 목소리), 카이로케와 아이다 엘 아유비(Aida el-Ayubi)의 yā al-mīdān(오 광장이여), 무함마드 무니르(Muhammad Munir)의 izzay(어떻게)의 네 곡을 분석 대상으로 삼았다. 그 중 '물러나라'와 '자유의 목소리'는 사회 참여 음악 전문 사이트인 JTMP[22]에 의해 아랍 민주화 혁명 5대 시위 노래에 선정된 곡들이다.

아랍 민주화 혁명 과정에서의 시위 노래에 대한 연구는 정치 사회학 분야의 연구 성과와 비교할 때 미미한 형편이다. 국내에서는 사희만(2015) "튀니지 재스민 혁명에서의 저항 노래에 관한 연구 -엘 제네랄(El Général)의 랩(Rap)을 중심으로-"의 선행 연구가 있으

21) 이집트 민주화 혁명 과정에서 현실 정치와 관련된 노래로 유명해진 이집트 록 밴드의 이름 '카이로케'(Cairokee)는 '카이로'와 '카라오케'의 합성어로 '카이로'와 함께 더불어 노래하는 그룹임을 뜻하려는 의도가 엿보이는 그룹 명이다

22) JTMP가 선정한 5대 시위 노래에는 튀니지의 아멜 마쓸루씨가 부른 "나는 자유, 나의 말은 자유", 시리아에서 불린 작사 무명의 시위 노래 "자유의 외침", 이란 대학생들의 시위 노래 "Yar-e-Dabestanie-man"가 선정되었다. http://www.jtmp.org/?s=Arab+

며, 모로코를 중심으로 민주화 혁명이전의 시위 노래에 대한 사회언어학적 연구로서 Sarali Gintsburg(2013)의 "난 사투리로 너희들을 위해 랩을 지껄여주마: 모로코 힙합 문화의 지역성과 글로벌"(*Yo! I'll spit my rap for y'all...in darija:Local and global in Moroccon hip hop culture*)와 "모로코의 사회 정치적 시위 노래: 주요 주제와 언어적 양상"(*Songs of Social and Political Protest in Morocco: Key Themes and some Linguistic Aspects*), 팔레스타인 저항 운동에 나타난 저항 음악을 다룬 David McDonald (2013)의 "나의 목소리는 나의 무기 음악, 민족주의와 팔레스타인 저항의 시학"(*My Voice is My Weapon Music, Nationalism, and the Poetics of Palestinian Resistance*)이 이 분야 연구의 기초적 연구 성과물이다.

본 연구에서는 민주화 시위에 사용될 목적으로 만들어지고 타흐리르 광장이라는 시위 현장에서 아티스트들이 직접 공연하거나 시위 군중이 따라 불렀던 현장성이 강한 시위 노래들만을 연구 범위와 분석 대상으로 삼았음을 밝혀두며, 이들 시위 노래의 형태와 내용을 분석하면서 시위 노래들의 일반적 특성을 제시해보고자 한다.

II. 타흐리르 광장의 시위 노래 분석

1. 라미 에삼의 irḥal(물러나라)

이집트 혁명 기간 타흐리르 광장은 혁명의 공간으로서 국민적 저항의 집회 장소로 정착되었다. 광장에 운집한 시위 군중은 동일 공간에서 시위 노래를 함께 부르며 일체감을 느끼고 때로는 분노하여 구호를 외치며 독재 정권에 대한 저항이라는 공감을 불러일으키는 공간으로 기능하였다.

튀니지의 독재자 벤 알리가 축출된 후 이집트 민주화 시위에 새롭게 등장한 시위 노래들은 단도직입적이고 단호하며 민주화에 대한 기대감으로 충만하였다. 또 독재자의 축출과 같은 구체적인 행동을 요구하기까지 하였다. 이러한 측면에서 이집트의 싱어 송 라이터인 라미 에삼의 irḥal(물러나라)는 이집트 민주화 혁명에서 시위 노래의 원조 격이다.

별칭 '타흐리르 광장의 소리'로 불린 라미 에삼은 16세에 기타를 연주하기 시작하여 그룹 사운드 mas͟hākil(문제들)의 리드 보컬로 활동하였다. 그룹 이름에서 짐작할 수 있듯이 그는 이집트의 여러 사회적 문제들에 관해 노래를 불렀다. 2011년 1월 30일 고향인 만수라에서 카이로로 올라온 그는 타흐리르 광장에서 야영하며 시위에 참여하였다.

무바라크가 아직 권좌를 지키고 있던 2월 1일 밤 행한 연설에서 9월 대통령 선거를 치룬 후에 물러나겠다고 말하며 사실상 즉각적인 하야를 거부하였는데 무바라크의 이 연설 내용은 타흐리르 광장 밖에 있는 사람들에게는 수긍할 수도 있는 것이었다.

그러나 타흐리르 광장의 시위 군중은 즉각적인 하야를 거부하는 것으로 해석되는 무바라크의 발언에 실망과 분노를 감추지 못하였다. 이에 성난 시위 군중들은 에삼에게 그의 노래로 시위대의 사기를 진작시켜줄 것을 요청하였고(Parker 2011,3) 에삼은 타흐리르 광장의 텐트 속에서 시위자들이 외치던 구호를 가사로 개사하고 곡을 붙여 시위 노래 irḥal을 만들었다[23]. 이렇게 하여 에삼의 노래는 '타흐리르 광장의 노래'가 되었으며 에삼은 '혁명의 가수'로 여겨지게 되었다.

이집트 국민들의 무바라크에 대한 분노와 반감이 잘 드러나고 있는 이 노래의 가사는 이집트 민주화 혁명 과정에 사용된 유명한 시위 구호들 그 자체로 구성되어 있는 것이 특징적이다(Abdu l-Latif 2012, 41).

kullu-nā aydin wāḥida
ṭalabnā ḥāga wāḥida
irḥal irḥal irḥal irḥal
yasquṭ yasquṭ Ḥusnī Mubārak
al-sha'b yurīd isqāṭ al-niẓām

"우리는 모두 하나로 뭉쳤다.
우리가 요구하는 것은 단 하나
물러나라! 물러나라! 물러나라! 물러나라!
타도하자, 타도하자, 무바라크
국민은 정권 타도를 원한다"

튀니지 민주화 혁명에서는 프랑스어 어휘인 Dégage("떠나라/물러나라")가 명령형 구호로 등장한 바 있으나 이집트 민주화 시위에서는 2인칭 명령형 아랍어 동사인 irḥal이 주로 사용되었다. irḥal 구호는 2011년 1월 25일 이후 2월 초까지 계속된 이집트 혁명의 진앙 지인 타흐리르 광장에서 가장 많이 사용된 구호이며 풍자 만화, 농담, 일화, 욕설 등 다양한 방식으로 SNS와 인터넷을 통해 전파되었다(Srage 2013, 2-3). 때문에 시리아, 리비아, 예멘 등 <아랍의 봄>이 발생한 다른 아랍 국가들과 심지어 이스라엘에서도

23) 시위 구호가 노래 가사와 제목으로 사용된 또 다른 예는 에삼이 작곡하고 노래한 "빵, 자유, 사회 정의"가 있다. 이 시위 구호는 생존을 위해 인간으로서 누려야 할 기본적인 가치인 '식량'과 '자유', '정의'를 노래한다(사희만 2016,16).

사용되는 등 파급 효과가 큰 시위 구호가 되었다.

명령형 동사 구문인 irḥal이 "떠나라/물러나라"고 말하는 대상은 압제적이고 부패한 통치자들이며(Srage 2013,1) 당연히 변화를 갈망하는 시위자들의 열망과 주장이 반영되어 있다. 따라서 명령형의 간단한 시위 구호를 노래 가사에 사용한 것은 노래를 통해 시위자의 요구와 주장을 직설적이고 단호하게 표현하며 행동으로 옮길 것을 요구하는데(Yafai 2011, 2) 가장 적합한 문형이기 때문으로 파악된다.

또 이 시위 노래에는 irḥal의 2인칭 직접 명령과 함께 3인칭 동사 yasquṭ 의 간접 명령문 형태의 구호도 사용되었는데 경찰의 과잉 유혈 진압과 무바라크의 국면 전환용 임시변통 수습책에 불만을 표출하며 무바라크 퇴진을 요구한다.

> yasquṭ yasquṭ Ḥusnī Mubārak
> 타도하자 타도하자 무바라크(x4)[24)]

이 노래에는 은유나 비유가 들어있지 않은 직설적인 언어로 국민이 원하는 바를 분명히 말하는 표현 al-<u>sh</u>a'b yurīd isqāṭ al-niẓām(국민은 정권 타도를 원한다)가 등장한다. 본래 2011년 1월 26일 타흐리르 광장의 시위에 등장한 이 구호를 노래 가사로 가져온 것은 무바라크의 폭압적인 장기 독재, 부패, 인권 탄압, 실업과 생활고 등에 대한 국민적 심판과 응징을 의미한다(사희만 2016, 12-15).

에삼의 시위 노래 가사에 등장한 명령형 동사 구호와 "국민은 정권 타도를 원한다"는 구호의 후렴구 반복은 가수와 청중인 시위자

24) 여기서 x4는 각각 해당 노래 구절이 반복되는 횟수를 나타낸다.

들 간의 상호 호응을 통해 시위자들의 참여를 유발하며 일체감 조성에 기여하게 된다(McDonald 2013, 224). 이는 다른 음악 장르와 구별되는 시위 노래의 주요한 특징이다(Saeed 2011, 1).

다음 노래 가사에 등장하는 일인칭 복수 '우리'는 이집트의 다수의 목소리 즉 '이집트인들'과 '이집트 국민'을 포함하는 아랍세계 전체 아랍인들과 동일시되기도 한다. 이집트 시위 노래 뿐 아니라 대부분의 공적 담화에서 '우리'는 종교적으로 이슬람과 기독교의 종파적 다양성이나 사회적 계층의 다양성에도 불구하고 하나의 국가 공동체로서 정체성의 동일성을 드러낸다(Bassiouney 2014, 48).

huwa yimshi mush ha-**ni**mshi(x4)

"그가 물러나야 한다. **우리는** 물러서지 않는다"

kullu-**nā** aydin wāḥida
ṭalab**nā** ḥāga wāḥida
irḥal irḥal irḥal irḥal(x4)

"**우리는** 모두 하나로 뭉쳤다.
우리가 요구하는 것은 단 한가지
물러나라! 물러나라! 물러나라! 물러나라!"

라미 에삼이 부른 노래 가사에서 표출되는 솔직성은 타흐리르 광장에서 분출되는 자유를 뜻하였다. 이 노래는 이집트 국민들이 진작부터 공감하면서도 미처 표현하지 못했던 메시지를 국민들 사이에 확산시키는데 기여하였다. 바로 이런 점에서 애당초 청중의 참여를 독려할 목적으로 만들어진 에삼의 노래는 튀니지의 랩 저항가수인

엘 제네랄의 저항 노래와 구별된다. 에삼의 노래에서는 그간의 심리적 공포심의 장벽은 무너졌고 변화에 대한 기대가 드러난다(Yafai 2011, 2). 에삼은 타흐리르 광장에서의 창조성의 분출을 일반 국민들의 감정을 표현한 것이라며 다음과 같이 설명하고 있다.

"예술이라고 하는 것은 타흐리르의 보통 사람들에게서 나온 것이다. 왜냐하면 그곳 사람들은 강력한 예술적 에너지와 발산하고 싶은 솔직한 감정 –그것이 고단함이나 분노, 또는 행복감이든 간에- 각기 다른 느낌을 표현하고 싶어 했기 때문이다"(Mackay 2011,2).

싱어 송 라이터인 에삼은 종종 다른 사람들이 지은 시에 곡을 붙여 노래하였는데 이집트의 유명한 풍자 시인인 아흐마드 푸아드 네금(Ahmad Foad Negm)[25]이 지은 풍자 시 '망아지와 당나귀'(al-gahsh wa l-ḥomār))에 곡을 붙인 노래가 대표적 예다. 그 시는 새끼 당나귀가 자기 아버지 당나귀에게 아버지 시대가 끝났다고 말하고 이제는 아들인 자신이 아버지를 대신해야 한다는 내용의 시이다. 여기서 당나귀와 망아지는 각각 무바라크 대통령과 그의 아들 가말을 지칭한 것이다.

망아지가 당나귀에게 말했다:
"아버지, 그 마차를 넘겨주세요.
아버지, 연로하시니 이제 제 차례입니다"
이때 당나귀가 너무 세게 기침을 해서 승객들이
공포에 사로잡혔다.
"아들아, 건강 문제가 아니야, 이 모든 것은 계산이 된거야

25) 아흐마드는 무바라크가 정권을 잡기 이전부터 부패와 억압에 대항하며 생애 81년 중 18년을 이집트 감옥에서 보냈을 만큼 가난한 사람들을 위한 민중의 목소리를 대변해왔다. 그는 한 인터뷰에서 "시적 영감은 이집트 국민들에게서 나온다"고 말한 바 있다(DeGhett 2012,.2).

마차를 몰 수 있는 현명한 사람이 필요해"

2. 우스트 엘 발라드(Wust El Balad)와 카이로케의 ṣawt al-ḥurriyya (자유의 목소리)

'사유의 목소리'는 이집트 밴드인 우스트 엘 발라드의 리드 싱어인 하니 아델(Hany Adel)과 2003년 결성된 5명의 멤버로 구성된 락 밴드인 카이로케 리드싱어 아므르 이드(Amr Eid Hawary)가 작사 작곡 등 공동 작업하여 만든 노래이다. 이 노래는 타흐리르 광장을 점거하고 있던 젊은 시위자들에 대한 지지와 찬사를 표하는 동시에 무바라크의 하야를 기념하기 위해 만들어진 곡으로 이집트 민주화 혁명에 대한 헌정 곡이자 혁명의 주제가로 간주될 수 있다(Cullum 2011, 5).

"이집트 방방곡곡에서 자유의 목소리가 외치고 있다"는 구절이 반복 사용되고 있는 노래 가사에서는 무바라크 축출 이후 많은 사람들이 느꼈던 '아랍의 봄'에 대한 자긍심을 표현했다.

fī kulli shāri' fī bilādī
ṣūt al-ḥurriyya bi-yinādī
rafa'nā ra'sanā fī al-samā'
wa l-gū' mā ba'ash bi-yihummu-nā
ahammu ḥāga ḥaqqu-nā
wa niktib ta'rīkha-nā bi-dami-nā

"나의 조국 방방곡곡에서 자유의 목소리가 외치고 있다
우리는 하늘 높이 머리를 치켜들었고
배고픔은 더 이상 문제가 아니었다
가장 중요한 것은 우리의 권리인

피로써 우리의 역사를 기록하는 것이다"

또한 노래는 타흐리르 광장을 점거하고 민주화 시위를 주도했던 젊은 청년들에 대한 지지와 찬사를 표현한다.

ṭala'a al-shabāb al-badī'u
qalabū kharīfa-hā rabī'a
wa ḥaqqaqū al-mu'giza
ṣaḥḥū al-qatīl mina l-qatl

"창의적인 젊은이들이 거리로 나와
이집트의 가을을 봄으로 바꾸었다.
그들은 기적을 이루고
죽은 자를 소생시켰다"

또한 노래는 혁명이 가져다 줄 변화에 대한 꿈이 젊은이들의 시위 참여의 동력이었음을 나타내며 동시에 이집트의 미래에 대한 희망을 표현한다.

silāḥu-nā kāna aḥlāma-nā
wa bukra wāḍiḥ quddāma-nā ......

"우리의 무기는 우리의 꿈이었고,
내일은 우리 앞에 명확하다......"

노래는 젊은이들의 이름으로 혁명 이후의 변화와 자유, 개혁을 촉구한다.

"anā nazaltu wa qultu mush rāgi'
wa katabtu bi-damī fī kulli shāri'

samma'nā illī mā kan<u>sh</u> sāmi'
wa takassarat kullu l-mawāni'

"나는 거리로 나가 말했지, 나는 돌아오지 않을 거야
나는 거리마다 피로 글을 썼지
우리는 우리의 말에 귀 기울이지 않는 모든 사람들에게
목소리를 내었지
그러자 모든 장벽이 부서졌다."

타흐리르 광장의 대중 점거는 또한 집단적 축제적인 분위기를 자아내어 수많은 노래와 비디오 양산에 영감을 주었다. 예컨대 '자유의 소리' 뮤직 비디오는 2011년 1월 18일간에 걸친 혁명 기간 동안 디지털 SLR 카메라로 타흐리르 광장에서의 시위 장면을 생생하게 전함으로써 혁명 전에는 탄압과 국가에 대한 불만을 묘사하는 노래를 불렀던 이 그룹이 대중적 인기를 얻게 된 것이다(Detrie 2011,2).

3. 카이로케와 아이다 엘 아유비의 'yā al-mīdān'(오 광장이여)

이집트 혁명에 관한 또 다른 노래 '오 광장이여' 는 록 밴드 카이로케와 독일 태생으로 이집트에서 자란 아이다 엘 아유비(Aida El Ayoubi)의 듀엣 곡이다. '오 광장이여'의 멜로디는 여느 서정적인 발라드처럼 들릴 수도 있다[26]. 그러나 여기서 광장은 이집트 혁명의 상징적 아이콘이 된 해방의 광장(mīdān al-taḥrīr)을 뜻하는 만큼 총탄 자국 투성이가 된 옷의 이미지와 함께 의사 가운과 시위 전단에 묻은 피 자국을 보여주는 비디오 속의 노래는 보다 심오한 메시지를 담고 있다(Kagan 2012, 7).

26) https://www.youtube.com/watch?v=uB1DN6cHWr0

노래 가사의 첫 단락에서는 타흐리르 광장을 마치 생명력을 가진 저항 세력의 한 편으로 간주하며 말을 걸고 있다.

yāh yā al-mīdān
kunta fēn min zamān
ma'a-ka ghannēnā wa ma'a-ka shaqēnā
wa ḥārabnā khawfa-nā wa da'ēnā

"(타흐리르) 광장이여
그간 오랫동안 어디에 가 있었니?
그대와 함께 우리는 노래 불렀고
그대와 함께 우리는 고통 겪었으며
우리는 두려움과 싸우며 기도했었지"

또 '광장'을 통해 이집트인들의 정치적 의식이 각성될 수 있게 되었음을 노래하면서 "희생된 모든 것을 사람들에게 회상"시켜주고 "혁명은 아직 현재 진행형"임을 말하고 있다(Kagan 2012, 7).

aydin wāḥida nahār wa layl
māfīsh ma'ak shay' mustaḥīl
ṣawt l-ḥurriyya bi-yigma'u-nā
khalāṣ ḥayātu-nā ba'a li-hā ma'nā
māfīsh rugū 'ṣawtu-nā masmū'
wa l-ḥulm khalāṣ ma ba'ash mamnū'

"밤이든 낮이든 하나가 되어,
그대와 함께라면 불가능은 없다
자유의 목소리가 우리를 하나되게 하며
마침내 우리의 삶도 의미를 갖게 되었다
이제 과거로의 회귀는 없으며
우리의 목소리를 낼 수 있게 되었고
꿈은 누구나 가질 수 있다"

그리고 '광장'에서 새로운 사람으로 다시 태어났으며 꿈도 생긴 것임을 비유적으로 언급하며 그 꿈이 어떤 꿈인지를 말한다. 이 맥락에서 젊은이들의 혁명 참여 의도가 순수함을 드러낸다.

> itwaladna min gadīd
> wa itwalad al-ḥulm l-'anīq
> bi-na<u>kh</u>talif al-niyya ṣāfiyya
> awqāt al-ṣūra makanti<u>sh</u> wāḍiḥa
> ha-niṣūnu balad-nā wa wilād walad-nā
> ḥaqq illī rāḥū min <u>sh</u>abābi-nā

> "우리는 다시 태어났다
> 꿈도 다시 생겼다
> 우리는 (서로) 다르지만
> 우리의 의도는 순수했다
> 때로 앞날이 불분명하지만,
> 조국과 후손을 지켜내며
> 이를 위해 목숨 바친 우리 젊은이들의 권리를 되찾으리라"

다음 노래 가사에서는 구체적인 혁명 이후에도 젊은이들이 주도적인 역할을 해야 함을 강조한다.

> lāzim bi-yidi-nā nu<u>gh</u>ayyr nafsi-nā
> idditnā kath<u>īr</u>
> wa l-bāqi 'alay-nā

> "우리 스스로 우리 자신을 변화시킬 것이다
> 그대 우리에게 많은 것을 베풀어 줬으니
> 나머지는 우리의 몫"

'광장'에서 벌어졌던 특정 사건이나 인물을 지칭하지 않지만 다음 노래 가사는 외부 세력의 시위대 침투나 KFC가 시위자를 매수했다는 풍문(Khalil 2011,143), 무바라크 정권 지지자들에 의한 '낙타 전투' 등 반정부 시위 때문에 혼란이 야기되었다는 구실을 조작하기 위해 경찰의 사주를 받은 깡패들에 의해 자행된 사건들(Assaf 2011,20)을 암시하는 것으로 해석될 수 있다.

mīdān malyān anwā' illī bāy' wa al-shuggā'
fīh illī ḥābib wa illī rākib
wa illī bi-yiz'aq wa illī sākit
…………………………
mīdān zay al-mawga
nās rākiba
wa nās mashdūda
nās barra bi-yiqūlū di hawaga

"온갖 부류의 사람들이 그 안에 있었지
용감한 자와 비겁한 자들
애국자와 시대의 흐름에 편승하려는 자들
목청 돋우는 자와 침묵하는 자들
…………………………………………
광장은 파도와 같다
어떤 사람들은 파도를 타고
어떤 사람들은 휩쓸려 가고
구경하는 사람들은 미친 짓이라고 말한다"

4. 무함마드 무니르의 izzay(어떻게)

무함마드 무니르의 노래 '어떻게'는 2010년 10월 녹음되어 무바라크가 대통령직에서 물러나기 전인 2011년 2월 6일 발표되었다. 발표되자마자 인터넷을 통해 급속히 퍼져나간 이 노래는 감동적인 시위 노래가 되었다. 무니르는 이집트를 다툼을 벌이는 연인에 비유한다.

izzay tarḍī-lī ḥabībtī?
atma‘shaq ismik
w-inti ‘umāla tizīdī fī ḥīratī
wa mantīsh ḥāssa bi-ṭībatī izzay?
mush lā’i fī ‘ushqi-ki dāfi‘
wa lā ṣidqa fī ḥubbi-ki shāfi‘
izzay anā rāfi‘ra’sa-ki?
w-inti bi-tiḥannī ra’sī izzay?

"나의 사랑이여, 어떻게 이것을 나보고 받아들이라고 합니까?
당신은 나를 더욱 당혹스럽게 만드는데
나는 당신의 이름이 마냥 좋아요
어찌 당신은 나의 진정성을 알아주지 못하나요?
당신에 대한 나의 사랑에는 아무런 이유도 없어요
나의 충실한 사랑은 구원을 가져다주지 않았소
어찌 내가 그대 머리를 높이 쳐들게 할 수 있소?
그대가 나의 머리를 숙이게 만들고 있는데
어떻게?"

위 노래 가사 중 이집트를 불화를 겪고 있는 연인 사이로 비유하고 있는 맥락에서 의문문이 6개 사용되고 있는데 이는 시위 노래의 언어적 특징으로 의문문이 많이 사용된다는 기존의 연구 결과와 일치된다(사희만 2015, 18).

이어서 노래의 최고 절정 순간에 무니르는 이집트인들에게 시위대에 합류를 촉구하며 결의에 찬 단호한 어조로 말한다.

wa ḥayāti-k afḍal ughayyir fīkī li-ḥaddi mā tarḍi ‘alay-hi
izzay sayyabā-nī fī ḍa‘f-ī?
ṭayyib lē mush wāqifa fī ṣaffī?

"맹세코 그대가 나에 의해 만족할 때까지
나는 계속 그대를 변화시키고 말겠소!

어찌 나를 마음 약하게 놔둡니까?
왜 내 곁에 함께 하지 않습니까?"

이처럼 무니르는 자신과 국가 사이의 관계를 서로 사랑하는 연인 사이로 비유하면서 이집트를 불충한 상대로 설정해놓고 있다. 즉 노래 속에서 이집트를 연인으로 의인화하고 자신과 국민들에 대한 그녀(이집트)의 사랑이 어느 정도인지 따지고 든다. 이 노래의 핵심은 이집트 국민을 사랑하고 위로할 수 없는데 대한 실망감에 있다.

국민과 국가의 관계를 서로 사랑하는 연인으로 묘사함으로써 이 노래는 시위자들이 혁명에 참여하게 된 동기를 잘 설명해준다. 이 시위 노래처럼 시위자들이 독재 국가에 대해 저항하는 것과 사랑하는 연인을 따를 수 없는 처지를 비유적으로 설정한 것은 적절한 것이다(Mehrez 2012, 226).

Ⅲ. 결론

2011년 이집트 민주화 혁명 과정에서 이집트의 많은 음악 아티스트들이 자신들의 노래를 통해 이집트 민중의 자유로운 꿈과 이상을 노래하며 독재 정권의 억압에 노래로써 저항하는 방식으로 시위에 참여하였음을 보았다. 또 그들의 노래는 시위 집회에서 시위 참가자들을 응집시키고 분위기를 고조시키는데 지대한 역할을 하였다

본 연구에서는 이집트 민주화 혁명 과정에서 시위 노래들이 어떻게 시위자들을 결집시키는 문화적 모티프가 될 수 있었는지를 시위 노래의 가사를 통해 분석해보고자 하였다. 이를 위해 카이로 타흐리르 광장의 시위 집회에서 시위에 가장 큰 영향을 미쳤다고 판단한

시위 노래 4곡을 분석 대상으로 삼았다. 분석 결과 다음과 같은 연구 결과를 확인할 수 있었다.

첫째, 이집트 민주화 혁명 과정의 시위 노래가사가 전달하고자 하는 메시지는 주로 독재자나 독재 정권 타도, 국민의 정치적 각성 촉구, 자긍심 고취와 혁명 참여를 독려하는 내용이며, 결국 이집트 시위 노래들의 문화적 모티프는 '자유의 목소리'에서처럼 민주화 혁명이 궁극적으로 이집트가 처한 정치 사회적 문제들을 해결해주리라는 이전과는 다른 변화와 개혁에 대한 희망과 기대였음을 알았다. 따라서 시위 노래에 등장한 어휘들도 주로 변화에 대한 민중의 새로운 요구를 표현하고 있다. 이는 기 수행된 튀니지 민주화 혁명에서의 저항 노래에 대한 연구 결과와 유사함을 확인할 수 있었다. 이는 지역이나 문화권을 넘어 저항 노래 또는 시위 노래의 일반적인 특성으로 파악된다.

둘째, 시위 노래에서 의문문이 많이 사용된 것과 아랍 수사의 특성인 반복 어법이 현저하게 많이 사용된 것은 시위 노래의 일반적 언어 특징으로 파악된다. 반복 어법은 음악성 창출에 기여하며 후렴구의 반복은 가수와 시위자들의 상호 호응을 통한 일체감 조성에 기여한 것으로 판단된다. 이는 단순하고 매력적인 선율적 요소를 갖춘 시위 노래가 단순하고 반복적인 합창에 힘입어 즉시적으로 대중을 포용하기 때문이다.

셋째, 라미 에삼의 노래에서는 시위 구호들이 가사로 사용되었는데 이는 시위 구호의 속성상 시위자의 요구나 주장 등의 메시지를 직설적이고 단호하게 표현하는데 적합하기 때문으로 파악되었다. 이와 관련하여 특히 명령형의 구호가 특기할 만하다.

넷째, 민주화 혁명에 참여한 이집트 음악 아티스트들이 노래를 통해 내고자 했던 정치적 목소리는 궁극적으로 언론의 자유와 표현의 자유에 대한 것이다. 그것은 진정 자유를 갈망하는 이집트 음악 아티스트들의 시위 참여의 핵심적 요인 중 하나로 파악되었다.

이집트 민주화 혁명을 계기로 등장한 정치적 노래들이 단순히 일시적 유행 현상으로 남을지 아니면 이집트 대중 문화 속에 카이로케와 같은 언더그라운드 그룹들이 활동할 수 있는 무대가 마련되는 등 이집트 사회에 미칠 영향을 예단하기는 어렵다. 그러나 분명한 것은 시위 노래 가사가 사람들의 정서적 공유를 토대로 한 역사적 기록이라는 점에서 이들 시위 노래가 잊혀지지 않는 한 그 역사 또한 기억될 것이라는 점이다.

본래 논문 구상 초기 단계에서 계획했던 60년대 대중가요의 리바이벌 현상이나 젊은이들의 힙합 노래를 본 연구에서는 제한적 여건상 다루지 못했는데 총체적인 시위 노래 관련 연구 성과를 위해서는 추후 이에 대한 후속 연구의 필요성이 제기됨을 밝혀둔다.

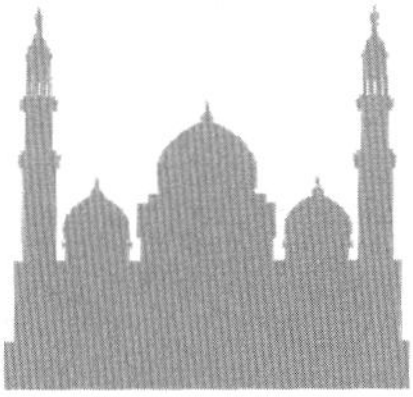

PART 2

독재자와 언어

제4장

재스민 혁명과 벤 알리 튀니지 대통령의 연설

1. 서론

벤 알리는 1987년 11월 무혈 쿠데타를 일으켜 30년 동안 장기 독재 정권을 구축해온 하비브 부르기바(Habib Bourguiba) 초대 대통령을 축출하고 제2대 대통령에 취임하여 집권 초기에는 여러 가지 개혁 정책을 펴는 등 국민 대다수의 압도적인 지지를 받기도 하였다. 그러나 5선의 대통령 연임을 통해 장기 집권을 유지하면서 높은 실업률과 물가 상승 등의 이유로 국민들의 불만이 고조되었다. 튀니지의 한 20대 청년의 죽음이 발단이 된 '재스민 혁명'은 벤 알리 대통형의 장기 집권 하에서 만성적인 실업과 고물가에 시달려 온 주민들의 그간 억눌렸던 분노가 폭발한 것이다. 결국 시민들의 대규모 시위와 집회가 일어났고, 정부의 강경 진압으로 사상자가 속출하면서 걷잡을 수 없이 사태가 확산되는 상황에서 튀니지 국민의 요구에 떠밀린 벤 알리 대통령이 사우디로 망명함으로써 23년간의 철권

통치가 종식되었다.

이와 같은 튀니지 시민 혁명의 진행 과정에서 벤 알리는 권좌에서 축출되기 까지 세 차례에 걸쳐 대 국민 연설을 행하였다. 즉, 초기에는 국지적으로 소규모로 시작된 시위가 점차 대규모 반정부 시위로 확산되고 전국적으로 번져나가자 벤 알리 대통령은 2010년 12월 28일 7분에 걸친 대 국민 연설을 행하였다. 이어 2주일 후인 2012년 1월 10일 두 번째 대 국민 연설을 하였고, 이로부터 사흘 후 망명 직전인 1월 13일 마지막 연설을 행하였다[27].

대중을 상대로 하는 정치 연설은 설득과 선동의 기능을 가진 언어 수행으로서 화자인 연설자가 주어진 상황에서 특정의 계획된 의도를 가지고 언어를 선택하고 변형한 것이 된다. 따라서 본 논문에서는 '혁명'이라는 정치적 사회적 격변기에 독재자 벤 알리가 행한 세 차례의 연설을 중심으로 여기에 나타난 언어적 변화와 그의 수사적 태도 변화를 고찰해보고자 한다.

이를 위해 벤 알리의 연설에 대한 본격적인 분석에 앞서 연설이 행해지는 상황과 연설 내용의 관련성을 염두에 두고 각 연설에 앞서 전개된 시위 상황을 간략히 기술한 후에 연설 내용의 개요를 제시하며 이를 토대로 연설에 대한 언어적 수사적 분석을 시도하고자 한다.

27) 여기서는 편의상 이들 세 연설의 발생 순서에 따라 각각 1차, 2차, 3차 또는 마지막 연설로 칭하기로 한다.

2. 연설의 상황과 내용 구성

2.1 1차 연설

2.1.1 연설 상황

2010년 12월 17일 튀니지의 중부지방에 위치한 시디 부지드(Sidi Bouzid)에서 대학을 졸업하고 일자리를 얻지 못해 채소를 팔며 전전하던 26세 청년 무함마드 부아지지(Muhammad Bouazizi)는 무허가 노점상을 한다는 이유로 단속하던 경찰에 채소들을 빼앗기고 구타당한 후 이에 대한 항의로 분신하였다. 같은 날 수십 명의 상점 주인들과 젊은이들이 주지사 면담을 요구하며 주 청사 앞에 모였다. 이후 시디 부지드를 중심으로 자발적인 시위가 시작되고 경찰이 강경 진압을 시작하자 밤늦게까지 시위대와 경찰이 대치하는 상황이 되었다. 20일 경에는 시위대와 경찰의 대치 상황은 인근의 다른 도시로 확산되었다. 22일 시디 부지드에서 24세의 실직 청년이 전봇대에 올라가 "가난을 끝내라, 실업을 끝내라"고 외치며 추락함으로써 첫 희생자가 발생하였다. 같은 날 멘젤 부자이안(Menzel Bouzaiane)에서 공공건물에 방화가 시작되고 국가 보위대 기지를 포위하였다. 24일에는 같은 도시에서 18살 소년이 경찰의 총격을 받아 사망하였는데 국가 공권력에 의한 최초의 희생자였다. 마침내 25일과 26일에는 처음으로 수도 투니스에서도 실업자 대학 졸업생들의 항의 시위가 시작되어 수천 명이 거리를 점거하고 경찰과 대치하였으며 지방청사에 방화하였다. 27일 주로 학생과 노조원, 인권 운동자들인 수백 명의 시위자들이 반정부 시위의 연대를 과시하며 튀니지 지방의 균형 개발과 취업할 권리를 요구하였다. 시디 부지드에서는 처음으로 변호사들이 시위에 참가하였다. 시위 시작 10일째가 넘은 28일 벤 알리 튀니지 대통령은 뒤늦게 병원으로 무함마드 부아지지를 찾아가 병문안하였으며 튀니지 혁명 과정에서의 1차 대 국민 연설을 행하였다.

2.1.2 연설 내용과 구성

(1) 사태에 대한 우려 표시 및 불순 세력의 소행으로 규정

연설 서두에서 벤 알리 대통령은 시디 부지드에서 일어난 사건에 대해 우려를 표하면서 일련의 사태는 사회의 일부 세력에 의해 촉발된 것으로 정부는 그 원인과 심리적 원인을 이해하고 있으며, 일부 불순 세력에 의한 정치적 조작의 결과로 과장된 것임을 밝히고 있다. 이 대목에서는 허위 거짓 주장에 근거하며 튀니지에 적대적인 날조와 모욕적인 보도를 하고 있는 일부 외국 텔레비전 방송에 책임을 전가하며 비난하였다.

(2) 실업 대책 제시

벤 알리는 실업자들이 처한 어려운 상황과 절망적 방법에 의존하게 되는 심리적 상태를 이해하며 정부는 이에 대한 특단의 적절한 조치를 취함으로써 유사한 사건의 재발 방지와 지역간 균형 발전, 모든 영역에서 공정한 성장 분배를 위한 정책을 제시하였다.

(3) 문제 해결위한 결의 표명 및 고급 인력 양산을 정부의 성과로 부각

실업 문제는 선진국이나 개발도상국이든 세계 모든 나라에서 겪고 있는 문제임을 밝힌 후, 국제 기구와 유엔이 인정하였듯이 튀니

지는 우수한 고급 인력을 매년 8만 명씩 배출하고 있음을 정부의 성과로 내세우며 이 모든 인력을 취업시키는 것은 과제이지만 미래지향적으로 볼 때 이들 고급 인적 자원은 복지와 발전으로 나가기 위한 낙관적 요소임을 강조하고 있다.

(4) 과격주의자와 선동자들에 대한 경고

튀니지는 지금까지 모든 정파와 사회 단체들과 대화의 방법을 통해 문제 해결을 위해 노력해왔음을 강조한 후, 그러나 국익에 반하여 다른 사람들의 돈을 받고 표현의 방법으로 폭력에 호소하거나 거리의 혼란에 기대는 소수의 과격주의자와 선동가들은 용납할 수 없으며 이들은 엄정한 법의 심판을 받게 될 것이라고 경고하였다.

(5) 언론의 자유에 대한 조건부 보장과 미래에 대한 장밋빛 전망

언론의 자유는 법의 테두리에서 보장받게 될 것임을 강조하는 동시에 수 년 내 고용 수요를 충족시킬 수 있는 해결 방안을 모색하여 임금과 가계 수입을 늘려 모든 튀니지 국민들의 생활 수준을 향상시키게 될 것이라고 밝혔다.

(6) 마무리

끝으로 벤 알리는 실업으로 야기되는 모든 문제의 대처에 미숙함이 없도록 만전을 기해달라고 정부에 당부하였다.

2.2. 2차 연설

2.2.1 연설 상황

12월 29일 수도 투니스에서 시위가 발생하였으며, 24일 멘젤에서 시위 도중 부상당했던 시위자가 사망하였다. 소요사태를 진정시키기 위한 조치로 시디 부지드 주지사가 해임되었으며 정부는 소요가 전국적으로 일어나고 있지 않고 국지적인 것임을 주장하였다.

12월 31일 수스(Sousse), 모나스티르(Monastir), 마흐디아(Mahdia), 가프사(Gafsa), 젠두바(Jendouba) 등지에서 변호사들이 시위대와의 연대를 보였다. 1월 3일 중서부 지방의 쌀라(Thala)에서는 시위대가 경찰과 충돌하였고, 시디 부지드 근방에서 고등학생들 250명의 시위대가 실업과 물가고에 대한 시위에 동조하여 평화 행진에 참가하였다. 이 과정에서 경찰이 최루탄을 발사하고 그중 한발이 모스크에 떨어짐으로써 시위가 더욱 격렬해졌다. 이에 성난 시위대는 정부 관공서에 방화하였다.

1월 4일 병원에서 치료를 받던 무함마드 부아지지가 사망하자 다음 날 약 5천명이 장례식에 참석하여 분노를 표시하였다. 시디 부지드에서는 한 여성이 자녀들과 함께 전봇대에 올라 정부가 일자리와 살 곳을 마련해주지 않으면 투신 자살하겠다고 위협했다. 정부의 탄압도 강화되어 인터넷을 끊고 사복 경찰들이 거리 순찰을 강화하는 가운데 학교는 폐쇄되었다. 경찰의 강압적 진압이후 평화롭던 시위는 폭력 시위로 변하였다, 그러나 시위는 여전히 대도시에 국한되었다. 시위 구호는 주로 "모든 사람에게 일자리를", "뇌물과 정실주의 타파", "자유 튀니지", "벤 알리는 떠나라" 등이었다. 불과 한 달 전만해도 누구도 상상할 수 없었던 표현을 거리낌 없이 말할 수 있게 된 것이다.

1월 6일, 시디 부지드의 중고등학교 대부분이 동맹 휴교에 들어갔으며 쳅바(Chebba)에서는 대학 졸업자인 아들의 취직과 생계 유지를 위한 도움을 청한 후에 시위자가 자살하였다. 곧 이어 실업과 부패에 항의하는 젊은이의 분신 자살과 또 다른 청년의 감전사 시도 사건이 발생하였다.

1월 8일 시디 부지드에서 두 번째 노점상 분신 자살 기도가 있었으며 9일 튀니지 정부는 반정부 시위 시작 이래 8명의 시위자가 사망했다고 처음으로 인정하였다. 이날 밤에는 사망자가 14명으로 늘어났다.

10일 레게브(Regueb)와 카세린(Kasserine)에서는 사망한 시위자들을 추모하기 위한 시위가 경찰과의 시가전으로 발전하였으며 경찰의 진압을 지원하기 위해 튀니지 군대가 처음 투입되었다. 전국 주요 도시에서 비슷한 상황이 전개되었다.

2.2.2 연설 내용과 구성

벤 알리는 공식적인 연설의 서두에 등장하는 형식적인 인사말을 생략하고 곧바로 튀니지 지방 도시에서의 공공 기관과 사유 재산을 겨냥한 폭력 행위를 언급하며 연설을 시작하였다.

(1) 폭력 사태의 배후 언급 및 경고

폭력 사태로 인한 인명 피해는 심야에 공공 시설과 가정 집을 급습한 두건을 쓴 깡패들에 의해 저질러진 테러 행위로서 배후에서 폭력을 조장하고 허위 사실을 날조, 유포하며 무고한 시민을 선동하는 적대 세력의 소행으로 규정하였다. 사기꾼들이 실업 문제를 악용한 것이며 이들은 외부로부터의 지원과 조종을 받는 과격주의자와 테러리스트들이며 순진무구한 청년들과 학생들을 선동하는 자들은 법의 심판을 받을 것임을 분명히 하였다.

(2) 고용 및 실업 대책 설명

정부와 공공 부분, 민간 부분이 공조하여 고용 능력을 배가하고 세입원을 창출하며 고용 분야를 다양화하고 확대할 것이며 총리에게 기업가들과 튀니지 산업 무역 연합과 접촉하여 졸업생 중에서 기업 임원의 4%에 해당하는 인원과 5만 명의 신규 직원을 채용하도록 하였다고 밝혔다.

(3) 언론의 자유 강화 표명

지역 신문이 다루는 지방 소식이 텔레비전과 라디오에도 나올 수 있도록 하며, 동시에 지역 라디오 방송과 인쇄 매체 망을 강화함으로써 지역 실정에 따라 시민들의 관심사와 기대를 표현하는 공간을 늘리겠다고 발표하였다.

(4) 국민과의 소통 의지 표명

국회의원들, 자문의원, 정당의 중앙본부가 지역 활동을 늘려 지역 여론을 청취하고 만약 고충이나 문제점에 대해서는 관계 당국이 나서서 해결해주도록 당부하였다.

(5) 고용촉진 방안 제시

고용 촉진을 위한 노력 이외에 내륙 개발지역에서 시작된 새로운 일자리 생성 프로젝트를 10년에 걸쳐 주 정부의 일정 이상의 부담 즉 10% 이상의 소득세와 고용주의 연금 기여금을 중앙정부가 떠맡도록 하겠다고 하였다.

(6) 마무리: 국민에 대한 당부와 대통령의 각오와 결의 표명

선동가들과 범죄자들로부터 자녀들을 보호하도록 부모들과 시민들에게 당부하고 이번 사태에도 불구하고 좌절하지 말고 오히려 이를 교훈으로 삼아 단단한 각오로 우리의 과업을 계속 수행해 나가야 한다고 연설을 끝맺었다.

2.3 3차 연설

2.3.1 연설 상황

벤 알리의 2차 연설 이후에도 시위는 수그러들지 않았고 오히려 관광지역과 수도 투니스에까지 확산되었다. 투니스에서는 시위에 나섰던 수백 명의 대학생들이 경찰의 추격을 피해 교내로 숨어버리자 경찰이 대학교를 포위하였다. 또한 12월 24일 멘젤 부아자인에서 시위 도중 다리에 총을 맞은 미취업 대학 졸업생이 자살하였다. 1월 11일 밤에는 폭동이 투니스 근교까지 확산되었다.

1월 12일 두즈(Douz)에서 2명이 사살되고 4명이 부상했으며, 투니스 근교의 폭동 진압을 위해 통행 금지가 실시되었다. 시위가 격화되는 것을 막아보려는 필사적인 노력의 일환으로 투옥된 시위자들을 석방하기도 하였다. 내무장관이 해임되고 정부는 부패에 대한 조사를 할 것임을 발표하였다.

1월 13일에는 카지노와 까르푸 대형 매장에 대한 약탈 행위가 일어나는 사태까지 이르렀다. 카이루안(Kairouan)에서 2명의 노동자가 사망하였으며 총 희생자는 66명에 달하였다. 튀니지 고위 군 장

성은 시위대에 발포하라는 벤 알리의 명령을 따르지 않았다는 이유로 해임되었다.

2.3.2 연설 내용과 구성

연설 서두에 벤 알리는 이전과는 달리 튀니지 방언으로 연설하겠다고 밝힌 후 사태가 큰 변화, 포괄적인 변화를 요구하고 있다고 말한다.

(1) 폭력 행위 중지에 대한 호소

실업자, 가난한 사람, 정치인, 자유를 요구하는 사람들 등 그 모든 사람들을 이해하지만, 그러나 작금의 사태는 우리의 본래 모습이 아니며 폭력주의는 개명된 튀니지 국민, 관대한 튀니지인의 관습이 아니다. 폭력도 우리의 일부가 아니므로 정당, 국가기관, 시민 사회, 지식인과 시민들 모두가 함께 노력하여 이 흐름을 멈추게 해야 한다고 호소하였다.

(2) 공직 생활을 통해 국가에 봉사와 헌신함을 내세움

50년 이상 군에서부터 책임있는 자리에 이르기 까지 각기 다른 위치에서 튀니지를 위해 일해왔고 그중 23년간 국가 수반으로 봉사해온 나의 삶 하루하루가 국가를 위한 헌신이었는데 그러한 삶을 살아온 본인의 슬픔과 고통은 더 할 나위 없이 크다는 점을 강조하였다.

(3) 희생자 발생에 대한 유감 표명 및 폭력 행위 중지를 위한 협력촉구

희생자들에 대해 깊은 고통을 느끼며 폭력과 약탈이 계속되어 희

생자가 속출하는데 대해 유감을 표하였다. 약탈과 공격을 자행한 깡패들의 폭력으로부터 그들을 보호하지 못한 점에 대해 유감을 표하며 그와 같은 폭력 행위를 시위가 아니라 범죄로 규정하였다. 이들 깡패와 사태를 악용하고 있는 일탈자들 집단과 선량한 합법적 시위대를 구분해야 하며 그런 점에서 모든 시민들의 협조가 절실함을 언급하였다.

(4) 총기 사용 중지 지시

내무장관에게 총기를 사용하지 말도록 지시했음을 밝히며, 무기 사용은 용납할 수 없으며 무장 해제를 하려거나 총기를 사용해 공격하려는 경우와 자위권 차원을 제외하고는 총기 사용은 정당화될 수 없다고 강조하였다.

(5) 개혁 조치 언급

독자적 조사 위원회가 일련의 사건들과 권력 남용, 죽음에 이르게 한 사건들을 예외없이, 공정하고 객관적으로 조사하여 책임 소재를 규명하도록 하였음을 밝힌 후. 정부를 지지하거나 지지하지 않거나 모든 튀니지 국민이 평온을 회복하고 폭력과 부패를 포기하도록 하기 위한 개혁 노력을 지지해줄 것으로 기대한다고 밝히고 개혁 조치를 구체화하기 위한 시간이 필요함을 역설하였다.

(6) 후속 조치 구체화

설탕, 우유, 빵 등 기본 생필품 가격 인하와 전면적인 언론의 자유와 인터넷 사이트 재개통, 검열 금지를 결정하였다고 밝히고 부패와 뇌물 수수, 공무원들의 과실을 조사할 독립 위원회를 설치할 것이며 그 임무 수행의 공정성이 보장될 것임을 발표하였다. 또한 조직적이고 질서있는 평화 시위를 포함하는 정치적 표현의 자유는 보장된다고 말했다.

(7) 자신의 실책에 대한 고백

특히 민주주의와 자유의 분야에서 많은 일들이 자신이 바라던 방식으로 일어나지 않았음을 밝힘으로써 진실을 숨기고 자신을 오도했던 측근들에게 책임을 전가하고 자신의 실책을 인정하였다.

(8) 차기 대통령 불출마 선언

종신제 대통령제는 없다는 이전의 약속을 환기하며 2014년 대통령 선거에 대통령 후보의 연령 제한 조건을 위반하면서까지 출마하지 않겠다며 대통령 선거 불출마 선언을 하였다.

(9) 마무리

튀니지의 미래는 튀니지 국민에게 달려있으며 안정, 안전을 회복하고 새로운 시대로의 진입을 위해서는 튀니지 국민들 각자의 책임임을 역설한 후 만세 삼창으로 연설을 끝냈다.

3. 언어적 분석

3.1 마지막 연설의 언어적 코드 변환

튀니지는 2002년에 개정한 1992년 헌법 1조에 "튀니지는 독립적인 주권을 지닌 국가다. 국교는 이슬람교이며 공용어는 아랍어이고, 공화국이다"라고 규정하고 있다. 그러나 공용어는 문어체 아랍어로 명시되어 있으나 실제 튀니지 사람들이 일상생활에서 쓰는 언어는 구어체 방언인 '튀니지 아랍어'이며 식민지 통치의 잔재로 프랑스어가 일부 계층에서 사용되고 있는 실정이다. 이처럼 튀니지는 문어체 아랍어(fuṣḥā)와 구어체 아랍어('āmmiyya)가 병존하는 양층 언어 사회 또는 다중언어 사회라고 할 수 있다. 정치 연설에서의 언어적 선택과 언어적 이데올로기 사이의 상호 관계는 특히 양층 언어 또는 다중언어 사회에서 직접적인 연관성이 있고 연구해볼 만한 가치가 있다(Spitulnik 1998: 164).

벤 알리가 재스민 혁명의 진행 과정에서 세 차례에 걸쳐 행한 연설 중 첫 번째와 두 번째 연설은 문어체 아랍어로 행하였으며, 마지막 연설에서는 문어체 아랍어와 함께 구어체인 튀니지 방언을 사용하였다. 마지막 세 번째 연설은 1987년 11월 당시 총리이던 벤 알리가 무혈 쿠데타를 일으켜 대통령에 취임한 이래 공식 연설에서 처음으로 튀니지 방언을 사용하였다는 점에서(Moyseowicz 2011: 1), 또한 다른 아랍 국가에 비해 상대적으로 교육수준이 높은 튀니지 국민들 대다수가 문어체 아랍어로 행하는 연설을 이해할 수 있다는 측면에서 특별한 의미를 부여할 수 있다. 이와 같은 벤 알리의 튀니지 방언 사용이라는 '의미있는' 제스처는 그가 집권이후 고수해 온 정책과는 극명한 대조를 이룬다.

> "1987년 11월 7일 튀니지 국민들은 아침 6시 30분 여느 때처럼 애국가 소리와 코란 낭송에 잠이 깨었다. 그러나 이날 아침은 뭔가 달랐다. 국영 튀니지 라디오 방송은 매일 아침에 방송되는 정규 프로그램 '부르기바 대통령 지시 사항'(min tawjīhāt al-ra'īs)을 중단하고 벤 알리의 성명서(bayān)를 방송하였다. 이 성명에서 그 해 10월 대통령으로부터 총리 겸 대통령 후계자로 임명되었던 벤 알리 총리는 부르기바 대통령이 고령으로 인해 업무 수행이 불가능해졌으

며, 따라서 자신이 새로운 대통령으로서 튀니지 군 통수권자임을 선포하고 '새로운 시대'('ahd jadīd)의 시작을 선언하였다"(Boussofar- Omar 2005: 200).

'새로운 시대'를 알리는 상징적 변화는 부르기바를 축출하고 대통령에 취임한 벤 알리의 첫 성명서에 사용된 언어에서 부터 시작되었다. 전임 초대 대통령인 부르기바가 재임기간 중 국민들에게 행한 연설에서 고전 아랍어와 현대 표준 아랍어, 튀니지 구어체 방언, 프랑스어를 혼용한 언어적 코드 변환(code-switching)을 사용한 반면(Moyseowicz 2011: 1) 벤 알리가 발표한 첫 번째 성명서는 전과 달리 문어체 아랍어로 작성되어 발표되었던 것이다. 이후 벤 알리는 1987년 쿠데타 이후 공식 연설과 관공서를 비롯한 모든 공적 업무에서 튀니지 방언 사용을 금지하고 문어체 아랍어를 유일한 공용어로 채택 사용하기로 하였으며(Boussofar-Omar 2005: 200) 실제로 재스민 혁명의 마지막 연설에서 튀니지 방언을 사용하기 이전까지 이 원칙을 고수하고 재임 내내 문어체 아랍어만을 공식 연설 언어로 사용하였다.

여기서 언어적 변화는 단지 이중 언어나 양층 언어로 행해졌던 담화가 단일 언어의 텍스트로 대체되었다는 의미 이상의 것이다. 언어적 변화는 벤 알리의 쿠데타를 합법화하고 '새로운 시대'의 새로운 정치적 사회적 질서를 상징적으로 보여주면서 더 나아가 새 정부의 성격을 확립하는데 큰 역할을 수행하였다고 할 수 있다(Liberman 2011: 3).

일반적으로 아랍 정치가들이 공식 연설에서 문어체 아랍어를 사용하는 것은 문어체 아랍어가 권위와 상위(seniority)의 상징이기 때문이다(Mazraani 1987: 213). 즉, 문어체 아랍어는 권위를 구현하고 그것을 말하는 사람들에게 권위를 부여한다(Haeri 1997: 796). 주로 담화 의도가 청중에게 어떤 사실을 홍보하거나 교육하고, 역사적 사건들을 회상하면서 정책을 발표할 때, 또 자신을 강력한 인물로 내세우고자 할 때 아랍 세계의 표준어인 문어체 아랍어를 사용한다.

따라서 벤 알리 대통령이 혁명의 진행과정에서 1차와 2차 연설을 문어체 아랍어로 행한 것은 대통령으로서의 권위와 권력에 대한 강력한 의지를 나타내는 언어적 선택으로 해석될 수 있다. 이는 1차와 2차 연설 내용 중 시위 참가 시민들을 깡패와 폭력 집단으로 매도하면서 이들이 법의 심판을 받을 것이라는 협박성 경고의 맥락과 연결된다. 또 다른 한편으로 문어체 아랍어로 행하는 연설을 통해 국정운영에 대한 자신의 목표와 소망을 달성하기 위한 진정성과 결의를 보여주고 싶었을 것으로 판단된다.

한편, 정치인들이 문어체에서 구어체로 변환하여 연설하는 경우에는 담화시 화자의 역할 변화를 가정할 수 있다. 문어체가 권위와 공적인 격식, 추상성의 특징을 갖는 반면, 구어체는 사적인 비 격식, 구체성의 특징을 갖기 때문이다(Holes 1995: 291). 즉, 구어체가 대중에게 친화적으로 비추고자 하거나 대중과의 유대감이나 친근감을 조성하고, 공동의 목표를 달성하고자 할 때 보다 효과적이라는 점을 감안하면 벤 알리 대통령의 마지막 연설에서 튀니지 방언을 사용한 것은 권력 상실의 위기감을 실감하고 자신에게 등을 돌린 국민들에게 좀 더 가까이 다가서며 친근감을 표현하려는 언어적 선택이라고 해석될 수 있다. 예컨대 벤 알리의 마지막 연설 서두에서 "나는 여러분 모두를 이해한다. 나는 모든 실업자(al-baṭṭāl)...." 라고 언급하는 대목에서 방언인 baṭṭāl을 사용한 것은 튀니지의 젊은 청년 실업자들의 처지를 잘 이해하고 있으며 그들과 공감하고 있음을 보여주려는 어휘 선택으로 볼 수 있다.

3.2 자기 지칭: naḥnu('우리들')와 anā('나')

naḥnu('우리들')나 anā('나')와 같은 자기 지칭은 담화자의 정체(identity)를 구성하는 방식을 이해하는데 가장 적절한 언어적 장치이다(Dunne 2003: 73). 1차와 2차 연설에서 주로 많이 사용된 일인칭 복수 대명사 naḥnu의 자기 지칭은 '나'를 포함한 공동체와의 연대를 나타내며, 튀니지의 희망과 행동, 업적에 대한 긍정적이고 자랑스러운 평가를 담고 있다(Atkinson 1984: 37).

즉, 다음 연설 구절에 사용된 일인칭 복수 대명사 naḥnu(우리들)는 벤 알리 대통령 자신은 물론 튀니지 국가, 정부를 포함하는 공적 신분의 의미로 사용된 것이다.

> wa **naḥnu** lā naddakhiru jahdan li-tafādi mithla hādhihi l-ḥālāt bi-l-mu'ālajati l-khuṣūṣiyya l-mulā'ima...(**우리는** 특별하고 적절한 조치를 취함으로써 이같은 사태를 방지할 수 있도록 노력을 아끼지 않을 것입니다....)

> wa **naḥnu fī tūnis** nabdhulu kulla l-juhūd li-l-ḥadd minhā...(**튀니지의 우리는** 그것을 막기 위해 모든 노력을 다할 것입니다....)

이와 함께 벤 알리는 일인칭 복수 대명사의 지칭을 통해 시위대에 맞서 소수의 불순 세력을 제외한 '선량한 국민'들의 단합과 단결을 암묵적으로 강조한 것으로 볼 수 있다. 또한 벤 알리 자신과 국민들이 같은 편이라는 동질감을 강화하기 위해 의도적으로 사용한 표현으로 해석될 수 있다.

한편 일인칭 단수대명사 anā(또는 일인칭 단수 동사활용)는 개인적인 의견이나 소신, 감정을 표현하며 '말하다', '사실대로 말하다', '기억하다', '놀라다', '믿다', '맹세하다', '강조하다', '신뢰하다' 등의 동사와 함께 주로 사용된다(Dunne 2003: 75). 따라서 일인칭 단수대명사는 자신의 감정과 진정성을 직접적으로 국민들에게 전달하고자하는 의도로 해석될 수 있다. 그러나 3차 연설문 서두에 벤 알리 대통령이 "나는 여러분을 이해한다…"는 구절의 맥락에서 자신을 지칭하는 일인칭 단수 대명사를 사용한 것은 대통령의 공적 신분에서 개인적 신분으로 자신을 격하시킴으로써 탈 권위 즉, 일반 국민들과 대등한 관계로 인식되고자 하는 바람을 드러낸 것으로 분석된다.

> **anā fahimtu**-kum, **fahimtu** l-jamī'a l-baṭṭāl wa l-muḥtāj wa l-siyāsiyy wa illi tālib mazīd min al-ḥurrīyāt, **fahimtu**-kum **fahimtu**-kumu l-kull
> (**나는** 여러분을 이해하며, 모든 사람을 **나는** 이해합니다. 실업자와 빈곤한 사람, 정치인 등..또한 더 많은 자유를 요구하는 사람들도.....**나는** 여러분을 이해합니다. 여러분 모두를 **나는** 이해합니다)

또 3차 연설의 다음 구절에서처럼 화자의 굳건한 맹세와 약속은 일인칭 대명사의 동사변형과 함께 사용되었다.

> **ta'ahhadtu** bi-yawmi l-sābi' min nufambir bi-anna lā ri'āsa madā l-ḥayāt....(**나는** 11월 7일 종신제 대통령은 없다고 약속한 바 있다...)

또 슬픔(ḥuzn), 고통(alam), 유감(asaf) 등 개인적 감정을 표현하는 어휘들이 일인칭 단수 접미대명사와 함께 3차 연설에서 사용되고 있다.

ḥuznī wa alamī kabīrānī li-annī maḍaytu ak<u>th</u>ar min <u>kh</u>amsīn sana min 'umrī fī <u>kh</u>idmati tūnis......(튀니지를 위해 내 평생 50년 이상을 바쳤는데 **나의** 슬픔과 고통은 더할 나위 없이 큽니다....) wa asafī kabīr kabīr jiddan 'amīq jiddan wa 'amīq jiddan..(또 **나의** 유감은 매우 크며 매우 심대합니다..)

또 다른 측면에서 일인칭 단수 대명사는 친근감을 특징으로 하는 언어적 특징을 갖고 있다. 이는 특히 개인 간의 대화에서 특히 빈번하게 사용되는데 연설자와 청중간의 참여감을 창출하는 것을 목적으로 하는 정치 연설에서도 이러한 특징은 여전히 유효하다(Mazraani 1987: 88). 따라서 벤 알리의 일인칭 단수 대명사를 통한 자기 지칭의 수사적 목적은 위에서 언급한 탈권위주의적 공적 신분의 변화와 함께 국민과의 친근감을 표현하고자 한 것으로 볼 수 있다.

3.3 자기 지칭의 다른 표현

1차 연설에서 자기 지칭의 다른 표현으로 벤 알리는 al-jamī'(모든 사람들)을 사용하고 있다. 자기 중심적이고 후방 지시적인 일인칭 대명사 '나'(anā)와는 거리가 먼 '모든 사람들'을 행위 주체로 제시함으로써 '나'와 '우리' 뿐 아니라 모든 계층, 남녀노소를 막론하는 전 국민들을 포괄하여 아래 연설 구절에서처럼 고용 문제 해결을 위해 기울인 정부의 노력에 대한 전 국민적 공감대의 확산을 꾀하였다.

wa **l-jamī'u** ya'lamu kam nab<u>dh</u>ulu min juhūdin li-tta<u>shgh</u>īl...(**모든 사람들이** 우리가 고용을 위해 얼마나 노력하는지를 알고 있다...)

또한 1차 연설에서 자기 지칭의 다른 표현으로 al-dawla(국가)가 사용되기도 하였다.

> sa-tabdhulu **al-dawla** juhūdan iḍāfiyya fī hādhā majāl....
> (**국가**는 이 분야에서 추가적인 노력을 기울일 것입니다..."

3.3 어휘와 구절의 반복

언어적 측면에서 마지막 연설과 1차, 2차 연설이 현저하게 구별되는 점은 마지막 연설에서 어휘나 구절 반복의 빈도가 높아졌다는 점이다. 이와 같은 반복의 기법은 정치 연설에서 화자가 믿고 있는 바를 강조하고자 하는 전통적 수사법이다.

> **nukallimu-kum** al-yawma wa **nukallimu-kum** li-kulli fī tūnis .... **nukallimu-kum** lugha kulli ttūnisiyyī....... nukallimu-kum li-anna l-waḍ'a yafriḍ taghyīr 'amīq....(오늘 **여러분에게 말합니다.** 또 튀니지 모든 사람들 **여러분에게 말합니다**.....모든 튀니지인들의 언어로 **여러분에게 말합니다**......상황이 큰 변화를 필요로하기 때문에 **여러분에게 말합니다**...)

> anā **fahimtu-kum**, **fahimtu** l-jamī'a l-baṭṭāl wa l-muḥtāj wa s-siyāsiyy wa illī tālib mazīd min al-ḥurriyāt, **fahimtu-kum fahimtu-kum** al-kull(나는 **여러분을 이해하며**, 모든 사람을 **이해합니다**. 실업자와 빈곤한 사람, 정치인 등..또한 더 많은 자유를 요구하는 사람들도...나는 **여러분을 이해합니다. 여러분** 모두를 **이해합니다**)

> **al-yad fī l-yad** min azli bilādi-nā, **al-yad fī l-yad** min azli amān kulli awlādi-nā..(우리 나라를 위해 **손에 손을 잡고**, 모든 우리 후손들을 위해 손**에 손을 잡고**..)

> wa asafī **kabīr kabīr jiddan 'amīq jiddan** wa **'amīq jiddan**.. fa-**kafā 'unfan kafā 'unfan**(또 나의 유감은 **크고,** 또 **매우 크며**, **매우 심대**

하고 매우 심대합니다. 폭력은 그만합시다, .폭력은 그만합시다)

특히, 사전 준비된 연설 원고에 나와있는 구절에 보태어 동일 구절을 즉흥적으로 반복하는 경우가 발견되었다.

> wa **bāsh takūn** hādhihi l-lajna **mustaqilla**.....na'am **bāsh takūn mustaqilla**(이 위원회는 **독립적이 될 것입니다**...그렇습니다 **독립적이 될 것입니다**)

> bāsh na'mal **'alā da'm al-dimūqrāṭiyya wa taf'īl al-ta'addudiya,** na'am **'alā da'm al-dimūqrāṭiyya wa taf'īl al-ta'addudiya**(우리는 **민주주의를 지지하고 다수결의 시행을 위해** 노력할 것입니다. 예, **민주주의 지지와 다수결의 시행을 위해..**)

아래 연설 구절에서처럼 문어체와 구어체의 코드 변환에 의한 반복도 발견되었는데 동일한 의미의 내용이지만 구어체로 발화되는 메시지가 발화 대상인 국민에게 주는 정서적 감동은 문어체와는 차이가 있으며 국민에 대한 개인적 약속의 진정성의 온도차이도 느껴진다(Holes 1995: 284).

> wa **lam aqbal** yawman wa **mā naqbalsh** bāsh tasīl quṭra dam wāḥida...
> (피 한 방울이라도 흘리는 것을 단 하루도 **받아들인 적 없으며**, 현재도 **받아들이지 못하며**,......)

4. 수사적 분석

(1) 배후 세력에 대한 책임 전가

국내 문제를 다른 외부의 요인으로 돌리는 것과 배후 세력에 책임을 전가하는 방식은 독재자들이 자주 사용하는 전형적인 수사적 책략이다. 젊은 노점상 무함마드 부아지지가 경찰 단속에 적발된 뒤 분신 자살을 기도한지 열흘이 지나 행한 1차 연설에서 벤 알리 역시 시디 부지드를 중심으로 한 국지적 소규모 소요 사태에 대해 반정부 선동자나 과격주의자들에게 책임을 돌리고 일부 외국 텔레비전의 잘못된 보도 탓으로 사태의 원인을 돌리고 있다. 만약 시위 배후에 실제로 범법자와 불순 세력이 있다고 가정한다면 독재 국가에서 이를 사전에 적발하고 소탕하지 못한 보안 당국의 임무 태만으로 돌려질 수도 있는 대목이다.

그러나, 3차 연설에서는 1차와 2차 연설에서 집중되었던 시위 배후 세력에 대한 책임 전가와 비난의 전략에서 현실을 인정하는 방향으로 전환하였음을 연설 서두의 "나는 여러분을 이해합니다(anā fahimt-ku)……"라고 말하는 맥락에서 알 수 있다.

(2) 시위자들에 대한 묘사어의 변화

벤 알리는 1차 연설에서 시위자들을 소수 과격분자(mutaṭarrafūn)와 선동자들(muḥarriḍūn)/소수 적대 세력/일탈 세력/으로 묘사하였다. 이는 뒤집어 말하자면, 연설 중 '무고한 시민들'이라고 칭한 것에서도 알 수 있듯이 시위에 참여한 일부를 제외한 대다수 튀니지 국민들은 진정 평화를 사랑한다고 말하고 싶은 것이다. 독재자의 시각으로는 '집에서 머물고 거리로 뛰쳐나오지 않은' 독재 정권에 전적으로 순종하는 시민들이야 말로 진정한 애국 시민이라고 생각한 것이다. 2차 연설에서는 시위자들을 두건을 쓴 깡패('iṣābāt mulaththama)나 테러리스트(irhābiyy)로 묘사함으로써 사태를 더욱 악화시켰다. 그러나 마지막 3차 연설에서 벤 알리는 시위대와 관련된 1,2차 연설에서의 묘사 어휘를 사용하지 않고 /선량한 합법적 시위대/정부를 지지하거나 지지하지 않는 모든 튀니지 국민들/로 묘사하였고 국민들에 대한 수식어도 mutaḥaḍḍir(문명화된), mutasāmiḥ(관용적인)의 표현을 사용함으로써 시위대를 포함하는 국민들에 대한 온건한 포용적 태도 변화가 감지되었다.

(3) '당근과 채찍'의 수사적 전략

1차와 2차 연설에서 국익에 반하여 폭력을 선동하거나 조종하는 이들의 행위는 용납할 수 없으며 법의 심판을 받게 될 것임을 경고하고 있다. 이러한 메시지의 전달은 심리적으로 독재자가 스스로를 국가와 동일시하는 것으로 볼 수 있다. 즉, 정권 유지를 위해 국가 안보를 중요시하는 독재자는 국민들에게 "나 아니면 혼란이 있을 뿐"이라는 협박조의 메시지를 보내고 있으며 이는 국민에 대한 오만과 경멸의 절정을 보여주는 것이다(El Guabli 2011: 2). 또 시위의 발단이 된 근본 원인 중 하나인 청년 실업문제는 제쳐놓고 오히려 고급 인력의 양산이 미래지향적 발전을 위한 자원이 될 것임을 자랑하고 있으며 언론의 자유 보장, 국민의 생활 수준 향상 등 장밋빛 전망을 제시하는 등 벤 알리는 시위에 참가한 시민들에 대한 설득 전략으로 전형적인 '당근과 채찍'의 수사적 방책을 사용하였다.

(4) 연설 기조의 변화

마지막 연설의 연설 기조는 이전의 두 차례 강압적 분위기의 연설과는 달리 감정적 호소와 당부, 유감표명, 자기 고백의 한껏 자세를 낮추는 기조로 바뀌었다. 텔레비전으로 중계된 연설 서두에서 벤 알리는 카메라를 향해 손가락을 흔들며 "나는 여러분을 이해한다"는 말을 네 번 연속 반복하였다[28]. 이 구절의 반복은 벤 알리가 이제는 독재자가 아닌 국민의 입장에서 함께 공감하고 있음을 의도적으로 보여주려 한 것으로 보인다. 또 자신의 오랜 공직생활을 언급하며 "슬픔과 고통이 이루 말할 수 없이 크다"라는 구절 역시 국민들의 동정심을 유발할 수 있는 표현이다. 이 표현은 연설 중간 부분에서 "폭력은 그만하자"라고 말할 때 반복된다.

특히 마지막 연설에서 벤 알리가 2014년 대통령 선거에 출마하지 않겠다고 선언한 것은 그에 대한 반대급부로 현 대통령 임기만은 무사히 마칠 수 있도록 해달라는 간청으로 해석될 수 있다는 점에서 이전의 두 연설 기조와는 판이한 변화이다.

(5) 독재자의 '개혁' 필요성의 인정

벤 알리의 마지막 연설에서 "개혁에는 평온이 필요하다"라고 말하는 대목에서 이제까지 독재자의 연설에 전혀 언급되지 않은 정치적 경제적 '개혁'(iṣlāḥ)의 필요성을 인정한 것은 주목할 만하다. 독재자와 그의 가족, 나아가 집권층만 잘 살면 다른 일반 국민들도 잘 산다고 믿는 독재자가 자신이 통치하는 나라가 더 이상 '천국'이 아

28) 이 표현은 프랑스의 찰스 드골 대통령이 1958년 알제리 독립전쟁 당시 알제리인들에게 한 유명한 말 "나는 여러분을 이해합니다"(je vous ai compris)에서 인용해온 것으로 추정된다 (Andrew Hammond and Tarek Amara).

니라는 점을 인정한 것은 전례가 없는 일이다. 정권 몰락 직전의 절체절명의 위기감을 느낀 벤 알리는 '개혁'이라는 비장의 카드를 꺼낸 셈인데 그가 제시한 구체적 개혁 조치는 기본 생필품 가격 인하와 고용 약속, 투자를 위한 구체적 계획이 포함되었다. 그러나 벤 알리가 천명한 개혁 조치의 내용은 국민들의 요구가 '먹고 마시는 문제'라는 인식의 수준에서 크게 벗어나지 못한 것이다. 그밖에 벤 알리가 언급한 조치 중에는 총기 사용 중지, 인터넷 재개통 및 검열 금지, 책임자 규명 등의 내용들이 포함되어 언론 자유 등 일부 정치적 요구를 수용하는 듯 하지만 국민들이 바라는 근본적인 개혁 조치와는 거리가 먼 것이다(El Guabli 2011:2). 국민들은 거리에서 "우리는 정권 타도를 원한다"(al-sha'b yurīd isqāṭ al-niẓām)고 외치고 있는 상황에서 독재자는 진작 오래 전에 조치가 취해졌어야 되는 계획들을 뒤늦게 발표하는 등 빠르게 진행되는 변화에 대한 대응이 느리고 둔감함을 알 수 있다.

(6) '무와띤'(muwāṭin) '샤압'(sha'b)

국민을 지칭하는 어휘를 통해 발화자의 정치적 의도를 이해할 수 있다. 벤 알리는 1차와 2차 연설에서 국민을 지칭하는 호칭어로 '무와띠눈'(muwāṭinūn), '무와띠나트'(muwāṭināt)를 각각 1회와 5회씩 사용하였다.

ayyuhā l-muwāṭinūn ayyatuhā l-muwāṭināt(동포 여러분)

'무와띤'은 '출생지, 거주지' 또는 고향, 조국을 뜻하는 와딴(waṭan)과 동일 어근 w-ṭ-n의 파생어로 이 용어에는 감상적 분위기와 향수가 함축되어 있다. 따라서 '무와띤'은 문자 그대로의 의미로는 '동포', '동향인', '동포 겨레'를 뜻하며 19세기 민족주의 운동이 출현하면서 '와딴'은 애향심, 애국심과 충성의 정치적 의미를 갖게 되었다(Lewis 1998: 63-64).

'샤압'은 마지막 연설에서만 처음으로 연설 서두의 호칭과 연설 말미의 기원문 등 4차례 사용하였다.

- ayyuhā l-<u>sh</u>a'bu l-tūnisiyy(튀니지 국민 여러분)
- kullu <u>sh</u>a'bi-hā yuḥibbu-hā(모든 국민들이 튀니지를 사랑합니다)
- irāda <u>sh</u>a'bi-hā(.....튀니지 국민들의 의지....)
- 'ā<u>sh</u>at tūnis 'ā<u>sh</u>a <u>sh</u>a'bu-hā 'ā<u>sh</u>ati l-jumhūriyya(튀니지 만세, 튀니지 국민 만세, 공화국 만세)

'샤압'의 용어는 본래 통치자에 대항하는 피통치자의 의미나 정치적 권리에 대한 의미를 내포하지 않았다[29]. 그러나 19세기 아랍의 지식인들이 프랑스 혁명과 나폴레옹 정부를 언급하면서 "프랑스의 <샤압>이 루이16세에 항거하여 일어났다"고 묘사함으로써 <샤압>을 통치자와 대치점에 있는 국민의 의미로 사용하기 시작했다[30]. 이후 '샤압'은 ḥuqūq(권리), irāda(의지), quwwa(힘), ṣawt(목소리) 등의 어휘와 복합어 형태로 반복적으로 사용됨으로써 일정한 정

29) 원의는 '부족'이나 '종족' 특히 비 아랍계의 종족을 의미하였다. 이 용어는 타 민족 특히 페르시아 인들에 비해 아랍 민족이 우월하다는 주장에 대해 반대하는 슈우비야파(al-<u>Sh</u>u'ūbiyya) 운동과 관련하여 부정적인 의미를 내포하였다. 즉, <움마>의 통일을 저해하는 분리주의자적인 경향을 암시하였기 때문이다. Ayalon. op.cit,p.49

30) <샤압>이 이처럼 19세기 아랍의 정치 용어로 사용케 된 것은 1860년대와 1870년대에 시리아의 기독교도 아랍인들이 발간한 신문과 잡지를 통해서이며, 이 용어가 정치적 의미로서 이집트에 소개되는 과정 역시 1875년 이후 이집트에 체류한 시리아 출신 기독교도 아랍인들이 발간한 신문을 통해서이다.

치 • 사회적 의미를 지니게 되었다[31]. 특히 '샤압'은 이집트 민족주의자인 무스타파 카밀에 이르러 주권재민의 맥락에서 정당하게 목소리를 내고 자신들의 의지를 인정받는 피지배자로서의 민중을 지칭하는 용어로 자리잡게 되었다(사희만 1997: 17).

따라서 벤 알리가 마지막 연설에서 국민에 대한 호칭어로 '무와띤' 대신 '샤압'을 처음으로 사용한 것은 튀니지 혁명과 이후 아랍 민주화 혁명에서 대표적 시위 구호가 된 "국민은 정권 타도를 원한다"는 국민들의 정치적 요구에 결국 굴복하는 수사적 태도의 변화로 이해될 수 있다. 또 혁명을 더 이상 막을 수 없게 된 상황에서야 주권재민이라는 국민의 정치적 권리를 인정하게 되었다고 할 수 있다. 이는 3차 연설에 와서 벤 알리의 국민에 대한 태도가 바뀌었음을 상징적으로 보여준다.

5. 결론

본 연구에서는 벤 알리 대통령이 튀니지 재스민 혁명 과정에서 행한 세 차례의 연설에 나타난 언어와 수사적 태도의 변화에 대한 분석을 시도하였다. 즉, 물가고와 높은 실업률이 주 원인이었던 초기의 항의 시위가 독재 정권 타도와 벤 알리 대통령 하야 등 국민들의 정치적 요구로 확대되고 시위대에 대한 경찰의 강경 폭력 진압으로 정부 시위 양상이 점차 악화되는 일련의 정치 상황에 대처하고 반응하여 독재자의 담화에 나타나는 언어적 수사적 변화를 포착해 보고자 하였다. 분석결과 다음과 같은 연구 결과를 도출할 수 있었다.

31) Ayalon, op.cit., p.50

첫째, 벤 알리 대통령이 집권 이래 23년 동안 공식연설에서 사용해온 문어체 아랍어를 포기하고 마지막 연설에서 처음으로 튀니지 방언을 섞어 연설한 것은 정서적 측면에서 의도적으로 국민에 대한 친근감과 공감대를 유지하고자 하는 유의미한 정치적 제스처로 간주될 수 있다. 그러나 역설적으로 대중 연설에서 지역 방언을 처음 사용한 것은 그동안 독재자와 국민들 사이의 소통 단절과 현실과 동떨어진 괴리를 단적으로 보여주는 것이기도 하다.

둘째, 1차와 2차 연설, 마지막 연설에서의 언어적 변화는 자기 지칭과 어휘 구절 반복에서도 잘 나타났다. 마지막 연설에서의 일인칭 단수대명사의 현저한 사용은 화자인 벤 알리의 공적 신분의 변화를 언어 심리적으로 표현한 것으로 분석되었다.

셋째, 독재자들의 전형적인 통치술과 수사적 전략을 벤 알리의 연설에서도 알 수 있었다. 즉, 사태의 근본 원인을 적시하기보다 외부로 원인을 돌리거나 불순한 배후세력을 언급하는 식으로 국민에 대한 위협과 함께 그럴듯한 미래지향적 전망을 제시하는 '당근과 채찍'의 설득 전략을 사용하였다.

넷째, 1차와 2차 연설의 강압적 어조의 연설 분위기가 마지막 연설에서는 당부와 호소, 심지어는 자신의 안전을 '애걸복걸'하는 기조로 바뀌었음을 알았는데 이는 독재자가 점차 악화되는 상황에 대응하는 수사적 태도의 변화를 보여준다. 이와 함께 시위자들에 대한 묘사어도 1차와 2차의 테러리스트 등의 폭력적 위험천만한 이미지의 용어에서 3차에서는 선량한 합법적 시위자들을 언급함으로써 시위자에 대한 변화된 시각을 보여주었다.

다섯 째, 1차, 2차 연설과 달리 마지막 연설에서 국민을 뜻하는 '샤압'의 호칭어 어휘 사용이 주권재민을 인정하고 국민의 정치적 요구를 수용하는 수사적 태도의 변화로 분석되었다.

본 연구에서 재스민 혁명 과정에서 독재자 벤 알리가 행한 연설을 통해 언어적, 수사적 변화의 추이를 분석해보았는데 향후 후속 연구에서는 이집트의 무바라크나 시리아의 밧샤르 등 다른 아랍 국가의 독재자들의 연설에 대한 분석을 통해 본 연구 결과와 상이점과 유사점을 비교 확인하는 작업도 흥미로운 연구 주제가 될 것으로 판단되며, 이를 토대로 아랍 독재자들이 행하는 담화의 전형적인 언어적 수사적 유형을 파악할 수 있을 것으로 기대된다.

제5장

무바라크 이집트 대통령의 '민주적 담화'

Ⅰ. 서론

2010년 튀니지 발 민주화 열풍이 북아프리카는 물론 중동 지역까지 휩쓴 가운데 이집트의 호스니 무바라크 대통령이 정치 개혁을 요구하는 국민들의 시위에 굴복하고 30여년 만에 대통령직 권좌에서 물러났다. 1981년 전임 안와르 사다트 대통령이 암살당한 뒤 대통령으로 취임했던 무바라크는 비상 계엄법을 활용해 대통령 중심의 굳건한 통치 체제를 구축해왔다. 집권 이후 변변한 야당 세력이 없는 상황에서 독재자로 집권하면서 무바라크는 국가와 국민의 미래를 위한다는 미사여구를 장황하게 늘어놓는 전형적인 독재자의 정치행태를 보여 왔었다. 그러나 그동안 외교 관계에서 이집트와 선린 관계를 유지하고 있던 미국은 2003년 9월 발표한 부시 정권의 '대 중동 구상'에 따라 중동의 민주화와 자유화 등 개혁에 대한 외교적 압박을 가해오기 시작했다(정상률 2006, 108-109). 사실 미국은 28년간 집권하고 있는 무바라크 정권을 인정하고 있지만 이집트 선거 제도와 정당 제도에는 불만을 표해왔었다. 실제 2005년 2월로 예정되었던 부시의 카이로 방문이 취소된 것도 무바라크 정권에 대한 민주화와 인권에 대한 정치 압력이었다. 또 이집트 국내에서는 장기 집권하고 있는 무바라크의 연임에 반대하며 민주화를 요구하는 범국민 운동인 '키파야(kifāya) 운동이 일어나는 등 국내외로부터 정치 개혁 요구 압력이 높아지기 시작했다(홍순남 2009, 145-146). 무바라크는 국내외로부터의 민주화 요구 열기에 맞불을 놓을 목적으로 대통령 복수 후보 제도를 허용하는 헌법 개정안을 통과시키고 이집트 헌정사 최초로 복수 후보에 대한 대통령 자유 경선을 실시하기도 하였다. 5선 연임에 성공한 무바라크는 2005년 대통령 취임사에서 장기 집권에 따른 반발을 염두에 두고 그의 지지자와 반대자 등 다양한 성격의 청자들에게 '민주적 절차'와 '민주주의 실현'을 강조하였는데, 이는 자신에게 씌워진 독재자적 이미지에서 벗어나 일견 민주주의 신봉자인 것처럼 보이려는 가식적 시도로 간파되었다(사희만 2011, 233).

그러나 2011년 1월 25일 거리로 뛰쳐나온 시위대들은 무바라크 정권의 부패와 잔악함과 정치적 억압을 비난하며 정권 퇴진을 요구하였다. 이에 무바라크는 17일 동안 계속된 혁명 기간 동안 행한 세 차례의 대 국민 연설에서 이집트 국민들에게 개혁을 약속하고 몇 가지 양보를 제의함으로써 국민들의 지지를 끌어내려고 하였다. 그러나 시위자들을 설득하는데 실패함에 따라 이집트 전역으로 대규모 항의 시위가 확산되고 이집트 군부의 개입 등으로 결국 독재 정권의 붕괴를 가져왔다.

본 연구자가 민주화 혁명기에 행한 무바라크의 이 연설들에 주목하는 이유는 이 연설들이 오랜 독재 통치하에 있던 이집트 국민들의 민주화 요구와 정권 퇴진이라는 최악의 위기에 직면한 무바라크의 대응이라는 점에서 그가 행한 담화의 유형과 방식, 연설 내용은 이전의 연설과는 다를 것으로 판단하였기 때문이다. 즉 비록 그가 여전히 독재자로서의 권좌를 차지하고 있지만 그가 행한 담화는 시위자들의 거센 민주화 요구에 부응하는 민주주의 지향적 담화 즉 민주적인 것으로 보이거나 들리게 하는 '민주적 담화'임을 가정하였다. 더욱이 앞서 언급한대로 5선 연임에 성공한 무바라크의 2005년 대통령 취임사에서 '민주적 절차'와 '민주주의 실현'을 강조한 바 있기 때문에 민주화 혁명기에 행한 그의 연설은 이른바 '민주적 담화'의 담화적 자질을 유지할 것으로 판단하였다.

일반적으로 '민주적 담화'가 무엇을 뜻하는지에 대한 보편적 정의는 없지만 "힘의 관계가 불평등한 여러 가지 유형의 제도적 담화에서 계층 관계(hierarchy)나 힘의 불균형을 보여주는 명백한 표시들을 제거하는 것"(이원표 2002, 452; Fairclough 1992)이 가장 명료한 정의라고 할 수 있다. 또한 정치 담화는 적절한 어휘와 구문, 수사적 장치의 선택을 통해 그 효율성을 추구하는 언어적 텍스트이다.

따라서 본 연구에서는 2011년 민주화 혁명 과정에서 행해진 무바라크의 세 연설에서 '민주적 담화'의 언어적, 담화적 자질이 유지되고 있는지 여부와 담화의 유형과 방식에서 어떤 변모를 보이는지를 파악하기 위해 연설에서 채택된 수사적 전략을 분석해보고자 하였다. Ⅲ장에서의 수사적 전략의 분석 방법으로는 노만 페어클러프(Norman Fairclough)가 새로운 언어학적 연구 방법으로 제시한 비판적 담화 분석(Critical Discourse Analysis)[32]을 이론적 토대로 삼기로 한다. 일반적으로 '사회정치적 담화분석'이라 불리기도

하는 CDA는 "지배 관계의 생성과 도전에서 담화가 수행하는 역할에 관심을 갖으며"(Van Dijk 1993, 249) "텍스트에 표현된 사건에서, 한 강력한 사회 구성원이 행한 기능(agency)을 축소시키거나 암시적인 것으로 만들거나, 은밀하게 표현함으로써 사회적 역학 관계를 숨기기 위한 전략들을 추구하는 수사 및 스타일을 분석하기도 하므로"(Van Dijk 1993, 250) 수사적 전략 분석에는 유효적절한 연구방법으로 판단되었다.

II. 연설의 내용과 언어

1. 연설 내용

1) 연설1(2011년 1월 28일)

시위가 전국으로 확산되기 시작하자 무바라크 대통령은 내각의 장관들을 해임하고 정치와 경제 관련 개혁을 약속하지만 대통령 직 하야를 거부하고 시위가 "이집트의 안정과 합법성을 파괴하려는 불순한 음모"의 일환이라며 시위대 진압을 옹호하였다.

2) 연설2(2011년 2월 2일)

무바라크는 대통령 재선을 원치 않는다고 약간 물러서지만 순조로운 권력 이양을 보장하기 위해 9월까지는 대통령직을 유지하겠다고 말한다. 그러나 여전히 불안한 시위가 "정치 세력들에 의해 조종되고 있다"고 주장하며 대통령에서 물러나 망명의 길을 떠났던 벤

32) 이하 약자로 CDA로 표기한다.

알리의 전철을 밟기를 거부한다. 그는 죽더라도 "이집트 땅에서 죽겠다"고 선언한다.

3) 연설3(2011년 2월 11일)

대통령직 사임을 발표하리라는 기대 속에서 무바라크는 권한을 오마르 술래이만 부통령에게 위임한다고 발표하였다. 9월 선거까지는 대통령직에 남아있겠다는 맹세를 반복하였다. 약간의 사소한 양보를 제시할 뿐 정권이 취해왔던 입장을 되풀이하였다. 즉, 야권과의 '거국적 대화'를 제안하고 대통령 후보에 대한 자격 제한이나 사법부의 선거 감독과 관련된 헌법 개정을 거론하였다. 그는 "외부 세력의 지시에 굴복하지 않을 것"임을 경고하고 만약 용납할 수 없는 사태가 계속된다면 거리의 젊은이들이 첫 희생자가 될 것임을 경고하였다.

2. 연설의 언어적 특징

1) 연설의 언어

민주화 혁명기에 행한 무바라크의 연설을 분석한 결과 이집트의 방언이 사용되지 않고 문어체 아랍어만을 사용하였음을 알았다. 이는 무바라크가 혁명기 이전에 행한 종래의 연설 언어 패턴과는 사뭇 다른 점이라고 할 수 있다. 나세르를 비롯한 대부분의 아랍 정치가들은 연설을 시작할 때는 반드시 문어체 아랍어로 시작하지만 어떤 맥락에서는 즉흥적으로 구어체나 구어체가 섞인 문어체 아랍어를 말하다가 대개는 문어체 아랍어로 연설을 끝내게 된다(사희만 2007, 187). 무바라크 역시 민주화 혁명이전의 대중 연설에서는 문어체를 공식 연설언어로 사용하면서 맥락에 따라 이집트 구어체를 코드 변환(code-switching)하여 말해왔다. 또 이와는 대조적으로 역시 민주화 혁명의 결과로 축출된 튀니지의 벤 알리 대통령은 평소 연설에서 문어체 아랍어만을 고집해왔으나 튀니지 민주화 혁명과정에서 행한 마지막 연설에서는 이전과는 달리 문어체 아랍어와 튀니지 방언을 혼용하였다(사희만 2012, 12).

아랍 정치가들이 문어체 아랍어를 사용하는 것은 담화 의도가 대중에게 어떤 사실을 알리거나 교육하고, 역사적 사건들을 회상시키고 정책을 발표하거나 자신을 강력한 인물로 내세우고자 할 때인데 이는 문어체 아랍어가 아랍 세계에서 권위와 상층(seniority)의 상징이기 때문이다(Mazraani 1987, 213). 아랍 정치 지도자들이 문어체에서 구어체로 변환하여 연설하는 경우에는 담화 시 화자의 역할 변화를 가정할 수 있다. 문어체가 권위와 공적인 격식, 추상성의 특징을 갖는 반면, 구어체는 사적인 비 격식, 구체성의 특징을 갖기 때문이다(Holes 1995, 291). 즉, 구어체가 대중에게 친화적으로 비추고자 하거나 대중과의 유대감이나 친근감을 조성하고, 공동의 목표를 달성하고자 할 때 보다 효과적이라는 점을 감안하면 벤 알리 대통령의 마지막 연설에서 튀니지 방언을 사용한 것은 권력 상실의 위기감을 실감하고 자신에게 등을 돌린 국민들에게서 동정심을 사고 동질감을 표현하려는(Blog Johnson 2011, 1) 언어적 선택으로 간주될 수 있다.

그렇다면, 무바라크가 혁명기에 행한 세 차례 연설에서 문어체 아랍어만을 고집하고 지역 방언이나 코드 변환을 하지 않은 이유를 다음과 같이 추론해 볼 수 있다.

첫째, 무바라크의 연설은 대중 집회에 참석한 청중을 대상으로 한 것이 아니었다. 공개적인 대중 연설은 청중의 감정에 직접 호소하며 방언을 통해 청중과의 일체감을 갖고자 한다. 시위대의 정권 퇴진 요구와 자신의 대통령직 하야 요구를 받고 있는 상황에서는 당연히 공개적인 석상에서 대중과 의사소통할 수 있는 처지가 아니며 언론 매체를 통해 간접적으로 대중과 소통을 한 것이다. 또한 자신의 거취와 안위 문제가 촌각을 다투는 긴박한 위기 상황에서 무바라크로서는 언어 심리적인 측면에서 방언을 사용하거나 코드 변환을 할 마음의 여유를 못 느꼈을 것이다. 그만큼 진지함을 넘어 극심한 긴장감의 심리 상태였기 때문일 것이다.

둘째, 무바라크는 문어체 아랍어로 행해지는 담화를 통해 자신의 목표와 소망을 달성하기 위한 진정성과 결의를 보여주고 싶었을 것으로 판단된다. 구어체 방언으로 행해지는 연설은 진지한 담화의 내용에는 적절하지 않으며 연설자로서는 권위있는 인물로서의 신뢰감을 상실할 수 있기 때문이다. 따라서 무바라크 대통령이 혁명의 진행 과정에서 세 차례 연설을 모두 문어체 아랍어로 행한 것은 공적으로는 대통령으로서의 권위와 권력 유지에 대한 강력한 의지를 보여주는 것이며(Mustapha 2011, 11) 사적인 측면에서는 개인적인 체면 유지를 나타내는 언어적 선택으로 보여진다.

셋째, 무바라크는 연설에서 시위 참가자들을 주 대상으로 하였다. 즉 민주화 혁명을 주도한 시위 세력이 대부분 중산층과 젊은 대학생 등 교육받은 청년들이 주도 세력이었다는 점에서 굳이 구어체 이집트 방언을 사용할 필요가 없다고 판단하였을 것이다.

2) 자기 지칭

정치 담화에서는 자기 지칭을 통해 화자의 정체성 구성 또는 공적 신분이 드러난다. 즉, 정치 권력이나 관계 집단(reference group)과 관련된 화자의 입장이나 행동, 태도를 나타냄으로써(Dunne 2003, 3) 화자는 자신의 이익을 도모하거나 목표를 달성하고자 한다.

담화에서 발견되는 자기 지칭의 특징은 대명사의 사용이다. 대명사는 담화 참여자 간의 공손 관계를 표시하는 장치이며(Brown & Gilman 1960; Brown & Levinson 1987), 대중 연설에서 일인칭 복수 대명사 '우리들'의 지칭은 연설자와 청중간의 참여감을 창출하는 데 유효하다(Mazraani 1987, 88). 아랍어 일인칭 복수 대명사와 그 변형[33]으로 대통령으로서의 자존감이나 청중과의 유대감을 표현할 수 있다. 반면에 일인칭 단수 대명사와 그 변형을 사용한 자기 지칭은 '말하다', '믿다', '맹세하다', '신뢰하다', '강조하다', '기억하다', '놀라다' 등의 동사와 함께 개인적인 의견, 소신과 감정을 표현하는데 사용되는데 이는 아랍어 정치 담화 언어의 보편적 특징으로 파악된다(사희만 2007, 191).

무바라크의 연설에 대한 분석 결과, 세 연설에서 일인칭 단수 대명사는 122개, 일인칭 복수 대명사는 82개 사용되어 무바라크의 '민주적 담화'에서는 자기 중심적이고 후방 지시적인 단수 일인칭대명사의 사용 빈도가 훨씬 높았다. 이는 무바라크가 청중인 국민들과의 유대감이나 일체감을 갖기보다는 여전히 자신의 의견이나 생각을 일방적으로 전달하고 있음을 보여준다. 여기서는 '민주적 담화'의 언어적 자질로서 참여와 유대 관계를 표시하는 일인칭 복수 대명사와 그 변형에 국한하고자 한다.

---

33) 아랍어는 대명사의 사용 여부에 관계없이 동사의 어형 변화에 의해 행위자의 인칭을 알 수 있는 특성이 있다. 따라서 본고에서는 인칭 대명사의 사용을 일인칭 대명사와 접미대명사, 동사의 어형 변화로 파악되는 담화 참여자의 지칭을 모두 포함하기로 하며 이를 변형으로 칭하기로 한다.

무바라크의 첫 번째 연설 중 공동의 목표 달성을 위한 단결과 결속을 표현하는 맥락에서 일인칭 복수 대명사와 그 변형의 사용이 집중되었다. 여기서 '우리'는 이집트와 이집트 국민 전체를 지칭한다.

[원문1] inna khiyārāta-nā wa aḥdāfa-nā hiya llatī sa-tuḥaddidu maṣā'ira-nā wa mustaqbala-nā wa laysa amāma-nā min sabīlin li-taḥqīqi-hā siwa bi-l-wa'yi wa l-'amal wa l-kifāḥ li-nuḥāfiẓ 'alā mā ḥaqqaqnā-hu wa nabnī 'alay-hi wa nar'ā fī 'uqūli-nā wa ḍamā'iri-nā mustaqbal al-waṭan(연설1)
(우리의 선택과 우리의 목표야 말로 바로 우리의 운명과 우리의 미래를 규정하는 것이며, 우리는 그것을 달성하기 위해 의식하고 노력하고 힘쓰는 일 외에는 우리 앞에 놓여있는 것이 없다. 우리가 달성한 것을 우리가 보존해나가고 발전시키기 위해서는, 우리의 머리 속과 우리의 마음 속에 조국의 미래를 염두에 두어야한다.)

그러나, 이집트가 지역 내에서 인구와 역할, 영향력 측면에서 가장 중요한 국가이며 헌법과 법의 지배를 받는 국가임을 지적하는 맥락에서 무바라크가 사용한 '우리'는 순진무구한 국민들을 혼란에 빠트린 반대 세력을 제외한 이집트 정부와 일반 국민을 뜻하였다.

[원문2] wa 'alay-nā an nuḥādhira mimmā yuḥīṭu bi-nā min amthila 'adīda inzalaqat bi-shu'ūbi ilā l-fawḍa wa l-intikās...(연설1)
(우리는 국민들을 혼란으로 빠트린 많은 본보기들로 둘러 쌓여있

는 점을 경계해야 한다.)

9월 대통령 선거에서 권력 이양이 이루어질 때까지 헌법과 국민의 이익을 수호하는데 책임을 다할 것임을 언명하는 대목에서, 자유롭고 공정한 선거를 보장하겠다는 '우리'는 구체적으로 헌법 수호와 국익을 수호할 책임이 있는 무바라크 정부를 지칭한다.

[원문3] fī intikhabāt ḥurra wa nazīha.....nuwaffiru la-hā ḍamānāt al-ḥurrīyya wa al-nizāha"(연설3)
(자유롭고 공정한 선거에서 우리는 자유와 공정성의 보장을 담보한다)

한편, 범국민적인 대화를 시작했다는 문장에서 나타나는 '우리'는 민주화 시위를 주도하고 있는 젊은이들과 모든 적대 세력을 포함하고 있음이 분명하다.

[원문4] la-qad bada'nā bi-l-fi'l ḥiwāran waṭaniyyan bannā'an...yaḍumm shabāb miṣr alladhīna qādū al-da'wa ilā l-taghyīr...wa kāfata l-quwa l-siyāsiyya"(연설3)
(우리는 마침내 거국적 건설적인 대화를 시작했다...변화를 주창하며 앞장서는 이집트 젊은이들과 모든 정치 세력들을 포함하여..)

이어서 무바라크는 대통령직 하야의 위기 상황에서 대화를 통한 문제 해결을 시도하며 외부 세력의 영향력을 배제하기 위해 '우리'

를 통해 국민들의 단합과 결속을 강조한다.

[원문5] sa-nu<u>th</u>bitu naḥnu l-miṣriyyīn qudrata-nā ʻalā taḥqīq maṭālib al-<u>sh</u>aʻb bi-l-ḥiwār l-mutaḥaḍḍir wa l-wā ʻī sa-nu<u>th</u>bitu anna-nā lasnā atbāʻan li-aḥadin....wa lā na'<u>kh</u>u<u>dh</u>u taʻlīmāt min aḥadin...)(연설3)
(<u>우리</u> 이집트인들은 국민들의 요구를 문명화된 각성된 대화를 통해 실현할 수 있음을 보여줄 것이다..또 <u>우리가</u> 누구의 추종자도 아니며 누구의 지시를 받지도 않고 있음을 보여줄 것이다)

3) 자기 지칭의 다른 표현들

무바라크는 연설에서 세 가지 정체성의 신분을 창출하였다. 우선 무바라크는 헌법이 부여한 권한에 의거 정권을 대표하는 집권 대통령이다.

[원문6] bi-mūjab mā yu<u>kh</u>awwilu-hu lī l-dustūr min ṣalāḥiyyāt (연설2)
(헌법이 <u>나에게</u> 위임한 권한에 따라서)
[원문7] ka-ra'īs li-l-jumhūriyya........ wa bi-muqtaḍa l-ṣalāḥiyyāt l-mu<u>kh</u>awwala li-ra'īs l-jumhūriyya.(연설3)
(공화국 <u>대통령으로서</u> ...공화국 대통령에게 부여된 권한에 따라서)

두 번째 연설에서 정체성 구조의 성격은 독재자 대통령 무바라크에서 자발적으로 책임을 떠맡는 개인으로서의 무바라크 신분으로 변모하였다. 여기서 무바라크는 일인칭 화자가 아니라 3인칭의 행위자로 묘사됨으로써 주관적 관점이 아닌 객관화를 통해 자신의 주장에 대한 신뢰성을 높이고자 하였다.

[원문8] Ḥusni Mubārak alladhī yataḥaddath ilay-kum al-yawma ya'tazz bi-mā qaḍā-hu min sinīn ṭawīla fī khidma miṣr wa sha'bi-hā (연설2)

(오늘 여러분에게 연설하고 있는 호스니 무바라크는 이집트와 국민을 위해 오랜 세월을 바쳤던 점을 자랑스럽게 여기고 있다.)

다음 연설 구절 역시 호스니 무바라크의 정체성은 모든 청년들처럼 청년시절이 있었으며, 모든 이집트 국민들처럼 한 사람의 이집트 국민으로서 국가를 위해 헌신해왔음을 언급하는 것으로 구성된다. 이는 독재자 이미지를 탈피하고 평범한 보통의 이집트인으로서의 이미지를 제시함으로써 이집트인들의 정서에 호소하며 설득하고자 한 것으로 보인다.

[원문9] inna hādhā l-waṭan l-'azīz huwa waṭan-ī mithlamā huwa waṭan kulli miṣriyy wa miṣriyya fī-hi 'ishtu wa ḥārabtu min ajli-hi"(연설2)

(이 소중한 나라는 모든 이집트 국민들의 조국이듯이 저의 조국입니다. 제가 살아왔고 투쟁해온 조국입니다.)

[원문10] la-qad kuntu shābban mithla shabāb miṣra l-'āna...."(연설3)

(현재의 이집트 청년들처럼 나도 청년이었다...)

이 기법은 2월 두 번 째 수요일 시위 장소인 타흐리르 광장에 집결해있던 일부 시위자들의 철수에 영향을 미친 것이 분명하다. 또한 무력으로 시위대를 해산하는 도의적 명분을 제공하였다(Ahmad 2011, 3).

이와 같은 정체성 변화와 관련하여 연설에서는 침묵을 지키는 다수를 찬양하는 수사적 기법이 사용되었다. 무바라크의 눈에 시위자들은 테러리스트로 간주된다. 그의 연설에서 보통의 선량한 이집트인들을 평화롭고 침묵을 지키는 것으로 묘사함으로써 시위대에 침투한 '테러분자'들의 소행으로 시위가 일어났음을 강조하고자 하였다. 진정한 시민은 집에 머무르며 정치에는 관심없는 사람들이다. 혹시 이들 선량한 시민이 시위에 참가하기라도 한다면 그것은 독재정권에 대한 전적인 복종을 의미하는 선량한 시민으로서의 정체성의 토대를 흔드는 것이 된다(Brahim 2011, 2).

4) 호칭

연설에서 청자 부르기(addressing)는 본격적인 메시지 전달에 앞서 청자와 일종의 사전 상호 작용을 하기 위한 언어적 장치로서 '교감적 언어 사용(phatic communion)'을 통해 친화 관계를 정립하기 위한 전략으로 볼 수 있다(이원표 2002, 432).

일반적으로 대중 연설은 청자 부르기로 시작하는데 무바라크의 연설 역시 이러한 일반적인 패턴을 따르고 있다. 무바라크는 세 차례 연설에서 여덟 번 청자 부르기를 사용하고 있는데 그중 친족 용어를 사용한 al-ikhwa al-muwāṭinūn(형제 동포 여러분)이 일곱 차례 사용되었다. 이는 형제 자매어가 권위보다는 친밀, 계급 의식보다는 평등 관계를 조성하는 용어이므로 이와 같은 청자 부르기를 통하여 친화 관계를 정립하고 평등 관계를 분명히 하고자 한 것이다(사희만 1991, 32-33). 이러한 친족 용어의 호칭과 함께 사용된 호칭은 al-abnā' shabāb miṣr(이집트 젊은이 청년들이여)인데 마지막 연설에서 단 한 차례 사용되었다. 특별히 이 호칭이 사용된 것은 민주화 시위를 주도하고 있는 세력이 젊은 청년들이었음을 고려한 것으로 판단된다.

3) 어휘 구문 층위

무바라크는 연설에서 생경한 의미나 강경한 어감을 암시하는 어휘 대신 느슨한 의미의 어휘를 선택하였다. 즉 연설에서 thawra(혁명), intifāḍa(봉기)와 같은 강한 의미의 어휘는 사용되지 않았으며, 무바라크는 정치적 색채가 짙은 어휘인 muẓāharāt(시위) 대신 중립적 어휘인 taẓāhurāt(시위)를 사용하였다. 이는 자신에게 불리할 수 있는 상황 규정을 피하고 연설 기조를 누그러뜨리고자 함이다(Ahmad 2011, 3).

[원문11] la-qad tāba'tu awwalan bi-awwali l-taẓāhurāt...."(연설1)
(먼저 시위의 시작을 주목하였는데....)

[원문12] thumma la-qad tāba'tu muḥāwalāt al-ba'ḍ li-i'tilā' mawjat hādhihi l-taẓāhurāt.."(연설1)
(그 후 일부 사람들이 시위에 편승하려는 시도를 주목하였다...)

구문 층위에서는 대체로 문어체 아랍어의 범주에서 적용되는 구문상의 규칙을 따랐다. 그러나 첫 번째 연설에서 무바라크가 폭력으로 혼란에 빠진 나라들의 예를 들어 언급한 협박의 전략과 관련된 맥락에서 언급한 구절에서는 목적어와 동사가 도치된 구문으로 예외적이다.

[원문13] fa-lā dīmūqrāṭiyya ḥuqqiqat wa lā istiqrāran ḥufiẓat(연설1)
(민주주의가 결코 실현되지도 않았으며 안정도 결코 유지되지 못했다.)

이러한 형태의 도치 구문은 코란과 같은 문어체 아랍어에서 흔히 사용된다. 이와 같은 도치 구문을 사용한 목적은 계속되고 있는 시위가 안정을 해치고 동시에 민주주의 실현을 수포로 돌릴 수 있다는 생각을 수사적으로 강조하기 위한 것으로 판단된다.

Ⅲ. '민주적 담화'의 수사적 전략

1. '외세의 간섭'에 대한 비난 전략

연설에서 무바라크는 시위가 이집트 정부의 전복을 목적으로 한 외부 분자들의 소행이라고 비난하면서 소요 사태의 책임을 외부 세력의 탓으로 돌렸다. 그러나 시위 발발 초기에 무바라크는 시위 사태를 야기한 근본적 원인인 물가고와 높은 실업률, 빈부 격차, 독재정권의 부패 등에 대해서는 언급하지 않았다. 오히려 경제 개혁과 정치적 개혁이 이미 진행 중인데 시위자들이 불순한 동기를 갖고 음모를 꾀하고 있다는 것이 무바라크의 담화 방식이다(Mustapha 2011, 5).

[원문14] thumma la-qad tāba'tu muḥāwalāt al-ba'ḍ li-i'tilā' mawjat hādhihi l-taẓāhurāt..."(연설1)
(나는 어떤 사람들이 시위 물결에 편승하려는 시도를 주시해왔다...)

[원문15] istaghalla-hum man sa'ā li-ishā'ati l-fawḍa wa l-luzū'i ilā l-'unf wa l-muwāzahat wa fi l-qabḍ 'alā l-shar'iyya l-dustūriyya(연설2)
(혼란을 퍼트리고 폭력과 대치에 의존하며, 합법성을 제거하려는 자들이 이들 시위자들을 이용하고 있다.)

무바라크가 연설 중에 이집트 국민들에게 외부의 간섭을 언급한 것은 미국을 은연중 암시한 것이었다. 여기서 추정할만한 사실은 미국이 무바라크 자신에 대해 사임 압력을 행사하고 있다는 것을 암시함으로써 이집트 국민들이 자신을 호의적으로 생각하거나 다소 긍정적으로 대해 줄 것으로 기대했을지도 모른다는 점이다. 과거에는 이러한 담화 방식이 "우리는 외세의 간섭을 원하지 않는다"는 식으로 이집트 여론에 영향을 미쳤을 지도 모르지만 이집트 민주화 혁명 과정에는 그러한 영향은 드러나지 않았다. 동시에 무바라크는 다른 아랍 국가들 역시 외세의 간섭에 대해서는 이집트 정부의 입장을 지지해줄 것으로 믿었는지도 모르지만 결과적으로 이 상투적인 수사적 전략 역시 실패하였다.

이 '외세의 간섭' 전략이 실패하고 시위자들이 여전히 물러설 기미를 보이지 않자 무바라크는 소요 사태의 책임을 이슬람주의자들에게 전가시키고자 하였다. 이와 관련된 맥락에 대한 비판적 담화 분석결과, 무바라크는 이슬람주의자들의 위협을 확대 과장함으로써 서방의 지지를 계속 유지하고자하는 의도로 분석되었다. 여기서 무바라크는 이슬람주의자들을 명시적으로 지칭하지는 않았지만 무슬림 형제단과 같은 이슬람 세력을 지칭하는 것으로 이해될 수 있도록 애매모호한 용어를 사용하였다.

[원문16] quwwa siyāsiyya sa'at ilā l-taṣ'īd wa ṣabb l-zayt 'alā l-nār istahdafat amn al-waṭan wa istiqrāri-hi bi-a'māl i<u>th</u>āra wa taḥrīḍ wa salb wa nahb wa i<u>sh</u>'āl li-l-ḥarā'iq wa qaṭ' li-l-turqāt wa i'tidā' 'alā marāfiq l-dawla wa l-mumtalakāt l-'āmma(연설2)

(불난데 기름을 붓는 식으로 혼란을 가중시키는 정치 세력들은 선동과 사주, 절도, 강탈, 방화, 강도, 국가 시설과 공공 재산을 공격하였다.)

이 전략 역시 시위에 참가한 이슬람주의자들이 상대적으로 적었기 때문에 실패하였다(Mustapha 2011, 4). 이에 따라 무바라크는 '법과 질서'를 언급하면서 혼란의 위험성을 강조하는 또 다른 전략을 구사한다.

2. '내가 아니면 혼란 뿐'의 협박 전략

이집트 민주화 혁명이 발발한 초기 이집트의 관영 언론 매체들은 국민들을 공포에 몰아넣고 시위대에 대한 왜곡된 이미지를 전파시킬 수 있는 뉴스를 쏟아내었다. 관영 언론 매체를 장악한 무바라크 역시 어휘 fawḍa(혼란)을 사용한 맥락에서 국민들을 겁주려는 '협박'의 수사적 전략을 구사하였다.

[원문17] wa 'alay-nā an nuḥādhira mimmā yuḥīṭu bi-nā min amthila 'adīda inzalaqat bi-shu'ūbi ilā l-fawḍa wa l-intikās... fa-lā dīmūqrāṭiyya ḥuqqiqat wa lā istiqrāran ḥufiẓat"(연설1)
(우리는 국민들을 혼란과 타락으로 빠트린 많은 본보기들로 둘러 쌓여있는 점을 경계해야 한다. 그렇지 않으면 민주주의도 결코 실현될 수도 없으며, 안정도 결코 유지되지 못한다)

또 무바라크는 두 번째 연설 중 [원문15]에서 보듯이 사실을 부풀린다는 인상을 줄 만큼 혼란상을 상세히 기술함으로써(Ahmad 2011,2) 이 전략을 더욱 확대하였다. 마침내 무바라크는 시위 군중에게 혼란을 택할 것인지 안정을 택할 것인지를 강요한다.

[원문18] inna aḥdātha l-ayyām al-qalīla l-māḍiyya tafruḍ 'alay-nā jamī'an sha'ban wa qiyādatan al-ikhtiyār mā bayna l-fawḍa wa l-istiqrār"(연설1)
(지난 며칠 동안에 일어난 사건들을 볼 때 우리 국민이나 정부로

하여금 혼란과 안정 사이에서 선택을 해야만 하는 상황이 되고 있다.)

일반적으로 독재자들은 연설에서 '법과 질서'를 언급하는 맥락에서 '혼란에 대한 공포'와 '안정'의 어휘를 사용해왔다. 무바라크의 경우 그의 대통령직 하야나 새로운 대통령 선거와 같은 중요한 이슈를 회피할 목적으로 사용한 것으로 판단된다. 또한 동시에 무바라크는 군이 보다 본격적으로 사태에 개입할 수 있는 여지를 남겨두고자 했는지도 모른다. 이러한 군 개입의 가능성을 시사하고 '법과 질서'를 강조함으로써 무바라크는 이집트 국민을 위협하고 있었다고 추론할 수 있다(Mansoura 2011, 61).

여기서 무바라크는 이른바 '나 아니면 혼란 뿐'이라는 등식을 부여하고자 하는 수사적 의도가 확연히 드러남을 알 수 있다. 그는 자신의 통치를 국가 안보와 동일시하고 있다. 무바라크가 제시한 이집트 국민과 세계가 취할 수 있는 유일한 선택은 무바라크와 그의 정권을 택할 것이냐 아니면 극심한 혼란이냐 뿐이었다(Brahim 2011, 2).

3. 현실 인정과 개혁 담론

무바라크는 시위가 진정되지 않고 시위대에 대한 설득도 실패하자 협박 전술에서 현실 인정의 전략으로 전환하였다. 그는 사태가 통제 불능이 되었으며 변화가 불가피함을 인정하였다(Mustapha 2011, 6).

자신이 통치하는 국가가 봉착하고 있는 어려운 현실을 독재자 스스로 인정한 것은 수 십 년 동안 유례가 없는 일이다. 마지막 연설에서는 자신이 사태 파악에 오도된 부분이 있으며 그에 대한 과오를 인정하고 책임자들을 법의 심판에 넘기겠다고 약속했다. 현실에 대한 인정이 시위대를 진정시킬 수 있을 것이라는 기대와 함께 자신의 무능과 부패로 주목받는 것에서 벗어나기 위한 것으로 판단된다.

[원문19] fa-l-akhṭā’ wārida fī ayy niẓām siyāsiyy wa fī ayy dawla....lākinna l-muhimm huwa l-i‘tirāf bi-hā....wa taṣḥīḥ-hā fī aṣra‘ waqtin wa muḥāsabat murtakibī-hā...” (연설3)

(과오는 어느 정권, 어느 국가에서든지 있는 것이지만 중요한 것은 그것을 인정하는 것이며...또 빠른 시간 내에 그것을 시정하고 과오를 범한 자들을 처벌하는 것이다.)

무바라크는 연설에서 사회적, 경제적 정치적 개혁의 필요성을 인정하면서 iṣlāḥ(개혁)을 언급하였다. 높은 실업률과 사회에 만연된 빈곤을 타파하기 위해서는 경제 개혁이 필요함을 시인하였다. 독재자가 자신이 통치하는 나라가 지상의 천국이 아님을 인정하는 것은 극히 드문 일이었다. 그러나 비판적 담화 분석의 관점에서 iṣlāḥ(개혁)을 언급한 맥락을 살펴보면 세 차례 연설에서 개혁에 대한 무바라크의 각기 다른 관점과 태도 변화의 미묘한 추이가 포착됨을 알 수 있다. 즉 1차 연설에서는 시위 목적이 실업 문제와 생활 수준 개선, 빈곤과 부패 척결에 대한 대책을 조속히 강구해달라는 정당한 요구에서 나온 것이라는 것을 잘 알고 있다고 지적한 후, 경제 개혁과 정치 개혁은 이미 시작되어 진행 중이라는 점을 은연중 암시하고 있다.

[원문20] inna iqtinā'-ī thābit lā yatazaʿzaʿ bi-muwāṣalat-i l-iṣlāḥ l-siyāsiyy wa l-iqtiṣādiyy wa l-ijtimāʿiyy min ajli mujtamaʿ miṣriyy ḥurr wa dimūqrāṭiyy (연설1)
(자유롭고 민주적인 이집트 사회를 위해 정치, 경제, 사회 개혁을 계속해야 된다는 나의 신념은 흔들림 없이 확고하다.)

두 번째 연설에서 나타나는 개혁과 관련된 맥락에서는 자신의 차기 대통령 불출마 선언을 뒷받침하기 위해 헌법 개정을 포함하는 정치 개혁을 위해 새로 구성된 내각의 부통령에게 모든 정치 세력과 대화를 하도록 위임했음을 밝히고 있다.

[원문21] wa kallaftu nā'ib ra'īs l-jumhūriyya bi-l-ḥiwār maʿa kāfati l-quwwa l-siyāsiyya ḥawla kāfati l-qaḍāya li-l-iṣlāḥ l-siyāsiyy wa l-dimūqrāṭiyy wa mā yataʿallaq bi taʿdīlāt dustūriyya wa tashrīʿiyya min ajli taḥqīq hādhihi l-maṭālib l-mashrūʿa wa istiʿāda l-amn wa l-istiqrār)(연설2)
(나는 정당한 요구를 수용하고 안전과 안정을 회복하기 위한 정치적 민주화 개혁을 위한 모든 쟁점에 관해 모든 정치 세력과의 대화를 부통령에게 위임했다.)

이와 같이 연설에서 사회 안정이나 대통령 후보 자격 완화를 목적으로 하는 헌법 개정 등 민주화 개혁과 정치 개혁에 주안점을 둔 것은 무바라크 자신이 시위대의 요구에 귀 기울이고 있으며 관련 조치를 취할 용의가 있음을 청중에게 설득하기 위한 것이다(Mustapha

2011, 10).

4. 감정적 호소

14세기 아랍 사회학자 이븐 칼둔(Ibn Khaldun)이 이집트 사람들을 유별나게 명랑 쾌활한 민족이라고 하였을 만큼(Peterson 2012, 1) 아랍인 중에서도 이집트 사람이 가장 감성적인 사람들임은 널리 알려져 있는 사실이다. 이러한 이집트인들의 기질을 잘 알고 있는 무바라크는 시위자들을 설득하기 위한 방법으로 감정에 호소하였다.

예컨대 두 번째와 세 번째 연설에서 자신은 혁명이 일어나자 달아난 튀니지의 벤 알리 대통령과 달리 이집트를 떠나 다른 곳으로 도망가지 않고 이집트 땅에서 죽겠다고 선언함으로써 국민들이 자신에 대해 동정심과 연민을 느끼게끔 하려고 하였다. 여기서 독재자의 연설에는 애원의 기색이 역력하다(Brahim 2011, 9).

[원문22] inna hā<u>dh</u>ā l-waṭan al-ʻazīz huwa waṭanī........wa ʻalā arḍi-hi amūt"(연설2)

(이 소중한 조국은 나의 조국이다.....나는 이 땅에서 죽을 것이다.)

[원문23] inna-nī ʻi<u>sh</u>tu min ajli hā<u>dh</u>ā l-waṭan....sa-taẓallu baladan ʻazīzan...lā yufāriqu-nī aw ufāriqu-hu.....ḥatta yuwāri-nī turābu-hu wa <u>th</u>arā-hu"(연설3)

(이 조국을 위해 나는 살아왔다...소중한 조국으로 남아있을 것이다...그 흙으로 내 몸이 덮일 때까지...이집트와 나는 떨어질 수 없으며 또 내가 이집트와 헤어질 수도 없다.)

또한 무바라크는 젊은 시절부터 조국 이집트를 위해 행한 자신의 업적과 공로에 대한 회고담을 늘어놓기 시작한다. 자신이 이룩한 업적과 공직 경력을 반복해 말함으로써 시위대 배후에 있는 젊은 청년들에게 조국을 위해 몸 바쳤던 공로를 일깨워주고자 했다. 예컨대 1973년 10월 전쟁에서 시나이 반도에 이집트 국기를 게양했던 승리의 도취감을 언급하는 대목에서 젊은이들의 애국심을 자극하려고 하였다. 이를 통해 젊은 시위 참가자들과 마찬가지로 자신도 한때 젊은 시절이 있었다는 점을 말함으로써 동질감이 들도록 하였다.

[원문24] rafa'tu 'alama miṣr fawqa sīnā'....wājahtu l-mawt marrātin 'adīda...ṭayyāran...wa fī adis abāba..wa ghayr dhālika kathīr(연설3)
(나는 시나이 반도에 이집트 국기를 게양했으며...조종사로 여러 차례 죽을 뻔하였다....아디스아바바 등 여러 곳에서)

또한 자신도 시위대와 마찬가지로 이집트 국민이며 지도자가 아닌 국민의 한 사람임을 강조한다. 이는 동정심을 유발하여 국민들에게 계속 권좌에 남아있을 수 있도록 설득하려는 바람에서 자신을 보통의 이집트인들과 동일시되도록 하는데 목적이 있다(Mustapha 2011, 9).

[원문25] inna hādhā l-waṭan al-'azīz huwa waṭan-ī mithlamā huwa waṭan kulli miṣriyy wa miṣriyya...(연설2)
(이 소중한 조국은 모든 이집트인의 조국이듯이 나의 조국이다..)

비판적 담화 분석 관점에서 이렇듯 사실을 감정적으로 처리하는 것은 이성적이고 합리적인 논쟁을 차단하고 그 사실에 대한 기존의 틀을 받아들이게 함으로써 이 역시 무바라크의 책임성을 덜어주는 역할을 하게 된다.

5. 선거 불출마 선언

무바라크의 '민주적 담화'에서 채택한 또 다른 전략은 두 번째 연설에서 대통령 선거에 출마하지 않겠다는 약속을 한 점이다. 차기 대통령 선거 불출마 선언은 이제 남은 대통령 잔여 임기라도 온전히 마칠 수 있도록 해달라고 국민들에게 간청하는 것으로 해석될 수 있다.

[원문26] lākinna-nī al-'ān ḥarīṣ kulla l-ḥirṣ 'alā an akhtatim 'amal-ī min ajli l-waṭan....bi-mā yaḥfaẓ al-shar 'iyya wa yaḥtarimu l-dustūr(연설2)
(다만 내가 간절히 바라는 것은 정통성을 보존하고 헌법을 존경하는 방식으로...조국을 위해 대통령 직을 마칠 수 있기를 바랄 뿐이다.)

실제로 9월 대통령 선거에 불출마를 선언하고 민주적 개혁 작업을 관리하기 위해 대통령직을 계속 유지해야한다고 공언하고 나서자 거리의 시위대 숫자가 크게 감소하였다. 결과적으로 무바라크는 자신의 대통령 선거 불출마 선언으로 민주주의가 도래하고 있고 혁명은 끝났으며 식량과 연료가 부족한 상황이므로 이제 일상으로 돌아갈 때임을 이집트 국민들에게 설득하고자 하였다.

6. 가부장주의

전통적 유목민 사회인 아랍 사회에서는 기본적인 사회 단위가 개인이 아니라 가족이며 그만큼 친족 의식이 강한 점이 특징적이다. 나세르나 사다트 등 역대 이집트 대통령들의 경우처럼 무바라크 역시 권위주의적인 통치술 차원에서 가부장제의 권위를 국가 경영에까지 적용하여 이집트를 하나의 대가족으로 보고 자신이 그 가장임을 자처하였다. 무바라크의 마지막 연설에서 나타난 중요한 수사적 자질 중 하나는 이집트 국민을 자신의 아들 딸로 여기며 자신의 행동은 여느 아버지처럼 그들을 보살피고 지켜주는 것임을 강조한 것이다.

[원문27] atawajjah ilay-kum jamī'an bi-ḥadīṯhin min qalb....ḥadīṯh l-ab li-abnā'i-hi wa banāti-hi...aqūl lakum innanī a'tazz bi-kum ramzan li-jīlin miṣriyy jadīdin...(연설3)
(나는 여러분 모두에게 아버지가 아들 딸 자식들에게 하듯이 마음속에서 진심으로 말하고자 합니다..새로운 이집트 세대의 상징으로서 여러분을 자랑스럽게 생각합니다..)

이처럼 무바라크는 자신과 모든 이집트 국민들 사이에 한 가족의 유대감을 창출하고자 마치 자신이 생계를 책임지는 자상한 가부장으로 묘사한다.

[원문28] la-qad anḥaztu wa sawfa aẓallu li-l-fuqarā'

min abnā' l-sha'b 'alā l-dawām.........wa ḥaraṣtu 'alā ḍabṭ siyāsāt l-ḥukūma li-l-iṣlāḥ l-iqtiṣādiyy kay lā tamḍi bi-asra' mimmā yaḥtamilu-hu abnā' l-sha'b aw mā yazīd min mu'ānāti-him(연설1)

(나는 항상 국민들 중에서도 가난한 자들 편에 섰었으며 앞으로도 그들 편에 설 것입니다...그래서 개혁적인 경제 정책도 국민들이 인내할 수 있는 것보다 더 빠르게 진행되지 않거나 그들의 고통이 가중되지 않도록 조정하였습니다.)

[원문29] innanī a'i hādhihi l-taṭallu'āt l-l-mashrū'a li-l-sha'b, wa a'lamu jayyidan qadra humūmi-hi wa mu 'ānāti-hi, lam anfaṣil 'an-hā yawman wa a'mal min ajli-hā kulla yawmin(연설1)

(나는 국민들의 이러한 합법적 갈망을 잘 이해하고 있으며 그들의 불안과 고통의 정도를 잘 알고 있습니다. 단 하루도 그 점을 잊은 적이 없으며 그 때문에 매일 노력합니다.)

사랑하는 사람을 잃은 사람들의 고통을 공감하며, 무고한 사람들을 희생시킨 범죄자들을 처벌할 것이라고 말하는 대목에서도 역시 '자녀를 돌보는 아버지의 상'을 떠오르게 된다(Zachariah 2011, 2).

[원문30] aqūl la-kum qabla kulli shayin..inna dimā'a shuhadā'i-kum wa jurḥā-kum...lan taḍī'a hadaran...wa u'akkid annan-ī lan atahāwana fī mu'āqabati l-mutasabbīn 'an-hā...bi-kulli l-shidda wa l-ḥasm........aqūl li-'ā'ilāt-ī ha'ulā'i l-ḍaḥāyā l-abriyā'i...innan-ī ta'allamtu kulla l-alam min ajli-him...mi<u>th</u>lamā ta'alammtum...(연설3)

(무엇보다 여러분에게 말하고자 하는 것은...여러분 희생자들과 부상자들의 피는 결코 헛되지 않을 것이라는 것입니다...가해자들을 엄중히 처벌하는데 결코 소홀하지 않을 것임을 분명히 말해두고자 합니다......이들 무고한 희생자 가족들께 말하건대...여러분이 고통스러워하는 것처럼 나도 커다란 고통을 느꼈습니다..)

무바라크가 자신을 이집트 국민들의 가장으로 묘사하는 의도는 비판적 담화 분석 관점에서 볼 때 아버지를 비난하거나 처벌하는 것은 비윤리적인 처사라는 점을 부각시키고자 한 것으로 보인다.

7. 종교적 동기 자극

무바라크의 세 차례 '민주적 담화'에서는 어휘 '알라'(Allah)를 포함하는 종교적 표현이 11번 사용되었다. 주로 연설 서두와 결구에 인사말과 기원문으로 사용되었다. 무바라크는 무슬림으로서 당연히 이집트의 안정과 국민들의 안녕을 '알라'에게 기원하며 연설 시작과 끝을 끝맺는다.

[원문31] ḥafiẓa llāh miṣr wa <u>sh</u>a'ba-hā wa saddada 'alā l-ṭarīq <u>kh</u>aṭā-nā(연설1) (알라여 이집트와 그 국민들을 지켜주시고 올바른 길로 인도하소서.)

[원문32] bi-smi llāhi l-raḥmāni l-raḥīm...(연설2)

(자비롭고 자애로운 알라의 이름으로...)

[원문33] al-salām 'alay-kum wa raḥmati llāhi wa barakātu-hu(연설2)
(당신에게 평화가 깃들고 알라의 자비와 축복이 함께하기를.)

[원문34] ḥafiẓa llāhu miṣra baladan āminan...(연설3)
(알라여 이집트를 안전한 나라로 지켜주소서...)

연설 본문에서는 맹세와 서약, 기원을 언급하는 맥락에서 '알라'의 어휘가 사용되었다. 무바라크는 국민을 보호하고 그들의 요구에 충실할 것을 신에게 맹세한다. 이슬람 국가인 이집트의 대다수 국민이 무슬림인 점을 고려하면 이는 효과적이고 적절한 수사적 전략이다.

[원문35] ad'ū llāh an yuwaffiqa-nī fī l-wafā' bi-hā kay a<u>kh</u>tatima 'aṭā'-ī li-miṣra wa <u>sh</u>a'bi-hā bimā yarḍa llāh wa l-waṭan wa abnā'a-hu(연설2)
(알라와 조국, 국민들을 만족하면서 이집트와 국민들에 대한 나의 소명을 마치고자 하는 나의 약속을 지킬 수 있도록 알라께 간구합니다.)

[원문36] fa <u>dh</u>ālika huwa l-qasamu lla<u>dh</u>ī aqsamtu-hu amāma llāhi wa l-waṭan(연설3)
(그것은 알라와 조국 앞에서 행한 바로 그 맹세입니다.)

그러나 무바라크의 연설에서는 남녀노소, 종교, 직업을 불문하고

전 이집트 국민들의 단합을 호소하고자 하였으므로 일반적인 정치 연설과 달리 종교 용어나 종교적 표현의 사용이 최대한 자제되었다. 이는 콥틱 기독교도들을 의식하고 종교적 색채를 의도적으로 약화시키기 위한 것으로 콥틱 교도들은 이집트라는 국가적 조직의 필수적인 부분이기 때문이다(Pratt 2005, 83). 실제로 소수파인 기독교도 이집트인들조차도 무바라크가 전하고자 하는 메시지의 내용이 절대자 하나님과 밀접히 관계가 있다고 생각하며 공감하였다(Zachariah 2011, 2).

[원문37] sa-ta'ī<u>sh</u>u hā<u>dh</u>ihi l-rūḥ fī kulli wāḥidin min falāḥī-nā wa 'ummāli-nā wa mu<u>th</u>aqqafī-nā....wa sa-tabqa fī qulūb <u>sh</u>uyū<u>kh</u>i-nā wa <u>sh</u>abābi-nā wa aṭfāli-nā ..... muslimī-nā wa aqbāṭi-nā(연설3)

(이 정신은 모든 농민과 노동자와 지식인들에게 살아있을 것이며..또 어르신들과 청년들, 어린이들...무슬림과 콥틱 기독교인들의 마음속에 살아있을 것입니다.)

8. 권력 이양

무바라크는 연설에서 대통령으로서의 모든 권한을 오마르 술래이만 부통령에게 위임하겠다고 발표하였다. 즉 무바라크는 법률상의 국가 수반일 뿐 술래이만이 실질적인 국가 수반과 군 통수권자가 되는 것을 의미하였다.

[원문38] fa-qad ra'aytu tafwīḍ nā'ib ra'īs l-jumhūriyya

..fī ikhtiṣāṣāt ra'īs l-jumhūriyya... 'alā l-naḥw lladhī yuḥaddidu-hu l-dustūr(연설3)

(따라서 본인은 헌법이 규정한 바에 따라서 부통령에게 대통령 권한을 위임하고자 합니다.)

그러나 무바라크는 헌법에 의거하여 대통령 권한을 부통령에게 위임하겠다고 말할 뿐 이양하고자 하는 대통령 권한의 범위를 구체적으로 명시하지 않았다. 이는 비판적 담화 분석 관점에서 무바라크가 대통령 권한 이양은 말 뿐일 뿐 실질적으로는 술래이만 부통령을 앞세워 권한을 대리 행사케 하면서 권력을 유지하고자 하는 속셈을 드러낸 것이라고 할 수 있다.

Ⅳ. 결 론

본 연구에서는 이집트의 무바라크 대통령이 민주화 혁명 과정에서 행한 세 차례의 연설을 중심으로 언어적, 수사적 분석을 시도하였다. 서론에서 밝혔듯이 무바라크가 민주화 혁명 과정에서 행한 연설들은 이집트 국민들의 민주화 요구에 대한 반응이 될 것이라는 나름대로의 판단 하에 이들 연설을 '민주적 담화'로 명명하였었다.

분석 결과 호칭과 자기 지칭, 어휘 층위 등 언어적 자질과 '현실 인정과 개혁 담론' 등의 담화적 자질에서는 '민주적 담화'로서의 특성이 부분적으로 드러나기도 하였다. 그러나 본 연구자의 예상과는 달리 '외부 세력에 대한 비난', '나 아니면 혼란 뿐', '가부장주의' 등의 수사적 전략 등 민주화 혁명 발발 이전의 전형적인 '독재자 담화'의 유형과 방식에서 크게 다르지 않음을 확인하였다. '권력 이양' 관련 발언에서 보았듯이 당면한 절박한 문제들을 해결하기 위한 구체적 조치를 취하기보다는 '권력 이양'을 호도하고 권력에 집착하려는 수사적 의도가 간파되었다.

또한 무바라크가 행한 세 차례 연설의 흐름을 살펴보면 수사적 전략이 실패함에 따라 연쇄적으로 일련의 다양한 수사적 전략을 사용하였음을 알았다. 초기에는 수사적으로 강경 태도를 취하였으나 상황이 불리하게 전개되자 점차 유화적인 입장을 취함을 알 수 있었다. 결과적으로 무바라크의 담화가 국민적 단합과 애국심에의 호소, 변화의 기조를 띠고 있음에도 불구하고 그의 담화는 기만적이고 진정성이 결여된 것으로 간주되었다.

세 번째 연설 후에 실각한 튀니지의 벤 알리와 마찬가지로 무바라크 역시 마지막 세 번째 연설을 행한 후에 축출된 점은 우연이겠지만 흥미로운 점이라고 할 수 있다. 세 연설 중 수사적 측면에서는 전시와 평시에 이룩한 과거 업적을 언급한 무바라크의 두 번째 연설이 가장 효과적인 연설로 판단된다. 무바라크는 역대 이집트 대통령들인 나세르나 사다트에게서 엿보였던 미사여구의 화려한 언변보다는 다소 단조로운 언어 구사를 보여주었다. 또한 무바라크의 세 차례 연설에서는 이성적, 논리적 설득보다는 감성적 호소의 전략을 더 많이 사용한 것으로 분석되었다.

제6장

무바라크 이집트 대통령의 취임사에 대한 담화 분석

Ⅰ. 서론

무바라크 이집트 대통령은 중동에서 뿐 아니라 전 세계적으로도 장기 집권 중인 통치자로 널리 알려져 있다. 1981년 전임 안와르 사다트 대통령이 암살당한 뒤 대통령으로 취임했던 무바라크는 그동안 비상계엄 법을 활용해 대통령 중심의 굳건한 통치 체제를 구축했다. 변변한 야당 세력이 없는 상황에서 30년째 집권하면서 '현대의 파라오'로 불리는 무바라크는 이집트 역사상 첫 직선제를 실시한 2005년 대선에서 다시 5선 연임에 성공, 2011년까지 임기가 보장되어 있다.

그런데 2005년 대선은 이전까지 무바라크 단독 후보를 놓고 치러졌던 선거와는 달리 주목과 관심을 끌었다. 즉 그간 장기간 권좌를 지켜온 무바라크 대통령이 반대 세력들의 민주화 요구 열기에 맞불을 놓을 목적으로 대통령 복수 후보 제도를 허용하는 헌법 개정안을 통과시킴으로써 이집트 헌정사 최초로 복수 후보에 대한 대통령 자유 경선을 통해 무마라크가 대통령으로 선출된 것이다. 물론, 선거 과정은 무바라크에 대한 홍보 일색으로 일방적인 선거 운동이었지만 복수 후보를 허용한 최초의 자유 경선 투표에서 무바라크는 공약을 내걸고 나름대로 유권자들의 지지를 얻고자 하였다.

따라서 이러한 자유 경선 과정을 통해 선출된 무바라크는 대통령 취임사에서 나름대로의 대 국민 메시지와 함께 장기 집권에 따른 반발을 염두에 두고 그의 지지자와 반대자 등 다양한 성격의 청자들에게 설득을 기하고자 하였을 것으로 추정된다.

이러한 점에서 2005년의 대통령 취임사는 하나의 장르로서 정치 담화가 될 수 있으며 2011년으로 예정된 대선에서 6선 연임에 도전할 가능성이 높은 상황에서 그의 지난번 대통령 취임사를 분석해보는 것은 사회언어학적으로도 의미가 있을 것으로 생각된다.

본 연구에서는 취임사가 대통령 당선자 자신의 미래 국정 운영방향에 대해 공식적으로 처음 발표하는 정치 담화라는 점에서 무바라크 이집트 대통령의 취임사에 나타난 설득 전략과 취임사에 담긴 기저 이념을 분석하고자 한다. 이를 위한 연구 방법으로는 노만 페어클러프(Norman Fairclough)가 새로운 언어학적 연구방법으로 제시한 비판적 담화 분석(Critical Discourse Analysis)[34]을 이론적 토대로 삼기로 한다.

일반적으로 CDA는 "텍스트 분석, 텍스트의 생산, 소비, 분배 과정의 분석, 담화 사례의 사회 문화적 분석을 통합하는 것"으로 정의된다(Fairclough 1995, 23). 또한 "사회 정치적 담화 분석"이라 불리기도 하며 "지배 관계의 생성과 도전에서 담화가 수행하는 역

---

34) 이하 약자로 CDA로 표기한다.

할에 관심이 있다"(Van Dijk 1993: 249). 예컨대 "텍스트에 표현된 사건에서, 한 강력한 사회 구성원이 행한 기능(agency)을 축소시키거나 암시적인 것으로 만들거나, 은밀하게 표현함으로써 사회적 역학 관계를 숨기기 위한 전략들을 추구하는 수사 및 스타일"을 분석하기도 한다(Van Dijk 1993: 250).

페어클러프는 CDA를 언어 사용에 관한 두 가지 가정들, 곧 언어가 사회적으로 정해진 것이자 사회적으로 구성적인 것이라는 두 가지 가정들 간의 긴장 관계를 연구하는 분야로 이해한다. CDA에서 담화를 사회적 실천으로 기술하는 것은 특정 담화 사건과 상황, 그것의 뼈대를 만드는 제도와 사회 구조간의 변증법적 관계를 의미한다. 즉, 담화 사건은 이들에 의해 실현되기는 하지만, 이들을 실현하기도 한다. 이 말은 담화가 사회적으로 제약된 것이자 사회적으로 구성된 것임을 뜻한다. 그것은 상황, 지식 대상 그리고 사람과 사람 집단간의 사회적 정체성과 관계를 구성한다. 그것은 담화가 사회 상태를 유지하고 재생산하는 데 도움을 준다는 의미에서, 그리고 그것을 변형시키는 데 기여한다는 의미에서 이 두 가지를 구성한다는 뜻이다(이성만 2005, 393).

여기서 강조되고 있는 것은 담화의 현실 구성적인 동인이다. 또한 권력과 이념의 질문들이 담화와 관련되어 있다는 점이 분명해진다. 따라서 정치 담화로서의 취임사는 특정 상황에서 행해지는 언어의 사회적 실천으로서 취임사를 통해 설득 전략과 기저 이념을 파악하고자하는 본 연구 목적에 적합한 연구 방법으로 판단된다.

II. 취임사의 구성과 개요

1. 취임사의 언어

아랍의 정치가들은 담화 의도가 청중에게 어떤 사실을 홍보하거나 교육하고, 역사적 사건들을 회상하면서 정책을 발표할 때, 또 자신을 강력한 인물로 내세우고자 할 때는 아랍 세계의 표준어인 문어체 아랍어를 사용한다. 문어체 아랍어는 아랍 세계에서 권위와 상위(seniority)의 상징이기 때문이다(Mazraani 1987, 213). 반면에 구어체 방언을 사용하는 경우에는 정치인들이 대중에게 친화적으로 비추고자 하거나 대중과의 유대감이나 친근감을 조성하고, 공동의 목표를 달성하고자 할 때 보다 효과적이다. 정치인들은 자신의 주장이나 의견이 대중에게 영향을 미치기를 바라면서 구어체 방언을 사용해 추상적인 개념들이 쉽게 이해될 수 있도록 한다.

나세르나 사다트와 같은 이집트 정치가는 대중 연설에서 구어체와 문어체 아랍어를 혼용하게 되는데 이와 같은 코드 변환(code-switching)은 형식적 토론을 행하고자 하는 의도와(Abou-Seida 1971, 89) 청중의 관심을 끌기 위함이며 이는 대규모 집회나 분량이 긴 연설에서처럼 청중이 산만해질 수 있는 담화에서는 필수적인 전략이다(Mazraani 1987, 213).

무바라크가 취임사에서 사용한 언어는 문어체 아랍어이다. 무바라크가 취임사에서 코드 변환 없이 문어체 아랍어만을 사용한 것은 당연한 선택으로 판단된다. 그것은 대통령 취임식 자체가 정중하고 경건한 분위기에서 치러지는 공식적인 의식이며, 무바라크의 취임사 담화는 직접적으로 국민을 대상으로 한 대중 집회가 아니라 의회 의사당에서 열린 취임식이므로 의원들이 청중으로서 쌍방향 의사소통할 수 있는 상황이 아닌 것이다. 또 취임사의 분량도 다른 대중 연설과 비교해서 짧은 분량이어서 주의 환기를 위한 문어체와 구어체의 코드 변환이 필요하지 않다. 또 문어체 아랍어로 행해지는 취임사 담화를 통해 자신의 목표와 소망을 달성하기 위한 진정성과 결의를 보여주고 싶었을 것으로 판단된다. 구어체 아랍어로 행해지는 연설은 진지한 담화의 내용에는 적절하지 않으며 연설자로서는 권위 있는 인물로서의 신뢰감을 상실할 수 있기 때문이다.

무바라크의 취임사는 내용 전개상 18개의 단락으로 구분될 수 있으며[35] 다음과 같은 순서로 제시됨을 알 수 있다.

2. 구성

(1) (단락1-2) 취임식 참석자들에 대한 인사

취임식에 초대된 귀빈의 취임식 참석을 환영하고 감사하며 경의를 표하게 된다. 취임사에서 무바라크는 리비아 국가원수인 무암마르 카다피의 취임식 참석을 환영하며 감사를 표한 다음(단락1), 취임식이 열린 이집트 의회의 의원들에게 인사를 전한다(단락2).

(2) (단락3) 선거의 의의

헌법 76조 개정을 통해 공정한 자유 경선이 이루어져 정치사에 새로운 장을 열었음을 피력한다.

35) 취임사의 단락 구분은 아랍어 원문에 제시된 단락 구분을 주로 따르면서 연구자의 주관적 판단을 적용한 것임을 밝혀둔다.

(3) (단락4) 경의를 표함

투표에 참여한 모든 이집트 국민들과 특히 이집트 여성들에게 경의를 표한다. 또한 선거와 관련된 국가 기관들인 선거 관리위원회, 경찰, 사법부에게 선거의 중립성과 선거의 안전을 도모한 점에 대해 감사를 표한다.

(4) (단락5) 선거이후의 다짐과 각오

국민들의 기대와 신뢰 속에 개혁을 추구하고 민주주의를 완성할 수 있는 새로운 조치를 지속적으로 수행할 결의를 밝힌다.

(5) (단락6-7) 의회와의 협력 관계와 역할 기대

의회와 한 배를 타고 있음을 강조하며 취임 이후의 개혁 단계에서 협력 관계를 기대하고 다가올 의회 선거로 구성될 의회의 역할을 기대하고 있음을 표명한다.

(6) (단락8-9) 선거 공약 이행에 대한 결의와 새로운 과제 제시

지난 대선에서는 복수 후보들의 각기 다른 공약을 놓고 국민들의 지지와 신뢰를 바탕으로 선출되었음을 강조하며 선거 공약 이행을 위한 모든 국민들의 도움과 협조를 확신한다. '강력하고 안전한 이집트' 구축의 새로운 과제를 화두로 제시하며 그것은 군대와 외교 강화만을 의미하는 것이 아님을 밝힌다.

(7) (단락10-14) 각 분야별 과제 제시

(단락10)은 정치와 관련되며, 민주주의 실현을 과제로 제시하고 있다. (단락11)은 경제와 관련되며 경제 성장, 취업 기회 보장, 실업

억제를 과제로 제시하였다. (단락12)는 교육, 복지, 건강보험, 주택 문제를 제시하며, (단락13)은 국민들의 단합을 과제로 제시한다. 콥틱과 무슬림의 단결, 과격주의 테러에 대처하는 과제를 제시한다. (단락14)는 격변하는 세계에서의 안정을 과제로 제시한다.

(8) (단락15-17) 마무리 하기: 협력과 공동 책임 강조

새로운 과제 달성을 위해서는 여야를 포함한 모든 국민들의 협력과 공동 책임이 중요함을 역설하며, 취임 선서를 마친 당선자 자신의 결의와 각오를 재확인한다. (단락17)에서는 의원들에게 개혁과 현대화를 지속적으로 추진하며 나은 미래를 위해 함께 나아갈 것을 제의한다.

(9) (단락18) 신에 대한 기원과 축원

신에 대한 기원과 축원의 구절로 취임사를 끝낸다.

Ⅲ. 취임사에 나타난 수사적 전략[36)]

1. 청자 부르기

무바라크의 취임식은 관례에 따라 대의 기관인 의회에서 열렸다. 따라서 취임식에서의 연설 대상인 청중은 직접적으로는 의원들이며 간접적으로는 이들 의원들이 대변하는 국민들이 된다. 일반적으로 대중 연설은 청자 부르기(addressing)와 청중에 대한 감사로 시작

36) 여기서 제시하는 취임사에 나타난 수사적 전략의 항목은 이 분야 선행 연구인 이원표(2002)의 분석 방법을 주로 참조하였음을 밝혀둔다.

하는데 무바라크의 취임사 역시 이러한 일반적인 패턴을 따르고 있다.

(단락1) al-ikhwa wa l-akhawāt a‘ḍā’ majlis al-sha‘b
(의회 의원 형제 자매 여러분)

연설에서 본격적인 메시지 전달에 앞서 청자와 일종의 사전 상호작용을 하는 것이 일반적인 사례인데 이같은 청자 부르기와 감사는 "교감적 언어 사용(phatic communion, Malinowski 1972)"의 예와 친화 관계를 정립하기 위한 전략으로 볼 수 있다(이원표 2002,432)

무바라크가 취임사의 단락(1),(2),(6),(8),(15) 등 다섯 차례에 걸쳐 청자 부르기를 사용하고 있는데 그중 ikhwa wa akhawāt(형제 자매들)의 친족 용어로 청중인 의원들을 네 차례 호칭하고 있다. 이는 형제 자매어가 권위보다는 친밀, 계급 의식보다는 평등 관계를 조성하는 용어이므로 이와 같은 청자 부르기를 통하여 친화 관계를 정립하고 평등 관계를 분명히 하고자 한 것이다(사희만 1991, 32-33). 특히 '형제 자매들'의 호칭이 (단락1)과 (단락2), (단락6)의 취임사 초반부에서 집중 사용된 것은 취임사의 본론에 들어가기 앞서 친화관계 정립을 위한 언어적 장치와 표현들을 사용함으로써 대통령 당선자는 정치적 견해가 다를 수 있는 청중들과의 사이에 존재할 수 있는 심리적 거리감을 줄이고 조화로운 관계를 형성하고자 하는 것으로 보인다(이원표 2002, 433).

'형제 자매들'의 호칭과 함께 취임사에 사용된 호칭은 al-sayyidāt wa l-sāda(신사 숙녀 여러분)인데 모두 네 차례 사용되고 있다. 이 호칭은 일반적으로 공식적인 모임이나 회의, 격식있는 의식에서 흔히 사용되는 관용적인 호칭이다. 이 호칭이 '형제 자매들'과 함께 사용된 것은 취임사가 국민을 상대로 하는 직접 연설이 아니라, 의회라고 하는 공식적인 기관에서 의원들을 상대로 행한 연설이라는 점에서 이 호칭이 사용된 것으로 판단된다.

의원들에 대한 호칭 사용에 이어 무바라크는 취임식에 초대된 리비아 국가원수인 무암마르 카다피의 취임식 참석을 환영하며 감사를 표한 다음(단락1), (단락2)에서 이집트 의회의 의원들에게 인사를 전한다.

> (단락1) "본인은 리비아 혁명 지도자이며 관대하고 사랑하는 형제 무암마르 카다피 대령을 환영하고자 합니다. .... 오늘 취임식에 참석하기 위해 와주신 제2의 조국인 이집트의 귀빈에 대한 인사를 드리며 감사와 환영의 말씀을 전합니다"
>
> (단락2) "1924년 이 의사당 건물이 준공된 이래, 1824년 의회정치가 시작된 이래, 지금껏 전무후무한 바로 오늘 이집트 역사와 이집트 의회 역사상 역사적인 날에 진심으로 여러분에게 인사를 전합니다"

2. 취임식의 성격 규정

일반적으로 새 대통령 취임식은 경축의 대상으로 정치적 축제로서의 분위기를 고취시키는데 목적이 있다. 그보다 더 중요한 것은 새 대통령이 국민들에게 취임식의 상징적 성격 즉 새 정부의 출범이 갖는 역사적, 정치적 의의를 밝히는데 있다(이원표 2002, 433).

그러나 무바라크는 장기 집권으로 인해 야당과 국민들의 원성을 사왔기 때문에 5선 연임의 대통령 취임은 경축이나 축제의 대상으로 인식되기 어려운 상황이 된다. 따라서 무바라크는 어떤 수사적 전략을 사용하며 새 정부의 출범이 갖는 역사적 정치적 의식의 상징적 성격을 말하려 하는지가 관심이 된다.

“본인은 오늘 꿈이 실현되고 있음을 본다. 바로 저와 여러분의 공통된 꿈이다. 헌법 ‘76’조의 개정[37]으로 실현된 것이다. 정치사상 새로운 단계로의 문을 여는 것이다....”(단락3)

이와 같은 발언은 곧이어 선거가 역대 다른 어느 선거와 달리 다수 후보들 사이의 공정하고 깨끗한 자유 선거로 치러졌음을 강조하면서 대통령으로서 취임하는 의식의 상징적 성격을 강조한다.

이와 관련된 맥락에서 무바라크 취임식을 규정하는 대표적 상징어는 취임사에서 빈번하게 사용된 ‘새로운’(jadīd)의 수식어와 복합어들이다. ‘새로운’을 의미하는 어휘 jadīd는 총 17번 사용되었다. 단락 6과 7에서의 의회와 관련된 맥락을 제외하고 모두 대통령 선거와 관련된 것들이다.

‘새로운 실험’(taghriba jadīda) : 3회
‘새로운 조치’(khuṭuwāt jadīda) : 3회
‘새로운 단계’(marḥala jadīda) : 2회
‘새로운 임기’(wilāya jadīda) : 2회
‘새로운 문’(abwāb jadīda) : 1회
‘새로운 정신’(rūḥ jadīda) : 1회
‘새로운 내일’(ghadan jadīdan) : 1회

즉, 무바라크는 대통령 취임식을 계기로 이전과는 다른 ‘새로운’ 시대의 시작을 강조하고 있는 것이다. 이전 시대가 대통령을 비민주적 절차로 선출된 시대로 규정한다면, ‘새로운 시대’는 복수의 대통령 후보를 놓고 자유 경선을 벌이는 민주주의의 시작을 알리는 상징

37) 대선 출마자격을 규정한 이집트 헌법 76조는 의회가 단일 후보를 선출하고 이 후보에 대한 찬반 국민투표를 통해 대통령이 확정되도록 하였으나 무바라크가 직선제 개헌안을 수용하여 다수 후보에 대해 국민이 직접 비밀선거로 대통령을 선출하는 대통령 직선제를 허용하게 되었다.

적 표현이다.

3. '신화(myth)' 말하기

취임사에서 일반적으로 가장 널리 사용되는 전략은 '신화' 말하기이다. '신화'란 사전적 정의에 따르면 조작된 관념 또는 어떤 사회제도를 정당화하기 위한 사회, 정치적 통념으로서 Geis(1987)는 이를 "담화 공동체에 의해 다소 폭넓게 유지되고 있는 행위나 주장을 정당화하기 위한 단순하고도 반증할 수 없는 인과 관계 이론(causal theory)"라 정의하고 있다. 이집트의 근대 정치가들의 대중 연설에서는 흔히 이집트인들이 과거에 이룩하였던 영광과 위대한 역사를 회고하며 이집트인들의 자존심을 자극하여 위기를 극복하고 이집트 국민들이 겪고 있는 고통과 과거의 영광을 비교하면서 이를 이집트의 현재와 미래를 연관시킨다(사희만 1993, 63-64). 이와 관련하여 이집트라고 하면 연상되는 수사적 기법과 상징적 이미지를 무바라크의 취임사 중 단락 13에서 발견하게 된다.

> "나는 이집트의 문화적, 문명적 유산, 지식인과 사상가, 작가들의 자산, 개명과 예술, 문학의 횃불의 여력, 강력하고 안전한 이집트를 기대합니다. ...."

이어지는 단락 13의 동일 맥락에서 "테러와 과격주의에 대처하는 데는 무슬림과 콥틱이 하나가 되어 뭉친다....."는 대목은 마치 미국인들이 "우리 함께 뭉쳤다(United we stand)"라 불리는 신화를 되새기게 하면서 이 때문에 미국이 대공황을 극복했고 두 차례의 세계대전에서 승리했다고 주장하는 것을 연상케한다(이원표 2002, 438).

이집트 의회의 의원들에 대한 인사를 표하는 단락 2에서 취임식이 열린 날을 "경건한 의회의 역사와 이집트 역사상 증거가 되는 날에..", "1924년 이집트 의회가 개원한 이래 이 유구한 의사당이 결코 목도하지 못한 날....", "1924년 의회 정치가 시작된 이래 목격하지 못한 날..."로 규정하는 것 역시 신화의 전략이다.

그밖에도 "위대한 이집트와 유서 깊은 역사..."(단락9), "강력하고 안전한 이집트..."(단락9)의 표현에서처럼 '신화'의 전략은 이집트를 지칭하는 수식 구절에서 주로 사용되고 있음을 알 수 있다.

4. 새로운 과제 제시

무바라크의 취임사 중 단락 10-14는 대통령이 국가의 발전과 좀 더 나은 사회를 향한 발전을 위한 새로운 과제를 지적하는 전략이다. 흔히 새로운 과제 제시의 전략은 일반적으로 '신화' 다음에 언급되는데 무바라크의 취임사에서는 단락 2를 제외하고 단락 9-16에서 '신화'와 새로운 과제의 제시가 동시에 이루어지고 있다. 이는 "우리(이집트)가 위대하고 능력이 있기 때문에 열심히 일하고 최선을 다하며 여러분의 지도자를 잘 따른다면 이런 새로운 과제도 달성할 수 있다는 것"을 암시한다(이원표 2002, 441).

이러한 과제 제시와 관련해서 무바라크는 과제 실천을 위한 목표로서 "안전하고 강력한 이집트"(miṣr al-qawiyya al-āmina)란 화두를 제시하고 있다. 정치, 경제, 교육, 복지 등의 분야를 다룬 단락 10~15의 각 서두에서 "안전하고 강력한 이집트"의 구절을 반복 사용하고 있는데 특히 단락 10에서 언급하고 있는 정치 분야의 "안전하고 강력한 이집트"는 '민주주의'의 실현임을 명시하고 있는데 이는 본 취임사의 밑바탕에 깔려있는 기저 이념을 '민주주의'로 해석할 수 있는 맥락으로 파악된다.

> (단락10) "안전하고 강력한 이집트는 민주주의를 의미합니다. 즉 효율적인 의회, 활력이 넘치는 정부, 법의 지배를 보장하는 사법부입니다. 국민의 자유를 강화시키고 국민의 권리를 보호하는 민주적 사회를 뜻합니다. 인권을 신장시키고...입법,사법, 행정부의 균형을 더욱 이룩하고.....복수정당과 정당의 활동을 활성화하며...정치 활동에 새로운 장을 열어주는 민주적 사회를 의미합니다. 그렇습니다. 본인은 이집트의 힘은 민주주의의 힘에서 나온다는 흔들림없는 신념을 갖고 그런 모든 것들을 이룩하기 위해 노력할 것입니다."

이는 단락 3에서 대통령의 정체성과 정권 출범의 합리화의 명분으로 민주적 절차를 밟은 선거를 부각시키고 있는 것에 대한 이념적 근거의 제시로도 분석된다.

5. 지칭

자기 지칭은 담화 수행자의 정체성(identity)이 구성된 방식을 이해하는데 가장 적절한 장치로 분석된다(Dunne 2003, 72). 담화에서 발견되는 자기 지칭의 특징은 대명사의 사용이다. 대명사는 담화 참여자 간의 공손 관계를 표시하는 장치이며(Brown & Gilman 1960; Brown & Levinson 1987), 대중 연설에서 일인칭 복수 대명사 '우리들'의 지칭은 연설자와 청중간의 참여감을 창출하는 데 유효하다(Mazraani 1987, 88). 아랍어 대명사에는 공손형 대명사가 없으며 아랍어 일인칭 복수 대명사 naḥnu(우리들)로써 청자를 향한 존경심이나 유대감을 표현할 수 있다. 아랍어는 대명사의 사용

여부에 관계없이 동사의 어형변화에 의해 행위자의 인칭을 알 수 있는 특성이 있다(사희만 2007, 189). 따라서 자기 지칭의 분석을 위해 일인칭 대명사가 명시적으로 나타난 경우와 동사의 어형 변화로 파악되는 담화 참여자의 지칭을 모두 포함하기로 한다.

다음에서는 무바라크가 자신과 이집트의 공적 신분을 나타내기 위해 사용한 언어 장치로서 취임사에 사용된 자기 지칭을 분석해 보고자 한다. 헌법 개정을 통한 복수 후보의 선거제도 도입과 공정 자유 선거를 통한 이집트 국민의 선택은 새로운 실험이라고 규정하는 단락 3의 맥락에서 일인칭 복수의 지칭은 무바라크 자신과 직접적 청자인 의회 의원들, 간접적 청자인 국민들을 모두 포괄한다. 여기에 부사 ma'an(함께)의 사용은 참여와 유대감을 강조한다.

> la-qad <u>kh</u>uḍ-nā ma'an tajriba jadīda(우리는 함께 새로운 실험에 뛰어들었습니다)

같은 의미의 일인칭 복수 지칭이 부사 ma'an, sawiyyan과 함께 사용된 예가 단락 8, 단락 15, 단락 17에서도 나타난다.

> kay naṣna'a ma'an <u>gh</u>adan jadīdan...(우리가 함께 새로운 내일을 만들기 위해...)
> kay na'mala sawiyyan...(우리가 함께 일할 수 있도록...)
> namḍi ma'an yadan bi-yadin...(우리 함께 손에 손잡고 나아갑시다)

또 다음 예는 단락 4에서 무바라크가 모든 이집트 국민들, 투표 참가자들에게 감사의 인사를 전한 후에 반대표를 던진 투표자들에게는 그들의 도움이 필요하다고 말하는 대목에서 일인칭 복수의 지칭은 당연히 무바라크와 그의 반대자들을 의미한다.

kay nantaliqa li-na'mala yadan bi-yadin...(우리가 손에 손 잡고 일하며 나아가도록...)

이어지는 단락 5에서 선거 그 자체가 끝이 아니며 국민들의 기대와 희망을 달성하는 것이 가장 중요함을 역설하는 맥락에서 다수 등장하는 일인칭 복수 지칭의 표현들은 무바라크로 대표되는 새 정부와 입법부의 협력과 유대를 암시한다.

nantaliqa ilā l-amām bi-rūḥ jadīda(새로운 정신으로 앞으로 나아갑시다)
lā waqta laday-nā li-l-taraddudi...(우리에게는 ....물러설 시간도 없습니다)
namḍī bi-'ajmin wa thiqatin fī khuṭuwātin jadīdatin(새로운 조치를 결연히 신뢰감을 갖고 취해갑시다)

청중인 의원들을 ikhwa wa akhawāt(형제 자매들)로 호칭하고 있는 단락 6에서 일인칭 복수 지칭은 명백히 무바라크와 의회 의원들, 새 정부와 입법부의 강력한 공동체적 유대를 나타낸다.

fa-kullu-nā fī qāribin wāḥidin(우리는 모두 한 배를 탔다)

단락 16-17에서 취임사의 마무리로 의회와의 협력과 공동 책임을 역설하며 개혁과 현대화의 지속적 추진을 다짐한 후 더 나은 미래를 위해 함께 노력하자는 맥락에서의 일인칭 복수 지칭 역시 무바라크 행정부와 입법부를 포함한다. 지금까지 무바라크 취임사에서의 일인칭 복수 지칭이 사용된 맥락을 전후관계에 비추어 분석한 결과 취임사에서의 '우리들'에 대한 지칭은 "이집트의 희망과 행동, 업적에 대한 긍정적이고 자랑스러운 평가"(Atkinson 1984, 37)와 단합, 유대, 참여의 의미를 담고 있다고 분석된다.

6. 대통령으로서의 정체성 구축과 정권의 합리화하기

무바라크는 취임사 도입 부분인 단락 3에서 5선에 이르기까지 경쟁자 없이 단독 후보로 출마하여 대통령으로 선출되었던 이전의 선거와는 달리 무바라크는 이집트 정치사상 처음으로 복수 후보의 선거제도라는 민주적 절차를 통해 자신이 선출되었음을 취임사에서 부각시키고 있다. 또 단락 3에서 선거는 자유롭고 공정하게 치러졌으며 풀뿌리 민주주의를 실현한 절차였음을 강조함으로써 새로운 정권의 출범을 합리화하고 민주주의의 개념이 대통령 취임의 근거가 됨을 나타내고자 하였다. 이에 따라 '민주주의'의 어휘는 5회에 걸쳐 명시적으로 사용되었다.

(단락3) fī intikhābiyya tanāfusiyya bayna akthara min murashshaḥin (복수 후보간의 경쟁적 선거에서)
(단락3) intikhābāt ḥurra wa najīha(자유롭고 깨끗한 선거)
(단락3) intikhābāt kharajat bi-l-ta'dīl al-dustūriyya ilā arḍi al-wāqi 'wa l-tatbīqi(헌법 개정을 통해 현실과 적용의 땅으로 나아간 선거)

이어 다음 단락에서는 이집트 국민들과 투표에 참여한 모든 이들, 특히 선거에 참여한 여성들에게 대통령 당선 인사를 전한 다음, 지지자와 반대자를 모두 어우르는 전 국민적 지지를 호소함과 동시에 그로부터의 대표성을 찾음으로써 대통령으로서의 정체성을 찾으려하고 있다.

(단락4) amuddu yadayya ka-ra'īsin li-kulli l-miṣriyyīn li-man a 'ṭā-nī ṣawta-hu...wa li-man a'ṭā-hu li-ghayr-ī(본인은 모든 이집트인들, 나에게 찬성표를 던졌거나 반대표를 던진 모든 이들에게 대통령으로서 손을 내밉니다...)

또한 단락 3에서 대통령 선거가 미증유의 자유 공정선거로 치러진 것에 대해 단락 4에서 선거와 관련된 국가 기관들인 선거 관리위원회, 경찰, 사법부에 선거의 중립성과 선거의 안전을 도모한 점에 대해 경의를 표함으로써 선거의 공정성에 대한 확신을 뒷받침하고 있다.

7. 협력 구하기

무바라크는 취임사의 목적을 성취하기 위한 전략으로서 의회와 국민들로부터의 지지와 협력을 요청하고 있다. 단락 15에서는 자신이 제시한 과제와 도전들이 개인의 의지만으로는 실현될 수 없으며 따라서 국민들의 협력적인 참여가 매우 필수적임을 강조하고 있다.

(단락15) "안전하고 강력한 이집트를 위해..우리가 갈망하는 이집트 사회를 위해...우리가 나아가고자 하는 미래를 위해...본인은 여당과 야당...모든 국민들에게 요청합니다. 여러분 모두에게 다음 단계에서 함께 노력하자고 당부합니다"

단락 16에서는 의회와의 공동 책임을 강조하며 새 정부와 의회의 협력관계를 요청하고 있다.

> (단락16) "이러한 과제들을 성취하는 것은 공동의 책임이라는 점에 뜻을 같이 합시다. 또 다음 단계는 다음 세대가 도전하고 우리의 후손들이 기억하게 될 단계라는 점에 뜻을 모읍시다. 우리가 꿈꾸는 이집트 사회와 우리가 갈망하는 안전하고 강력한 이집트를 다음 세대에 물려줄 수 있도록 손에 손잡고 함께 노력합시다"

무바라크는 이러한 구절을 통해서 청자로 하여금 자신이 제시한 과제들을 성취할 수 있을 만큼 완벽한 사람이 아니며, 따라서 그 과제들을 실행하기 위해서는 의회와 국민들의 협력이 필수적임을 암시하고 있다. 이런 측면에서 취임사의 "협력 구하기"는 좀 더 호감이 가고 능력있는 것처럼 보이고 싶은 대화 참여자의 욕구와 관련된 적극적 공손 전략(Brown & Levinson 1987)의 한 예로 볼 수 있다(이원표 2002, 446).

8. 격려하기

취임사에서 격려하기의 전략은 국민들의 노력과 참여를 요구하는 대통령 당선자의 화행이 갖추어야할 예비조건(Searle 1975)이 충족되어 있음을 말하기 위한 수단이나 또는 그런 화행을 하기위한 근거를 마련하기 위한 수단으로 사용되고 있다. 이런 측면에서 격려하기는 앞에서 논의한 '신화'와 비슷한 면이 있다. 그러나 둘 사이의 차이는 담화 구조면에서 '신화'가 주로 취임사의 앞부분에 언급되어 이어지는 모든 부분에 영향을 미치는데 반해, 격려하기는 "협력 구하기" 앞에서 사용되거나 취임사 곳곳에서 산발적으로 사용되기도 한다(이원표 2002, 446).

무바라크의 경우에는 새로운 과제를 제시하기 앞서서 "격려하기"의 전략을 사용함으로써 새로운 과제 제시와 "협력 구하기"에 앞선 예비 화행으로서 역할을 하고 있으며 청중인 의원들과 국민들에게 앞으로 새로운 과제들을 성공적으로 수행하고 해낼 수 있다는 자신감을 고취하고자 하였다.

> (단락9) "본인은 모든 이집트인들에게 말해두고자 합니다. 본인의 선거 공약을 실행에 옮기는데 있어서 우리가 선거공약이 담고있는 열망을 우리의 결의와 굳건한 노력으로 달성할 수 있음을 전적으로 믿으며, 또한 이 세대는 위대한 이집트와 유서깊은 역사에 속할 수 있는 자격이 충분히 있음을 입증해줄 것이라고 확신합니다. 그리고 사랑하는 조국에 그 선물을 바칠 것이며 이는 세대가 바뀌어도 대대로 이어질 것임을 확신합니다....".

"격려하기"는 국소적인 차원에서 이어지는 요청 화행을 위한 예비 화행으로 역할을 하거나, 선행하는 요청 화행을 정당화하기 위한 후속 화행으로 역할을 하고 있음을 의미한다(이원표 2002, 447). 요청을 위한 예비 조건 중의 하나는 "화자(S)는 청자(H)가 미래의 행위(A)를 할 수 있다고 믿는다"이다(Levinson 1983: 240).

9. 상호 조율(mutual aligning) 하기

"협력 구하기"와 관련해 취임사에서는 "상호 조율하기"의 전략이 발견되는데 이는 담화 참여자들을 서로 협력하거나 동의하는 상태, 더 나아가 동일시하는 상태에 이르게 하는 것을 의미한다. 대통령 당선자의 화행은 당선자 자신과 취임사가 각각 '좋은 사람'과 '복음'으로서 기억될 수 있도록 '인상 관리'(impression management, Goffman 1981)를 하는 것이 중요하다. 따라서 대통령 당선자의 화행은 단언하기와 진술하기로부터 제안하기나 약속하기로 바뀌는 경향이 있다. 이러한 제안하기와 약속하기를 통해서 당선자는 청자로 하여금 국민들과 자신이 '함께' 목표를 성취하기 위해 노력하고 있다고 추론케 한다(이원표 2002, 448).

취임사에서는 앞에서 언급한 복수 자기 지칭의 동사어형에서 "제안하기"의 화행이 나타난다.

> namḍī bi-'ajmin wa thiqatin....(결연하게 신뢰감을 갖고 나아갑시다..)
> namḍī ma'an fī l-mazīd min al-iṣlāḥāt....(함께 개혁을 계속 해나갑시다)
> namḍi ma'an yadan bi-yadin...(우리가 함께 손에 손잡고 갑시다)
> da'ū-nā nattafiqqu 'alā ....(..라는 점에 뜻을 모읍시다)
> da'ū-nā na'malu yadan bi-yadin..(손잡고 노력합시다...)
> na'buru ilā l-mustaqbal...(...미래로 나아갑시다)

"제안하기"의 문형에서는 '함께'의 의미를 뜻하는 부사나 부사구 yadan bi-yadin(단락4,16,17), jamī'an(단락1,6,15), ma'an(단락3,6,8,17), sawiyyan(단락9,15)이 주로 함께 사용되었다.

"상호 조율"의 전략과 매우 유사하면서도 독자적인 전략으로 간주할 수 있는 것이 국민과의 유대감, 결속을 부각시키는 것인데 취임사의 단락 8,12에서 잘 나타난다.

> (단락8) fa-inna-nī amuddu yadayya li-kulli misriyy wa misriyya..(나는 모든 이집트인들에게 손을 내밀겠습니다)
> (단락12) yaqifu ilā jānib kulli muwāṭinī-hi(모든 국민과 나란히 서 있는...)
> (단락12) lā yatruku min-hum aḥadan fī muntaṣafi l-ṭarīq..(어느 누구도 길 한가운데 내버려두지 않는..)

10. 마무리하기

취임사의 마무리는 대통령 당선자가 취임사의 내용을 요약하는 것으로 그 성격을 규정할 수 있다. "형제 자매 여러분"과 "신사 숙녀 여러분"의 호칭 후에 요약 내용이 제시되는데 무바라크는 이 부분에서 앞서 논의했던 "협력 구하기"와 "상호 조율하기"를 반복하는 전략을 구사하고 있다.

> (단락17) "손에 손 잡고 함께 나아갑시다. 우리나라의 문제들을 포기하지 않으며, 우리의 입장과 원칙을 고수하면서... 세계에 발전된 사상과 신념을 갖고 개방하며 물러서지 않는 결의를 갖고 개혁과 근대화를 계속하며..순전히 민족적인 관점에 따라...우리가 꿈꾸는 미래와 우리가 갈망하는 내일로 건너갑시다"

대통령 당선자는 취임사의 마지막 부분에서 이전까지 이루어진 당선자와 청자와의 상호 작용을 실패로 돌아가지 않도록 다시 한번 상호 작용적 만남을 마무리하고자 하기 때문에 취임사의 요점을 청자에게 각인시키려한다.

무바라크의 취임과 함께 미래지향적인 희망과 기대감을 국민들에게 고취시키고자 하는 전략은 마무리 부분 뿐 아니라 취임사 전반에 걸쳐 사용되었음을 알 수 있다. 이는 '내일'과 '미래'의 어휘 사용빈도에서 잘 나타나는데 '내일'이 3회 사용되고 '미래'를 뜻하는 mustaqbal은 모두 12회 사용되었다. 특히 mustaqbal의 사용 분포는 단락 2부터 3, 4, 6, 8, 12, 15, 16, 17에 이르기까지 고루 사용되어 취임사 전반에 걸쳐 '희망' 기조를 유지하였음을 알 수 있다.

무바라크는 무슬림으로서 마지막 결구를 신에게 바치는 기도로서 취임사를 끝맺음하고 있다.

(단락18) "하느님이시여 우리를 올바른 길로 인도해주시고 조국과 국민들을 위해 봉사할 수 있도록 가호를 빌어 주소서. 고양된 이집트를 지켜주시고 국민들을 하느님의 가호로 도와주소서. 하느님은 은총을 베풀어주시고 도움을 베풀어 주시는 분입니다"

취임사에서 무슬림인 무바라크는 결구를 제외한 다른 부분에서는 알라(Allah)를 단락 16에서 두 번 사용하고 신앙을 뜻하는 이만(Iman)을 단락 16에서 한번 사용하였을 뿐 다른 장르의 담화와 달리 종교 용어나 종교적 표현의 사용은 최대한 자제하고 있다는 인상을 준다. 이는 콥틱 교도들과의 화합을 통해 전 이집트 국민의 단결을 주창하는 취임사에서 종교적 색채를 의도적으로 약화시키는 전략을 구사하고 있기 때문으로 판단된다.

Ⅳ. 결론

본 논문에서는 정치 담화로서의 취임사에 나타나는 수사적 전략들의 일반적 유형들이 무바라크의 취임사에서도 사용되었으며, 분석 결과 "친화 관계의 정립", "취임식의 성격 규정하기", "대통령으로서의 정체성 구축과 정권의 합리화하기", "신화 말하기", "새로운 과제 제시하기", "협력 구하기", "격려하기", "상호 조율", "마무리하기" 등 여덟 개의 수사적 전략이 사용되고 있음을 알았다.

여기서 주목할 만한 것은 이러한 수사적 전략들이 무바라크의 취임사를 통해 시종일관 민주주의라는 이념을 지향하고 있으며, 실제로 무바라크가 민주주의 실현을 위해 노력하겠다고 하는 점을 취임사 내내 언급하고 있다는 점이다. 이는 무바라크 자신에게 부여된 독재자적 이미지를 탈피하려는 의도로 분석된다. 취임사가 대외적 문제보다는 대내적 문제만을 언급하고 있는 사실에서도 이를 뒷받침한다. 예컨대 취임사에 사용된 수사적 전략 중 "친화 관계 정립하기"와 "신화 말하기", "협력 구하기", "격려하기" 등은 민주적 담화의 관계적인 측면과 관련되어 있고 이는 또 "체면 살리기"(face-saving, Goffman 1967)"와 관련돼 있다. "친화 관계 정립하기"가 "동료 의식, 즉 어디엔가 속하고 싶은 욕구"(Gastil 1992)를 만족시키기 위한 장치로 볼 수 있다면, "신화 말하기"와 "협력 구하기", "격려하기"는 "능력 체면(competence face), 즉 자신의 능력을 인정받고자 하는 욕구"(Gastil 1992)를 만족시키기 위한 장치로 볼 수 있다. 이런 전략들은 국민들의 그러한 욕구를 만족시키는데 정치적 화자가 주의를 기울임으로써 국민들에게 자신이 민주적임을 보여주기 위한 수단으로 고안된 것으로 볼 수 있다. 마찬가지로 "새로운 과제 제시하기"도 민주적 지도자들이 해야 할 임무의 하나로서 국민들의 더 나은 생활에 대해 염려하고 있음을 나타내고자 하는 것으로 볼 수 있다(이원표 2002, 450-451). 또한 "취임식의 성격 규정하기"와 "상호 조율하기"도 무바라크 정권이 권력의 획득 과정이나 정책의 집행 과정에서 민주적인 성격의 것이 될 것임을 설득하기 위한 것으로 볼 수 있다.

무바라크는 취임사에서 최초의 복수 대통령 후보 경선과정을 거친 민주적 절차와 합법성을 강조하면서 장기 집권으로 인한 정치적 부담에서 벗어나고자 하였다. 이를 위해 새로운 정책 제시를 통해 '희망'과 '기대'의 메시지를 전달하면서 청중에게 이집트의 역사적 위대함을 회고시켜 더 나은 미래를 위한 조국 건설로의 매진을 다짐함으로써 국민적 화합과 단결, 협력, 참여를 주창하였다. 같은 맥락에서 일인칭 복수대명사 '우리들'의 자기 지칭 역시 참여와 유대의 의미를 내포하고 있는 것으로 분석되었다. 따라서 무바라크의 취임사에 사용된 주요한 열쇠 어들은 '민주주의', '새로운', '이집트', '국가', '내일', '미래'와 같은 어휘들임이 밝혀졌으며, 무바라크가 취임사에서 여러 수사적 전략들을 사용하며 종국적으로 특정 정치적 상황 하에서 제시하고자 했던 취임사의 기저 이념은 '민주주의'로 규정될 수 있다고 본다.

제7장

사담 후세인의 정치 담화: 권력과 언어의 상관 관계

Ⅰ. 서론

정치는 “언어를 사용하여 청중들에게 정치적 쟁점을 알리고 이 쟁점과 관련하여 어떤 행동을 취하게끔 청중을 설득하는 언어적 활동이다”(Geis 1987,18). 이러한 의미에서 언어는 정치 활동에서 가장 중요한 역할을 수행하고 정치적 견해를 표현하는 도구로 여겨진다. 또 언어는 정치적 사건들을 서술하는 도구일 뿐 아니라 그 자체가 사건의 일부이다(Edelman 1974,4). 이에 따라 정치적 사건들을 서술하는데 사용된 언어는 그 내용을 뛰어넘어 미묘하고 은밀하게 정치적 인식과 태도에 영향을 미치게 된다(Geis 1987,18). 따라서 정치인과 정치 집단이 어떤 언어를 사용하여 정치적 현실을 구성하는가를 분석하는 것은 매우 유용한 연구 작업이 된다.

아랍의 정치 지도자들 중에서 사담 후세인만큼 역사적 평가가 극과 극을 이루는 경우는 없다. 27년간 이라크 대통령으로 군림했던 그의 생애를 조망해보면 ‘아랍 민족주의자’, ‘아랍 세계의 지도자’,

'강대국에 맞선 전쟁 영웅' 등으로부터 '독재자', '폭군' 등에 이르기까지 그에 대한 평가가 엇갈린다. 후세인에 대한 이러한 상반된 평가에서 그가 아랍 민족주의자이면서 동시에 권위주의적 독재자의 면모도 보여주었음을 알 수 있다.

본 연구는 사담 후세인이 현실 정치에서 권력 장악과 유지라고 하는 정치적 목적의 달성을 위해 언어를 어떻게 조작했으며, 궁극적으로 사회적 상호 작용 속에서 그러한 정치적 현실의 구성을 위해 어떤 언어를 사용하였는지를 구명하는 것을 목표로 한다. 여기서 언어와 권력의 관계를 본 연구의 명제로 설정한 이유는, Joseph Goebbels[38)]가 "총구에서 나오는 권력이 유효할 수도 있지만, 그보다는 국민의 마음을 사로잡아 그들을 내 편에 잡아두는 것이 훨씬 더 낫다"고 말했듯이, 권력을 무력이나 강제력 또는 물리적 힘에 주로 의존하여 장악하거나 유지하는 것보다는 정치적 설득을 통한 레토릭이 비용도 적게 들고 장기적으로 훨씬 더 효율적이라는 점에서 (McLeod.J & Abe. G 1993, 80) 본 연구의 타당성과 적절성이 있다고 판단되었기 때문이다.

본 연구에서는 사담 후세인의 통치 기간 중 주로 1990-91년의 쿠웨이트 침공과 이에 따른 걸프전쟁을 전후해 행한 담화[39)] 자료들을 분석 대상으로 삼고자 한다. 특별히 이 시기의 담화를 분석 대상으로 삼고자 하는 이유는 쿠웨이트와 여러 차례 국경 분쟁을 겪어왔던 이라크가 1990년 8월 2일 기습적으로 무력 침공을 시도하고 8

38) 독일 나치 정권의 공보장관으로 언론 매체와 대중연설을 통한 선전 선동에 능했던 인물이다.

39) 여기서의 담화는 발화 행위 그 자체와 쓰인 글(written text) 모두를 의미하는 것으로 하며, 사담 후세인의 연설문, 기자회견과 방송 인터뷰, 신문 기고문이 포함된다. 또 발화자 후세인과 그의 정권은 동일시되므로 정권 차원에서 발표한 성명서와 언론 보도 내용 등도 분석 대상으로 한다.

월 8일 쿠웨이트를 병합함으로써 오히려 "이라크가 쿠웨이트라는 정치적, 군사적, 경제적 덫에 걸리게 되는"(Bengio 1992,25) 특수한 상황 맥락 때문이다. 즉, 쿠웨이트 침공은 아랍 국가가 다른 아랍 국가를 점령해서는 안된다는 기존의 묵시적 금기사항을 위반한 것으로, 이라크는 유엔의 정치적 경제적 제재와 미국이 주도하는 다국적군의 군사적 위협에 직면하게 되었다. 그러나 이라크는 쿠웨이트가 이라크 영토의 일부라는 역사적 권리를 내세우며 계속 쿠웨이트를 점령하였다. 쿠웨이트로부터의 철수는 정치적, 경제적, 지정학적 이점을 포기하는 것이기 때문에 이라크로서는 진퇴양난의 위기에 처하게 되는 상황이 되었다. 결국 이라크 군대가 철수를 거부하자, 다국적군은 1991년 1월 17일 전쟁을 개시해 결국 전쟁은 이라크의 일방적인 패배로 끝났다. 걸프 전쟁 이후 유엔이 이라크에 무역 규제 조치를 취함으로써 정치, 경제, 군사 등의 분야에 걸쳐 이라크가 대내외적으로 사면초가의 위기에 처하는 상황이 계속되었다(네이버 백과사전).

따라서 본 연구에서는 사담 후세인과 그의 정권이 쿠웨이트 침공과 걸프 전쟁을 전후로 한 국가적 위기에 대내적으로 권력을 유지하고 이라크 국민의 통합과 단결을 위해 어떻게 언어 조작을 통해 대중 선동과 설득을 꾀하려 했는지를 구명해보고자 한다.

이러한 연구 목적을 수행하기 위해 에들만(Edelman 1977)이 정치에서의 언어의 역할에 대한 연구 방법으로 제시한 신화적 주제를 본 연구의 담화 분석에 적용해 보고자 한다. 에들만은 다음과 같이 세 가지 신화적 주제를 제시하였다(Edelman 1977,71-81).

(1) 용맹한 지도자: "정치 지도자는 자애롭고 국민들을 위험에서

구하는데 효과적이며, 용기와 적극성, 대처 능력을 보여준다는 견해"

(2) 공동의 적: "해로운 행위를 저지르기 위해 음모를 꾸미며 내집단(ingroup)에 해를 끼치려고 모의를 하는 '상이하고 동질적인, 지극히 강력한, 전능한 것으로 인식되는' 적대적인 외집단(outgroup)의 신화"

(3) "뭉치면 살고 흩이지면 죽는다": "어느 단체나 국가, 정파든지 간에 그것이 노력하고, 희생하면서 그 지도자들의 뜻에 따르기만 한다면 적에게 승리를 거둘 수 있다는 신념"

에들만은 정치적으로 순진한 사람들은 정치적 사건들을 설명하는데 기여할 수 있는 신화적 세계관을 갖고 있으며, 언어는 이러한 신화적 주제들의 환기에 상당한 역할을 수행할 수 있다고 주장하였다(Geis 1977,26). 즉, 정치적 언어는 정치적 신념을 형성하거나 영향을 미칠 수 있으며, 그런 면에서 특히 정치적으로 순진한 국민들에게는 "신화를 연상케하는" 주제들이 매우 중요한 역할을 할 수 있기 때문이다(Amara 2000, 524).

II. 사담 후세인의 언어 조작과 설득 전략

사담 후세인의 정치 담화에 대한 본격적인 연구에 들어가기 앞서 이라크와 그의 사회언어학적 배경을 잠깐 논하고자 한다. 이라크 북부의 티그리스 강 유역 티크리트 지방에서[40] 출생한 후세인은 고향에서 초등학교를 마친 뒤 바그다드에서 중고등학교를 다녔으며, 그 후 이집트 카이로 대학교 법학과를 졸업하고 귀국한 후에는 수도인

---

40) 티그리트(Tigrit)는 바그다드 북서부 140Km에 위치한 인구 약 26만명의 도시로서 살라딘 주의 주도이다.

바그다드에서 거주하였다.

이라크 북부 지역과 남부 지역은 언어, 경제, 종교적으로 대조적이다. 이라크의 언어적 변이를 종교적 요인에 따라 구분할 경우 대체로 북부의 순니파와 남부 지역의 시아파 주민들은 서로 상이한 방언을 말한다. 그러나 수도 바그다드에서는 이른바 바그다드 아랍어를 말한다[41]. 사담 후세인 집권기간 동안 소수세력인 순니파가 "경제적, 정치적, 사회적 지식인 엘리트" 계층을 형성하여 다른 종파보다 우월감을 갖는다(Mazraani 1997,4). 또 경제적으로 북부 지역에는 바그다드를 비롯한 모술, 이르빌, 티그리트, 키르쿠크와 같은 산업화된 도시들이 포함된 반면, 주로 농업에 의존하는 남부 지역은 경제 상황이 취약하였다.

후세인의 고향인 티그리트에서 사용하는 아랍어는 이라크 북부 지역의 방언인 'qeltu' 방언에 속한다(Blanc 1964,5-6). 주로 이라크 북부 지역 출신들이 정부와 집권당 바스 당, 군부 내에서 고위직을 차지하며 세력을 형성하였기 때문에 티그리트 방언은 집권 세력을 연상하게 된다. 특히 사담 후세인의 고향인 티그리트 출신의 친인척들은 강력한 친족 관계를 유지하며 '티그리트 커넥션'을 형성하였다. 티그리트 태생인 후세인은 'qeltu' 방언을 말하였지만 집권 이후 그의 공적 담화에서는 문어체 아랍어와 바그다드 방언인 'gelet' 방언의 특징이 나타난다. 수도 바그다드에서 사용되는 'gelet' 방언이 이라크의 여러 방언 중 가장 영향력있는 방언으로 상거래,

41) 바그다드 방언의 특징은 유대교와 기독교도 주민들이 'qeltu' 방언을 쓰는데 반해 시아파와 순니파 주민들이 공통적으로 주로 사용하는 이라크 방언은 'gelet' 방언이다. 'qeltu', 'gelet'는 아랍어 동사 qāla(말하다)의 일인칭 완료 단수형의 각기 다른 발음형태이다. 두 방언의 차이점은 음운론과 형태 음운론적 측면에서 상이한 특징들이 나타난다. Mazraani,1997, 101-102

관공서, 학교에서 통용되는 일종의 표준 방언의 역할을 하는데(Mazraani 1997, 102) 후세인이 30년이 넘는 오랜 기간 바그다드에서 살았기 때문에 바그다드 방언 'gelet'를 구사한 것은 당연한 것으로 여겨진다.

그러나 여기에는 사담 후세인 나름대로의 정치적 계산도 작용되었을 것으로 판단된다. 앞서 언급하였듯이 집권 기간 후세인은 권력 유지를 위해 출신 부족인 알 부 나세르(Al Bu Nasir) 부족 출신의 친인척들을 정부 요직과 이라크 공화국 수비대 등에 대거 등용하였는데, 오히려 이같은 족벌주의에 사담 후세인은 정치적 부담감을 느끼고 자신의 고향에서 쓰이는 지역 방언인 'qeltu'보다 공적 담화에서 문어체 아랍어와 표준적 방언인 바그다드 방언을 의식적으로 더 선호했을 것으로 추정할 수 있다. 또 후세인은 그의 친인척 등 동향민들이 정부를 지배하고 있다는 사실을 숨기기 위해 1977년 자신의 성씨인 알-티그리티(Al-Tigriti)의 사용을 금지한 바 있는데 이는 언어와 정치의 상호 작용 즉, 정치사회적 역할에 의해 작동되는 언어적 기능의 한 단면을 보여주는 예이다.

1. 용맹한 지도자

아랍 역사상 부족사이의 불화와 반목으로 싸움이 끊임없이 발생하는 부족중심 사회였던 고대 자힐리야 시대에 이질적인 부족 간에 유대를 맺어 주고 정적(情的)인 민족 공동체의 근간을 형성해 준 것은 베두인 전사의 이상적인 덕목인 무루와(Muruwwa) 즉 관대함과 명예, 용맹성, 충성심이었다(니콜슨 R.A 1995,141-143). 이처럼 용맹성의 덕목은 고대로부터 아랍인 지도자의 자질 중 하나였으며,

현대의 정치 지도자들도 국민의 지지를 얻기 위해 자신을 용맹한 지도자의 이미지로 비추어지게 되기를 바란다. 이 경우, 국민들로부터 용맹한 지도자로 인정받고자 하는 통치자들이 흔히 사용하는 방법은 지나간 역사 속 과거의 지도자들과 자신을 동일시하는 것과 역사의 맥락에서 이미 발생한 역사적 사건을 언급하는 것이다(Geis 1987,41). 사담 후세인은 1979년 권좌에 오른 뒤 이라크 언론 매체에 역사상 가장 위대한 인물과만 비유될 정도의 훌륭한 지도자로 묘사되었다. 이런 이미지 조작과 선전은 이라크의 미디어 매체와 관영 발간물을 통해 전개되었으며 걸프 전쟁 기간에 크게 강화되었다[42].

여기서 본 연구자는 후세인이 용맹한 지도자로서의 이미지 구축을 위해 채택한 전략을 역사 속 위인을 본보기로 삼아 영웅적 자아상을 설정한 것과 적에 대항하는 도전적 언어 구사의 두 가지 측면으로 판단하고 이를 분석하고자 한다.

1) 영웅적 자아상 설정

사담 후세인은 이라크 역사상 가장 위대한 인물인 신 바빌로니아 제국의 2대 왕 네부카드네자르(Nebuchadnezzar) 2세[43]와 12세기 활약했던 무슬림 장군 살라딘(Saladin)[44]의 후계자임을 자처하

---

42) "용맹하고 위대한 지도자 후세인을 '보내주심'(inbi'ath)은 우연이 아니었다. 1258년 몽골의 바그다드 점령 이후 수백년의 고통 끝에 온 것이다". Zuhayr Sadiq rida al-Khalidi(1989), *Al-Qiyam 'inda Saddam Husayn*. Baghdad. Dar al-Hurriyya Il-Tiba'a. p.242

43) 네부카드네자르는 BC 597년 예루살렘을 공략하고 BC 687년에는 유대를 철저하게 파괴하고 멸망시켜 그 곳의 수천 유대 주민들을 바빌로니아로 강제 이주시켰다. 또한 국내 각지의 신전을 부흥시키고 상공업을 장려하여 국력의 충실을 꾀하였던 인물이다.

44) 살라딘은 아이유브 왕조의 창시자(재위 1169-1193)로서 북아프리카에서 시리아와 메소포타미아에 이르는 제국을 형성하였다. 이집트에 강력한 군사적 봉건제를 도입하여 강력한 군대를 편성하는 한편, 국가가 공인한 종교를 시아파로부터 순니파로 바꾸어 이슬람 세계의 통일을 회복하였다. 1099년 제1차 십자군 전쟁에서 빼앗겼던 예루살렘을 90년도 채 안되어 탈환하였으며 십자군의 리처드 1세와 휴전협정을 맺어 예루살렘을 포함한 팔레스티나에서 권력을

며 오래전부터 이 두 역사적 인물을 자신의 선전 선동 활동에 이용하였다(Cline 2003,1).

아랍인들에게 용맹성과 전사의 귀감인 살라딘의 이름은 아랍인들의 의식 속에 강력한 향수와 추억, 긍지를 불러 넣어준다. 비단 사담 후세인 뿐 아니라 나세르, 아사드, 무암마르 카다피 등 아랍 지도자들도 살라딘을 자신들의 정치와 연관지었다. 특히 후세인은 살라딘이 쿠르드족 출신이지만 자신과 같은 고향인 티그리트 태생이라는 사실을 십분 활용하였다. 도로명이나 마을 이름, 심지어 이라크 북부의 주를 살라딘 주로 명명하기도 하였다. 수사적 측면에서 후세인은 서구에 대항하는 상징적 존재로서 아랍 역사 중 찬란했던 시기를 담화 중에 언급할 때 살라딘을 등장시켰다(Hassan 1999,173).

이와 같이 현재의 시점과 역사 속 유명한 상징적 인물을 융합하는 것은 감정 자극과 애착심을 유발시키는데 일조한다(Norton 1988,106). 즉, 사담 후세인이 담화에서 살라딘을 언급할 때 청중에게서 기대하는 수사적 효과는 중세 유럽 십자군에게 이슬람이 승리를 거두는 장면을 연상케 하는 것이다.

또 살라딘은 이라크에서 오랜 갈등을 빚어온 아랍과 쿠르드족 두 민족의 단합을 위한 상징으로 사용되었다. 십자군을 격퇴하고 이룩한 이슬람 세계의 재통일은 "현대판 살라딘"이 앞장서서 지휘한다면 아랍인들도 단결할 수 있음을 암시하였다. 쿠웨이트 침공 3년 전 이라크 일간지 알-까디시야에는 후세인의 요청에 따라 "이집트와 시리아, 팔레스타인의 해방자, 살라딘"이라는 제목의 기사가 실렸다. 이 기사에는 후세인과 살라딘의 관련성에 대한 직접적인 언급은

확보하였다(네이버 백과사전).

없었지만 "절망의 눈을 녹이는...빛나는 별"이라는 표현은 "진정한 영웅"인 사담 후세인을 암시하였다(Bengio 1998, 82).

후세인과 살라딘을 동일시하는 작업은 이라크-이란 전쟁이후에도 계속되어 걸프 전쟁에서의 선전과 여론 조성에 기여하였다. 예컨대 "우리의 사담은 아랍과 쿠르드 족의 살라딘이다"라는 제목의 신문 기사에서[45] "역사가 '우리의 할아버지' 살라딘의 출현을 가져왔듯이 '최상의 조상에 최상의 아들'[46]인 후세인의 등장을 목도하게 될 것"이라고 말했다. 또 다른 기사에서는 "팔레스타인이 바그다드를 포옹한다. 왜냐하면 바그다드는 아랍의 희망의 원천이며 아랍의 영토에서 빛이 나오는 것을 막고자하는 적의 방해에도 불구하고 희망은 바그다드로부터 분출될 것이기 때문이다"[47]라고 하였다. 또 다른 신문 기사에서는 "살라딘 이후 최초로 아랍인의 심장이 후세인이 준 희망으로 고동친다"라고 했다[48]. 살라딘과의 동일시는 후세인에게 중립적이거나 적대적이던 이슬람 근본주의 단체들까지도 후세인 지지로 돌아서게 하였다(Hassan 1999,174).

여기서 사담 후세인이 이념적 측면에서 바스 당의 아랍 민족주의를 고양하고 용맹한 지도자 상을 부각시키고자 역사적 사건을 이용하는 기법을 잘 보여주는 예가 까디시야 전투[49]이다. 이라크는 8년여에 걸친 이란과의 전쟁을 이슬람 초기 아랍군이 페르시아 군에게 압승을 거두고 사산조를 멸망시켰던 까디시야 전투를 본떠 "제2차

45) Al-Qadisiyya, 1989년 12월 7일(ibid.,82)

46) 아랍어 원어로는 <u>kh</u>ayr <u>kh</u>alaf li-<u>kh</u>ayr salaf. 여기서 salaf는 무슬림 1세대를 의미하는 집합명사이다.

47) Al-Qadisiyya, 1989년 12월 8일(ibid.,83)

48) Al-Thawra, 1990년 4월 23일(ibid.,83)

49) 637년 이라크의 유프라테스강 하류, 카디시야에서 제2대 칼리프 오마르의 아랍 군대가 사산조(224-651)의 페르시아군을 격퇴하고 사산조를 멸망시킨 결정적인 전쟁이었다.

까디시야"(Al-Qadisiyya al-Thaniya) 또는 "사담의 까디시야"라고 불렀다. 1991년 1월 16일 후세인이 부시에게 보낸 공개 서한과 1991년 2월 10일 이라크 국민과 전 아랍인과 무슬림들에 대한 연설에서도 이슬람 초기의 역사적 전투 사건들이 언급되고 있다. 바드르 전투에서처럼 수적으로는 열세라 할지라도 용감한 지도자의 지휘 하에 신앙심을 바탕으로 국민들이 단결하면 승리할 수 있음을 암시하고 있다.

"알라는 믿는 자들이 가장 먼저 알라에 대한 자신들의 신앙과 믿음에 의존하기를 바란다. 그렇기 때문에 후나인(Hunain)전투에서 자신들의 많은 숫자가 의기양양하게 만들 때 알라는 그들을 돕지 않았다. 그러나 그들이 무신론자와 다신교도들의 군대에 수적으로 열세에 놓이자 믿는 자들을 도와 바드르 전투를 승리로 이끌었다"(Bengio 1992,165)

> "알라가 허락하신다면, 억압당하는 사람들도 압제자에게 승리를 거둘 수 있음을 알라는 보여주셨다. 알라께서 파라오의 군대를 바다에 빠트려서 모세가 그들을 이길 수 있게 해주셨을 때, 또 예수님의 가치관이 유대인의 부패와 악의, 유다의 배신에 승리를 거두었을 때, 알라께서 카바로 하여금 그들이 알라의 집을 파괴하고자 가지고 왔지만 알라의 명령에 물러선 코끼리들에게 승리를 거두게 하셨을 때[50], 사도 무함마드가 알-아흐잡(유대인과 불신자들의 연합)에게 승리를 거두고 바드르 전투가 승리로 끝났을 때 그런 일이 일어났다"(ibid.,193)

---

50) 코란에 따르면 자힐리야 시대에 알라는 새 떼를 보내 이슬람의 적에게 흙벽돌을 던지게 해서 적을 물리쳤다고 한다. 후세인은 이 이야기에 착안하여 걸프 전쟁에서 이스라엘을 겨냥한 장거리 스커드 미사일을 흙벽돌(hijara min sijjil)로 명명하였다. 미사일의 정확한 명칭은 "al-hijara al-sarukh(석재 미사일)인데, 후세인의 미사일 작명은 문법적으로 틀리지만 의미상 이 미사일을 코란 105장 코끼리의 장(sūratu l-fīl) 3-4절에 등장하는 코끼리의 전쟁과 팔레스타인 봉기에서의 '돌팔매'를 연결지운 것은 후세인의 언어적 수완을 보여준다.

걸프 전쟁이 한창이던 때 신문에는 "우리는 Hattin[51]의 냄새를 맡는다. 예루살렘 탈환을 위한 싸움의 냄새가 난다. 이라크에 대한 억압의 전쟁은 1987년에 이미 시작되었다. 후세인은 1991년에 '새로운 십자군'을 패퇴시킬 것이다"는 내용이 보도되었다[52].

또한 후세인은 자신을 네부카드네자르의 후계자로 묘사하였다. 1979년 그는 "네부카드네자르에 의해 이슬람 이전의 고대 역사와 관련된 모든 것이 내 마음 속에 꿈틀거린다. 네부카드네자르가 내게 있어서 가장 중요한 것은 아랍인들의 능력과 팔레스타인 해방사이의 연결이다. 네부카드네자르는 고대 이라크이긴 하지만 결국 이라크 출신 아랍인이었다. 그렇기 때문에 내가 네부카드네자르를 기억할 때마다 아랍인들 특히 이라크인들에게 그들의 역사적 책임을 상기시키고 싶다. 그들의 역사 때문에 부담을 갖고 자극을 받아 행동에 나서야 한다"(Matar 1990,235)고 말했다.

이처럼 네부카드네자르가 아랍인도 무슬림도 아니지만, 후세인의 '네부카드네자르 왕 콤플렉스'는 계속되어 1980년대 말 '네부카드네자르부터 사담 후세인까지'라는 주제로 이라크 예술 축제를 열었으며, 또 네부카드네자르의 조상을 만들어 그 옆에 서있는 자신의 모습을 촬영하기도 했다. 또한 바그다드의 밤 하늘에 자신과 네부카드네자르의 이미지가 나란히 서있는 모습을 레이저 쇼로 연출하도록 지시하기도 했다(Cline 2003). 앞에서 언급한 미사일 작명과 관

51) 1187년 십자군과 무슬림 군 사이에 벌어진 전투로서 무슬림군이 대승을 거두고 예루살렘을 탈환하였다. 이 전투의 명칭은 본래 전투가 벌어진 근처의 마을 이름 히틴(Hittin)에서 유래되지만, 여기서는 일반적으로 더 알려진 Hattin으로 표기하였다.

52) Al-Qadisiyya. 1991년 2월 4일. 살라딘과 후세인의 동일시 작업에는 숫자 조작도 시도되었다. 여기서 1987년은 1187년의 살라딘의 Hattin 전투를 연상케하며, 1991년은 살라딘이 십자군의 공격을 저지하였던 1191년을 생각나게 한다. 후세인의 생년도 본래 1939년이나 살라딘의 생년인 1137년을 연상하게 1937년으로 조작되었다는 견해가 있다(Bengio 1998,82).

련하여 언론에는 후세인을 미화하는 시청각 자료가 보도되었다[53]. 여기에는 길가메쉬와 네부카드네자르로 대표되는 고대 메소포타미아와 후세인의 이라크, '돌 던지는 아이들'의 팔레스타인이 한 화면에 등장하고 곧 이어서 "백마를 타고 터번을 두른 채 예루살렘으로 진격하는 후세인을 팔레스타인 어린이들이 자스민 꽃을 던지며 맞이하면서 길가메쉬와 네부카드네자르, 살라딘에 대해 묻는" 장면이 연출되었다.

이와 같이 후세인은 역사 속 위인들과의 동일시와 역사적 사건의 이야기 서술을 통해 영웅적 이미지를 만들어 냄으로써 아랍 세계의 용감한 지도자의 상을 구축하고 국민적 공감과 존경을 구하고자 하였다(Amara 2000,530). 걸프 전쟁 종전 후 요르단의 최대 일간지 알-두스투르(Al-Dustour)는 신문 전면에 후세인의 사진과 함께 "사담 후세인 대통령 각하께 승리에 대한 지지와 축하를 드립니다" 라는 구절과 함께 "사악한 침략자들의 음모에 맞선" 아랍 민족의 지도자 사담 후세인의 "전설적인 꿋꿋함"을 찬양하였다[54].

여기서 후세인이 이라크의 역사 속 위인들 중에서 유독 네부카드네자르와 살라딘을 선호한 이유가 궁금해지는데, 이 두 역사적 인물의 유일한 공통점이자 다른 위인들과 구별되는 차이점은 바로 이 둘만이 예루살렘을 정복하고 탈환했다는 점이다. 결국, 후세인이 쿠웨이트 철군을 거부했던 것도 그 심리적 기저에는 평생 염원하였던 아랍 민족의 지도자로서 네부카드네자르와 살라딘, 나세르[55]를 계승하

53) Al-Qadisiyya, 1990년 10월 12일

54) Al-Dustour, 1991년 3월 17일(Hassan 1999,170)

55) 사담 후세인의 어린 시절 롤 모델은 나세르였다. 바그다드에서 중학교를 다니던 무렵 이미 아랍 역사와 바스 당 이념에 푹 빠져있었던 그에게 1952년 이집트의 나세르가 자유 장교단의 혁명을 이끌자 범 아랍주의의 행동파 지도자로서 나세르는 이상적 모델이 되었다(Post 1991,3)

는 영웅적 자아상이 작동, 실현된 것으로 분석된다(Post 1991,11).

2) 도전적 수사

아랍인은 표현이 풍부한 언어를 중시하며 용맹 과감한 언어는 리더십의 특징 중 하나이다. 또 적에 대한 용맹스러운 결의를 표현하는 행위 그 자체에 큰 가치를 부여한다[56]. 쿠웨이트 침공 이후 미국과 다국적군이 개입하고 아랍 국가들의 저조한 지지 속에서 후세인은 증오의 대상인 이방인과 맞서 싸울 수 밖에 없는 상황이 되었다. 더욱이 부시 미국 대통령이 걸프 전쟁을 통합된 문명권 대 사담 후세인의 전쟁으로 몰고가자 이같은 상황은 이라크가 유엔에서 축출되고 국제 사회 밖에서 깡패 국가로 매도당할 수도 있다는 전망이 나왔고 이에 후세인은 위협을 느끼지 않을 수 없었다(ibid.,8). Geis (1987,57)에 따르면, 용맹성은 적과의 대치를 통해 주로 입증된다. 이 경우 적의 위험성과 위협적인 측면이 지도자들에 의해 지나치게 부풀려지기도 하며, 또 적의 위협 정도에 비례하여 지도자의 결전 의지와 결의도 굳건해지며 국민들은 지도자를 용맹한 지도자로 간주하게 된다. 실제로, 후세인의 극히 도전적인 레토릭은 그가 느끼는 압박감과 긴장감의 정도를 보여주는 것으로서 후세인이 위협을 느낄수록 보다 더 많은 위협 문구를 쓰게된다(Post 1991, 9).

후세인은 부시에 대한 대응으로 걸프전을 이라크와 세계 초강대국 미국의 대결로 묘사하고 나섰다. 또 후세인은 국가적 차원 뿐 아니라 개인적 차원에서 검투사 '사담 후세인 대 조지 부시' 두 사람

56) 그러나, 말로 용맹한 표현을 하는 것과 위협적 행위 사이에 반드시 연관성이 있는 것은 아니다. 예컨대 나세르가 지중해를 이스라엘인들의 피로 붉게 물들이겠다고 위협하는 열변을 토했지만 위협을 실행하지는 않았다. 그럼에도 이 발언으로 아랍 세계에서의 나세르의 위상과 명성은 한층 높아졌다.

의 싸움으로 몰고갔다. 이처럼 대결의 양상이 개인적 수준으로 발전하자 후세인은 제국주의자 미국에 맞서 싸우는 용감한 독재자라는 명성을 얻게 되었다[57]. 후세인이 1990년 8월 7일 의회에서 행한 연설에서 강대국에 당당히 맞서 싸우고자 하는 결연한 의지를 엿볼 수 있다.

> "천팔백만 명, 아니 천구백만 명의 새로운 이라크는 적의 숫자가 얼마가 되든지 적과 싸울 수 있을 것이다."(Bengio 1992,118)

> "우리는 침략하지 않으며 침략을 꿈꾸지도 않는다. 그러나 누구든 우리를 공격하는 자는 확실하게 그것을 후회하게 될 것이며 자기의 불운을 저주하게 될 것이다"(ibid.,118)

후세인의 이러한 도전적 발언이 미국에 대한 대응으로 행해지는 것일지라도 그의 발언은 자기 중심적이며 이라크 국민과 아랍 세계에 자신의 용맹함과 결의를 과시하려는 의도인 것이다. 후세인의 레토릭이 위협적일 때 오일 가격이 폭등하고 다우존스 지수가 폭락했는데, 이는 단적으로 후세인의 위협적인 수사가 세계 경제에도 영향을 미칠 만큼 영향력이 컸다는 반증이다. 이와 동시에 그는 아랍 대중들에게 자신이 서구에 맞서고 외세를 쫓아낼 수 있는 용기를 가진 아랍의 실력자임을 과시한 것이다(Post 1991, 9-10). 걸프전을 통해 후세인은 생애 처음으로 전 세계의 관심을 한 몸에 받으며 국제정치 무대의 주역이 되었다고 할 수 있다.

후세인의 도전적 레토릭은 걸프전의 특징 중 하나로 '사담식(Saddamiyya) 담화'로 불렸다. 이라크의 바빌(Babil)지는 1992년

57) 사담 후세인의 이름 '사담'(Saddam)은 "부딪치는", "대드는 사람"의 의미로 아랍 이름으로는 드물게 사용되는 이름이다.

3월 15일자 '사담식 담화'라는 제목의 기사에서 다른 아랍 국가들이 이라크의 정치 언어를 모델로 삼아 1967년 중동전쟁 패배 이후 붕괴된 '나세르식 담화'를 대체하도록 촉구하고 나섰다(Bengio 1998, 208).

"'사담식 담화'는 아랍 세계에서 있었던 이전의 담화와는 매우 다르다. 즉, 이 '사담식 담화'는 외국 세력과 강대국에 의해 '질질 끌려 다니던'(tab'iyya) 과거와는 달리 미국이 세계 질서를 주도하는 이 시대에 '아니오'라고 말할 수 있음을 뜻한다. 1258년 바그다드 함락으로부터 이라크 바스 당의 출현에 이르기까지 계속된 종속의 시대에 아랍인은 이방인들에게 '예'라고만 말하고 외세가 시키는 대로 할 수밖에 없었다. 그러나 이라크 바스 당의 담화는 그 자체 기초가 견고하며, 깊이가 있고, 미래지향적 관점을 갖고 있었기 때문에 걸프전쟁 중 '사담식 담화'가 아랍 민중의 전폭적인 지지를 받을 수 있었다".

2. 외부의 적

사담 후세인과 그가 이끄는 이라크 정권의 정치 담화에서 나타나는 가장 두드러진 특징은 위험한 적으로부터의 위협이 상존함을 강조하거나 힘과 무력의 사용을 끊임없이 강조해왔다는 점이다. 상호 밀접한 관련성이 있는 이 두 주제는 정권의 존재 이유가 된다. 즉, 권력 유지의 한 방편으로 공포와 불안감을 조성하고 긴장을 조장하며 무력 사용을 미화하는 데, 여기서 불안감과 선전 효과는 불가분의 긴밀한 관계를 갖는다. 선전 선동은 영구적인 위기감을 조성하고 이는 다시 정권에 대한 지지를 결집시키게 된다. 이런 방식으로 후세인 정권에 대한 분노와 좌절감을 외부의 적에게로 돌려놓음으로써 국내의 정적 제거에 합법성을 부여하고 후세인 정권의 무력과 폭력, 권력 유지와 강화를 위한 정권의 통치 이념을 뒷받침해주게 된다(Bengio 1998,126).

여기서 후세인 정권의 외부의 적은 세 축으로 구분될 수 있다. 우선, 다른 아랍 국가와 마찬가지로 팔레스타인의 대의명분을 지지하는 후세인 정권에게 외부의 적은 '시온주의자의 위협' 즉 이스라엘과 걸프 지역에서의 주도권을 놓고 경쟁 관계인 이란, '제국주의 또는 식민주의 국가'[58]인 미국으로 압축될 수 있다. 후세인의 정치 담화에서 이들 이스라엘과 이란, 미국은 이라크의 적으로서 긴장 고조와 불신과 위기감 조장에 이용되어 왔다. 예컨대 후세인은 이라크를 - 권총을 갖고 있어도 문을 잠그고 있어야하는- 숲속 외딴 집에 살고 있는 사람에 비유하거나 말라리아에 걸려 열이 많은데도 늑대에 쫓겨 사력을 다해 도망치는 사람에 비유했다(ibid.,125).

여기서 후세인 정권의 외부의 적에 대한 논의는 앞서 연구 범위를 걸프 전쟁 전후의 시기로 한정한 바 있고 이 시기 적대국으로서의 비중이 상대적으로 약했던 이란을 제외하고 미국과 이스라엘을 중심으로 논하고자 한다.

58) 제국주의(imbiryaliyya)의 개념은 1차세계 대전이후 중동 분할과 영국, 프랑스의 위임 통치가 시작되면서 아랍 정치 담화에 등장하였다. 제국주의와 관련된 아랍어 용어 중 '식민주의'(isti'mar)는 외국인들이 어떤 지역에 거주함을 의미하며, 제국주의 용어와 동의적으로 교체 사용이 가능하다(Koebner and Schmidt in *Imperialism* 1964, 320). isti'mar가 처음에 영국과 프랑스의 위탁 통치를 가리키며 속박과 압제를 뜻하는 말이 되었으나, 이들 국가의 위탁 통치가 종료되고 영국과 프랑스의 영향력이 줄어들게 되자 직접적인 지배 형태에서 새로운 유형의 간접적인 제국주의를 뜻하는 용어가 필요하게 되었으며 새로운 제국주의의 대표적인 국가는 미국이었다(Bengio1998, 130). 후세인은 담화에서 미국을 지칭 시 제국주의와 식민주의 용어를 모두 사용하였다.

1) 미국

이라크는 미국의 '제국주의' 정책과 '친 이스라엘' 정책에 반대하여 1967년부터 1984년까지 거의 20년 동안 미국과 외교 관계를 유지하지 않았었다. 그러나 이라크-이란 전쟁기간 미국의 외교적, 경제적, 기술적 지원을 받기 위해 수교를 하게 되면서 반미 선전을 누그러뜨렸다.

반미 선전 활동이 재개된 것은 1990년 초 소련 내 유대인들의 이스라엘 이민에 대한 미국의 지원과 예루살렘을 이스라엘의 수도로 승인한 것과 미국과 영국이 이라크의 핵무기 획득을 위한 비밀조직을 폭로한 것 등이 주된 이유였다. 이라크는 미국이 "자국의 이익을 보호하기 위한 도구로서 시온주의자들을 이용하고 있다"[59]고 비난했다.

사담 후세인은 1990년 2월 24일 요르단 암만에서 개최된 아랍협력회의(ACC: Arab Cooperation Council) 정상회의에서 행한 연설에서 반미 선전을 본격적으로 가동하였다(Bengio 1992,15). 이 연설에서 후세인은 아랍과 이스라엘 분쟁에서 아랍의 입장을 대변해왔던 소련의 몰락과 함께 미국이 유일한 강대국으로 아랍의 안보와 국익에 해를 가져올 수 있음을 경고하였다. 이 맥락에서 후세인은 이전의 연설에서 잘 사용하지 않던 용어인 제국주의와 식민주의를 미국과 동일시하고 있음을 보여준다.

"미국은 제국주의 정책을 펴며 아랍 세계의 소련이 빠져나간 공백에 침투하여 아랍의 안보와 이익에 반하는 어리석은 짓을 범할 수 있다" (ibid.,44)

---

59) Iraqi News Agency,1990년 6월 28일(Bengio 1992,14)

"2차 세계대전이 끝나고 미국이 유럽의 식민주의자들의 역할을 넘겨받은 후 미국은 그 자체의 전략상 시오니즘과 이해 관계가 일치하며, 호전적인 이스라엘이 존재하는 것이 긴요하다고 결론내린 뒤였다"(ibid.,45)

또 1990년 5월 28일 아랍 정상회의에서 행한 연설에서도 미국과 제국주의는 동일시된다.

> "아랍 민족에 대한 이스라엘의 공격은 미국의 제국주의 야욕과 따로 떼어 생각할 수 없다. 나는 '제국주의'란 용어를 이 대목에서만 사용한다. 사실, 나는 이 말을 오랫동안 사용하지 않았다"(ibid.,94).

후세인은 이러한 새로운 위상의 미국에 저항하고 결코 굴복하지 말도록 아랍 세계에 촉구하였다.

> "초강대국으로서 미국이 결정적 요소가 되고 다른 나라는 복종 이외에는 선택의 여지가 없다고 생각하는 용기 없는 비겁한 자들은 훌륭한 아랍인의 대열에 끼어들 여지가 없다"(ibid.,15)

또 후세인은 같은 연설에서 미국이 걸프 지역에 남아있으려는 이유가 석유 때문이라고 비난하며 걸프 지역 사람들과 아랍인들은 미국을 경계해야 한다고 경고하였다.

> "모든 아랍인들과 걸프 지역 사람들이 조심하지 않으면 아랍 걸프 지역은 미국의 의지에 따라 지배될 것이다. 즉 미국이 각 아랍 국가의 석유 생산량을 정하고, 다른 나라의 이해관계는 무시하고 미국의 이해관계에 따라 석유가를 책정하려 할 것이다"(ibid.,47)

또한 미국과 이스라엘이 전략적 유대 관계에 있다고 지적하며 아랍이 이스라엘을 공격하거나 걸프만에서 미 해군함대를 쫓아내고, 미국 은행에서 아랍이 맡겨놓은 예금을 인출하는 등 미국에 감연히 맞서야 함을 강조하였다. 이를 위해서는 아랍이 단결하며 외부의 지원을 모색해야 한다고 말했다(ibid., 45).

후세인의 ACC 회의 연설은 쿠웨이트 침공을 암시한 연설로 유명한데 실제로 이때부터 이라크군은 전투 태세에 돌입하고 언론에서는 제국주의 미국을 비난하는 선전 선동이 재개되었다. 후세인은 미국과 부시 대통령을 먹이를 노리고 달려드는 "사나운 늑대"에 비유하며 "늑대의 이빨"을 뽑기 위해서는 아랍인들이 힘을 합쳐야 한다고 말했다[60]. 또 "사나운 늑대"에 맞서는 이라크를 다음과 같이 묘사하였다.

> "적에 대항하여 싸우는 아랍 무슬림들의 튼튼한 기둥이 되어 진정한 적인 제국주의 세력에 굴복하지 않을 것이다"[61].

후세인의 담화 속에서 중동에 주둔한 미군은 이슬람 세계를 분할, 정복하려는 새로운 식민주의자들과 이단자들로 규정되기도 한다. 즉, 그들은 예언자 무함마드의 성지를 모독하고 있는 이단자들이다. 후세인은 1990년 9월 5일 부시에게 보낸 공개 서한에서 이슬람 성지를 모독한데 대해 부시를 힐책하였다.

> "미 국방성에서 관리들에게 행한 귀하의 성난 발언과 논평을 보았다. 그 발언 중에 귀하는 히자즈와 네즈드 지방의 아랍 이슬람 성

60) 1990년 5월 28일 아랍 정상 회담 연설(Bengio 1992,86)

61) Al-Qadisiyya, 1990년 6월 18일(Bengio 1998,133)

> 지를 모독하는 정책을 계속 추진하겠다는 결의를 확인하였다. 따라서 본인이 이끌고 섬기고 있는 이라크 국민들에 의해 선택된 올바른 길에 대한 나의 강력한 신념은 더욱 강해졌다. 또한 침략군에 맞서 성전의 길을 택하는 모든 열렬한 아랍 무슬림들의 정확한 입장에 대한 나의 신념도 군건해졌다"(McLeod & Abe 1995, 71)

걸프 전쟁 기간 사우디아라비아에 미군이 주둔한 것에 대해 후세인은 미국이 성지 카바를 점령한 것으로 간주한 것이다. 1990년 8월 5일 뉴욕 타임즈에 기고한 후세인의 공개 서한에서 사우디아라비아에 미군 주둔을 허용한 사우디 정부의 결정을 모든 아랍인에 대한 배신 행위이자 굴욕적 행위로 규정하였다.

> "사우디아라비아의 통치자란 자가 자칭 성지의 수호자임을 자처하면서 성지를 이방인들에게 내주었다"(ibid.,72)

한편, 이라크는 "제국주의와의 투쟁에서 우리 젊은이들을 희생시킬 준비가 되어있으며 고귀함과 명예, 용맹의 아랍적 가치에 충실하며"(Bengio 1992, 31) 반대로 "미국을 상징하는 것은 압제, 반역과 수치이며, 아랍의 반역자들과 불공정하고 패배당한 아랍 연합군은 부시의 노예들이다"62)라고 말했다.

후세인의 이러한 발언에서 미국과 동맹국들은 아랍 영토에 침입한 식민주의자들로 간주되며 후세인은 이들 식민주의자들과 마지막 식민 전쟁을 하고 있는 것으로 선전하였음을 알 수 있다(McLeod & Abe 1995, 73).

이와 관련하여 후세인의 연설에서 관찰되는 또 다른 수사적 장치

62) 1991년 2월 10일 이라크인과 아랍인, 무슬림들에게 행한 연설(Bengio1992, 189)

는 외부의 적을 악마로 묘사하는 것이다. 전체주의 정권에서는 적을 악마로 만드는 것이 대중에게 위협적인 것이 되며, 독재자는 자신을 외부의 적으로부터 위협받는 국민을 구해줄 메시아로 서술한다(Vallman 1990). 이 장치는 연설의 대상이 정치적으로 순진할 때보다 효과적이다(Amara 2000, 533).

> "형제 여러분, 침략군이 아직도 아라비아 반도의 성지에 있고 악마들이 전쟁이 날 것처럼 떠들고 있으므로 본인은 여러분에게, 여러분을 통해 이라크 국민과 우리의 용감한 군에게 경계 유지와 경비 철저를 부탁합니다"63)
> "이는 정의 대 악의 전쟁이며, 알라의 교시와 악마 사이의 위기이다"64).
> "부시 당신은 알라를 뒤로 하고 악마를 친구로 삼았다"65).

여기서 후세인은 갈등 관계에 있는 '우리'와 '그들'의 뚜렷한 차이를 나타내기 위해 '정의'와 '악', '알라'와 '악마'의 대조적인 어휘와 표현을 통해 이분법적 구분을 하였다. 또 후세인에 의한 '악', '악마'의 표현 사용은 어떤 가치관에 의해 동기 유발된 '선'을 가정한 것이며 이는 '선'이 반드시 '악'에게 이긴다고 믿는 후세인의 수사적 태도를 보여준다(사희만 2008,16). 후세인은 전쟁의 결과가 적에게는 참혹한 것임을 경고한다.

> "악당은 패배를 당하고 욕을 먹으며 창피를 당하고 이 땅을 떠나고 나서야 자신들의 행동을 후회하게 될 것이다"66)
> "그들의 발자취는 전 지역에서 지워질 것이다"67)

---

63) 1990년 12월 6일 이라크 국회에 보낸 담화문(Bengio 1992,155)

64) 뉴욕 타임즈, 1990년 9월 5일. 부시에게 보내는 후세인의 공개서한((McLeod & Abe 1995, 72)

65) 1991년 1월 6일 이라크 국군의 날 연설(Bengio1992,164)

66) 1990년 8월 12일 연설(ibid.,126)

또 후세인은 이라크 국민과 아랍 무슬림들에게 지하드 성전을 촉구하는 담화에서 식민주의와 걸프전을 베트남 전쟁과 동일시하며 미국의 걸프전 개입을 이슬람 성지점령에 비유했다.

> "식민주의와 싸운 마지막 세력은 베트남 인민이었으며 미국은 남부 베트남을 북부 베트남에서 자신의 이익을 위해 싸우기 위한 미군 기지로 만들었고, 남부 베트남을 미군을 위한 편의시설 기지로 바꾸었다. 그러한 미국이 사우디아라비아의 나즈드와 히자즈의 성스러운 땅에서 똑같은 짓을 하고 있다. 베트남 인민들과 마찬가지로 이라크 국민들은 강력한 의지가 있으며 어떠한 전투도 수행할 수 있다"68)

이처럼 베트남 전쟁에 빗대어 식민주의와 이슬람 성지를 언급하고 성전을 촉구하는 것은 아랍인과 무슬림들에게는 효과적 설득 선동 기법이다(McLeod & Abe 1995, 75).

여기서 주목할 점은 후세인이 적으로서 초강대국 미국의 대통령인 부시를 자신의 개인적 상대로 삼아 부정적 수식어를 사용하고 있다는 점이다. 그는 부시를 무신론자, 알라의 적, 악마의 친구, 네로라 칭하였다(Muhammad Amara 2000,530). 이는 국민들 사이에 동질감과 단결을 이루고 걸프전 발발의 원인 제공자로 자신을 비난하는 부시를 깎아내리려는 후세인의 수사적 책략으로 분석된다.

이와 같이 후세인은 외부의 적 미국과 이에 맞서는 이라크의 대결을 제국주의자 미국과 아랍간의 전쟁으로, 나아가 서구 제국주의 대 이슬람 세계의 상징적 대결로 확대시킴으로써 이라크와 사담 후세인을 단지 걸프 지역이나 중동 지역의 리더로서 뿐 아니라 전 이슬

---

67) 1990년 9월 5일 지하드 성전을 촉구하는 연설(ibid..143)

68) 1990년 9월 5일 지하드를 촉구하는 후세인의 연설 중(Bengio 1992,142-143)

람 세계의 새로운 지도자와 지도적 국가로 인식시키는 계기가 되었다고 할 수 있다.

2) 이스라엘

제국주의 미국과 마찬가지로 이스라엘은 이라크에게 증오와 적개심의 대상이었다. 이라크를 비롯한 아랍 국가들은 이스라엘을 국가 자체로 인정하지 않았으므로 이라크의 정치 담화에서 이스라엘을 지칭할 때 국가로서의 합법성과 정체성을 부정하고 시오니즘에 대한 경멸감을 표현하기 위해 특정 문장 부호나 경멸적 용어들이 사용되었다. 처음에는 이스라엘을 지칭할 때 "소위 이스라엘"(Isrā'il al-maz'ūma)의 표현을 사용하다가 1969년 바스 당 집권 초기부터는 겹 따옴표를 붙여 "이스라엘"로 표기하여 90년대까지 계속 사용되었다. 또 이스라엘을 비하하는 용어로 duwayla, al-duwayla al-maskh(소국, 작은 주, 기형의 작은 주), duwayla al-'isabat (패거리의 작은 주) 등 국가가 아닌 지방 주로 격하시켜 불렀다[69].

소국 이스라엘의 존재는 제국주의의 전술상의 연속선상에 있었기 때문에 아랍의 단결에는 중대한 위협이 되었다. 아랍의 단결을 저지하고 방해하려는 노력에 이스라엘과 제국주의 세력들이 뭉쳤고[70] 여기에 나중에는 이란이 가세하였다. 이란이 얻고자 한 것은 중동의 패권이며 이스라엘이 얻고 싶은 것은 군사, 경제, 기술적으로 작은 나라들 사이에서 가장 강력한 나라가 되는 것이었다(Bengio 1998,122). 여기서 주목할 점은 이스라엘의 위협을 적시하는 후세인의 담화 맥락에서는 거의 빠짐없이 미국의 책임이 거론된다. 이는 위에서 언급한

---

69) 이스라엘에 대한 지칭의 다양한 표현은 Bengio 1998,pp.134-135 참조.

70) 이는 시온이즘과 제국주의의 합성어인 sahyu-imbiryaliyya 용어의 사용에서도 알 수 있다.

대로 제국주의 특히 미국의 전술 전략과 이스라엘의 이해관계는 밀접히 관련되어있기 때문에 당연한 것이다.

> "팔레스타인 민족과 아랍 민족에 대한 시온주의자들의 공격적이고 팽창주의적 정책은 미국에게 큰 책임이 있다. 미국이 제공한 군사력과 정치적 지원이 없었다면 시온주의자들이 아랍을 희생시키며 공격적 팽창주의적 정책을 펴는 것은 불가능했을 것이다. 유엔 안보리에서 시온주의자들의 침략을 비난하는 결의안에 거부권을 행사하는 등 시온주의자들에 대한 정치적 후원을 제공한 것이 미국인 것이다...."71)

시온주의자들의 주요 목표는 이스라엘을 에워싸고 있는 아랍 국가들을 제거하거나 최소한 이스라엘 주변 아랍 국가 특히 팔레스타인과 이라크의 군사적 위협을 약화시키는 것이다. 북아프리카로부터 파키스탄까지 이르는 "안전벨트 구축"이라는 이스라엘의 전략은 모든 아랍 국가들에게 위협적인 것이었다. 쿠웨이트 침공 직전 행한 연설에서 후세인은 이스라엘을 아랍의 존재 그 자체에 위험 요소로 묘사하였으며, 이 때문에 아랍은 항시 군사적 준비 태세를 유지해야 하며 이스라엘과의 전쟁은 항구적임을 강조했다(ibid.,136).

이스라엘에 대한 이와 같은 적대적 태도는 이라크 정치 담화에서 '이스라엘 파괴와 파멸'을 함축하는 용어들의 사용에서도 엿볼 수 있다. 바스 당 정권 초기에 가장 많이 사용된 용어로는 taṣfiyya(제거), izāla(제거), inhā'(끝장냄), jalā'(疏開), maqtal(살해)이 있으며(ibid.,138) 이후 다양한 표현들이 사용되었다. "이스라엘의 관에 마지막 못을 박는다"든지 "시온주의자 프로젝트의 매장"(wa'd

71) 1990년 5월 28일 후세인의 아랍 정상회담 연설(Bengio 1992, 93-94)

al-ma<u>sh</u>rū‘ al-ṣahyūniyy)라는 표현이 사용되었다[72]. 후세인은 1990년 국군의 날 연설에서 ‘콩가루’, ‘제거’, ‘흔적을 지움’ 등의 표현을 사용하였다.

> “텔아비브는 폭탄으로 콩가루가 되어야한다”[73]
> “시온주의자 단체는 이라크 군이 결국은 자기들을 제거하고 아랍 땅에서 시온주의자의 흔적을 깨끗이 할 전투부대로 인정하게 되었다”[74]

또 후세인은 1990년 4월 1일 이스라엘에 대해 경고하는 연설에서는 의미심장하게 가장 호전적인 말을 남겼다.

> “만약 이스라엘이 이라크의 힘을 시험해보려 한다면, 알라에게 맹세코 이스라엘의 절반을 불로 태워버리겠다”[75]
> “우리는 다른 나라를 공격한 적도 없고 앞으로도 공격을 하지 않을 것이다. 그러나 모두가 이라크를 호시탐탐 노리고 있다. 만약 국경에 접근하거나 감히 공격을 하려는 수벌이 있으면, 침을 빼버리고 머리를 잘라버리겠다”[76]

후세인은 “이스라엘은 거짓으로 세워졌다”고 단언하였다. 이라크가 이스라엘을 향해 미사일을 발사했을 때 후세인의 이러한 발언에 따라 이라크 언론에서는 “이스라엘의 파멸을 위한 카운트다운이 시작되었다. 우리의 위대한 이라크, 무슬림 공동체의 지도자의 미사일

---

72) Al-Thawra, 1990년 2월 11일자. 여기서 아랍어 어휘 wa’d는 여자 아이가 태어나면 생매장했던 자힐리야 시대의 관습을 상기시킨다.

73) 1991년 1월 6일 이라크 국군의 날 연설(Bengio 1992,158)

74) ibid.,159

75) 1990년 4월 1일 국방부 장관과 산업부 장관, 군 최고 사령부 간부들에 대한 서훈식에서 행한 연설(ibid.,60)

76) ibid.,52

이 팔레스타인으로 가는 길을 터주었다"라는 기사가 등장했다[77].

앞서 사담 후세인이 네부카드네자르와 살라딘을 자신의 롤 모델로 삼은 것은 이들이 예루살렘을 탈환, 정복했기 때문임을 지적한 바 있는데 예루살렘은 모든 아랍인들의 지리적 열망을 상징한다. 1990년 2월 아랍 협력회의(ACC) 정상회의에서 후세인이 행한 연설 중 다음 대목에서 이러한 관점이 잘 드러난다.

> "바그다드에서도 우리의 믿을 수 있고 통찰력있는 눈을 통해 아랍의 위대한 희생과 영광의 무대인 예루살렘을 볼 수 있다. 우리는 예루살렘이 우리들 마음속에 좋은 것을 가져다주기 때문에 예루살렘에서 아무리 멀리 떨어져 있더라도 어디서든지 예루살렘을 볼 수 있다. 따라서 우리와 예루살렘 사이의 시선 방향은 일직선이 되므로, 우리들과 -이라크인들 뿐 아니라 모든 아랍인과 무슬림, 아랍인 기독교도들을 포함하여- 예루살렘 간의 거리는 단축된다. 이로써 예루살렘은 더욱 가깝게 느껴지게 된다. 예루살렘 해방으로 이르는 도로의 표지판이 뚜렷하며 파란만장한 세월에서도 퇴색되지 않았다"[78]

이처럼 후세인이 "모든 길은 예루살렘으로 통한다"며 예루살렘을 거론한 것은 이라크 국민들에게 팔레스타인 대의명분을 지지하는 아랍 민족주의자로서의 자신의 면모를 내세우고 아랍 세계의 통일을 지향하는 자신의 이념을 지리적으로 구체화하는 후세인 특유의 수사 책략으로 파악된다.

---

77) Al-**awra,1991년 1월 28일(Bengio 1998,132)

78) Bengio 1992,38-39

3. 통합 수사: “뭉치면 살고 흩어지면 죽는다”

아랍의 정치 지도자 중 사담 후세인만큼 자신의 수사적 능력을 활용하여 유효적절하게 대중 설득을 시도한 인물도 드물다. 따라서 후세인의 권력 장악과 유지 과정을 이해하는 데는 반드시 그의 언어와 수사를 이해하는 것이 중요하다. 사실, 후세인은 실수를 최소화하기 위해 실체적 사실이나 통계 자료 등을 활용하여 연설을 하는 이성적 연설자기보다는 대중의 감정에 호소하여 각 개인의 과잉 반응을 이끌어냄으로써 이라크 국민의 통합을 이루는 감성적 연설자라고 할 수 있다. 실제로 담화 속에서 선입관 제시와 투사의 기법, 언어 조작을 통해 보여주는 후세인의 비상한 능력 덕택에 비록 그의 말 속에 추악한 진실이 숨어 있음에도 불구하고 대중을 통제하고 권력을 장악할 수 있게 된다(Ruysdael 2003,xvii). 특히 국가적 위기 극복과 권력 유지를 위해 국민 통합과 단결이 중요함을 후세인은 다음 연설 구절에서 강조하고 있다.

> “우리가 단결하면 우리나라는 강력해질 것이며, 분열되면 우리는 힘없는 나라가 될 것이다. 그러면, 우리는 어떻게 안전한 해안에 도착하고 안정과 번영의 길에 함께 내릴 수 있는지를 알게 될 것이며 그럼으로써 국민과 우리 자신은 힘이 나고 희망이 생길 것이다”[79]

1) 선입관 제시

후세인은 아랍인의 전통적 미덕인 체면(wajh)과 명예(<u>sh</u>araf)[80]를 그의 담화에서 선입관으로 제시하였다. 자힐리야 시대 베두인 전

---

79) 1990년 2월 24일 ACC 정상회의 연설 중(ibid.,,49)

80) 여기서 명예는 ‘고귀한 가문’, ‘명문의 혈통’과 ‘사회적 신분’을 나타낸다.

사의 이상적 덕목이었던 체면 또는 명예란 단어는 현대에도 거의 모든 아랍 통치자들의 연설에 사용되어 아랍 대중을 자극하고, 과거에 대한 그들의 깊은 향수를 불러 일으켜주는 중요한 정치적 용어이다 (Mendoza 1973,26). 특히 후세인은 "모든 인간은 태어날 때부터 존엄성과 권리에 있어서 평등하다"는 기본적 원칙을 곡해하며 아랍인만이 선천적으로 존엄성을 갖고 태어났다고 말한다. 아랍인의 선천적 존엄성은 누구나 다 갖고 있는 보편적 특질이 아닌 우월적 자질이며 타 민족은 열등하다는 것을 전제로 한다. 이라크 공화국 수비대에서 행한 연설에서 후세인은 "이라크의 팔이 아랍 영토의 구석구석까지 뻗지 않으면" 아랍 민족의 명예를 확보할 수 없다며 청중의 마음을 사로잡을 수 있는 설득의 수단으로서 '명예'를 거론하였다. 또 다른 연설에서는 "영웅적 행위로 가득한 아랍의 과거 영광(amjad)을 부활시킬 때가 되었다"고 말했다. 후세인은 이라크가 "명예를 달성할 수 있는 모든 수단 즉, 위대한 당과 인적 자원, 유프라테스와 티그리스 강이 있는 영토, 석유가 있다"고 말했다[81].

후세인과 아랍에게는 명예를 잃는다는 것은 전쟁보다 더 최악의 경우이다.

> "만약 아랍과 이라크 국민이 전쟁을 두려워하고 따라서 명예와 주권, 평화 등의 가치를 상실한다면 그들은 자신들의 존재감 그 자체를 상실하는 것이 된다"[82].

쿠웨이트 침공과 걸프 전쟁에서도 아랍인의 전통적 가치인 '명예'의 미덕을 선입관으로 제시하는 대중 설득 책략이 사용되었다. 심지

---

81) Al-Jumhuriyya, 1980년 7월 4일(Bengio 1998,155)

82) Iraqi News Agency, 1990년 10월 31일(ibid.,155)

어 미국에 대한 설득 담화에도 '명예'가 사용되었다[83].

> "미국이 만약 공격 조치를 중단한다면 미국으로서는 잃을 것이 없겠지만, 아랍이 그들의 명예를 잃는다면, 그것은 그들의 인간성과 그들의 현재와 미래를 모두 잃는 것이 된다".

걸프전에서 미국 주도의 다국적군에 합류한 아랍 국가들이 소중한 명예를 포기했다고 비난한 반면에 이라크인들은 명예를 지켰다고 자랑한다.

> "이라크 국민들은 자신들의 명예를 변함없이 그대로 간직하고 '미국 여성들' 앞에서 후퇴하지 않을 것이다"[84]
> "이라크는 세계에서 가장 큰 대국에 굴복하지 않을 것이다. 왜냐하면 수적으로는 열세지만, 도덕적 수준은 더 높기 때문이다"[85]

2) 투사(projection)의 레토릭

후세인이 사용한 또 다른 중요한 통합 수사 책략은 '투사'의 기법이다. 정신분석학 용어인 '투사'는 자기 자신이 납득하기 어려운 사고(思考), 감정이나 만족할 수 없는 욕구를 갖고 있는 경우에 그것을 타인 또는 다른 집단에게 돌려 버리는 것과 같은 무의식적인 마음의 움직임으로 이는 '희생양 삼기', '책임 전가'와 동일한 개념이다(Ruysdael 2003,xviii).

이를 바탕으로 한 후세인의 수사적 책략은 특정 문제에 대한 국민들의 관심을 관련성이 없는 다른 것으로 주의를 쏠리게 하는 것이

---

83) ibid.,156

84) Radio Baghdad, 1990년 8월 23일(ibid.,156)

85) Al-Thawra, 1990년 11월 12일(ibid.,156)

다. 즉, 외부로 부터의 '공동의 적' 을 규정하는 것인데 이에 대해서는 앞에서 이미 살펴보았듯이 외부의 적으로부터 국민을 단합시키기 위해 적을 악으로 규정하였음을 알았다[86]. 후세인으로서는 이러한 공동의 적을 갖는 것이 이라크 국민들의 정서에 호소하는데 적합한 도구이다.

예컨대 국내 문제인 이라크 경제 문제에 대한 책임을 국제적인 유대인들의 탓으로 돌리는 것 등인데, 일단 문제의 책임을 유대인들에게 돌린 후 후세인은 이 '공동의 적'에 대항하여 국민적 단합을 꾀하기 위해 국민에게 미래에 대한 긍정적인 환상을 제시해야 한다. 결국 '공동의 적'에게 책임을 전가하는 후세인의 통합 수사는 앞서 언급한 아랍 민족의 선천적 우월성과 결부되어 이라크 국민들에게 '긍정적' 인생관을 제시하며, 이로써 국민들은 다시 목표를 향해 나아가려는 생각을 하게 된다. 이처럼 이 모든 수사적 과정은 이라크 전 국민들의 단결을 가져오게 되고 외견상 후세인에게 국민을 통제할 수 있는 무한 권력을 부여한다.

또 후세인은 적으로서의 유대인을 언급하면서 이라크 국민과 아랍 민족에게 이라크인과 아랍인으로 살아가는 것과 유대인의 지배를 받는 두 경우를 가정한다. 이런 화법을 통해 아랍인들이 유대인의 지배를 받을 수도 있다는 것과 결과적으로 조국 이라크를 강국으로 만들기 위해서는 모든 국민이 함께 뭉쳐야 한다는 점을 강조하였다(ibid.,xix). 이처럼 '공동의 적'을 설정해놓고 행하는 유형의 수사는 명백하고 단순하면서도 청중들의 판단과 결정을 쉽게 하게 만든다.

86) 아랍의 단결을 방해하는 가장 큰 적은 제국주의와 이스라엘이다. 이들은 아랍의 단결을 자신들에게 중대한 위협으로 간주하기 때문이다. ibid.,44

3) 종교적 레토릭

'선입관'과 '투사'의 수사적 기법 이외에 후세인은 통합 수사의 방편으로 종교를 이용하였다. 후세인의 연설에서 수사적 도구로 종교를 이용한 것 즉, 자신을 독실한 신앙인으로, 전쟁을 이교도들과의 성전으로 제시한 것은 모든 무슬림들의 관심을 끌고 그들의 공감과 지지를 끌어내기 위함이다(Amara 2000, 533). 사실, 바스 당 출신인 후세인은 본래 종교가 바스 당 정권에 위협적인 것으로 보았기 때문에 걸프 전쟁 발발 수년전만 해도 이라크의 세속화에 더 관심을 가졌다. 그러나 전쟁이 임박한 시기에 행한 연설에서 후세인은 종교를 적극 활용하기 시작했다(Bengio 1998,182).

> "우리는 이 나라의 정신적 종교적 방향(al-ittijāh al-dīniyy)의 강화를 추구하며 열망한다"[87].

이전에는 이라크 정치 담화에서 부정적인 어휘로 분류되었던 mutadayyin(종교적, 경건한)을 사용하였다.

> "우리 아랍 민족은 종교적(mutadayyin) 민족이며 종교적 소명의식을 지구상의 여러 민족에게 전파해야할 의무가 있다"[88]

후세인의 언어에 이슬람 용어가 포함되고[89] 전쟁의 도구로서 이

---

87) Al-Thawra, 1990년 10월 10일. 후세인은 모든 학생들과 여성, 바스 당원들까지 코란을 가르치는 '신앙 국민운동'을 전개하였다. Ofra Bengio, "Iraq" in *MECS* 1993, pp.391-393

88) Al-Jumhuriyya, 1988년 1월 28일(Bengio 1998,182)

89) 후세인은 이미 걸프전 발발 3년전인 1988년 자신이 자주 사용하는 약 500여개의 어휘 및 숙어들과 '인용문'이 실린 [사담 후세인 정치용어 사전](Qamus Saddam Husayn al-Siyasi)을 발행했다. 여기에는 당시까지 후세인이 담화에서 애용한 종교 용어를 제시하고 있는 종교 항목이 포함되어 있다.

슬람 용어와 코란 구절이 본격적으로 사용된 것은 걸프 전쟁 기간이었다. 예컨대, basmala(신의 이름으로)는 후세인의 연설 시작부분에서 반드시 사용되었다. 연설에서 코란 구절의 인용은 신앙과 종교적 신념을 위한 강력한 도구가 된다(Amara 2000, 530). 후세인은 코란 구절 중에서도 특히 이라크인들에게 대의명분의 정당성에 대한 믿음을 강화해주는 구절이나 전쟁에서 진격하도록 용기를 북돋워주는 구절들을 골랐다. 후세인은 소수의 무슬림들이 세 배나 더 많은 이교도 세력에게 패배를 안겨주었던 624년의 바드르 전투를 언급하기도 하였는데 이 맥락에서 후세인은 바드르 전투를 언급하고 있는 코란 구절을 인용하였다. 바드르 전투의 교훈에서 승리는 믿음이 강한 자에게만 온다는 것을 암시한 것이다.

> "그들을 살해한 것은 너희가 아니라 알라께서 그들을 멸망케 하였으며"[90].

그리고 예언자 무함마드가 신의 가호를 빌면서 어떻게 적을 패퇴시켰는지를 대중들에게 회상시켰다.

> "그들에게 던진 것은 그대가 아니라 알라께서 던지셨음이라"[91]

또 후세인이 연설을 끝낼 때 "알라는 위대하다"(Allah Akbar)를 구호로 외치는 것도 전시 상황에서 관행이 되었다. 주로 Allah Akbar를 세 번 반복하는데 이는 청중의 종교적 열광 분위기를 조

---

90) 코란 제8장 Al-Anfal장 중 17절

91) 선지자께서 한줌의 흙을 집어 불신자들 얼굴에 던졌을 때, 그들의 얼굴이 더럽혀졌으며 그들의 눈을 뜰 수가 없게되자 그들은 모두 후퇴하였다고 해석된다. 최영길(1988). 『꾸란 해설』. 서울. 송산출판사. p.281

성하거나 열광적 환호를 유발하려는 의도였다.

> "허위에 단호하게 맞서 싸우고 진실되고 솔직한 말을 해준 모든 이들에게도 인사를 전합니다. 깨끗하고 하얀 손을 가진 모든 이에게도 인사를 전합니다. 알라는 위대하다! 알라는 위대하다! 알라는 위대하다!"[92]

> "그들과 싸우라. 숭고함과 명예, 영광이 너희 것이듯, 승리는 너희의 것이다. 알라는 위대하다! 알라는 위대하다! 알라는 위대하다! 불행한 자들이 그들의 운명을 맞도록 하라. 승리는 신의 도움으로 달콤하다."[93]

이전과는 달리 걸프 전쟁 중에는 공문서나 서류, 편지에 'Abd Allah al-Mu'min(알라의 믿는 종)이라는 구절로 서명하였다. 이처럼 후세인이 자신의 신앙심을 강조하는 것은 이교도들에 대항하는 이슬람의 수호자로서의 위상을 돋보이게 하려는 의도이다(Bengio 1998,183).

이와 같이 후세인은 그동안 종교적인 색채가 약했던 바스 당 정권의 전통적인 담화 방식을 지양하고 이슬람 초기의 언어 방식으로 돌아갔다[94]. 후세인의 정치 담화에서 세계는 아랍과 제국주의로 구분될 뿐 아니라 이슬람과 이교도로 양분되었다. 이러한 후세인의 이슬람 레토릭은 쿠웨이트 침공 위기가 절정이던 1990년 11월 CNN과의 인터뷰에서 잘 나타난다.

---

92) 1991년 2월 10일 연설(Bengio 1992,194)

93) 1991년 2월 24일 대 국민 연설(Ibid.,206)

94) 후세인이 사용하기 시작한 주요 이슬람 용어들은 mujāhid(성전 전사), kāfir(불신자), mu'min(신자), imān(신앙), ḥaqq(정의), khandaq al-kufr(이단의 참호), hashd al-mu'minīn(신자의 공동체), al-da'wa(이슬람 포교)가 있다. Bengio 1998.183

"우리는 알라를 믿기 때문에 우리에 대항하는 40만 병력을 끌고 오는 자들에게 굴복할 수 없다"
"이라크인들이 왜 자신이 넘치는지 아시오? 왜냐하면 그들은 알라를 믿는 사람들이고 정의는 그들 편이라는 것을 확신하기 때문이요. 정의의 길을 따라 걷는 사람은 알라가 그와 함께 하며, 알라가 옆에 있는 사람은 무엇을 두려워하겠소?"[95)]

이 무렵 후세인은 바스 당 당원들을 '신자'(mu'minūn)로, 바스 당의 사명을 da'wa(선교)로 말하기 시작했다.

"당은 모든 지원자들에게 당원증을 주지 않아도 된다. 우리가 해야 할 일은 da'wa를 수행하기 위해 100명의 신자 중에서 10명을 고르는 것이다".

역시 1991년 1월 29일 CNN기자와의 인터뷰에서도 후세인의 이슬람 레토릭이 잘 나타난다. 미군의 발전소 폭격으로 바그다드 시내가 암흑천지가 되었으며 미국이 승리를 장담하고 있다는 기자의 질문에 대한 후세인의 답변은 마치 코란의 한 구절을[96)] 연상케한다.

"빛은 어둠 속에서 나온다. 바그다드가 암흑으로 뒤덮여 있다고 생각하는 미국 정부는, 유일신에 대한 깊은 믿음에 기초한 이라크 국민들의 마음 속에서 나오는 빛을 마주보게 될 것이다"[97)].

또 기자로부터 전쟁에서의 승리 가능성에 대해 질문 받고 후세인은 종교적 신념에 가득 찬 답변을 한다.

---

95) Al-Qadisiyya, 1990년 11월 1일(ibid.,183)

96) kitābun anjalna-hu ilay-ka li-tukhrija l-nās min al-ẓulumāt ilā l-nūr(이것은 알라께서 그대에게 계시한 한 권의 성서이거늘 이로써 백성들을 암흑에서 광명으로 인도하기 위해서이다). 꾸란 제14장 이브라힘(sūrat Ibrāhim)장 1절.

97) CNN 인터뷰, 1991년 1월 28일(Bengio 1992,175)

"단 1%도 의심의 여지가 없다. 정의가 악을 이길 것이며, 알라는 우리 편임을 믿기 때문이다. 지휘관이 알라이고 다른 편은 사탄이 지휘관인데 그런 전투보다 더 위대한 전투가 있는가?"[98]

이와 같은 맥락에서 특별히 흥미로운 연설은 후세인이 걸프 전쟁 1주년에 행한 연설이다. 연설에서 후세인은 자신의 통치 시대와 예언자 무함마드 시대를 비교한 다음, 그가 30개국의 이교도 연합군과 벌인 전쟁을 무함마드가 이교도와 벌인 전쟁과 비교하였다. 후세인은 두 전쟁의 공통점은 불신앙에 대한 신앙의 승리이며 알라의 도움으로 성취한 승리라고 말했다[99].

"그 당시에 후발(hubal)[100]이 있었다면, 오늘날에는 인간 hubal이 있다. 알라를 믿고 두려워하는 천 팔 백만 명의 이라크 인들이 10억의 침략국가 국민들과 맞서 싸웠다".
"(수와 장비면에서 차이가 컸지만)전투의 기적이 있었다. 신앙이 불신앙을 눌렀으며, 진리가 허위를 압도했다".

이어 후세인은 우상 숭배자들이 아브라함을 불태우려고 하였던 불속에서 알라가 그를 어떻게 구했는지를 기술하는 코란 구절을 인용하였다.

"우리(알라)가 명령하사, 불아 식어라 그리고 아브라함을 안전케 하라하였느니라"[101]

---

98) ibid.,187

99) Al-Thawra, 1992년 1월 18일(Bengio 1998.184)

100) 이슬람 이전의 우상으로서 무함마드가 메카에 돌아오자 파괴하였음

101) 코란 21장 선지자의 장(sūratu l-Anbiyā') 69절. 그 때 불길은 너무나 강하여 그 불 위로 날아가는 새들이 뜨거워서 타죽을 정도의 불길 속에다 아브라함을 꽁꽁 묶어 던졌다고 한다. 최영길(1988). 『꾸란 해설』. 서울. 송산출판사 p.574

Ⅲ. 결론

본 연구에서는 사담 후세인과 그의 정권이 쿠웨이트 침공과 걸프 전쟁의 위기 속에서 권력 유지라고 하는 정치적 목적의 달성과 궁극적으로 이라크 국민의 통합과 단결을 위해 어떻게 언어를 조작하고 대중 선동과 설득을 꾀하려 했는지를 구명해보고자 하였다. 이를 위해 에들만이 제시한 세 가지 신화적 주제들 즉 용맹한 지도자, 공동의 적, "뭉치면 살고 흩어지면 죽는다"의 통합 수사 장치를 후세인의 담화에 적용, 분석한 결과 다음과 같은 연구 결과에 도달할 수 있었다.

첫째, 후세인은 용맹한 지도자의 이미지 구축을 위해 네부카드네자르 2세와 살라딘과 같은 이라크 태생의 위인들을 롤 모델로 삼아 영웅적 자아상을 설정하였으며 이를 자신의 선전 활동에 활용하였다. 특히 살라딘은 서구에 대항하는 상징적 존재로서 사용되었다. 여기서 주목할 사실은 용맹한 지도자 상을 창출하고 대중에게 어필하기 위해 역사적 사건의 서술을 통해 후세인의 통치 시기와 동일화하는 기법도 사용되었다는 점이다.

둘째, 후세인이 전쟁 위기와 위협에 대처하며 강대국 미국에 대해 도전적 레토릭을 구사하는 것은 용맹한 지도자로서의 후세인의 위상을 강화시켰으며 이는 걸프 전쟁을 특징지우는 '사담식 정치 담화'의 특징임을 알았다.

셋째, 후세인은 담화를 통해 외부의 적 미국과 이에 맞서는 이라크의 대결을 제국주의자 미국과 아랍간의 전쟁으로 뿐 아니라 서구 제국주의 대 이슬람 세계의 상징적 대결로 몰고 감으로써 세계적 지도자로서의 자신의 위상을 높이는 수사적 효과를 노렸다. 동시에 이와 관련된 선전 선동은 위기감을 조성하고, 이는 국민들로 하여금 정권에 대한 지지를 결집시키게 되고 나아가 권력 유지의 한 방편이 됨을 알았다. 여기서 후세인은 외부의 적을 악마로 묘사함으로써 자신을 국민을 구해줄 메시아로 비추어지도록 하는 수사적 기법을 사용하였다. 외부의 적으로서 이스라엘의 존재는 제국주의 특히 미국의 전술 전략과 이스라엘의 이해관계가 밀접하기 때문에 이라크에게는 증오와 적개심의 대상이다. 특히 예루살렘과 관련된 후세인의 담화 맥락은 아랍 민족주의자로서의 이미지를 부각시키고 자신의 정치 이념을 지리적으로 구체화하려는 수사적 책략임을 알았다.

넷째, 후세인은 이라크 국민의 단결과 통합을 위한 수사적 기법으로 선입관 제시와 투사, 종교적 언어를 사용하였다. 분석 결과, 후세인은 담화에서 아랍인의 전통적 미덕인 명예를 선입관으로 제시함으로써 국민적 결속과 통합을 위한 대중 설득의 수단으로 사용하였으며, 또한 투사의 수사적 기법을 통해 외부의 적에게 책임을 전가하고 국민적 관심을 적에게 집중시킴으로써 국민적 단결을 도모하고자 하였다. 또한 후세인이 연설에서 자신을 독실한 신앙인으로 소개하고 연설에서의 코란 구절의 인용, 전쟁을 이교도들과의 성전으로 제시한 것은 이라크를 비롯한 전 세계 무슬림들의 지지와 결집력을 이끌어내기 위함이다.

본 연구의 결과 사담 후세인은 누구보다도 정치에서의 언어의 역할과 중요성을 잘 인식했던 정치가였음이 드러났다. 그리하여 권력 유지라는 정치적 목적 달성과 위기 극복을 위해 국민적 단결과 지지 결집을 할 수 있었던 것은 언어 조작과 대중 설득을 통한 그의 뛰어난 수사적 능력에 기인하였음을 알 수 있었다. 따라서 후세인의 정치 담화를 통해 언어와 권력의 상관성을 규명하려던 본래의 연구 목적은 어느 정도 달성되었다고 할 수 있다. 그러나 외부의 적에 관한 연구 과정에서 부분적으로 포착된 부시와 후세인의 이문화적 설득 레토릭 대결은 이문화권간의 수사라는 중요하고도 흥미로운 연구 주제를 파생시켰으나 본 연구에서는 제한된 여건상 다루지 못했다. 이에 대해서는 추후 후속 연구가 있어야 된다고 생각하며 또한 통합 수사의 책략으로서 후세인의 담화에 대한 종교적 측면의 심도있는 연구도 역시 필요하다고 생각된다.

PART 3

테러리즘과 언어

제8장

오사마 빈 라덴의 담화 분석

Ⅰ. 서론

9·11 테러를 배후 조종한 주범으로 지목되면서 널리 알려진 '알 카에다'102)의 지도자 오사마 빈 라덴은 미국의 아프가니스탄 공격과 탈레반 정권의 붕괴 이후 그 생사가 현재까지 알려져 있지 않은 채 얼굴은 물론 음성조차 잘 드러내지 않아 궁금증을 자아내고 있다. 그러나 간간히 그의 목소리로 추정되는 비디오 테이프나 음성 녹음 테이프를 통해 그는 아직도 자신의 건재함을 보여주고 있으며, 전 세계는 그의 말 한마디에 촉각을 곤두세우고 테러 발생에 전전긍긍하고 있는 실정이다.

이와 같은 국제 정치의 현실을 반영하듯이 국내 학계에서는 9.11 테러이후 아랍과 이슬람에 대한 관심과 함께 빈 라덴과 관련한 저술이나 학문적 담론이 크게 일어나고 있다. 이는 주로 빈 라덴 개인보다는 '알 카에다'라는 테러 범죄 조직에 대한 연구가 많이 이루어졌

102) '알 카에다'(al-qā'ida)는 아랍어로 <알>은 정관사, <카에다>는 '토대' 또는 '기지(基地)'를 뜻하며 이슬람 근본주의를 지향한다.

으며[103] 빈 라덴의 개인에 대한 연구도 그의 정치적 성향이나 이념, '알 카에다'와의 관련성이 주로 다루어졌다[104].

따라서 본 연구자는 이와 같은 국내 학계의 동향과 추이 속에서 정치적 주제에 대한 언어적, 수사학적 연구 방법의 적용이라는 새로운 시도를 해보고자 한다. 이는 그간 연구 영역의 사각지대 혹은 틈새로 남아있는 부분에 대한 내부적이고 미시적인 영역의 차원에서 본 연구 주제에 대해 접근해 보고자 함이다.

본 연구는 바로 이와 같은 인식의 바탕 위에서 빈 라덴의 담화[105]를 분석 대상으로 삼아 사회적 문화적 맥락에서 화자로서 빈 라덴의 담화가 갖고 있는 특유의 표현 기법과 언어적 맥락이 상호 유기적으로 관련되면서 창출되는 담화의 언어적 특징과 화자의 수사적 전략을 구명해보고자 구상되었다. 이를 위해 우선 담화의 내용을 파악하고 담화에서 빈 라덴이 사용한 언어를 격식성과 비격식성의 관점에서 분석한다. 이는 아랍어가 양층 언어현상이 나타나는 언어로서 문어체와 구어체의 사용은 각기 발화자의 수사적 전략을 반영하기 때문이다.

담화 참여자간의 친화 관계 정립은 대부분의 정치적 담화 유형에서 발견되는 수사 전략 중 하나이다. 여기서 이런 목적을 성취하기 위한 한 가지 중요한 언어적 수단이 청자 부르기(addressing)와 그

103) 임영신, "9·11 테러 사건의 발생 요인" 高凰論集, Vol.31. 2002 경희대학교 대학원. 최성권, "새로운 중동 국제질서를 위한 시론". 정치정보연구, Vol.4 No.2, 2001. 한국정치정보학회. 하상복, "9.11 폭력과 위기관리의 정치", 사회이론, Vol.24 No.2003. 한국사회이론학회 등이 발표되었다.

104) 요제프 보단스키. 최인자 이윤섭 공역 『오사마 빈 라덴』..서울.명상 2001

105) 여기서의 담화는 발화 행위 그 자체와 글(written text) 모두를 의미하는 것으로 하며, 여기에는 기자회견시의 담화, 공식 연설문, 웹 사이트 게재문, 신문 게재 기사 속의 인용 텍스트가 포함될 수 있다.

것의 상대 화행이라 할 수 있는 자기 지칭(self-referring)이다. 특히, 자기 지칭을 통해서는 친화 관계 뿐 아니라 빈 라덴이 담화에서 고려하고 있는 정체성 또는 신분(identity)까지도 분석이 가능할 것이다.

본 담화에는 담화 참여자로 빈 라덴 뿐 아니라 부시와 미행정부, 미 국민, 아랍 정권, 아랍 어린이와 여성들이 등장하고 있는데 이들에 대한 타자 지칭의 묘사 용어를 조사함으로써 빈 라덴의 이들에 대한 변별적인 수사적 태도를 확인할 수 있을 것으로 기대된다. 끝으로 이미지를 창조하기 위한 기술로서의 중요한 담화 장치인 세부적 기술(details)을 분석한다.

본고에서는 제한적인 연구 여건상 2004년 10월 29일 알 자지라 위성 방송을 통해 발표된 담화를 주요 분석 자료로 삼았다. 이는 이 담화의 아랍어 원문을 확보할 수 있었을 뿐 아니라 빈 라덴이 마지막으로 모습을 드러낸지 1년 1개월 만에 공개적으로 담화를 발표했다는 점과 담화의 대상이 미 국민을 특정 대상으로 했다는 점에서 특기할 만하기 때문이다.

본 연구에서는 부차적 연구로 빈 라덴이 9/11테러 직후인 2001년 10월 29일 행한 담화와 비교 고찰도 시도하고자 한다. 그렇게 함으로써 빈 라덴의 2001년 담화와 2004년 담화의 비교를 통해 빈 라덴이 이 기간 동안 그의 수사적 태도 방식에 변화가 있는지의 여부를 파악할 수 있을 것으로 기대되기 때문이다.

II. 담화의 내용과 언어

1. 담화의 내용

담화에서 빈 라덴은 자신이 2001년 9.11 테러를 주도했음을 밝히고 제2의 9.11 테러가 일어날 수 있다고 경고하였다. 우선, 담화를 시작하면서 빈 라덴은 9/11 테러의 실행 목표로 미국을 선택한 이유를 밝히고 있다. 또 그는 9/11 테러 발생이후 처음으로 이 담화에서 9/11 테러 공격의 감행 계획의 동기에 대해서도 밝히고 있는데 이스라엘의 레바논 공격이 그로 하여금 처음 테러 공격을 생각하게 한 사건이라고 말했다. 빈 라덴은 9/11 테러 공격의 결과는 성공적이었다고 평가하면서 담화 말미에 미 국민들의 안보는 선거의 승리자가 누가 되는지에 상관없이 그들이 취하는 정책과 맞물려 있다고 주장했다.

빈 라덴은 담화에서 아무런 죄 없는 사람들을 살해하고 억압 행위가 국가법에 따라 합법적 조치로 간주되는 미국 입장의 모순을 지적하고 있다. 빈 라덴은 아버지 부시가 이라크의 어린이들에게 행한 것과 마찬가지로 아들 부시가 이라크 어린이들에게 수백만 킬로그램의 폭탄을 퍼부은 것을 지적했다. 또한 아들 부시가 구 대리인을 제거하고 이라크 석유를 강탈하는 것을 도와줄 새로운 대리인을 임명했다고 말한다.

빈 라덴은 9/11 테러가 그러한 불의에 대한 반발로서 비난받을 테러 행위라고 한다면 어쩔 수 없다고 말하며 그는 9/11 테러 이후 이러한 메시지를 미국인들에게 말과 행동으로 전해주고 싶었다고 덧붙였다. 그리하여 1996년 이래 타임지와 CNN등 다양한 언론 매체와 외국인과 아랍인 언론인들을 통해 미국인들에게 전달한 많은 메시지를 상기시키고 미 행정부의 정책 결과에 대해 미국인들에게 경고하고 있다.

또한 빈 라덴은 9/11 테러가 미국 경제에 끼친 손실에 대해 언급하고 약 1조 달러에 달하는 추가 예산을 요구하기 위해 부시 대통령이 비상 법에 의존하고 있다고 비난했다.

담화 내용 중 "(부시 대통령이) 어린 아이가 염소에 대해 이야기하는 것을 듣는 것이 비행기가 마천루에 충돌했다는 사실보다 더 중요하다고 생각했을 것"이라고 빈 라덴이 말하는 대목은 그가 마이클 무어 감독의 영화 '화씨 9/11'을 봤을 것이라고 추정되기도 하는데[106] 이는 빈 라덴이 이런 저런 세상의 소식들을 확실히 알고 있다는 것이라고 볼 수 있다.

2. 담화의 언어 –격식성과 비격식성–

빈 라덴의 담화에 대한 분석 결과 빈 라덴이 행한 담화에서는 특정 지역의 방언이 사용되지 않고 문어체 아랍어만을 사용하였음을 알 수 있다. 아랍 정치가들의 담화 의도가 대중에게 어떤 사실을 알리거나 교육하고, 역사적 사건들을 회상시키고 정책을 발표하거나 자신을 강력한 인물로 내세우고자 할 때는 아랍 세계의 표준어인 문어체 아랍어를 사용한다. 문어체 아랍어는 아랍 세계에서 권위와 상층(seniority)의 상징이기 때문이다(Mazraani 1997, 213)

반면에 구어체 방언을 사용하는 경우에는 정치인들이 대중에게 친화적으로 비추고자 하거나 대중과의 유대감이나 친근감을 조성하

106) 영화 '화씨 9/11'에서는 부시 대통령이 학교를 방문하고 있을 당시 9.11 테러 소식을 이미 듣고 있었던 것으로 묘사된다..

고, 공동의 목표를 달성하고자 할 때 보다 효과적이다. 정치인들은 자신의 주장이나 의견이 대중에게 영향을 미치기를 바라면서 구어체 방언을 사용해 추상적인 개념들이 쉽게 이해될 수 있도록 한다.

나세르와 같은 이집트 정치가는 연설을 시작할 때는 반드시 문어체 아랍어로 시작하지만 어떤 맥락에서는 구어체나 구어체가 섞인 문어체 아랍어로 전환하고 대개는 문어체 아랍어로 연설을 끝내게 된다. 나세르의 경우 문어체와 함께 상이한 여러 층위의 이집트 구어체를 코드 변환하여 말한 것이다. 이처럼 문어체와 구어체는 특정한 커뮤니케이션을 위한 수단으로 사용된다. 빈번한 코드 변환의 주요 동기는 청중의 관심을 끌기 위함이며 이는 대규모 집회나 분량이 긴 연설에서처럼 청중이 산만해질 수 있는 담화에서는 필수적인 전략이다(Mazraani 1997, 213).

그렇다면, 문어체 아랍어만을 빈 라덴이 고집하고 지역 방언이나 코드 변환을 하지 않은 주된 이유는 무엇일까.

첫째, 종교적 요인이다. 코란은 아랍어로 쓰여진 최고의 언어적 산물로 여겨진다. 아랍 세계의 모든 무슬림들은 코란의 언어적, 문학적, 수사적 조건에 부합하지 않는 것은 쓰여질 수 없다고 믿는다. 코란은 알라의 말씀을 구현한 것으로 성스러운 것이며 따라서 이슬람교에 대해서 뿐 아니라 아랍어에 관해서도 최종의 권위가 되어야 한다고 믿는다. 따라서 종교와 밀착된 삶을 살아온 빈 라덴은 문어체 아랍어를 능숙하게 다룰 수 있을 만큼 의사 소통능력을 갖추고 있다.

둘째, 빈 라덴의 담화는 대중 집회에 참석한 청중을 대상으로 한 것이 아니었다. 공개적인 대중 연설은 청중의 감정에 직접 호소하며 방언을 통해 청중과의 일체감을 갖고자 한다. 테러의 배후 조정자로 추적을 받고 있는 빈 라덴은 당연히 공개적인 석상에서 대중과 의사소통할 수 있는 처지가 아니며 언론 매체와 웹 사이트를 통해 간접적으로 대중과 의사소통을 한 것이다. 따라서 대규모 집회에서는 필수적인 전략인 청중의 관심을 끌기 위해 방언이나 코드 변환을 할 필요성을 못 느꼈을 것이다. 또한 이 청중은 각기 다른 방언을 사용하는 특정 아랍 지역이나 특정 계층의 아랍인을 대상으로 한 것이 아니라 미 국민을 포함하는 서양 세계의 여론을 지향한 것이다.

셋째, 담화의 분량과 관련이 있다. 분석 결과, 빈 라덴의 담화는 18분 분량의 길이로 길지 않은 것으로 밝혀졌는데 이는 아랍 정치가들의 연설이 보통 한 두 시간씩 걸리는 것과는 대조적인 것이다. 연설이 긴 경우 당연히 청중의 입장에서는 많은 집중력을 요하며 그만큼 단조롭게 들리게 때문에 문어체와 구어체의 변환이 필요하나 빈 라덴의 경우는 그렇지 않다.

넷째, 빈 라덴은 문어체 아랍어로 행해지는 담화를 통해 자신의 목표와 소망을 달성하기 위한 진정성과 결의를 보여주고 싶었을 것으로 판단된다. 구어체 방언으로 행해지는 연설은 진지한 담화의 내용에는 적절하지 않으며 연설자로서는 권위있는 인물로서의 신뢰감을 상실할 수 있기 때문이다.

다섯째, 담화의 전반적인 내용은 주로 이슬람을 옹호하며 테러 행위를 할 수 밖에 없는 정당성과 동기 등을 밝히는 것으로 다른 특정의 연설 목적을 갖고 있는 소단원으로 세분화될 필요가 없기 때문이다.

Ⅲ. 수사적 전략

1. 호칭과 지칭

'우리', '당신', '나' 등과 같은 인칭대명사의 사용은 친근감을 특징으로 하는 개인 간의 대화에서 특히 빈번하게 사용된다. 이는 연설자와 청중간의 참여감을 창출하는 것을 목적으로 하는 대중 연설에서도 유효하다(Mazraani 1997, 88). 특히 아랍어의 일인칭 복수 대명사 naḥnu(우리들)를 '알 카에다'의 지도자인 빈 라덴이 담화에서 사용하는 것은 '우리들'에 대한 지칭이 '알 카에다'의 희망과 행동, 업적에 대한 긍정적이고 자랑스러운 평가를 담고 있기 때문에 중요하다(Atkinson 1984, 37). 또한 자기 지칭은 담화 수행자의 정체성(identity)이 구성된 방식을 이해하는데 가장 적절한 장치로 분석되기도 한다(Dunne 2003, 72)

우선 호칭의 측면에서 분석 담화에서 주목할 것은 그 사용 빈도가 극히 적다는 것이다. 담화 첫 부분에서 빈 라덴은 단 두 번의 호칭만을 사용하였는데 그것도 상당히 격식적이고도 무미건조하게 들리는 '미국 국민 여러분'(ayyuhā l-sha'b l-amrīkiyy) 이었다. 즉, '친애하는', '존경하는', '사랑하는' 등의 수식어가 나타나는 호칭이 아니다. 또한 주목할 점은 이 담화가 부시나 미국 행정부를 겨냥하여 발표된 종래의 담화와는 달리 사용된 호칭이 미국 국민을 대상으로 했다는 점이다

한편, 자기 지칭의 측면에서 담화에서 발견되는 특징은 대명사의 사용이다. 대명사가 담화 참여자 간의 공손 관계를 표시하는 가장 명백한 장치라는 것은 잘 알려진 사실이다(Brown & Gilman 1960; Brown & Levinson 1987). 우리말에서는 '저'라는 공손형

(polite form) 대명사가 있지만, 아랍어 일인칭 단수 대명사에는 이에 상응하는 공손형 대명사가 존재하지 않는다. 따라서 아랍어 일인칭 단수 대명사는 청자를 향한 존경심이나 유대감의 표현이 결여되어 있다. 아랍어는 인칭, 성, 수에 따라 동사의 어형변화가 이루어지는 특성이 있으므로 대명사의 사용여부에 관계없이 담화 참여자를 구분할 수 있다. 따라서 본고에서는 인칭대명사의 사용을 일인칭 대명사와 동사의 어형 변화로 파악되는 담화 참여자의 지칭을 모두 포함하기로 하며[107] 일인칭 단수 대명사와 변형, 일인칭 복수 대명사와 변형의 사용으로 구분하여 분석하고자 한다.

(1) 인칭대명사를 통한 자기 지칭

먼저 빈 라덴이 자신과 '알 카에다'의 공적 정체성을 나타내기 위해 사용한 언어 장치로서 인칭대명사를 통한 자기 지칭을 조사한다.

① 단수 일인칭 대명사와 변형

빈 라덴은 연설을 시작하는 첫 문단에서 안보는 인간의 삶의 요소 중에서도 가장 중요한 요소이며 부시의 말과는 달리 자유민은 자신의 안보를 등한시 하지 않는다는 것을 강조하는 대목에서 단수 일인칭 표지의 동사 변형을 사용하고 있다.

aqūlu la-kum inna l-amna rukn muhimm min arkāni l-ḥayāti l-ba<u>sh</u>ariyya wa inna l-aḥrāra lā yafruṭūna bi-amni-him.....

(나는 당신들에게 안보는 인간의 삶의 중요한 요소이며 자유민은

---

107) 이를 변형(variants)으로 약칭하기로 한다.

자신이 안보를 소홀히 하지 않는다는 것을 말해둡니다......)

또 빈 라덴은 9/11 테러 4주년이 되었지만 부시가 여전히 미 국민에게 그 진실을 숨기고 있는 상황이라고 말하면서 일인칭 단수 대명사의 변형을 사용하여 미 국민들에게 놀라움을 표시하고 있다.

wa lākinna-nī a'jabu min-kum fa-bi-l-raghmi min dukhūli-nā l-sanati l-rābi'a ba'da aḥdāthi 9-11 fa-mā zāla Būsh yumārisu 'alay-kum al-tashwīsh wa l-taḍlīl wa taghyīb l-sabab l-ḥaqīqiyy 'an-kum.....

(나는 당신들이 놀랍습니다. 왜냐하면, 9/11 테러 4주년이 되었지만 부시는 여전히 당신들에게 진실된 이유를 숨기고 왜곡과 기만을 하고 있으니 말입니다.)

빈 라덴은 미국인들이 자신의 말을 진지하게 받아들일 수 있도록 하기위해 9/11 테러의 결정을 내리게 된 배경을 사실대로 털어놓는 대목에서 일인칭 단수 대명사 변형을 쓰고 있다.

wa innī sa-uṣaddiqu-kum al-qawl bi-l-laḥẓāt allatī uttukhidha fī-hā hādhā l-qarār....

(나는 이 결정이 내려진 순간에 대해 당신들에게 사실대로 말하고자 합니다...)

부시를 짓궂은 염소로 비유하며 미국이 이라크 전쟁의 수렁에 빠지게 되었음을 비난한 후 부시의 손이 피로 얼룩지며 미국과 아랍 모두 큰 희생자를 낳았다고 미국인들에게 말하는 대목에서 일인칭 단수 대명사 변형이 사용되고 있다.

wa inn-ī aqūl la-kum la-qad qutila min ahli-nā akt<u>h</u>aru min 15 alfan wa juriḥa ʻas<u>h</u>arāt l-ālāf....

(나는 당신들에게 말해두건대...우리 동족 만 오천 명 이상이 죽고 수만 명이 부상했습니다....)

mā ziltu atad<u>h</u>akkaru tilka l-mas<u>h</u>āhida l-mu'at<u>hth</u>ira ....dimā'a wa as<u>h</u>ilā' wa aṭfālan wa nisā'a ṣarʻā.

(나는 아직도 그 마음 아픈 장면들을 기억하고 있습니다....피와 파편, 아이들과 쓰러진 여인들...)

역시 담화를 끝내며 빈 라덴이 사실대로 말하겠다고 말하는 구절에서 일인칭 단수 대명사의 동사 활용형이 사용되고 있다.

wa fī l-<u>kh</u>itām aqūl la-kum wa aṣduqu-kum al-qawl inna amna-kum laysa bi-yadin Kīrī aw Būsh aw al-qā ʻida....

(끝으로 내가 당신들에게 말하건대, 사실대로 말하겠습니다. 당신들의 안전은 케리나 부시 또는 알 카에다의 손에 달려있는 것이 아닙니다....)

이와 같이 빈 라덴은 그의 담화에서 '말하다', '사실대로 말하다', '기억하다', '놀라다' 등의 동사와 함께 개인적인 의견, 소신과 감정을 표현하기 위해 일인칭 단수 대명사의 변형을 사용하고 있음을 알 수 있다. 빈 라덴은 일인칭 대명사 anā를 명시적으로 사용하지 않고 주로 일인칭 동사 활용변화를 통해 자기 자신을 지칭하였다.

② 일인칭 복수 대명사와 변형

다음 예는 일인칭 복수 대명사가 빈 라덴 자신과 명시적이지는 않지만 '알 카에다'를 포괄하는 것으로 보인다.

fa-l-yu'allim-nā li-mā lam naḍrib al-swayd ma<u>th</u>alan?

(그렇다면 우리는 예컨대 스웨덴을 왜 공격하지 않았는지 부시가 우리에게 설명하도록 하자)

빈 라덴은 이슬람 종교 공동체를 지칭하는 '움마'(umma)라는 용어가 등장하는 맥락에서 일인칭 복수 대명사를 사용하고 있어 무슬림들과의 강력한 공동체적 유대를 암시하고 있음이 분명하다.

wa innamā qātalnā-kum li-anna-nā aḥrār lā nanām 'alā l-ḍaym, nurīdu irjā'a l-ḥurriyya li-ummati-nā

(우리는 불의에 잠 못 이루고 우리의 '움마'에 자유를 회복시켜주길 바라는 자유인이기 때문에 당신들과 싸웠을 뿐입니다)

다음 병행구문의 담화 구절에서와 같이 미 국민들의 안전에 대한 대칭은 역시 이슬람 공동체인 '움마'의 안전이므로 여기서 일인칭 복수는 빈 라덴을 포함하는 이슬람 공동체이다.

kamā tahdirūna amna-nā nahdiru amna-kum

(당신들이 우리의 안전을 파괴하면 우리도 여러분의 안전을 파괴합니다)

빈 라덴은 9/11 테러 공격의 성과에 대해 예상을 뛰어 넘는 매우 긍정적인 것이었다고 말하면서 부시는 다루기 어렵지 않았다고 말한다. 여기서의 일인칭 복수형은 9/11 테러 공격의 성과를 평가하는 맥락에서 부시와 그의 행정부와 대칭적으로 사용되고 있어 빈 라덴 자신만을 의미하는 것으로 해석될 수 있다.

lam najid ṣuʻūbāt fī l-taʻāmul maʻa Būsh wa idārati-hi..

(우리는 부시와 그의 행정부를 다루는데 어려움이 없었다....)

분석 결과, 빈 라덴은 9/11 테러의 결정 배경과 성과 등에 관해 자신을 발화의 주체로서 강조함과 동시에 자신의 신분을 일인칭 복수의 변형을 통해 은폐하면서 '알 카에다'와 무슬림들의 외연 확대된 주체들을 발화에 등장시킴으로써 9/11 테러의 배후로서 빈 라덴 자신의 개인적 이미지를 축소시키고 '우리'로 함축되는 이슬람 공동체와의 연대를 강조하고자 하였음을 알 수 있다.

(2) 자기 지칭의 다른 표현들

빈 라덴은 그의 담화에서 자기 자신을 지칭하는 표시어(signifier)를 사용하지 않고 있는 점이 두드러진다.

우선 빈 라덴은 자신(우리)이 자유를 증오한다는 부시의 주장과는 달리 '자유인'으로서 자신들의 안전을 소홀히 하지 않는다(anna l-aḥrāra lā yafruṭūna bi-amni-him bi-khilāf l-diʻā'i Bush bi-anna-nā nakrahu l-ḥurriyya)고 말한다. 또 자신이 투쟁하는 이유는 '억압 하에서는 잠 못 이루는 자유인이기 때문'이라고(li-anna-nā aḥrārun lā nanāmu ʻalā l-ḍaymi...) 말한다.

그는 9/11 테러를 감행한 동기에 대해 길게 설명한 후 청자의 공감을 구하며 '자신의 성역을 지키려는데 어떤 사람이 비난받을 수 있느냐?(fa-hal yulāmu l-mar'u fī l-dhūdi ʻan ḥimā-hu?)'고 반문한다. 여기서 '사람'(al-mar'u), 즉 자신은 특별한 사람이 아니라 누구든 공감할 수 있는 행동을 하는 평범한 사람임을 암시하고 있다. 이와는 대조적으로 9/11 테러 직후에 발표한 담화에서는 적을 악으로 규정하고 자신을 약자를 보호하는 '정의의 사나이'로 표현함으로써 이분법적 구분을 한 바 있다. 그러나 분석 담화에서는 빈 라덴이 9/11 테러 직후의 강경한 이미지 대신 '보통 사람'의 이미지를 제시함으로써 차분하게 미 국민들의 정서에 호소하며 설득하고자 한 것으로 보인다.

빈 라덴은 이스라엘의 레바논 공격에서 무자비하게 주택 지역에 폭탄을 빗발치듯 퍼부어 집과 건물이 붕괴되고 피와 파편과 아이들이 부인들이 땅에 쓰러져 있는 가슴 아픈 장면을 묘사하면서 자신뿐 아니라 세계가 모두 그 장면을 보고 들었다고 언급한다. 여기서 빈 라덴은 자기 중심적이고 후방 지시적인 일인칭대명사 '나'(anā)와는 거리가 먼 세상(al-'ālam)을 행위 주체로 제시함으로써 '나'와 '우리' 뿐 아니라 공감하는 모든 사람들을 포괄하여 미국의 묵인 하에 진행되는 이스라엘의 공격에 대한 분노를 표시하고 있다.

al-'ālamu kullu-hu yasma'u wa yarā wa lā yazīdu....
(세상이 모두 듣고 보고 있었습니다...)

빈 라덴의 권위는 종교적이고 카리스마적임에도 불구하고 담화에서 어떠한 형식적인 타이틀이나 직위를 내세우지 않았다. 그가 언급한 것은 '알 무자헤딘'(al-mujāhidīn)[108]과 그가 이끄는 저항 단체인 '알 카에다'를 자기지칭의 다른 표현으로 제시하고 있을 뿐이다. 그가 추구하는 이상과 목표는 이슬람 신앙에 기초한 것이므로 '알

108) 아랍어로 지하드(jihād) 즉 성전을 수행하는 무슬림 전사를 뜻한다.

무자히딘'과 '알 카에다'라는 단체명을 통해 자신을 지칭한 것은 지극히 당연한 것이다.

> wa l-amru l-akhṭaru 'alā amrīkā anna l-mujāhidīna uḍṭurrū Bush akhīran ilā an yalj'a li-mizāniyya l-ṭawāri'i li-muwāṣalati l-qitāl fī afghanistān wa l-'irāq....
> (미국에게 보다 심각하게 된 것은 최근 무자히딘이 부시로 하여금 아프가니스탄과 이라크에서 전투를 계속하기 위해서 비상 예산에 의존하게끔 만들었다는 사실이다....)

특히 '알 카에다'의 지칭은 미행정부 또는 백악관과 대등하게 사용되고 있음이 주목된다.

> fa-man qāla inna l-qā'ida intaṣarat 'alā idārati l-bayti l-abyaḍ aw inna idārata l-bayti l-abyaḍ qad khasirat fī hādhihi l-ḥarb...(과연 누가 이번 전쟁에서 '알 카에다'가 미 행정부에 승리했다고 또는 미행정부가 손해를 보았다고 말하는가)

빈 라덴은 위와 같은 주장을 입증하는 구체적인 통계 숫자를 인용하여 설명한 후에 '알 카에다'가 이득을 본 것도 있지만 부시 행정부 역시 미국 대기업들이 따낸 대규모 계약 건에 비추어 이득을 본 것(inna l-qā'ida kasabat lākinna-hu fī l-muqābil yuwaḍḍiḥ anna idārata Bush kasabat ayḍan........)도 사실이라고 말한다.

(3) 타자 지칭

빈 라덴의 담화에서 발화 대상은 부시와 미 행정부, 미 국민, 아랍 정권, 아랍 어린이들과 여성들이다. 이들을 지칭하는 묘사 용어를 조사함으로써 빈 라덴의 이들에 대한 수사적 태도와 변별적인 이미지를 추출하고자 한다.

① 부시와 미 행정부

빈 라덴의 담화에서 부시는 '다른 사람들의 안보를 갖고 장난치는 사람'(man ya'bath bi-amni l-ākharīn)이며 그와 같은 짓을 하고도 아무 탈이 없을 것이라고 생각하는 부시는 '어리석은 도적'(al-liṣṣ l-aḥmaq)으로 묘사된다. 빈 라덴은 부시가 9/11 테러 발생 4년이 지났어도 '여전히 미 국민들에게 진실된 원인을 왜곡, 기만하며 숨기고 있다'고 규정함으로써 그에 대한 부정적 이미지를 표현하고 있다.

또한 빈 라덴은 9/11 테러를 감행하겠다고 마음먹은 것은 미국의 사주를 받아 이스라엘이 레바논을 침공했을 당시 '압제자'(ẓālim)를 똑같이 응징할 생각이 들었다고 말하면서 부시는 '이라크에서 석유를 약탈하기 위해 수백만 톤의 폭탄을 수많은 어린이들에게 퍼붓는' 잔악무도한 행위를 저지르는 '압제자'로 묘사된다. 그는 여기서 한 걸음 더 나아가 아버지 부시까지도 '이라크에서 어린이를 인류 역사상 최대의 대량 학살을 저지른' '압제자'로 규정함으로써 부시 가문의 세습적인 '압제자'의 이미지를 강화하고 있다. 부시의 잔혹함의 이미지는 '부시의 손이 피로 얼룩지었다'라는 표현으로 나타난다. 그는 자신을 방어하고 '압제자'를 벌하는 것이 해서는 안 될 테러냐고 반문한다.

담화에서 빈 라덴이 부시를 지칭하여 사용한 유일한 공식 호칭은 '미군 최고 통수권자'(al-qā'idu l-a'lā li-l-quwāti l-musallaḥati l-amrīkiyya)이다. 그러나 빈 라덴의 부시에 대한 공식 호칭 사용은 부시가 '쌍둥이 빌딩의 5만 여명에 달하는 시민들이 가장 필요로

할 때에 공포 속에 방치하는' 무책임한 지도자의 이미지를 나타내기 위한 것이다. 이러한 이미지는 9/11 테러 공격이 행해지던 시간에 부시가 '어린 아이가 염소에 대해 이야기하는 것을 듣는 것이 비행기가 마천루에 충돌했다는 사실보다 더 중요하다고 생각했을 것'이라고 빈 라덴이 말하는 대목에서 더욱 강화된다.

빈 라덴은 부시를 '이라크의 수렁에 빠졌다'라고 묘사하며 '뿔로 땅을 파헤쳐 칼을 끄집어내는 짓궂은 염소'에 비유함으로써 부시의 호전적이고 가식적인 이미지를 표현하고 있다. 빈 라덴은 '한 되 값의 예방이 한 말 값의 치료보다 낫다'는 속담을 인용하며 9/11 테러를 교훈 삼아 '백악관 거짓말쟁이' 때문에 집과 재산과 안전을 헛되게 하지 말라고 경고한다. 여기서 부시는 진실을 숨기는 '거짓말쟁이'로서 부정적인 이미지로 그려진다.

부시에 대한 부정적인 이미지는 미국과 미 행정부에 대한 부정적 이미지로 연결된다. 빈 라덴은 '이스라엘과 연합하여 팔레스타인과 레바논의 우리 동족을 불공평하게 억압하며'(ta'assuf l-taḥāluf l-amrīkiyy l-isrā'iliyy 'alā ahli-nā fī filasṭīna wa lubnāna), '이스라엘인들에게 레바논 공격을 허락한', '미 3함대가 포격을 가해 많은 인명 사상자를 낳고', '다른 사람들을 혼비백산케 만들다' 등의 묘사를 통해 미국의 호전적이고 불량배적인 이미지를 구축하고 있다. 그리하여 이러한 미국의 이미지는 마치 '비명밖에는 별 수가 없는 어린애를 잡아먹는 악어'로 그려진다.

그러나 빈 라덴의 미국에 대한 전반적인 부정적 이미지에도 불구하고 미국 내의 온건파에 대해서는 호의를 갖고 있음을 내비치고 있다. 즉, '백악관 내의 자유 주창자들'(mad'uwwū l-ḥurriyya fī l-bayti l-abyaḍ)과 미 행정부 내 그의 추종 세력들이 9/11테러의 진실을 홍보해줄 것을 당부한다. 여기서 '백악관 내의 자유 주창자들'은 다분히 미 행정부내의 온건파를 겨냥한 유일한 호의적 지칭이다.

② 미 국민

담화는 기본적으로 미 국민을 대상으로 한 것이다. 따라서 빈 라덴은 담화에서 부시가 수반으로 있는 미 행정부와 미 국민들을 구분하고 특히 담화의 발표 시기가 미국의 대통령 선거를 앞두고 공개되었기 때문에 앞에서의 부시와 미행정부와는 다른 태도를 취할 것으로 보인다.

빈 라덴은 누구든지 재앙이 닥치면 자신들의 행동에서 그 이유를 찾고 재앙의 반복을 피하려고 하는 것이 '지혜로운 사람들'(al-'uqalā') 이라고 주장한다. 그렇게 한다는 전제하에서만 미 국민들은 '지혜로운 사람들'인 것이다. 그 과정에서 백악관의 평화 주창자와 온건세력이 미 국민들에게 9/11 테러의 원인을 전달할 수 있다면 미 국민들은 9/11 이전처럼 안전하게 '올바른 길을 갈 수 있을 것이다'라고 말한다.

아프가니스탄과 이라크 전쟁에서 미 행정부는 이득을 보았지만 '실제로 손해본 것은' 미 국민들이라고 주장한다.

'9/11일 당신들 곁을 떠난 수천 명의 유언을 생각해야', '다른 사람들의 실수에서 교훈을 얻는 자는 행복하다'의 표현을 통해서는 담화 초기에 주장했던 '지혜로운 사람들'과 같은 맥락의 주장을 편다.

또한 그는 소수의 특정 인물들을 거론하고 있는데 9/11 발생 수년전에 자신의 메시지를 전달하기 위해 인터뷰했던 미국인 언론인들이다. 특히 로버트 피스크(Robert Fisk)는 '중립적'이라고 주장하며 백악관의 자유 주창자들이 그와 인터뷰할 것을 제안한다.

이와 같이 빈 라덴은 앞서의 부시와 미 행정부에 대해 취한 태도와는 달리 미 국민들에 대해서는 적대적이거나 호전적인 이미지 보다는 경고와 회유를 통해 공감을 구하고자 하는 것이 담화에서 역력히 드러나고 있다.

③ 아랍 정권

빈 라덴은 담화에서 적으로 제2의 내부적 부류를 설정하였다. 이들은 바로 그가 부시와 미 행정부와 동종 부류로 범주화한 일부 아랍 국가들의 정권들이다. 그는 9/11 테러의 결과에 대해 평가하면서 부시와 미 행정부를 다루는데 어렵지 않았다고 말했다. 그 이유는 '절반은 군사정권이고 나머지 절반은 대통령과 국왕의 자손들이 통치하는 나라들을' 오랫동안 다루어 본 경험이 있기 때문이며 미국은 이들 아랍 국가와 유사하기 때문이라고 말한다. 그리고 이들 두 부류를 '거만하고 오만불손한 부정 축재자'들로 지칭하며 '미국에 대해 환상을 갖고 있다'고 규정한다. 이 용어를 통해 빈 라덴은 미국에 협조하고 미국의 이해관계를 보호해주고 이익을 취하는 아랍 국가 정권들을 지칭하여 비난한다. 이같은 맥락에서 미국은 이라크 원유를 약탈하기 위해 '구 대리인'('amīl qadīm)인 사담 후세인을 쫓아내고 '새로운 대리인'('amīl jadīd)인 과도정부 총리를 임명했다고 비난한다.

④ 아랍 어린이와 여성

빈 라덴의 담화에 자주 등장하는 인물은 어린이와 여성들이다. 이들은 한 쪽의 위협을 받으며 동시에 다른 쪽의 보호를 받는 부류이다. 이들은 '땅바닥에 내팽개쳐진 아이들과 여자들', '비명 밖에는

지를 수 없는 어린이들을 잡아먹는 악어처럼', '우리 아이들과 여자들의 살상을 막기 위해 쌍둥이 건물을 부숴야', '죄 없는 아이들과 여자들에 대한 고의적 살인은 미국의 의도적 정책', '인류 역사상 최대의 어린이 학살', '팔레스타인에서 당신들의 동맹은 여성과 아이들을 겁주고 있으며' 등의 표현을 통해 부시와 미 행정부, 이스라엘의 군사적 공격에 희생당하는 아랍 어린이와 여성들에 대한 인간적인 동정심과 공감을 미 국민들에게 이끌어내고자 한 것으로 보인다.

2. 세부적 기술

세부적 기술(details)은 이미지를 창조하기 위한 수단으로서 이미지가 청자로 하여금 화자나 필자에 의해 선호되는 결론을 도출하도록 유도하기 위한 중요한 담화 장치이다. Tannen(1989: 138)에 따르면 세부적 기술은 1) 이야기 되고 있는 사건이 발생한 장면을 설정하고, 2) 진정성을 제공하며, 3) 이야기의 요점에 기여하고 화자의 자아 표현에서 역할을 한다.[109)]

또한 세부적 기술은 사물이나 인물 묘사를 상세히 기술하는 극적 시각화라고 할 수 있다. 또 특정 장면을 청중에게 '시각적'이나 상상을 통해 현존하는 것처럼 흉내 내어 대화 방식으로 제시하는 것이라고 할 수 있다. 즉, 작자가 청중에게 무언가를 '보여주고자'한다면, 거기에 생생한 실재감을 불어넣을 수 있도록 극적으로 재구성하는 것이다.

이 기법을 빈 라덴의 담화에 적용해볼 때 그의 담화는 9/11 테러의 배경과 이유를 설명하는 대목에서 세부 기술의 예가 발견되고 있다.

---

109) 이원표 『담화 분석』. 서울: 한국문화사. 2001. p.185에서 재인용.

"나에게 직접적으로 영향을 미친 사건은 1982년과 그 직후의 일련의 사건들로 거슬러 올라간다. 미국이 이스라엘에게 레바논 침공을 허용하고 미 2함대가 그것을 도왔던 것이다. 그리하여 공습이 시작되고, 많은 사람들이 사망하고 부상했으며 다른 많은 사람들이 놀라서 혼비백산하였다. 나는 아직도 그 섬뜩한 장면들을 기억하고 있다. ..피와 파편이 흩어지고, 아이들과 부인들이 땅에 엎드려 있으며, 사방에 집들이 파괴되고 타워가 무너져 그곳의 주민들이 죽고, 포탄은 무자비하게 우리들의 집에 빗발처럼 쏟아졌다."

위 예에서 보듯이 일련의 이미지는 대화처럼 장면을 전개시키고 있고 그 장면에서는 이해가 도출된다(Tannen 1989, 135). 이와 같이 세부적 기술은 9/11 사건의 유발 동기를 이해하기 쉽게 하고 사안의 문제점을 돋보이게 해준다. 미국의 레바논 침공에 따른 피해 현장의 구체적이고 정밀한 묘사는 청자로 하여금 장면을 상상할 수 있게 해주며 이러한 의미 창출에의 참여는 훨씬 감동적이 된다(Tannen 1989, 92).

Ⅳ. 결론

본고에서는 9/11테러의 배후 조종자로 잘 알려진 '알 카에다'의 지도자 오사마 빈 라덴의 담화를 언어와 수사라는 관점에서 분석함으로써 그의 수사적 전략을 고찰해보고자 하였다. 이를 위해 담화의 내용과 언어, 호칭과 지칭, 세부적 기술의 분석 방법을 담화에 적용하였다.

분석 결과 다음과 같은 빈 라덴 담화의 언어적 특징과 수사적 전략을 파악할 수 있었다.

첫째, 호칭 분석과 담화 내용에서 담화의 대상이 종전의 부시나 미국(행정부), 아랍 및 무슬림이 아닌 미 국민을 대상으로 한 점이다. 따라서 빈 라덴의 담화 주요 목적은 표면적으로는 9/11테러의 감행 동기와 원인을 밝히면서 미 국민들에게 테러 행위가 재발되지 않도록 이를 교훈으로 삼도록 경고하는데 있지만 실제로 빈 라덴의 속셈은 담화 시기가 미 대선이 임박한 시점인 점과 내용 분석에서 부시의 패배를 선동하기 위한 정치적 계산이 깔린 것으로 볼 수 있다. 이는 9/11 테러 직후의 담화가 이교도 세력에 대한 무슬림들의 대항을 선동하는 종교적 방향으로 갈등 구도를 구성한 것과는 대조적이다.

둘째, 빈 라덴 담화의 언어는 다른 아랍 지도자들의 정치 담화에서 수사적 전략의 중요한 장치로 사용되는 코드 변환, 즉 문어체와 구어체 아랍어의 전환이 나타나지 않았는데 이는 격식성을 우선시한 수사적 고려였음을 알았다.

셋째, 자기 지칭에서 '말하다', '믿다', '기억하다', '놀라다' 등의 동사와 함께 개인적인 의견, 소신과 감정을 표현하기 위해 일인칭 단수 대명사의 변형을 사용하고 있다. 이는 선행 연구 결과와도 일치하는데 이를 아랍어 담화 언어의 보편적 특징으로 파악하기 위해서는 후속 연구가 좀 더 이루어져야 할 것이다. 또한 일인칭 복수 대명사와 변형에서는 개인적 이미지 축소 또는 은폐를 꾀하면서 이슬람 공동체와의 연대와 단결, 친근 관계를 드러내고자 한 것으로 보인다.

넷째, 자기 지칭의 다른 표현 분석에서는 자기 자신을 지칭하는 표시어의 사용은 찾아보기 어려우며, '사람', '세상', '알 카에다', '자유인' 등의 지칭을 통해 담화 대상의 정서에 호소하거나 설득하는 맥락에서 사용되고 있음을 알았다.

다섯째, 담화에 등장하는 부시와 미 행정부, 미 국민, 아랍 정권, 아랍 어린이들과 여성들에 대한 지칭은 각기 다른 수사적 태도와 변별적 이미지를 나타내고 있는 것으로 나타났다. 부시와 미 행정부에 대해서는 예상대로 호전적인 '압제자'의 이미지로 묘사되었으나 미 국민에 대해서는 '회유'와 '경고', '설득'을 위한 호의적인 이미지들이 사용되었다. 아랍 국가들에 대해서도 미국과 같은 범주로 간주하고 부정적인 묘사 용어들이 사용되었다. 반면 담화에 자주 등장한 아랍의 어린이와 여성들에 대한 묘사는 '피해자'와 '희생자'로 표현되면서 담화 대상의 공감을 구하려 한 것으로 보인다.

특히, 지칭 대상의 묘사에서 빈 라덴은 코란, 하디스, 시구, 속담 등에서 구절을 인용하여 비유하고 있는데 이는 담화 대상에게 화자의 담론에 신뢰감을 부여하고 설득력을 높이기 위한 것이다.

여섯째, 극적 시각화의 효과를 위해 세부적 기술의 기법을 사용하였음을 알았다.

이상의 분석 결과에서 '언어적 고찰'과 '수사적 효과'는 서로 긴밀하게 관련되어 있음이 입증되었다. 종합적으로 검토할 때 이슬람 대 서구와의 대결 국면으로 몰고 가려했던 9/11테러 직후의 담화와는 달리 분석 담화는 미 국민들을 담화 대상으로 경고와 훈계의 기조 속에 설득과 공감을 끌어내려한 것으로 분석된다.

본 연구에서는 빈 라덴의 특정 담화만을 분석 대상으로 삼았으나 앞으로 '테러(irhāb)'를 주제로 한 담화와 텍스트의 보편적 언어 특징과 수사적 특성을 파악하기 위해서는 더 많은 후속 연구가 이루어져야 할 것이다.

제9장

부시와 빈 라덴 담화의 비교 분석
– '우리'와 '그들'의 관점에서

Ⅰ. 서론

2001년 9월 11일 미국의 권위의 상징이던 세계무역센터의 쌍둥이 빌딩이 항공기 납치에 의한 테러 행위로 무참히 붕괴되어 세계를 경악의 도가니로 몰아넣은 사건은 7년이 지난 지금도 우리의 뇌리에 생생하다. 이로 인해 온 세계는 테러를 응징, 보복하려는 미국과 이에 강경 대응하는 이슬람 테러 집단에 이목이 집중되었다. 그리고 이는 곧 테러와의 전쟁을 주도한 조지 W. 부시 미국 대통령과 9/11 테러를 배후 조종한 주범으로 지목되면서 널리 알려진 '알 카에다'의 지도자 '오사마 빈 라덴' 이라는 두 인물의 격돌로 이어지게 되었으며, 양자의 대결은 주로 '말을 통한' 도전과 응전의 양식으로 전개되었다. 특히, 미국의 아프가니스탄 공격과 탈레반 정권의 붕괴 이후 비디오 테이프나 음성 녹음 테이프를 통해 간간이 자신의 건재함을 과시하는 빈 라덴의 말 한마디에 전 세계는 촉각을 곤두세우게 된다. 또한 부시의 '적이냐 동지냐' 독트린은 알 카에다를 비호하는 아프가니스탄 내 탈레반을 공격하는 근거를 제기하였고, 이와 같은 강경 외교정책을 고수하는 부시의 발언은 국제사회에서 번번이 말싸움의 원인이 되었다[110].

빈 라덴과 부시는 이슬람과 기독교, 중동 이슬람 문화권과 서양 문화권이란 각기 다른 종교적, 정치적, 문화적 배경을 갖고 있다. 따라서 두 사람의 사고 방식과 행동 양식, 언어적 표현 방법은 서로 다를 수 밖에서 없다. 본 연구는 바로 이와 같은 인식을 바탕으로 사회적 문화적 맥락 속에서 빈 라덴과 부시가 각자의 주장과 견해를 담화 속에서 어떻게 정당화하면서 청중의 지지를 구하고, 설득을 시도하고 있는지를 수사적 측면에서 구명해보고자 구상되었다.

정치 담화에서 '우리'와 '그들'을 구분하는 경우, 여기에는 두 화자의 신원(identification)이나 소속 단체 또는 출신 국가의 정체성(identity)을 나타낼 뿐 아니라 때에 따라서는 각각 '선'(착한 놈)과 '악'(나쁜 놈)을 대표하는 것으로 간주될 수 있다. 또 개인과의 대화에서 인칭대명사 '우리'의 사용은 친근감을 나타내기 위해 빈번하게 쓰일 뿐 아니라 대중 연설에서도 연설자와 청중간의 참여감을 창출하는 것을 목적으로 흔히 사용된다(Mazraani 1997, 88). 또한 아랍어의 일인칭 복수 대명사 naḥnu(우리들)를 공적 담화에서 사용하는 것은 '우리들'의 희망과 행동, 업적에 대한 긍정적이고 자랑스러운 평가를 담고 있기 때문에 중요하다(Atkinson 1984, 37). 특히 '우리들'과 같은 자기 지칭은 담화 수행자의 정체 또는 신분(identity)을 구성하는 방식을 이해하는데 가장 적절한 장치로 분석되기도 한다(Dunne 2003, 72). 즉, 영어와 아랍어의 일인칭 복수

110) 북한에 대해 '악의 축' '폭정의 전초기지' 등 비외교적인 언어로 접근함으로 협상을 교착상태로 몰고 갔던 부시 대통령 발언은 그 일예가 된다.

대명사 'We'와 naḥnu는 '나'를 포함한 공동체의 구성과 이미지를 나타내며, 3인칭의 'they'와 hum은 우리와는 낯선 사람들, 또는 이질적, 적대적 집단을 나타낸다. 여기서는 아랍어의 특성에 따라 일인칭 복수 대명사 naḥnu와 3인칭 복수 인칭대명사 hum을 명시적으로 사용한 경우와 각 인칭 복수동사 활용형과 인칭접미대명사를 인칭 복수 지칭의 분석 대상에 모두 포함하기로 한다.

따라서 본 연구에서는 빈 라덴과 부시의 담화에서 각기 '우리'에 포함되는 관계집단과 '우리'와 '그들'의 관계 집단을 지칭하는 묘사와 이미지, 형상을 추출하여 이를 대조, 분석함으로써 각 화자가 의도하는 수사적 전략을 파악하는데 목적이 있다.

본고에서는 빈 라덴의 경우 2004년 10월 29일 9/11 테러 3주년에 즈음하여 알 자지라 위성방송을 통해 발표된 담화를 주요 분석 자료로 삼았다. 이 담화를 분석 자료로 삼은 이유는 아랍어 원문을 확보할 수 있었을 뿐 아니라 기존 담화와는 달리 담화의 대상이 미국민을 특정 대상으로 했다는 점에서 특기할 만하기 때문이다. 또 빈 라덴의 자료 분석과 관련해서는 본 연구자가 기 발표한 연구성과를 주로 참고하였음도 미리 밝혀둔다.

부시의 담화 분석을 위해서는 2006년 9월 11일 9/11 테러 발생 5주년을 맞아 행한 연설을 분석 자료로 삼았다. 이들 연설 담화는 각기 9/11 테러 발생 3주년과 5주년에 즈음하여 발표된 담화자료로서 동시기에 행해진 것은 아니지만 모두 부시와 빈 라덴, 미국정부와 알 카에다 간 상대방에 대한 적개심과 증오감을 나타내고 있다는 점에서 분석에 적합할 것으로 판단되었다.

또한 본 연구에서는 9/11테러 발생 후인 2001년 10월 7일에 발표된 빈 라덴과 부시의 담화에 대한 기 연구 결과를 토대로 양자의 태도 변화나 추이를 고찰할 수도 있을 것으로 기대된다.

II. 담화의 개괄적 분석

빈 라덴과 부시의 양 담화는 각기 9/11 테러 발생 3주년과 5주년을 맞아 행한 연설로서 모두 정치 담화의 종류에 속한다. 빈 라덴의 담화는 '9/11 사건과 미국민들에 대한 경고'를 대 주제로 자신이 사건을 주도했으며 9/11 사건의 감행 계획과 동기에 대해 밝히고 제2의 9/11이 일어날 수 있음을 경고하는 내용이다. 부시의 담화는 9/11과 '테러와의 전쟁'을 주제로 한다.

양자 모두 담화 초반에 청중의 관심을 끌기위해 바로 본론에 들어간다. 빈 라덴은 담화를 시작하면서 '내가 여러분에게 말하고자 하는 것은 또 다른 맨허턴을 피하기 위한 이상적 방법과 9/11의 이유와 결과에 대한 것이다'라고 말함으로써 담화 주제를 예고한다. 부시 역시 '5년 전 오늘 9월 11일은 미국인의 기억 속에 낙인찍혀졌다. 19명이 우리의 역사상 유례가 없이 야만적으로 우리를 공격했다 "고 말하며 곧바로 담화 주제로 들어간다.

양 담화는 모두 직설법으로 발화하고 있는데 이는 사실(史實)에 바탕을 둔 담화와 같은 것이다(Huckin 1997 : 89). 즉 화자인 빈 라덴과 부시는 말하고자 하는 바가 의심의 여지가 없는 기정 사실(事實)로 인정하고 발화한 것이다.

담화의 언어와 문체 면에서는 빈 라덴의 담화는 긴 문장과 복문을 많이 사용하고 있는 반면, 부시 담화에서는 문장의 길이가 짧고 복문과 관용구를 거의 사용하지 않고 있어 빈 라덴의 담화에 비해 전달 내용의 요점이 보다 명료하고 쉽게 전달된다.

Ⅲ. '우리'와 '그들'의 분석

(1) '우리'와 관계집단

정치 담화에서 '우리'와 '그들'은 화자의 정체성이나 신분을 드러낼 뿐 아니라 때에 따라서는 각각 화자의 입장이나 행동, 태도에 동조하거나 받아들일 준비가 되어있는 관계 집단(reference group)을 가정할 수 있다. 따라서 여기서는 부시와 빈 라덴 두 화자의 관계 집단을 분석함으로써 두 담화 수행자의 정체성을 구성하는 방식을 이해해보고자 한다.

1) 빈 라덴의 '우리'와 관계집단

빈 라덴은 이슬람 종교 공동체를 지칭하는 '움마'(umma)라는 용어가 등장하는 맥락에서 '우리'를 사용함으로써 무슬림들과의 공동체적 유대를 암시하고 있다. 이슬람을 믿는 빈 라덴을 비롯한 무슬림들에게 '신앙'이라는 어휘는 영향력이 큰 용어이다. 이는 이슬람권에서는 '신앙'으로써 무슬림 자신들의 문화, 권위 체계, 가족 구조를 정의하기 때문이다(Cronick 2002, 8-9).

wa innamā qātalnā-kum li-anna-nā aḥrār lā nanām 'alā l-ḍaym, **nurīdu** irjā'a l-ḥurriyya li-**ummati-nā**

(우리는 불의에 잠 못 이루고 우리의 '움마'에 자유를 회복시켜주

길 바라는 자유인이기 때문에 당신들과 싸웠을 뿐입니다)

다음 병행구문의 담화 구절에서와 같이 미 국민들의 안전에 대한 대칭은 역시 이슬람 공동체인 '움마'의 안전이며, 여기서 '우리'는 빈 라덴을 포함하는 이슬람 공동체이다(사희만 2007, 191).

kamā tahdirūna amna-nā nahdiru amna-kum
(당신들이 우리의 안전을 파괴하면 우리도 여러분의 안전을 파괴합니다)

빈 라덴은 '알 무자헤딘'(al-mujāhidīn)[111]과 그가 이끄는 저항 단체인 '알 카에다'[112]를 관계집단의 다른 표현으로 제시하고 있다.

wa l-amru l-a<u>kh</u>ṭaru 'alā amrīkā anna l-mujāhidīna uḍṭurrū Bush a<u>kh</u>īran ilā an yalja'a li-mizāniyya l-ṭawāri'i li-muwāṣalati l-qitāl fī afghanistān wa l-'irāq....
(미국에게 보다 심각하게 된 것은 최근 무자히딘이 부시로 하여금 아프가니스탄과 이라크에서 전투를 계속하기 위해서 비상 예산에 의존하게끔 만들었다는 사실이다....)

특히 '알 카에다'의 지칭은 미행정부 또는 백악관과 대등하게 사용되고 있어 '알 카에다'의 권위의 비중이 미국의 최고 권력기관과

111) 아랍어로 지하드(jihād) 즉 성전을 수행하는 무슬림 전사를 뜻한다.
112) '알 카에다'(al-qā 'ida)는 아랍어로 <알>은 정관사, <카에다>는 '토대' 또는 '기지(基地)'를 뜻하며 이슬람 근본주의를 지향한다.

대등함이 주목된다.

fa-man qāla inna l-qāʻida intaṣarat ʻalā idārati l-bayti l-abyaḍ aw inna idārata l-bayti l-abyaḍ qad <u>kh</u>asirat fī hā<u>dh</u>ihi l-ḥarb...
(과연 누가 이번 전쟁에서 '알 카에다'가 미 행정부에 승리했다고 또는 미행정부가 손해를 보았다고 말하는가)

빈 라덴은 9/11 테러 공격의 성과에 대해 예상을 뛰어 넘는 매우 긍정적인 것이었다고 말하면서 부시는 다루기 어렵지 않았다고 말한다. 여기서의 '우리'는 9/11 테러 공격의 성과를 평가하는 맥락에서 부시와 그의 행정부와 대칭적으로 사용되고 있어 빈 라덴 자신과 '알 카에다'를 의미하는 것으로 해석될 수 있다(사희만 2007 : 191-192).

lam najid ṣuʻūbātin fī l-taʻāmuli maʻa Būsh wa idārati-hi..
(우리는 부시와 그의 행정부를 다루는데 어려움이 없었다....)

빈 라덴은 9/11 테러의 감행 동기를 밝히면서 이스라엘의 레바논 공격을 회상한다. 무자비하게 주택 지역에 폭탄을 빗발치듯 퍼부어 집과 건물이 붕괴되고 피와 파편과 아이들, 부인들이 땅에 쓰러져 있는 가슴 아픈 장면을 묘사하면서 자신 뿐 아니라 세계가 모두 그 장면을 보고 들었다고 언급한다.

al-'ālamu kullu-hu yasma'u wa yarā wa lā yazīdu....
(세상이 모두 듣고 보고 있었습니다...)

여기서 빈 라덴은 자기 중심적이고 후방 지시적인 일인칭대명사 '나' (anā)와는 거리가 먼 세상(al-'ālam)을 행위 주체로 제시함으로써 '나'와 '우리' 뿐 아니라 공감하는 모든 사람들을 포괄하여 미국의 묵인 하에 진행되는 이스라엘의 공격에 대한 분노를 표시하고 있다.

또한 빈 라덴의 분석 담화에 자주 등장하는 '우리'는 어린이와 여성들이다. 이들은 한 쪽의 위협을 받으며 동시에 다른 쪽의 보호를 받는 부류이다(Lincoln 2002, 3). 이들은 '땅바닥에 내팽개쳐진 아이들과 여자들', '비명 밖에는 지를 수 없는 어린이들을 잡아먹는 악어처럼', '우리 아이들과 여자들의 살상을 막기 위해 쌍둥이 건물을 부숴야', '죄 없는 아이들과 여자들에 대한 고의적 살인은 미국의 의도적 정책', '인류 역사상 최대의 어린이 학살', '팔레스타인에서 당신들의 동맹은 여성과 아이들을 겁주고 있으며' 등의 표현을 통해 부시와 미 행정부, 이스라엘의 군사적 공격에 희생당하는 '우리' 아랍 어린이와 여성들에 대한 인간적인 동정심과 공감을 미 국민들에게 이끌어내고자 하였다(사희만 2007 192-193). 어린이와 여성에 관한 이러한 언급은 부시의 담화(September 26, 2001)에서 빈 라덴이 여성과 어린이를 살상하는 것을 꺼리지 않는다는 다음 언급에 대한 반응처럼 보인다.

"This is a man who has declared war on innocent

people. This a man who doesn't mind destroying women and children.....”

2) 부시의 ‘우리’와 관계집단

부시의 담화를 분석한 결과, 총 164개의 문장 중에서 인칭 대명사 ‘우리’(we)를 사용한 문장은 총 65개에 달하였다. 부시가 사용한 인칭 대명사 ‘우리’는 문맥에 따라 *America, Our nation, my administration, Americans*를 나타낸다.

부시의 ‘우리’는 미국인으로 임기응변의 조치를 취하고 비범하게 용감한 행동으로 응답하는 평범한 보통 사람들이다.

“Yet on that awful day, ***we*** *also witnessed something distinctly American: ordinary citizens rising to the occasion, and responding with extraordinary acts of courage.”*

‘우리’는 테러리스트의 위협으로부터 미 국민의 생명을 지켜야 될 책임이 있는 구체적인 미국 정부 당국을 지칭하기도 한다.

“Thanks to the hard work of our law enforcement and intelligence professionals, ***we*** *have broken up terrorist cells in our midst and saved American lives.”*

또한 ‘우리’는 America, Our nation이 사용되는 맥락에서는 적으로부터 수호해야 할 조국을 지칭한다. 이와 함께 적을 물리치고 국민을 보호하겠다는 약속을 결부시킨다.

*"Our nation has endured trials, and **we** face a difficult road ahead. ....We will defeat our enemies. We will protect our people."*

부시는 '우방'(her allies)이 미국과 한 편임을 언급하는 맥락에서 'we'를 사용하여 우리는 더 안전하지만, 아직 안전하지는 않다고 말한다. 여기서 '우리'는 미국 또는 미 국민을 뜻하면서 동시에 미국은 혼자가 아니라 '우방'이 미국 편에 함께 하고 있음을 함축하고 있다. 또한 미국이 취한 조치가 적절하였지만 아직 완벽하지 않으므로 추가적인 조치가 필요함을 암시하고 있다(Keating 2007, 5).

*"Since that day, America and her allies have taken the offensive in a war unlike any **we** have fought before. Today, **we** are safer, but **we** are not yet safe."*

이처럼 미국 편을 드는 '우방'은 점차 보다 넓은 '세계'(the world)로 확장되는데 이는 적을 수사적으로 고립시키려는 부시의 의도가 반영된 것으로 풀이된다(Keating 2007, 4). 부시는 '우리나라'(our nation)를 지키고, 미국과 '세계'의 평화에 열쇠를 쥐고 있는 보다 희망적인 중동 건설을 위해 우리가 무엇을 해야 할 것인가를 언급한다.

"*.....what* ***we*** *are doing to protect our nation, and the building of a more hopeful Middle East that holds the key to peace for America and the world.*"

부시가 담화 중에 '모든 피부색과 종교, 국적'(all colours, creeds and nationalities)을 언급한 것은 19명의 테러리스트의 배후 세력에 맞서는 전 세계 사람들을 미국편으로 가정한 것이며 이는 '전 자유 세계에 대항하는 전쟁'(war against the entire free world)이라는 그의 발언에서 잘 표현된다. 여기서는 인칭대명사 '우리'가 명시적으로 나타나지는 않았지만, 문맥상 이는 미국 땅에서 살고 있는 모든 인종을 포함하는 미 국민 자체를 지칭하고 있음이 분명하다.

"*They murdered* ***people of all colours, creeds, and nationalities*** *...and made war upon the entire free world.*"

즉, 위 담화 맥락에서는 미국의 가치를 전 자유 세계의 가치와 동일시함으로써 '우리'의 관계집단 범주에 전 자유 세계를 포함하고 있는 부시의 관계집단 구성방식을 보여준다.

부시는 미행정부가 '테러와의 전쟁'에서 이룩한 성과에 대해 언급하면서, 표면상 미국 정부를 지칭함에도 불구하고 "우리는 ...임을 배웠다"(we've learned..)라는 구절의 반복 사용을 통해 부시는 전 국민이 공동의 목표로 단결되어 있음을 암시한다(Keating 2007, 5).

"*Since the horror of 9/11,* ***we****'ve learned a great deal* *about the enemy.* ***We*** *have learned that they are evil and kill without mercy but not without purpose. And* ***we*** *have learned that their goal is to build a radical Islamic empire where women are prisoners in their homes...... and terrorists have a safe haven to plan and launch attacks on America and other civilized nations."*

(2) '우리'와 '그들'의 지칭 이미지

1) 빈 라덴의 경우

우선 빈 라덴은 '우리'를 '자유인'(aḥrār)으로 지칭하며 '우리'가 자유를 증오한다는 부시의 주장을 반박한다[113].

anna l-aḥrāra lā yafruṭūna bi-amni-him bi-khilāf iddi'ā'i Bush bi-anna-nā nakrahu l-ḥurriyya

(우리가 자유를 증오한다는 부시의 주장과 달리 자유인들은 자신들의 안전을 소홀히 하지 않는다).

또 자신이 투쟁하는 이유도 '억압 하에서는 잠 못 이루는 자유인이기 때문'이라고(li-anna-nā aḥrārun lā nanāmu 'alā l-ḍaymi...) 부연 설명한다. 같은 맥락에서 빈 라덴은 '우리'의 19명 공격자들을 가리켜 도전적인 정신의 소유자들이라고 말한다.

---

113) 빈 라덴과 알 카에다가 서구의 자유와 민주주의를 증오하는 것과 '우리 생활 방식'에 대한 테러 공격의 원인은 서구의 긍정적 가치를 부정해서라기보다는 미국의 이스라엘 정책과 사우디 지원 등 중동정책에 기인한다. Douglas Kellner. *"Bush and bin Laden's Binary Manicheanism: The Fusing of Horizons"*. http://www.gseis.ucla.edu/faculty/kellner/

wa ma'lūm anna lladhīna yakrahūna l-ḥurriya lā yamlikūna nufūsan abiyya ka-nufūsi l-tis'ata 'ashara rahima-humu llāhu
(자유를 증오하는 자들은 19명 -그분들에게 알라의 자비를- 의 정신처럼 도전적인 정신을 소유하지 않는다는 것은 잘 알려진 사실이다)

빈 라덴은 미국이 석유 때문에 전쟁을 일으켰음을 강조하는 맥락에서 '그들'을 '강자'(sharīf)로 '우리'는 '약자'(ḍa'īf)로 비유적으로 묘사한다. 여기서 미국은 '강자'에게는 약하고 오히려 '약자'에게는 강한 비열한 국가로 비추어진다. 빈 라덴이 사용한 '움마'는 타 민족, 특히 종교적으로 이슬람 이외의 타 종교집단을 가리킨다.

inna l-umma llatī tu'āqibu l-ḍa'īf idhā tasabbaba fī qatli rajulin min abnā'i-hā min ajli l-māl, wa tatruku l-sharīf lladhī tasabbaba fī qatli akthar min alf rajulin min abnā'i-hā min ajli l-māl ayḍan.
(돈을 위해서라면 자국민이 한 명이라도 사상자가 나오면 약자를 벌하는 나라이고, 또한 돈을 위해서라면 천 명이 넘게 자국민이 사상자가 나와도 강자는 봐주는 그런 나라이다)

빈 라덴의 담화에서 부시는 '다른 사람들의 안보를 갖고 장난치는 사람'(man ya'bath bi-amni l-ākharīn)이며 그와 같은 짓을 하고도 아무 탈이 없을 것이라고 생각하는 부시는 '어리석은 도적'(al-liṣṣ l-aḥmaq)으로 묘사된다. 빈 라덴은 부시가 9/11 테러 발생 4년이 지났어도 '여전히 미 국민들에게 진실된 원인을 왜곡, 기만하며 숨기고 있다'고 규정함으로써 그에 대한 비난을 드러내고 있다.

또한 빈 라덴은 9/11 테러의 도발 동기를 밝히는 맥락에서 부시를 '압제자'(ẓālim)로 지칭한다. 1982년 이스라엘이 미국의 사주를 받아 레바논을 침공했을 당시 '압제자'를 응징할 결심을 하였다고 말하면서 부시는 '이라크에서 석유를 약탈하기 위해 수백만 톤의 폭탄을 수많은 어린이들에게 퍼붓는' '압제자'로 묘사된다. 그는 여기서 한걸음 더 나아가 아버지 부시까지도 '이라크에서 어린이를 인류 역사상 최대의 대량학살을 저지른' '압제자'로 규정함으로써 부시 가문의 세습적인 '압제자'의 이미지를 강화하고 있다. 부시의 잔혹함의 이미지는 '부시의 손이 피로 얼룩지었다'라는 표현으로 나타난다(사희만 2007, 194).

분석 담화 중 위 해당 맥락에서 부시의 행위는 '왜곡'(ta<u>sh</u>wī<u>sh</u>), '기만 '(taḍlīl), '감춤'(ta<u>ghy</u>īb), '무자비한'(bi-lā raḥma), '약탈 '(i<u>kh</u>tilās), '살육'(majzara), '잔악무도함 '(faẓā'iu'),'제거 '('ajl)와 같은 부정적 의미의 어휘들로써 묘사되고 있다.

빈 라덴은 부시를 '이라크의 수렁에 빠졌다'라고 묘사하며 '뿔로 땅을 파헤쳐 칼을 끄집어내는 짓궂은 염소'(ka-'unj l-sū' qāmat bi-ẓilfi-hā ilā l-madya taḥta l-turāb tu<u>th</u>ī에 비유함으로써 부시의 호전적이고 가식적인 이미지를 표현하고 있다(사희만 2007, 190). 빈 라덴은 '한 되 값의 예방이 한 말 값의 치료보다 낫다'는 속담을 인용하며 9/11 테러를 교훈 삼아 '백악관 거짓말쟁이'(ka<u>dhdh</u>āb l-bayt l-abyaḍ) 때문에 집과 재산과 안전을 헛되게 하지 말라고 경고한다. 여기서 부시는 진실을 숨기는 '거짓말쟁이'로서의 부정적인 이미지로 그려진다.

부시에 대한 부정적인 이미지는 미국과 미 행정부, 나아가 미국과 이스라엘의 동맹 관계에 대한 부정적 묘사로 이어진다. 빈 라덴은 '팔레스타인과 레바논의 우리 동족에 대한 미국과 이스라엘 동맹의 억압'(ta'assuf l-taḥāluf l-amrīkiyy l-isrā'iliyy 'alā ahli-na fī filasṭīna wa lubnāna), '이스라엘인들에게 레바논 공격을 허락한', '미 3함대가 포격을 가해 많은 인명 사상자를 낳고', '다른 사람들을 혼비백산케 만들다' 등의 묘사를 통해 미국의 호전적이고 불량배적인 이미지를 구축하고 있다. 그리하여 이러한 미국의 이미지는 마치 '비명밖에는 별 수가 없는 어린애를 잡아먹는 악어'(timsāḥ iltahama ṭiflan lā ḥawla wa lā quwa ghayra l-ṣirākh)에 비유된다(사희만 2007, 195).

그는 9/11 테러를 감행한 동기에 대해 장황하게 설명한 후 청자의 공감을 구하며 '자신의 성역을 지키려는데 어떤 사람이 비난받을 수 있느냐?(fa-hal yulāmu l-mar'u fī l-dhūdi 'an ḥimā-hu?)'고 반문한다. 여기서 '사람'(al-mar'u)은 특별한 사람이 아니라 누구든 공감할 수 있는 행동을 하는 평범한 사람임을 암시하고 있다(사희만 2007, 192). 즉 빈 라덴은 담화에서 '우리'가 특정 이념과 목적성을 갖는 집단의 정체성에서 벗어나 누구나 공감할 수 있는 평범한 인간임을 내세우고 있다.

9/11 담화와 특이하게 다른 점은 자신을 성스러운 전사(mujāhidun)로, 미국을 '불신자'(kāfir)로 자신의 조직을 "믿는 자들의 캠프"라고 지칭하거나 자신들의 승리에 대해 "신앙의 바람이 불어오고 있다"는 표현 등(Lincoln 2002, 3)의 종교적 표현이 분석 담화에서

는 거의 사용되지 않고 있다는 점이다.

또한 빈 라덴은 대화할 준비가 되어있다는 암시를 통해 인물됨의 이미지를 담화의 대상인 미 국민들에게 제시하고 있다.

wa sa-aṣduqu-kum al-qawl bi-l-laḥẓāt allatī uttukidha hādhā l-qarār li-taftakirū fīmā aqūlu la-kum
(맨해턴 사건이 다시 일어나지 않도록 여러분이 고려할 수 있도록 결정이 이루어진 순간에 관해 진실하게 말하겠다)

이러한 빈 라덴의 언급은 미 국민들에게 진실된 대화를 할 수 있다는 빈 라덴의 호의적인 태도를 보여준다. 이는 마치 자신의 민주적 사고방식과 사태 해결의 지혜로움을 가리키는 것으로 이전 담화에서 민주주의를 비난했던 것과는 대조적이다(Mathiesen 2005, 3).

2) 부시의 경우

부시의 담화 중 긍정적인 의미의 맥락에서 미국이 주어로 등장할 때 사용 빈도수가 가장 많은 어휘는 총 11번 사용된 '자유'(freedom)이다. 곧 미국이 '자유'국가임을 부각시키는 핵심어로 쓰이고 있다. 부시는 '자유의 증오자'인 '그들'과 차별되는 가치로서 '자유'를 강조한다. 부시는 '자유'는 미국이 가진 가장 강력한 무기이며 이 때문에 '그들'은 자유를 증오하는 것이라고 주장한다.

*"One of the strongest weapons in **our** arsenal is the power of **freedom**. The terrorists **fear freedom** as much as **they** do our firepower."*

특히, '그들'중에서도 여성은 '집안에 갇혀 있는 죄수'로 묘사된다. 부시의 '그들'에 대한 이와 같은 태도는 '그들'을 '적'(enemy)으로 규정하면서 '사악하고'(veil) '무자비한'(without mercy)것으로 서술하고 있는 다음 담화 구절에서 잘 드러난다.

*"Since the horror of 9/11, we've learned a great deal about t**he enemy**. We have learned that they are **evil** and kill **without mercy** but not without purpose. We have learned that **they** form a global network of extremists who are driven by a perverted vision of Islam......**a totalitarian ideology** that **hates freedom,** rejects tolerance, and despises all dissent. And we have learned that their goal is to build a radical Islamic empire where **women are prisoners in their homes**......and terrorists have a safe haven to plan and launch attacks on America and other civilized nations."*

또 그들 '적'의 실체는 '알 카에다와 증오스러운 이념에 의해 고무된 자들 '(Al Qaeda and those inspired by its hateful ideology)이다.

*"Five years after 9/11, our enemies have not succeeded in launching another attack on our soil, but they've not been idle. **Al Qaeda and those inspired by its hateful ideology** have carried out terrorist attacks in more than*

two dozen nations".

위 두 단락에서는 '이슬람에 대한 왜곡된 시각'(a perverted vision of Islam), '과격한 이슬람 제국 '(a radical Islamic empire)의 표현에서 볼 수 있듯이 종교적 갈등을 암시하는 표현도 나타난다. 그러나, 부시는 종교적 맥락에서 종교적 어휘 사용을 가급적 자제하는 대신 '전체주의적 이념'(a totalitarian ideology), '증오스러운 이념(hateful ideology)'과 같은 표현의 사용이 두드러진다[114]. 이는 부시와 빈 라덴의 갈등이 표면상 기독교와 이슬람의 종교적 갈등보다는 이념적 갈등으로 비추어지기를 의도한 수사적 책략으로 판단된다.

위 첫 단락에서 부시는 '그들'을 '자유'를 증오하고 '관용'(tolerance)을 거부하며 '이견'(dissent)을 존중하지 않는 '전체주의'를 주장하는 것으로 지칭함으로써 부시는 '우리'가 '자유'를 사랑하고 '관용'과 '이견'을 존중하는 민주주의 체제임을 은연중 암시하고 있다.

담화에서 9/11의 적은 '악마의 얼굴'(the face of evil)로 묘사된다. 부시는 청중에게 납치범들이 인간이 아니라 '악마'라는 점을 상기시킨다[115]. 여기서 '악마'의 표현 사용은 어떤 가치관에 의해 동기 유발된 '선'을 가정한 것이며 이는 '선'이 반드시 '악'에게 이

114) 분석 담화보다 닷새 앞서 행한 2006년 9월 5일 담화에서 부시는 빈 라덴을 히틀러와 레닌에 비유하며 미국과 우방이 21세기 최대의 이념 전쟁에서 승리를 확신한다고 언급함으로써 전체주의와 이념 갈등에 대한 부시의 일관된 수사적 태도를 보여준다. http://news.bbc.co.uk/2/hi/americas /5318204. stm

115) '악'의 용어는 악을 행한 자의 힘을 과장하는 불가해한 초자연적인 특질을 갖는다. 여기서 부시가 '악 '의 담론을 채택한 것은 빈 라덴과 알 카에다를 실제보다 훨씬 비이성적인 존재로 만드는 수사적 효과가 있다. Douglas Kellner. p.1

긴다고 믿는 부시의 수사적 태도를 보여준다(Henken 2003 : 6). 반면에 같은 날 '독특하게 미국적인 그 무엇'(something distinctly American)을 수행한 '우리' 미국인의 모습은 평범한 미 국민들의 '비범하게 용감한 행위' (extraordinary acts of courage)에 대한 구체적 설명과 함께 '아무런 잘못 없이 목숨을 잃은'(the innocent who lost their lives) 사람들에 대한 묘사가 이어진다. 다른 사람들의 생명을 위해 자신의 목숨을 바친(those who gave their lives so that others might live) 공격의 희생자라는 이미지를 연상시키며 이들의 마지막 행동을 부각시키고 납치범들의 이기적 행위와 대조시킴으로써 '우리' 희생자들을 인격화하고 있다(Keating 2007, 5).

"On 9/11, our nation saw ***the face of evil.*** *Yet on that awful day,* ***we*** *also witnessed something distinctly American:* ***ordinary citizens*** *rising to the occasion, and responding with extraordinary acts of courage.* ***We*** *saw courage in office workers who were trapped on the high floors of burning skyscrapers........* ***We*** *saw courage in passengers aboard Flight 93.........And* ***we*** *saw courage in the Pentagon staff who made it out of the flames and smokes..."*

"On this day, ***we*** *remember* ***the innocent who lost their lives****.....and* ***we*** *pay tribute to* ***those who gave their lives*** *so that others might live."*

이 맥락에서 9/11 당일 미국인의 반응을 부각하기 위해 '비범한'(extraordinary), '용기'(courage), '위안'(comfort'), '사랑'(love), '죄없는'(innocent), '찬사'(tribute)의 어휘들이 사용된다. 이는 공격자들의 행위 결과를 보여주는 어휘들 '덫에 걸린'(trapped), '불타는'(burning), '화염'(flames)과는 대조된다.

또한 위 첫 번째 단락에서 "we witnessed..., We saw.." 구문의 반복 사용을 통해 부시는 그 날 미 국민들의 미국인다운 점과 비범한 용기를 목도하였음을 언급하며. 마치 목격자로서의 중립적 입장을 취하고 있음을 알 수 있다. 그러나, 이처럼 자기 중심적 '우리'와 함께 중립적 입장의 서술 맥락에서는 9/11 이전과 이후에 미국이 취했던 부정적인 조치들에 관한 어떠한 언급도 생략하고 있는데 이는 부시 나름대로의 일단의 수사적 태도를 보여주는 것이다(Keating 2007, 4).

부시는 담화에서 '문명된'(civilized), '우리의 생활 방식'(our way of life)과 같은 용어로 '우리'를 지칭하며 청중을 설득한다. 미 국민들에게 이들 용어는 '신앙'이라는 어휘가 무슬림들에게 뜻하는 것만큼이나 중요한 의미를 갖는다(Cronick 2002, 8)..

"And terrorists have a safe haven to plan and launch attacks on ***America and other civilized nations.****"*

"Dangerous enemies have declared their intention to destroy ***our way of life.****"*

부시가 '우리'를 '문명'으로 지칭하는 것과 대조적으로 '그들' 납치범들에 대해서는 '야만'(barbarity)임을 내비치고 있다. 그와 동시에 9/11테러 당사자들인 납치범들을 '19명'(nineteen men)으로 지칭한 것은 청중에게 납치범들에 관한 상세한 정보를 주지 않으려는 부시의 수사 전략의 일환으로 분석된다(Keating 2007, 6). 부시는 납치범들 대다수가 미국의 우방인 사우디 국적이고 부시 가문이 여러 사업 거래를 통해 사우디와 연결되어 있으므로 국적을 공개적으로 언급할 수 없기 때문이다.

"***Nineteen men*** *attacked us with a* ***barbarity*** *unequalled in our history.*"

한편, 위 인용문에서 19명의 공격을 받은 미국은 의미상 피해자로서의 수동적 입장인 '우리'가 된다. '그들' 납치범들은 공격과 살인 행위의 주체로서 주어가 되고 있으며 결국 여기서 '우리'는 무고한 희생자라는 점을 강조한다.

또 같은 맥락에서 '보호하다'(protect), '건설'(building), '희망적' (hopeful), '평화'(peace) 등의 어휘를 통해 '야만적'인 적과는 달리 문명화된 '우리' 미국은 적극적이고 건설적인 대조적 이미지를 보여준다.

"I've asked for some of your time to discuss the nature of the threat still before us, what ***we*** *are doing to* ***protect*** *our nation, and the* ***building*** *of a more* ***hopeful*** *Middle East that holds the key to* ***peace*** *for America and the world."*

부시는 9/11 희생자들의 종교가 기독교인 점에 주목하고 은연중 그들의 용기있는 행동을 납치범들의 야만성과 대비시킨다.

"We saw ***courage*** *in passengers aboard Flight 93, who* ***recited the 23rd Psalm....***"

부시는 빈 라덴을 '테러리스트'(terrorist)로 규정하며 5년 전 담화에서와 같이 끝까지 추적하여 심판대에 올릴 것임을 천명한다.

"In the first days after the 9/11 attacks, I promised to use every element of national power to fight the ***terrorists****, wherever we find* ***them****."*

*"****Osama bin Laden and other terrorists*** *are still in hiding. Our message to* ***them*** *is clear. No matter how long it takes, America will find you, and we will bring you to justice."*

Ⅳ. 결론

본고에서는 9/11테러의 배후 조종자로 잘 알려진 오사마 빈 라덴과 부시 미국 대통령의 담화를 언어와 수사라는 관점에서 분석함으로써 양자의 수사적 전략을 고찰해보고자 하였다. 수사적 관점의 분석을 위해서는 다양한 언어적 장치에 대한 분석이 가능하나 본 연구에서는 빈 라덴과 부시의 담화가 각기 상대방을 반영하는 것이라는 인식을 토대로 '우리'로 대표되는 각자의 정체성과 상대방을 지칭하는 '그들'의 정체성을 가정하고 이들 정체성을 구성하는 방식으로서의 관계집단과 지칭 이미지를 추출, 이를 비교함으로써 두 사람의 수사적 전략을 파악해보고자 하였다.

분석 결과 다음과 같이 빈 라덴과 부시의 수사적 전략을 파악할 수 있었다.

첫째, 빈 라덴은 자신의 신분을 '우리'를 통해 은폐하면서 '움마', '알 무자히딘', '알 카에다' '세상' 등의 관계집단 언급을 통해 담화 대상의 정서에 호소하거나 설득하는 맥락에서 사용되고 있음을 알았다. 9/11 담화와는 달리 '우리'의 관계집단은 이슬람 색채가 덜 강조되고 있으며, '우리'에는 아랍 어린이와 여성들을 자주 등장시켜 '피해자'와 '희생자'로 표현되면서 담화 대상인 '세상' 사람들의 공감을 구하려 한 것으로 보인다. 즉, 이들에 대한 인간적인 동정심과 공감을 통해 청중을 설득하고자 하였다.

부시의 '우리'와 관련된 관계집단은 담화 초반부에서는 '우리나라', '미국', '미 행정부', '미 국민'이 주로 행위 주체자로 등장하나 초반 이후에는 '우방', '중동', '세계'로 관계집단의 영역이 점차 확장되고 있다. 특히 '세계'는 담화에서 15번 반복 사용됨으로써 관계집단의 핵심어로 쓰이고 있음을 알 수 있다.

따라서 빈 라덴과 부시의 '우리'와 관련된 관계집단의 영역 확대는 각기 상대방을 수사적으로 고립시키려는 수사적 전략의 일환으로 파악된다.

둘째, 빈 라덴의 '우리'는 '자유인'이며 '강자'에 맞서는 '도전적 정신을 가진' '약자'이다. 또한 담화에서 '우리'를 '사람'으로 지칭한 것은 빈 라덴이 9/11 테러 직후 테러리스트의 강경한 이미지 대신

'보통 사람'의 이미지를 제시함으로써 차분하게 미 국민들의 정서에 호소하며 설득하고자 한 것으로 보인다.

빈 라덴에게 부시는 '다른 사람들의 안전을 갖고 장난치는' '어리석은 도적'이며 잔혹한 '압제자'로 지칭된다. 또 부시를 백악관에 있는 '거짓말쟁이', '짓궂은 염소', '어린애를 잡아먹는 악어'에 비유함으로써 신뢰할 수 없는 호전적인 인물로 묘사하고 있다.

셋째, 부시는 '우리'의 정체성을 부각하는 가치로 '자유'를 핵심어로 사용하였다. '그들'을 적으로 규정하고 '적'은 '자유를 증오하는 자들'이며, '사악하고' '무자비한' 세력으로 간주한다. 그러나 '그들'의 정체성을 나타내는 중요한 요소인 이슬람 관련 종교 표현의 사용은 종교적 맥락에서 가급적 자제하고 대체용어로 '이념'을 반복사용한 점은 아랍과 이슬람권을 의식해 종교적 갈등으로 비추어지는 것을 피하기 위한 수사적 전략으로 보인다.

또한 '그들'은 '자유를 증오'할 뿐 아니라 '관용'과 '이견'을 인정하지 않는 '전체주의'로 지칭되며 반면 '우리'는 그 반대의 '민주주의'임을 암시한다. 또한 부시의 '우리'는 '문명화된' '우리의 생활 방식'을 누리며, '그들'은 '야만적' '테러리스트'들로 지칭된다.

이상의 분석 결과에서 '부시와 빈 라덴은 각기 갈등 관계에 있는 '우리'와 '그들'의 뚜렷한 차이를 나타내기 위해 '선'과 '악', '공격자'와 '희생자', '전체주의'와 '민주주의'의 대조적인 어휘와 표현을 통해 이분법적 구분을 함으로써 언어적 고찰과 수사적 효과는 서로 긴밀하게 관련되어 있음이 입증되었다.

또한 전 세계 무슬림들에게 공통된 신앙을 토대로 결집을 촉구하였던 9/11 담화에서와는 달리 본 분석 담화에서는 빈 라덴의 담화 대상이 미 국민인 만큼 이슬람을 지칭하는 관계집단에 관한 표현이나 서술은 자제되고 있으며. 오히려 미 국민을 포함 누구든지 공감하고 설득할 수 있는 보편적인 가치들인 '불공정'과 '억압', '폭력' 등을 토대로 인간적인 측면에 호소하는 전략을 쓰고 있다. 부시 역시 이전 담화에서와 마찬가지로 종교적 갈등이나 이른바 기독교 대 이슬람 문명의 '문명간 충돌'로 비추어지는 것을 피하고 전 세계가 지지하는 인간적 가치들을 공유하는 미국의 입장을 내세움으로써 두 사람의 공통된 수사 전략을 엿볼 수 있다.

PART 4

저널리즘과 언어

제10장

무르시 이집트 대통령에 대한 정치적 풍자
-바셈 유세프의 '엘 베르나메그'를 중심으로-

"나는 내 욕망대로 농담하고 허풍 떨 것이다.
어떤 당파에도 어떤 파벌에도 속하지 않고
어떤 장관직도 어떤 의원직도 열망하지 않고
그저 현세의 웃기고 조잡한 일들을 실컷 웃어주며
나 자신을 즐길 것이다"(류재화 2012:19)

Ⅰ. 서론

이집트 민주화 혁명의 결과로 2012년 6월 사실상 처음으로 실시된 자유 선거에서 이슬람 진영의 무함마드 무르시가 우여곡절 끝에 대통령에 선출되었다. 이에 따라 이집트에서는 민주화 시대의 새로운 장이 활짝 열릴 것으로 기대됐었다. 그러나 이러한 기대와는 달리 무르시는 오히려 집권 이후 혁명 이전 독재자라 불린 무바라크

전 대통령을 닮아가고 있다거나 '새로운 무바라크'라는 비난을 받고 있다. 그는 새로운 헌법 개정안에 "대통령령이 모든 법에 우선한다"는 선언을 포함함으로써 대통령의 권한에 절대성을 부여하여 비민주적이라는 지적과 함께 '현대판 파라오'라는 비난을 받으며 이른바 '파라오 헌법' 논란을 일으키고, 비판적인 언론과 반정부 인사와 야권 단체에 대한 수사와 탄압을 시도하였다. 과거 무바라크 정권이 국민적 단합을 해친다는 이유로 무슬림 형제단을 탄압했던 것과 마찬가지로 무슬림 형제단 출신 무르시 대통령이 야권 세력을 탄압하려는 것은 아이러니가 아닐 수 없다.

이러한 상황에서 최근 외과의사 출신으로 풍자 쇼 진행자인 바셈 유세프(Bassem Youssef)가 자신의 TV 토크 쇼 프로그램인 '엘 베르나메그(El-Bernameg)'에서 이슬람과 무르시 대통령에 대한 모독죄 혐의로 검찰의 수사를 받고 구속 직전까지 갔으나 여론의 압력으로 보석 석방되기도 하였다.

사실 사태가 이러한 지경까지 이르게 된 원인 제공자는 무르시 자신이라고 할 수 있다. 야권과 여론의 비난의 대상이 된 데는 그의 비민주적 정치 행보와 언론과 야권에 대한 탄압 이외에도 무르시 자신의 별난 행동과 개인적 실책이 대통령으로서의 자질에 대한 불신을 넘어 코미디 프로의 소재가 될 만큼 조롱거리가 되었기 때문이다. 예컨대 TV 생중계된 대국민 연설에서 손가락에 침을 묻혀 연설 원고의 페이지를 넘기는 장면을 연출하는 가하면, 타임지와의 인터뷰에서는 본론에서 벗어나 장황하게 영화 '혹성 탈출'(The Planet of the Apes)에 관해 여담을 늘어놓은 것 역시 웃음거리가 되었다.

사회학자들은 흔히 정치 풍자가 약한 자의 담론으로서 강자에 대한 약자의 위장된 공격이라고 말한다. 정치 풍자를 통한 웃음은 그런 공격에 대한 공감에서 만들어진다고 한다. 즉 정치 풍자는 에둘러 표현된다고 하더라도 말하고 듣는 사람이 같은 정서를 갖고 있기 때문에 공감을 표시하고 웃음을 터뜨린다(한겨레 1997). 또한 그러한 정치 풍자를 듣는 사람은 현실적 고통이나 불만을 잊게 되는 등 정치사회적 상황으로부터의 도피나 욕구 발산의 기능이 있다(Ammar 1961, Peterson 2012 :2 에서 재인용).

이처럼 권력에 대한 반발과 권력자의 억압으로 부터의 해방이라는 특성을 지니고 있는 정치적 풍자는(Kishtainy 1985, 6) 그 속성상 가말 압둘 나세르, 사다트, 무바라크의 역대 독재정권 시대에는 주로 익명의 공간에서 은밀하게 전파됐었다. 그러나 '아랍의 봄'이 진행되는 과정에서 무바라크 등 권력자의 실명이 정치적 풍자의 대상으로 본격적으로 등장하기 시작했고 이후 무르시 대통령이 집권하고 있는 현재 비록 언론에 대한 제약이 있기는 하나 제한된 범위에서 표현의 자유를 누리고 있다. 바셈 유세프와 같은 풍자가 한 개인이 대통령과 그의 정권을 조롱거리로 만들고 검찰과 권력에 맞서는 현실은 분명 '아랍의 봄'이 가져온 여러 성과 중 하나라고 할 수 있다.

아랍권에서는 공개적인 자리에서의 언급이 금기시 되는 3대 주제로 성(sex), 대통령, 종교를 꼽는데(El-Feki 2013) 최근 이집트의 풍자가인 바셈 유세프는 자신이 진행하는 TV 풍자 쇼 '엘 베르나메그'에서 '아랍의 봄' 이후 이들 금기 주제인 대통령 무르시와 이슬람을 풍자의 대상으로 과감히 다룸으로써 커다란 대중적 인기를 얻고 있다. '엘 베르나메그'와 비슷한 코미디 프로그램으로 민주화 혁명 이전부터 '루브아 메샤킬'(Rob' Meshākel, 1/4 혼합)이나 '램프 쇼' 등이 있었지만 이들 코미디 프로그램은 정권의 탄압을 우려해 정치적 유머는 다루지 않았었다(Peterson, The Daily Star 2012).

따라서 본 연구에서는 정치적 풍자를 본격적으로 다룬 바셈 유세프의 '엘 베르나메그'를 중심으로 무르시 대통령에 대한 풍자의 내용과 방식을 고찰해보고 그것이 이집트의 최근 정치적 상황에서 정치에 미치는 영향력을 추정해보고자 한다.

II. 바셈 유세프의 정치 풍자 쇼 '엘 베르나메그'

아랍인 중에서도 이집트 사람이 우스갯소리를 가장 잘 한다는 것은 널리 알려져 있는 사실이다. 14세기 아랍 사회학자 이븐 칼둔(Ibn Khaldun)은 이집트 사람들이 유별나게 명랑 쾌활한 민족이라고 하였다(Peterson 2012, 1). 이집트 구어체 아랍어에 damu-h khafīf(피가 가볍다)[116]란 표현이 있는 것을 보아도 이집트인들의 유머러스한 기질을 짐작케 한다. 이집트 민주화 혁명이전 독재 정치 시대에는 무바라크 대통령 자신은 물론, 정치인과 경찰 등에 관한 정치적 풍자가 일상생활에서 친구나 친척끼리 은밀히 우스개로 하는 수준이었다. 우스개 말하기 좋아하는 이집트인들이지만 권력층이나 정치인들에 대한 공개적 비판은 금기시되었기 때문이다.

그러나 민주화 혁명이 진행되는 과정에서 독재 권력자를 겨냥한 풍자가 공개적으로 행해지면서 권력에 대한 저항의 수단으로 새롭게 제시되었다. 이러한 공개적인 웃음은 국민들로 하여금 무바라크

116) 속으론 화가 부글부글 끓어올라도 농담으로 받아 넘길 수 있는 성격 좋은 사람을 칭할 때 흔히 사용하는 표현이다. 이 표현은 이집트 뿐 아니라 다른 아랍 국가에서도 일반적으로 통용된다. Badawi, El-Said & Hinds, Martin(1986). *A Dictionary of Egyptian Arabic.* Beirut, Librairie Du Liban. p.258

의 오랜 공포 정치의 억압적 분위기에서 벗어날 수 있게 해주었다. 카이로의 타흐리르 광장에 모여든 수많은 시위자들이 무바라크 하야를 요구하는 구호와 재치 넘치는 시위 노래를 부르며, 정치적 유머를 적은 시위 표지판[117]을 들고 시위에 참가하였다.

특히 민주화 혁명 과정에서 트위터, 페이스 북과 같은 소셜 네트워킹 서비스(SNS)는 정치적 풍자의 확산을 가져오는 계기가 되었다. 민주화 혁명 이전까지는 2008년부터 2011년 가을까지 운영된 온라인 뉴스 패러디 사이트인 '엘 코샤리 투데이'(El-Koshary Today)와 2006년 초부터 2009년 말까지 운영된 '아부 가말 농장'(Ezba Abū Gamāl)과 같은 정치 풍자 블로그가 고작이었다.

평소 TV시청이 취미인 외과의사 유세프는 미국에 체류하는 동안 우연히 존 스튜어트(Jon Stewart)의 정치 풍자 쇼 '더 데일리 쇼'(The Daily Show)를 보고 매료되었다. 귀국 후 이집트에서도 인터넷으로 계속 시청해오면서 그와 비슷한 풍자 프로그램을 제작하고 직접 방송 진행을 할 꿈에 젖었지만 민주화 혁명 이전에는 엄두를 낼 수 있는 상황이 아니었다. 타흐리르 광장에서 발생한 '낙타 사건' 후 부상당한 시위자들에 대한 현장 치료에 참가하기도 한 유세프는 무바라크 대통령 하야 이후 표현의 자유가 어느 정도 허용되자 2011년 3월 존 스튜어트의 '데일리 쇼' 포맷을 모방한 <바셈 유세프의 B+>라는 제목의 5분짜리 동영상 프로그램을 제작해 유튜브에 올리기 시작했다[118]. 스튜어트 쇼처럼 이집트 국내 정치와 언론

117) 예컨대 "나 머리 좀 자르러 가자", "막 결혼했다. 집에 좀 가게 해줘라" 등.

118) 이 작업에는 프로듀서인 아므르 이스마일과 카메라맨 타리끄 압델 하미드, 감독인 무함마드 칼리파가 참여하였다. 초기에는 민주화 혁명 관련 보도 영상과 영화배우, TV 프로그램 사회자와 유명 인사들의 발언을 편집한 후 가공의 대화를 끼어 넣는 식이었다. El-Wakil,Mai(2011). "Drawing inspiration from the revolution". Egypt Independent. April 21. http://www.egyptindependent.com /news/drawing-inspiration-revolution

매체에 관한 뉴스 영상을 보여준 다음 유세프 자신의 풍자적 논평과 해설을 뉴스 패러디나 코미디, TV 대담의 형식으로 덧붙이는 식이다.

다음 <B+> 에피소드에서는 유세프가 다른 토크 쇼에 출연한 배우 탈라트 자카리야(Ṭala'at Zakariyyā)가 등장하는 동영상을 편집하여 꾸며낸 내사를 자신의 대화 순서에 끼어 넣고 있다(El-Wakil 2011).

> 자카리야: 타흐리르 광장에서 무슨 일이 벌어지고 있는지 들었지?
> **유세프: 아니. 무슨 일인데?**
> 자카리야: 북, 나팔, 춤추고.....여자 애들....남자 애들이....그리고 마약...수많은 군중이 보는데서 성관계까지......축제를 벌이고 있어.
> **유세프**(친구에게 전화를 걸어): **내가 같이 타흐리르 광장 가자고 했잖아? 음악, 여자, 섹스 판이라잖아. 그래도 우린 여기 있을 거야?**(카메라를 쳐다보며) **미안, 미안.** (다시 텔레비전 프로그램 진행자로 짐짓 돌아와) **탈라트 씨. 지금 말한 것을 입증할 비디오라도 있습니까?** (동시에 벨리댄스 영상 장면으로 바뀐다)

이러한 포맷은 공적인 문제나 정치에 관한 역사적 배경 지식이 부족한 청중에게 효과적으로 진실을 전달해주며 동시에 '즐거움'도 줄 수 있게 해준다(Gaines 2010, 120). 즉, 오락용으로 뉴스 재료를 가공하여 재방송할 경우, 뉴스 내용의 연속성은 기존 방송매체에서라면 그 의미가 가려지겠지만 스튜어트 쇼와 같은 형식의 프로그램에서는 청중들에게 일련의 사건들의 중요성이 잘 전달된다(Gaines 2010, 121).

이처럼 이집트인들에게는 전혀 낯선 새로운 코미디 쇼 포맷으로 간주되는 유세프의 풍자 쇼는 "언론의 비평을 활성화하고 토론 민주주의의 모델을 발전시킬 수 있는 저널리즘의 실험"(Baym 2005:261)

이 될 수도 있다.

<바셈 유세프의 B+>는 유튜브에 올리기 시작한 지 2주일도 안되어 매회 백만 명 이상의 조회 수를 기록하였다. 처음에는 무바라크와 그의 측근들을 풍자하는 내용으로 인기를 얻기 시작해서 TV 사회자, 정치인, 무슬림 학자, 언론 등을 풍자하였고, 무르시 대통령 취임 이후에는 무르시와 그의 정권에 대한 정치적 풍자에 집중하여 인기를 끌었다. 페이스 북에서는 '이집트의 존 스튜어트'로 불리기 시작했다[119].

2011년 8월에는 소셜 미디어에서의 인기를 발판으로 이집트의 거부인 나기브 사위리스(Naguib Sawiris)가 사주인 ONTV 네트워크에 '엘 베르나메그'라는 프로그램명으로 TV로 진출하였다. 2012년 11월에는 알 아라비야 등 다른 범 아랍권 방송사의 계약 제의를 거부하고 이집트의 위성방송인 CBC(Capital Broadcasting Center)로 프로그램을 옮겼다. 일주일에 세 번 방송되는 CBC의 '엘 베르나메그' 시청자 수는 2012년 후반 무슬림 형제단에 반대하는 시위가 한창일 때는 3천만 명에 달한 것으로 알려졌다.

유세프는 "비판은 권력을 가진 자들에게 가해진다"며 "그들은 자신들의 추종자보다 국가와 국민이 더 크고 많음을 알아야 한다"고 말한다(Saleh 2013). 이런 신념에 따라 유세프가 무함마드 무르시 대통령과 그의 측근들을 주 풍자 대상으로 삼는 것은 지극히 당연하다.

---

119) 존 스튜어트와 유세프는 잿빛 머리카락에 갸름하고 이목구비가 뚜렷한 얼굴 생김새와 문장을 끝내며 말할 때 고음으로 킥킥 웃는 점도 닮았다.

Ⅲ. 무르시 관련 풍자의 내용 분석

무슬림 형제단 출신인 무르시 대통령과 TV에서 야당 인사들을 불신자나 파괴분자로 비방하던 보수적 이슬람 성직자들을 겨냥한 가시 돋친 개그로 바셈 유세프는 무르시 정권과 이슬람주의자들로부터 많은 비난과 공격을 받게 되었다. 특히 무르시가 여러 차례 말실수를 반복하자 그를 '말 못하는 파라오'로 호칭하거나 헌법 개정을 통해 절대 권력을 스스로에게 부여하려고 하자 그를 '슈퍼 무르시(Super Mursi)'로 칭하였다[120].

급기야 구 무바라크 정권이 정권 수호를 위해 만든 정부 비방 금지법에 따라 최소한 28건의 고발이 이루어졌다. 특히 이슬람주의자 변호사 마흐무드 아불 에네인(Maḥmūd Abū l-Enein)는 유세프를 대통령과 이슬람에 대한 모독죄 혐의로 검찰에 고발, 법정에 서게 되었으나 결국 여론의 압력과 야권의 반대로 보석 석방되었다(Duboc 2013, 4). 여기서는 풍자 쇼 '엘 베르나메그'에 등장한 무르시 관련 풍자 에피소드를 골라 그 내용 분석을 제시해보고자 한다.

(1) 바셈 유세프는 2010년 9월 무르시가 무슬림 형제단 지도자로서 무슬림들에게 행한 동영상 연설 자료를 들추어내 소재로 삼았다. 무르시는 팔레스타인 문제 해결을 위한 이스라엘과의 협상은 무용함을 역설하며 이 연설에서 시온주의자들을 '원숭이와 돼지의 후손', '팔레스타인을 공격하는 흡혈귀'라고 표현하고 오바마 미국 대통령을 '거짓말쟁이'로 묘사했다[121]. 이러한 발언이 유세프에 의해

120) http://www.youtube.com/watch?v=itDOGI667s8

121) http://www.youtube.com/watch?v=Thh0H6E1ubU

TV에 공개되자 미국은 무르시에 대한 불쾌감과 유감을 표명하였고, 무르시 측은 유대인을 비난한 것이 아니라 이스라엘 정부의 정책을 비판하는 맥락에서 나온 발언이라고 해명했다. 이 소재를 이용한 유세프의 개그는 결과적으로 무르시와 이슬람주의자들이 정권 출범과 함께 과시하려 했던 근엄하고 성스러운 이슬람적 분위기를 망치게 하였다. 이 개그의 수사적 심리효과는 일반 시민들도 권력자를 비판하고, 지도자들의 행동을 평가할 수 있는 권리가 있음을 일깨워준 데 있다고 판단된다.

(2) 무르시 대통령이 독일을 공식 방문하는 중 행한 연설에서 아랍어와 영어를 섞어 쓰며 음주 운전하면 감옥에 간다는 것을 비유를 들어 설명하고자 하였다. 사실 무르시는 영어를 썩 잘하는 편은 아니다. 무르시는 음주 운전에 대해 "자유는 책임이 따른다, 따라서 술 마시고 운전하지 말라"는 취지로 말하고 싶었는데 "가스와 알코올은 섞이지 않는다"(*Gas and alcohol don't mix*)고 영어로 말했던 것이다. 유세프는 무르시의 이 말을 빗대어 다음과 같이 풍자적으로 비판한다[122].

"아냐. 그의 말이 맞아. 가스와 알코올. 섞지마*(don't mix)*. 영어와 아랍어 섞지마*(don't mix)*. 종교와 정치 섞지마*(don't mix)* ...., 음주자*(drunk)*는 운전*(driving)*하지 말아요. 거짓말쟁이*(liar)*는 지옥*(fire)*에 가고 때로는 대통령이 되기도 한답니다. 이건 이집트 말하는 것(?) 아~네요. 딴~나라예요".

122) http://www.youtube.com/watch?v=Thh0H6E1ubU

특히, "종교와 정치 섞지마"라는 말은 무르시가 무슬림 형제단 출신과 측근들을 권력기관과 정부 요직 등에 임명하는 등 정치의 '이슬람화'를 무르시의 음주 운전 발언에 빗대어 우회적으로 비판한 것이다.

(3) 바셈 유세프는 무르시 대통령의 방송 기자회견 내용이 편집되어 방영된 것을 풍자하여 무르시에게 오스카 편집상을 수여했다. 방송 기자회견에서 기자가 대통령과 카타르와의 관계를 묻는 질문을 하였으나 대통령의 답변은 미국과의 관계에 대한 답변 장면이 나왔던 것이다[123]. 무르시는 카타르와의 관계를 묻는 난처한 질문에 답변하고 싶지 않았음이 분명하다. 또한 무르시 대통령이 법을 존중하고 사법부의 독립을 지지한다는 기자 회견 후 유세프는 무르시에게 오스카 최우수 연기자 상을 수여했다. 무르시 자신이 검찰총장을 해임하고 바로 무슬림 형제단이 법률의 합헌성을 제한해놓고 나서 이제 와서는 법을 존중한다고 말한 것을 비꼰 것이다[124].

(4) 무르시는 연설에서 국민을 지칭하는 호칭어로 "나의 사랑하는 사람들" (aḥibbā'i 또는 ayyuhā l-aḥbāb)의 표현을 자주 사용하는 경향이 있다. 예컨대 2012년 6월 29일 타흐리르 광장에서 행한 연설 분석 결과, 호칭어 18개 중에서 5개가 사용되어 높은 사용빈도를 보였으며 특히 이 어휘는 역대 이집트 대통령들의 연설에서는

123) Hendawi, Hamza. 2013. "Bassem Youssef, Egyptian Satirist, Faces Escalated Campaign From Government". http://www.huffingtonpost.com /2013/04/02/ bassem-youssef-egypt-government_n_3001376.html

124) Youssef li-Mursi. Laka jā'iza ūskār li-afḍal mumaththil. http:// shorouknews.com/ news/view.aspx?cdate=02032013&id=98f0d218 -e68c-4f3e-8f69-45bc2257f9bd

호칭어로 거의 사용된 적이 없는 특이한 호칭어이다. 또 연설에는 ḥubb(사랑)를 사용한 구절들 bi-kulli l-ḥubb(전적으로 사랑으로써), fī ẓill ḥubbi-nā li-baʻḍi-nā al-baʻḍ(서로에 대한 사랑으로), wa bi-ḥubb(사랑으로), bi-l-ḥubb min aṣḥābi l-makhābiz(빵가게 주인들의 사랑으로), 동사 구문 uḥibbu an(..하고 싶다)등을 자주 반복 사용한다. 이처럼 무르시의 '사랑 타령(?)'을 비꼬아 유세프는 풍자 쇼에서 '러브 송'이 울려 퍼지는 가운데 무르시가 어떤 문제든 '사랑'으로 해결할 수 있는 것으로 착각하고 있다고 말한다.[125]

또 다른 에피소드에서는 무르시의 빈번한 '사랑' 어휘 사용을 조롱하며 무르시의 얼굴이 프린트된 빨강 색의 베개를 껴안는 장면을 연출했다. 무르시 얼굴은 "이전 대통령처럼 독재자로 안보이며 가장 정겨운 대통령(aḥann ra'īs)이어서 이 베개가 없으면 밤에 잠이 오지 않는다"고 유세프는 비꼰다.[126]

(5) 이집트의 자유 정의당(ḥijb al-ḥurriyya wa l-ʻadāla)은 무슬림 형제단이 만든 정당이며 지도국(maktab al-irshād)은 무슬림 형제단의 최고위 집행기구이다. 이집트 대통령은 무르시이지만 실제 통치 권력은 지도국이 행세하고 있다고 할 정도로 실권을 쥐고 있다. 무르시는 평소 중요한 결정을 내릴 때는 반드시 모든 사람과 상의한다고 말하지만 실제로는 지도국 최고위원을 지낸 측근 무함마드 바디아(Muḥammad Badīʻ)와 카이라트 샤테르(Khayrat al-Shāṭir) 등 소수 핵심 측근과만 상의한다고 유세프는 비난한다.

125) http://www.youtube.com/watch?v=DR14rZmunUE

126) http://www.youtube.com/watch?v=lUNT4kzM_G4

유세프는 기자회견장에 무르시와 바디아가 나란히 앉아있는 동영상 장면을 보여준다[127]. 유세프는 바디아가 말할 때 만화에서처럼 말풍선 안에 '보복'(al-qiṣāṣ)이란 단어를 넣음으로써 바디아가 무르시 대통령과 소곤거린다는 인상을 준다. 무르시가 "우리의 안보를 튼튼히 하고 국민들의 문제를 해결하기 위해서, 위기에 대처하기 위해서"라고 말하자, 바디아는 '보복'이라고 중얼거린다. 또 무르시가 "이 땅에서 무슨 일이 벌어지고 있는지 여러분은 알지요? 교통 혼잡, 안보, 불안정 등....."라고 말하자 바디아는 '보복'이라고 덧붙인다. 또 "이집트가 문제가 있다는 주장은..."이라고 무르시가 말하며 바디아를 힐끗 보자 바디아는 짜증난 듯 "보복이란 말입니다. 이 양반아(ya 'amm)"라는 말을 되풀이 한다. 이 장면의 연출은 무슬림 형제단이 단지 전 정권 출신의 반대자들에 대한 '보복'을 하기 위해 정권을 잡았음을 풍자적으로 암시한 것이다.

(6) 2012년 8월 무르시는 취임 후 첫 공식 방문지로 선택한 중국 방문의 성과로 투자 유치를 내세웠다. 그러나 투자 유치 대부분은 이미 민주화 혁명 이전 무바라크 정권하에서 결정된 것이었다. 이와 관련된 에피소드 동영상에서는[128] 기자가 무슬림 형제단의 관리에게 투자에 새로운 것이 무엇이 있냐고 묻자 "우리가 말한 것은 그런 시설들이......에...."라고 알아들을 수 없는 말로 얼버무린다. 이에 유세프는 무슬림 형제단이 모든 문제에 대해 답하는 것이 이런 식이라고 꼬집었다. "선거공약은 다 어디 갔나? 밤낮 말하던 무슨, 무슨 계획은 어디 갔나? 인류에게 알려진 가장 위대한 헌법은 어디 갔

127) http://www.youtube.com/watch?v=zhGJmztZYcc
128) http://www.youtube.com/watch?v=NLqWsXN3LX4

나? '내가 잘못하면 나와 싸워서라도 지적해 달라'거나 '함께 얘기해봅시다. 우리가 잘못했음을 깨달았어요'라는 말은 어디 갔나? 이 모든 것이 이 한 마디 답에 다 들어있어요"라고 말하며 유세프는 무슬림 형제단 지도부 고위 관리인 하산 말리크의 인터뷰 장면을 한 번 더 재생한다. "그건...에....일 것..."라고 말하며 횡설수설한다.

유세프는 에피소드의 끝에 "이것이 우리나라의 모든 문제에 대해 준비된 답변이다. 대통령의 업적, 대통령의 약속, 무슬림 형제단을 신뢰케 했던 모든 것에 대한 답변이다"라고 결론적으로 말하며 무슬림 형제단 관리의 무의미한 답변 장면을 재생한다.

(7) 반 무르시 진영의 대표적 단체인 이집트 '4월 6일 청년운동'(ḥaraka shabāb 6 abrīl)은 2013년 2월 우주 여행에 참가할 수 있는 후보로 무르시 대통령을 추천했다. 민주화 혁명의 성공에 크게 기여했던 '4월 6일 청년운동'은 선거운동 기간 중 무르시가 과거 미국의 우주항공국(NASA)에서 고문으로 일했다는 발언을 근거로 우주 여행을 가고 싶어하는 무르시 대통령을 적합한 후보로 추천한 것이다[129]. 이와 관련해 유세프는 무르시의 NASA근무 경력이 허위임을 에피소드로 만들었는데 그가 NASA에 근무한 것이 아니라 SF영화에 등장하는 M.I.B(Men In Black) 소속이었으며 이는 다름 아닌 M.I.B (Muslim Ikhwan Brotherhood)라고 말한다.

이를 개그 소재로 택한 유세프는 무르시가 우주 여행을 가고 싶어하는 이유가 단지 달나라에 가서 그가 이미 방문했던 국가들에서처

129) Maher,Hatem.2013. "April 6 nominates President Morsi for a 'trip to space".http://english.ahram.org.eg/NewsContent/1/64/65355/Egypt/Politics-/April--nominates-President-Morsi-for-a-trip-to-spa.aspx

럼 돈다발을 구해오고 싶기 때문이라고 비꼬았다. 그런 다음 유세프는 무르시가 방문한 국가 명을 나열하는데 특히 무슬림 형제단과 가장 가까운 우방 국가를 강조한다. "사우디아라비아, 중국, 이란, 벨기에, 이탈리아, 그리스, 미국, 터키, **카타르**, 물론 다시 말하지만 사우디아라비아, 독일, **카타르, 카타르, 카타르, 카타르**......"

(8) 이집트의 악화된 재정상태 지원을 위해 카타르는 2012년 6월 이래 이미 50억 달러를 제공했으며 추가로 50달러를 제공할 예정이다. 그러나 이집트인들은 카타르의 막대한 재정지원을 호의로 받아들이기보다 카타르의 자본 유입이 내정 간섭으로 이어져 결국 피땀 흘려 이룩한 독재 종식이 물거품이 될 수도 있다는 불안감을 갖고 있다. 심지어 블로거 바셈 사브리(Bassem Sabry)가 트위터에 올린 "카타르가 오늘 아침 이집트를 효율적으로 합병했다"는 메시지가 SNS상에 널리 확산되고 있을 정도이다(Giglio 2013). 이러한 상황에서 바셈 유세프는 무슬림 형제단 출신 무르시 정권과 이집트에서의 카타르의 역할에 대해 이집트의 유명한 애국가요 '나의 사랑하는 조국'(waṭan-ī al-ḥabīb waṭan-ī al-akbar)의 가사를 바꾸어 패러디한 노래로 비꼬고 있다. 다음은 패러디한 노래의 도입부이다[130].

Qatarī ḥabīb-ī al-akh al-aṣghar
(나의 사랑 카타르 동생)
yawm warā' yawm amwālu-h bitiktar
(날마다 날마다 재산이 늘어나네)
istithmarātu-h māliya ḥayātu-h

130) http://www.youtube.com/watch?v =bpDQNoshDK0

(투자로 삶은 넘쳐나네)
Qatarī biyiṣrif wa biyitfa<u>sh</u><u>kh</u>ar
(카타르 돈 많다고 허세부리네)
Qatarī Qatarī(카타르야 카타르야)
Qatarī yā māliya filūsa-k arḍī
(카타르, 너희 돈이 우리 땅에 넘치는 구나)
Qatarī iddīnī kamān wa anā marḍī
(카타르, 돈을 더 주면 우리는 좋지)
....

그리고 마침내 유세프는 수에즈 운하도, 피라미드도 카타르에게 팔아버리라고 자조적인 한탄을 패러디 가사에 담고 있다.

bī' li-l-Qatarī wa <u>kh</u>ud min <u>kh</u>ayri-hi
(수에즈 운하도 카타르에게 팔아 돈을 만들고)
bī' la-hu al-haram wa bni i<u>th</u>nēn <u>gh</u>ayru-h
(피라미드도 팔아서 다른 것 두개를 지어라)
....

이와같이 유세프는 이집트가 국가 재정상황의 악화로 국민적 자존심이 손상될 위기에 처해있음과 주권을 지켜야할 권리가 이집트 국민들에게 있음을 풍자한 것이다.

(9) 바셈 유세프는 말이 아닌 몸동작과 같은 비언어적 행동양식으로도 풍자를 표현하였다. 무르시 대통령이 연설에서 손가락질을 자주하는 것에 착안하여 손동작에 레이저 빛을 발산시키는 장면을 연출하였다[131]. 이는 야권 세력의 반 정부 시위 등으로 비상사태를 선포하는 상황에서 마치 무고한 국민들에게 총질을 하는 모습을 연상

131) http://www.youtube.com/watch?v=2dwSD8Nd9mA

케 하였다. 또 독일 방문 시 행한 연설 중 문명 간의 대화에 관해 아랍어와 영어 단어를 섞어 쓰며(ḥaḍāra *versus* ḥaḍāratu-kum..... laysa *against us,* .... *civilization versus another one,....not against another one....*) 양손을 서로 마주치는 손 동작을 흉내 내었다[132].

그밖에도 무르시가 2013년 3월 파키스탄에서 명예박사 학위를 수여받을 때 착용하였던 커다란 검정색 학위모와 비슷한 모자를 쓴 채로 자신의 프로그램을 시작하였고[133], 이어 무르시와 이슬람 모독 혐의로 기소되어 법원에 출두하면서 똑같은 '무르시 스타일'의 우스꽝스러운 모습을 희화화함으로써 권력자에 대한 반감을 에둘러 표현하였다.

Ⅳ. 결론

과연 정치에서 풍자는 필요하고 유효한 것인가라는 의문점에서 출발한 본 연구에서는 이집트 풍자가 바셈 유세프의 TV 풍자 쇼 '엘베르나메그'에 등장한 무르시 대통령 관련 풍자 내용을 중심으로 풍자와 정치의 관련성을 분석해보고자 하였다. 이를 위해 무르시 대통령 모독혐의로 기소에 까지 이르게 한 유세프의 대표적 에피소드들을 분석 대상으로 삼았다. 분석 결과 정치적 풍자는 듣는 이로 하여금 재미와 즐거움을 주는 오락적 기능도 있지만 정치적 사건들의 배

132) http://www.youtube.com/watch?v=Thh0H6E1ubU
133) http://www.youtube.com/watch?v=_TF2-sB7F7Q

경에 대한 정보를 제공하는 기능으로 작용함으로써 결과적으로 풍자와 정치는 상호 밀접한 관련성과 영향력을 갖고 있음을 확인하였으며, 동시에 다음과 같은 세부적인 연구 결과를 도출할 수 있었다.

첫째, 유세프의 풍자 쇼 '엘 베르나메그'는 무르시 대통령에 대한 정치적 패러디와 풍자를 공개적으로 다루었는데 이는 민주화 혁명 이전까지 개인 차원의 대화 형식으로 이루어지던 정치 풍자가 사적 영역에서 공적 영역으로 옮겨오는 계기를 마련해주었다는 점에서 의미가 있다.

둘째, '엘 베르나메그' 풍자 쇼의 포맷이 이집트는 물론, 전 아랍 세계에서 과거에는 찾아볼 수 없는 새로운 미디어의 성격을 보여주며 정치인과 기존 주류 미디어에 대한 감시자로서의 역할을 기대할 수 있다.

셋째, 이전의 정치 풍자가 주로 '미국과 유대인'들을 겨냥한 것이었지만(Saghieh 2013), 유세프의 정치 풍자는 대통령과 그 측근들을 풍자 대상으로 삼았다는 점이 다르다. 이는 무바라크 시대에는 허용되지 않았다.

넷째, 이집트에서 종교에 대한 풍자는 그동안 금기시 되었으나 무슬림 형제단 출신 무르시가 집권하고 바셈 유세프가 무르시를 풍자의 대상으로 삼음에 따라 무슬림 형제단에 대한 직접적인 비난과 함께 이슬람 역시 풍자의 영역에 포함되었다.

이집트 민주화 혁명과 함께 혜성과 같이 등장한 정치 풍자가 유세프의 인기는 이집트 국내외에서 일종의 '유세프 현상'이라고 불릴 만큼 사회적으로 커다란 논란을 불러일으키고 있다. 이는 시기적으로 이집트의 전통적 풍자에 덧붙여 새로운 정치적 인식을 겸비한 초당파적인 풍자가가 필요한 복잡한 정치 사회적 상황과 맞아떨어졌기 때문일 것이다.

풍자와 '웃음'은 부조화, 부조리, 모순 등 잘못된 것을 바로 잡는 교정(矯正) 효과가 있으며(Kishtainy 1985, 6) 풍자의 진정한 목적은 '악의 교정'이라거나 개심(改心)시킴 '(Pollard 1982, 6)에 있다고 한다. 과연 그렇다면 이집트에서 바셈 유세프의 정치적 풍자의 수사(rhetoric)와 '웃음'이 무르시 대통령 스스로 비민주적 정지 행태를 교정하고 이집트 국민이 기대했던 바대로 이집트의 진정한 민주화를 촉진하는 촉매제로 작용할지, 더 나아가 정치권의 풍향을 바꿀 수 있을 만큼 영향력과 파장을 일으킬 지는 더 지켜보아야 할 것 같다. 그러나 분명한 것은 바셈 유세프의 풍자적 수사와 여기에서 유발되는 '웃음'이 당분간은 이집트 정치에서 언론과 표현의 자유에 대한 논쟁의 진앙 지가 될 것이라는 점이다.

제11장

알 자지라와 BBC 및 CNN 방송의 비교 분석 134)
-이라크 전쟁 보도를 중심으로-

Ⅰ. 서론

1.1 문제제기

2003년 3월 20일부터 5월 1일까지 43일 동안 '충격과 공포(Shock and Awe)'라는 작전명으로 시작된 미·영 동맹군의 이라크 공격은 '문명간 대화와 조화의 세기'를 염원하던 21세기에 서구·기독교 문명권과 아랍·이슬람 문명권간의 갈등을 표면화한 대표적인 사건으로 간주된다. 유엔과 국제 사회의 합의를 도출하지 못한 채 미·영 동맹군이 독자적으로 수행한 이라크 전에 대한 전쟁 당사국의 시각은 극명한 차이를 보였는데, 일례로 미·영 동맹군은 이 전쟁을 '이라크 해방전쟁'이라 주장하고 있고, 전쟁의 또 다른 당사자인 이라크는 '외세의

134) 이 연구는 2003년 한국학술진흥재단의 협동연구 지원사업으로 수행되었으며(사희만 외 5인), 지중해지역연구 제7권 제1호(2005.4)에 게재된 논문을 편집 재정리한 것이다.

침입', '21세기의 십자군 전쟁' 등으로 묘사한 바 있다.

언어를 도구로 하는 언론은 전시에 자국의 군사 작전에 대한 여론을 환기시키고 전투병들의 전투 의욕과 희생 정신을 고취하며 적군에 대한 자신감을 심어주는 것을 목표로 한다. 또한 전시에 언론은 민간인들을 살상하고 타국의 영토를 점령하며 그 지역 주민들을 유랑민으로 전락시키고 그들의 재산과 이익을 빼앗는 행위들을 정당화하기 위해 노력한다(Dawud, 2003, 7). 이라크 전의 진행 과정에서 그리고 종전 이후 각국 언론은 각각의 입장과 목적에 따라 다양한 형태의 보도 성향을 보인 바 있으며 이는 이라크 전쟁의 성격을 규정하는 데 결정적인 영향력을 행사한 바 있다. 특히 각 방송사의 보도 성향 차이는 미국・영국 정부와 동맹군의 입장을 적극적으로 대변한 CNN(Cable News Network), BBC(British Broadcasting Corporation) 방송과 아랍의 입장을 대변한 알자지라(Al Jazeera) 방송에서 가장 극명하게 나타난 것으로 평가되고 있다.

1991년 걸프전 당시 다국적군의 바그다드 공격을 단독 생중계함으로써 일약 세계적인 뉴스 방송사로 성장한 미국의 뉴스 채널 CNN은 이번 이라크 전쟁에서도 신속한 보도로 세계인의 이목을 집중시켰지만, 미국 중심의 편향 보도로 많은 비판을 받기도 했다. 또한 BBC 역시 미・영 동맹군의 한 축인 영국의 대표적인 방송사로서 이라크 전쟁에서 영국 정부의 입장을 옹호하거나 홍보하는 보도 경향을 나타낼 것으로 전망되었다. 반면 카타르에 본부를 둔 알자지라는 이라크 전쟁 기간 동안 이라크 정부로부터 전쟁 보도에 대한 독점적 권한을 부여 받고 동맹군의 무차별 폭격과 오폭으로 인한 다수의 민간인 희생 등 전쟁의 비도덕적이며 부정적인 측면을 강조함으로써 서구 언론과 대립되는 시각을 보였다.

한국의 경우, 대부분의 국내 방송사들이 전쟁 초기의 전황 보도를 거의 전적으로 CNN에 의존하였으며, 특정 방송국은 '이 시각 CNN 보도'란 제목으로 CNN을 동시 통역해 보도하였다. 미국의 국익을 대변하며 전쟁 수행시 미국의 언론 통제 전략[135] 하에 움직이는 CNN 보도에 국내 방송이 상당 부분 의존한 것은 결과적으로 국내 방송사의 미국 편향 불공정 보도를 구조적으로 고착화시키는 역할을 했다고 지적할 수 있다. 또한 국내 공중파 방송사가 전쟁 개시와 함께 단 하루도 빠짐없이 CNN 방송사에 크게 의존한 것은 전쟁의 당사국 중 한 쪽의 주장만을 일방적으로 전달함으로써 공정 보도 자체에 의문을 제기하는 결과를 초래하였다(김창룡, 2003, 14). 국내 방송사의 이런 보도 형태는 전쟁 당사자 중 어느 일방의 목소리만을 전달하는 우(遇)를 범했고, 이런 보도 경향은 전쟁 초반 이후 알자지라 보도가 국내에 소개될 때까지 계속되었다.

본 연구는 상대적으로 소외되어 있는 아랍 방송에 대한 관심을 불러일으킴과 동시에 '타자(他者)들의 소리 듣기'에 대한 사회적 담론을 생성하는 것이 중요하다는 문제 의식에서 이라크전에 대한 아랍 지역 위성 방송의 보도를 비교 분석하였다. 이라크전이 끝난 지 2년여가 흘렀음에도 불구하고, 여전히 세계의 이목을 집중시키고 있는 이라크의 국내 정세와 불안정한 중동 지역의 지정학적 여건을 고려할 때 알자지라 방송은 향후에도 여타 전 세계 방송사에 대한 뉴스 공급원으로서 주된 역할을 수행할 것으로 예견된다.

---

135) "'고마워요 부시, 고마워요 미국' 바그다드 함락 소식에 이라크계 미국인들이 환호하고 있습니다" (국무부 2003년 3월) 미국 지역 방송사들의 90초짜리 보도 중 일부. 하지만 사실은 미국 정부가 제작한 것이다. 조지 W. 부시 행정부는 이처럼 수백 건의 완성품 뉴스(ready-made news)를 만들어 방송사에 공급해 왔고 방송사들은 출처를 밝히지 않은 채 이를 그대로 방송해 왔다고 2005년 3월 13일 뉴욕타임스가 전했다.
(http://www.donga.com/fbin/output?f=f_s&n=200503130196&main=1)

기존 연구들은 미국 주도의 전쟁을 분석하면서 미국 미디어(Dickson, 1994; Hallin, 1986; O'Heffernan, 1993 참조)에 초점을 맞춤으로써 미국 외의 다른 국가들에게 전쟁이 어떻게 묘사되고 보도되는지 거의 비교 분석하지 않았으며(Kaid, Harville, Ballotti, & Wawrzyniak, 1993) 미국이 강하게 개입한 중동 지역 갈등을 분석할 때도 아랍의 목소리는 대부분 빠져있다(이창호 2004, 85).[136] 국내에서는 아랍 지역 국가와 미국의 이라크 전 반응을 비교하기 위해 사우디의 영자지 아랍뉴스(The Arab News)와 이집트의 영자지 중동 타임즈(The Middle East Times)를 미국의 뉴욕 타임즈와 비교한 연구(이창호, 2004)가 유일한 연구 성과이다. 따라서 2003년 이라크 전쟁에 대해 서구의 방송과 아랍권 방송의 논조와 보도 성향을 아랍어 자료를 토대로 비교 분석하려는 시도는 매우 시의적절하고 의미있는 작업이 될 것이다.

1.2 연구목적

이라크 전쟁 초반 이후 국내 언론에 의해 아랍어 방송인 알자지라 방송의 뉴스가 인용되며 전달되기 시작한 것은 CNN 방송의 독점 체제를 붕괴시키며 국내 방송 보도에 있어 질적, 양적 균형을 회복하는 데 미약하게나마 기여한 것으로 평가된다. 그러나 알자지라 방송사에 대한 국내 학계의 정보 및 연구 부족으로 인해 국내 언론계가 동 방송사를 정보원으로 충분히 활용하는 데 한계를 보였고 따라

136) 이에 관해서는 1991년 걸프전 이후 걸프전에 대한 아랍과 서구의 신문 보도 내용을 분석한 연구(Mayda, Topoushian. 2002. *Interpreting the constructed realities of the 1991 Gulf War: A comparative textual analysis of two Arab and two North American newspapers.* Canada: Concordia University)가 발견될 뿐이다.

서 보다 알자지라를 포함한 아랍 지역 방송에 대한 전문적인 연구가 조속히 이루어질 필요성이 제기되었다.

따라서 본 연구는 '중동 혁명의 섬'으로 일컬어지는 알자지라 방송의 보도 성향을 분석하여, 서방의 대표적인 방송사이자 이라크 전쟁의 당사국이었던 미국의 CNN 방송과 영국의 BBC 방송의 보도 성향을 상호 비교하는 것을 목표로 하였다. 이를 위해 커뮤니케이션과 관련한 메시지의 효과를 설명하는 프레임 분석 방법을 이용하여 미·영 동맹군의 이라크 공격이 시작되기 하루 전인 2003년 3월 19일부터 종전이 발표된 5월 1일까지 상기 3개 방송사가 전쟁과 관련하여 아랍어로 보도한 내용을 조사하였다.

방송 3사의 이라크 전 관련 방송 내용을 분석하기 위하여 본 연구는 다음과 같은 질문에 기초하여 연구를 설계하였다.

첫째, 알자지라, BBC, CNN 등 방송 3사의 보도 성향은 어떠한가?

둘째, 세 방송사가 이라크 전을 보도하는 데 사용한 프레임은 어떤 유형인가? 프레임 활용 방식은 방송사별로, 시기별로 어떤 차이를 보이는가?

셋째, 이라크 전 관련 방송에서 주요 행위 주체의 이미지 프레임은 어떤 것들인가? 행위 주체에 대한 묘사 용어는 방송사별로, 시기별로 어떤 차이를 보이는가?

1.3 연구방법

1.3.1 프레임의 정의

'프레임(frame)' 또는 '프레이밍(framing)'이라는 용어는 커뮤니케이션학에서 오래 동안 비유적으로 사용되었지만, 최근 들어서는 커뮤니케이션과 관련한 메시지 효과를 설명하기 위한 개념으로 사용되고 있다. 프레임은 이제 커뮤니케이션학의 사회 인류학적이거나 상호 작용 이론적인 분야에서뿐 아니라, 매체 효과론, 저널리즘 이론, 화용론, 위기 관리, 집단 역학, 사회 운동론, 갈등 해소 전략 등 다양한 분야에서 등장한다(곽중철 2003, 5). 언론의 프레임 구축(frame building)은 선택, 강조, 축소, 배제 등을 통해 대상의 특정 속성이나 현실의 특정 측면을 두드러져 보이게 함으로써, 현실 문제를 정의하고 인과 관계를 해석하며 도덕적 평가를 내리거나 해결책을 제시하는 현실의 재구성 과정을 의미한다(이민웅, 윤영철 외, 2004; Entman, 1993; Gitlin, 1980; Tuchman, 1978).

본 연구는 분석대상 방송들이 이라크 전쟁이라는 현실을 어떻게 구성하는가를 밝히고 이들 방송들이 프레임 구축을 둘러싼 의미 투쟁의 장이 될 수 있는가를 살펴보고자 한다. 따라서 본 연구에서는 뉴스 텍스트에서 선택되고 강조된 의미, 즉 핵심 주제를 그 텍스트의 프레임으로 분석하였다(박선희 2001, 94).

1.3.2 분석대상

먼저 프레임 분석 대상 아이템을 결정하기 위해 이라크 전을 크게 두 시기로 구분하였다. 첫 번째 시기는 이라크 전 발발 하루 전인 2003년 3월 19일부터 3월 21일까지의 개전 시기, 두 번째 시기는 티그리트가 함락된 4월 14일과 15일 및 조지 W. 부시 미대통령이 종전을 선언한 5월 1일이다. 따라서 본 연구는 이 시기 중에 보도된 알자지라, BBC, CNN 방송 3사의 뉴스 기사 중 이라크 전쟁 관련 아랍어 아이템들을 분석 대상으로 선정하였다. 이라크 전쟁 관련 아이템을 수집하기 위해 알자지라(http://www. aljazeera. net)와

BBC(http://news. bbc.co.uk/hi/ arabic/news/), CNN(http://arabic.cnn.com/)방송의 아랍어 웹 사이트 데이터베이스를 이용하였다. 즉, 각 방송국 웹 사이트의 검색 창에 아랍어로 "al-ḥarb fī l-‘irāq(이라크에서의 전쟁)", "al-ḥarb ‘alā l-‘irāq(대이라크 전쟁)", "ḥarb al-‘irāq(이라크 전쟁)" 등을 검색어로 넣어 검색된 기사 중에서 해당 시기의 이라크 전쟁 관련 기사를 분류하여 총 312개의 아이템을 수집하였다.

〈표1〉 프레임 분석을 위한 분석 대상 아이템 수

일 자	방 송	아이템 수	비 고
3.19~3.21	알자지라	58	개전
3.19~3.21	BBC	18	
3.19~3.21	CNN	50	
4.14~4.15	알자지라	28	티그리트 함락
4.14~4.15	BBC	15	
4.14~4.15	CNN	11	
5.1	알자지라	3	종전 선언
5.1	BBC	9	
5.1	CNN	6	
합계		198	

방송사별로 전체 분석 기사를 살펴보면 알자지라가 89개로 전체 분석 대상 기사의 43.9%를 차지했고, BBC가 42개로 23.1%, CNN이 67개로 33%를 차지하여 알자지라 기사가 가장 많고 BBC가 가장 적었다. 방송사의 성격상 알자지라와 CNN은 스트레이트 중심의 속보 기사 등이 주류를 이루는 반면, BBC는 분석 기사에 중점을 두었기 때문에 기사 수에서 차이가 나타난 것으로 보인다.

시기별로 분석 대상 기사를 살펴보면 개전 시기의 기사 수는 126

개로 전체의 40.4%를 차지했으며, 티그리트 함락과 종전 시기는 72개로 23.1%를 차지하여 전쟁이 진행될수록 기사 수도 줄어든 것으로 나타났다.

1.3.3 프레임 분석 방법과 분석 절차

분석 대상이 되는 이라크 전쟁 관련 개별 뉴스 기사는 주요 행위 주체나 쟁점을 중심으로 이라크 전쟁과 관련된 내용을 보도하였다. 따라서 개별 아이템은 행위 주체의 이미지나 쟁점을 프레임하기도 하고 또 이들을 함께 프레임하기도 하였다. 분석 차원에서는 전쟁 현실을 구성하는 주된 요소로 행위 주체와 쟁점을 구분하는 것이 가능하지만 어떤 경우든 이들은 결국 더 포괄적인 주제 또는 맥락 하에서 뉴스 보도에 등장하게 된다. 따라서 개별 아이템을 분석 단위로 삼아 주제 분석(thematic analysis)을 통해 이들을 포괄하는 상위 수준의 주제(맥락) 프레임을 추출하였다. 이런 점에서 주제 분석 또는 주제 프레임이란 분석 기간 전체를 대상으로 사태 전개의 맥락을 파악하는 차원이며 일종의 거대 프레임(macro frame)을 말한다. 반면에 행위 주체의 이미지 프레임은 하위 프레임으로서, 이미지 프레임 장치(Image Frame Device)란 미디어가 행위 주체(집단, 국가 등)를 보도할 때, 각 행위 주체의 이미지를 구축하는 과정에서 그 대상을 정의하거나 또는 두드러지게 표현하기 위해 활용하는 서술 방식이나 표현 기법 등을 추출하는 장치를 말한다.

본 연구는 방송사별, 시기별로 어떤 주제 또는 맥락이라는 거대 프레임이 현저하게 부각되고, 또 주제(맥락) 프레임은 행위 주체의 이미지 프레임과 어떤 관련을 맺고 있는지 그 관련성을 탐색적으로 분석하고자 시도하였다. 특히 정치 행위자를 보도하는 경우 각 방송사가 행위자를 묘사하는 용어를 행위 주체의 이미지 프레임으로 간주하여 이를 집중적으로 분석하였다.[137] 그리고 이들의 조합이 결과적으로 해당 정치 행위자의 이미지를 어떻게 재현하는지 그 이미지 프레임을 종합적으로 추출하였다.

우선 각 시기별로 아랍어 뉴스기사를 번역하여 프레임 추출과 행위 주체의 이미지 프레임 분석을 위한 기초 자료 작업을 수행하였다. 번역이 완료된 이후에는 여러 차례의 토론과 수정을 거친 뒤 연구자들이 합의해 가는 방식으로 프레임 유목을 결정하였다. 결국 전체 198개의 뉴스 아이템에 대한 분석 유목은 기사 주제와 행위 주체, 행위 주체의 묘사용어, 주요 쟁점, 이슈에 대한 견해 등으로 한정하기로 하였다. 그런 다음, 이러한 논의들을 토대로 로그북 요목 및 작성 가이드, 코딩 지침을 완성하였다.

본격적인 분석 작업에 앞서 우선 분석 대상 기사를 방송사별, 시기별로 각각 5개씩 무작위로 선정하여 분석 요목을 확정하고 이를 토대로 실제 코딩을 실시하였다. 코딩의 신뢰도를 검토한 결과 코더(coder)간 신뢰도는 0.83으로 신뢰할 만한 것으로 나타났다. 방송사별, 시기별 주제 프레임의 차이를 양적으로 분석하기 위해 SPSS 통계 분석이 수행되었다. 프레임 유형 분석에서는 연구의 특성을 고려하여 연역적 방법과 귀납적 방법을 모두 사용하였다. 연역적 방법은 사전에 명확히 규정된 프레임을 가지고 뉴스에서 이 프레임이 얼마나 제시되고 있는가를 분석하는 방법(Semetko & Valkenburg 2000, 94-95)이며, 귀납적 방법은 가능한 프레임들을 모두 드러내려는 의도에서 프레임에 대한 느슨한 개념에 기반해 열린 관점에서

137) 이미지 프레임 장치에는 행위자 묘사 용어 외에 행위자에 대한 보도 주제, 행위자의 표현 속성, 행위자간의 관계, 영상 이미지 등이 있다.

프레임을 분석하는 방법이다.

이에 따라 연역적 방법으로 6개의 전쟁 보도 프레임 유형을 사전에 규정한 후(Berenger 2004, 258) 연구자들이 분석 대상의 뉴스 텍스트에 대해 느슨하고도 열린 관점의 분석 과정을 통해 추가적인 프레임 2개를 추출해냄으로써 최종적으로 유효한 프레임 8개를 확정지었다. 그 결과 이라크 전쟁 보도에 대한 뉴스 프레임의 유형은 다음 <표 2>와 같았다.

〈표2〉 이라크 전 관련 뉴스 프레임 유형

프레임 유형	핵심 주제
군사 프레임	군대, 군사 작전과 전략, 군사 장비의 종류, 전쟁 진행 상황 등에 관한 보도
민사 프레임	일반 이라크인들의 삶, 구호 단체의 지원, 민간인 사상자 발생 등 인간적 관심에 관한 보도
진단 프레임	전쟁 혹은 전투 발발 이유나 원인, 전쟁의 성격 규정에 관한 보도
매체의 자기 언급 프레임	기자들이 취재 과정에서 부닥친 어려움 등 매체에 관련된 보도
책임 프레임	전쟁의 책임과 전쟁에 따른 피해, 파괴나 약탈 등 무질서로 인한 책임에 관한 보도
예측 프레임	전황과 전후 사정의 예측에 관한 보도
국제 여론 프레임	유엔과 전쟁 비 당사국 정부 및 국민의 이라크 전쟁 관련 여론이나 의견 개진(반전 시위 등)에 관한 보도
결과 프레임	전쟁의 결과로 인한 파급 및 후유증에 관한 보도

프레임 추출의 전 과정은 질적 연구의 특성상 철저하게 연구원들 간의 합의라는 기본 원칙에 따라 진행되었다. 또한 프레임 추출은 뉴스 기사를 분석단위로 삼았으며, 하나의 기사에 복수의 프레임 유형이 나타나는 경우 이를 모두 개별 프레임 유형으로 파악하였다. 헤드라인, 리드(lead), 그리고 처음 몇 개의 문단은 코더가 지배적

인 주제나 소스를 결정하는 데 중요한 단서가 되었다. 대체로 헤드라인은 뉴스 리포트를 요약하고 스토리의 맥락을 제공하는 중요한 프레이밍 장치가 되기 때문이다(Pedelty 1995, 92).

다음으로 행위 주체에 대한 묘사 용어를 귀납적 방식으로 추출, 분석한 결과, 이라크 전쟁과 관련된 행위 주체는 아래 <표3>과 같았다. 세 방송사의 이라크전 보도에 나타난 행위 주체는 미국, 반미 이라크, 기타 아랍국의 순으로 사용빈도가 높게 나타났으며 총 19개의 행위 주체가 이라크 전쟁 관련 행위 주체로 파악되었다. 그러나 보다 유의미한 분석 결과를 도출하기 위해 행위 주체 중 이라크 야당을 반미 이라크에 포함시키고, 시리아와 쿠웨이트를 기타 아랍 국가로 재분류하였으며, 그 역할이 미미하다고 판단되는 행위 주체는 분석에서 제외하였다.

따라서 본 연구에서는 이미지 프레임 분석을 위한 주요 행위 주체로 이라크 전쟁을 주도한 미국, 반미 이라크, 이라크 민간인, 친미 이라크, 기타 아랍국가로 한정하였다. 그러나 개전 초기에는 이라크 정부의 반미 저항 의지가 집중적으로 부각되고 이라크 민간인은 행위 주체로서 거의 나타나지 않았는데, 이는 개전 초기까지 사담 후세인 대통령이 실제로 통치하고 있던 이라크의 현실 때문이다. 따라서 개전 초기의 이라크는 반미 이라크, 친미 이라크, 이라크 민간인으로 구분하지 않고 이라크로 통일하여 5개의 행위 주체로 구분하였다.

〈표3〉 전체 행위 주체

구분	빈도	%
미국	186	26.4
이라크(반미)	103	14.6
영국	60	8.5
기타 아랍국	60	8.5
이라크 민간인	42	6.0
언론인	42	6.0
러시아, 유럽	33	4.7
동맹군	24	3.4
유엔	23	3.3
쿠르드	20	2.8
국제단체	19	2.7
쿠웨이트	18	2.6
시리아	17	2.4
이라크(친미)	14	2.0
이라크 야당	14	2.0
터키	12	1.7
이란	9	1.3
이스라엘	8	1.1
기타	1	0.1
전체	705	100.0

이와 같이 프레임 유형을 분류하는 기준과 행위 주체를 확정지은 후 실제적인 분석을 실시하였다.

II. 알자지라, BBC, CNN의 이라크전 보도 성향

본 장에서는 주요 연구 대상인 알자지라, BBC, CNN의 2003년 이라크 전쟁에서 이들 방송사가 취한 보도 경향을 분석하고자 한다.

전쟁의 주요 당사국 언론인 이들 방송사들의 보도 경향은 그들이 처한 입장과 방송사의 성격으로 인해 변별적 차이가 있을 것으로 기대된다.

1991년 1차 걸프전에서 CNN이 세계적인 방송사로 부상하였다면, 2003년 2차 걸프전에서는 알자지라 방송이 국제적인 명성을 얻었다. 아랍권을 대변하는 방송인 알자지라와 전쟁의 주요 당사국의 언론인 BBC, CNN의 전쟁 보도에는 유의미한 차이가 있었고, 이러한 차이점이 알자지라를 세계적인 방송사로 부각시켰다.

알자지라는 이슬람 형제국인 이라크 공격에 대한 부당성과 이라크 국민들의 피해 등 인도적인 측면을 집중 보도했고, BBC와 CNN은 전쟁의 당위성과 진행 상황 및 연합군의 우수한 무력을 집중 보도했다.

BBC와 CNN이 미국의 공습으로 폐허가 된 건물들의 잔해나 파괴의 현장들을 집중 방영한 것에 비해, 알자지라는 미군의 공습으로 부상당해 병원에 실려 간 이라크 민간인들을 취재했다. 피투성이가 된 환자들이 병원에 실려 와서 침상 부족으로 인해 차가운 복도에서 치료 받는 모습을 알자지라는 여과 없이 보여주었다. 또한 미군이 안사르 알 이슬람(Ansar Al Islam)을 소탕한다는 명분하에 50여 개의 크루즈 미사일을 북부 쿠르드 지역에 발사 한 직후 시체들이 커다란 수레에 담겨 있는 모습을 방영하기도 했다. 이라크 민가가 미군의 공습으로 완전히 파괴된 것을 있는 그대로 방송하고, 건물 잔해에서 딸의 시신을 안고 오열하는 아버지의 모습을 방송한 것도 알자지라였다. 또한 미군의 공습이 군사 시설물을 목표로 이루어진 것이 아니라 민가에 떨어졌다는 적십자 자원 봉사자들의 증언을 담기도 했다.

알자지라가 전장(戰場)의 잔인한 모습만을 보여주는 매우 선정적인 방송이라고 비난을 받기도 했지만 알자지라는 전 세계에 전황을 있는 그대로 알리는 것이 뉴스 방송사의 의무라고 판단했다. 이것은 반미 감정을 자극하기 위한 것이 아니라 실제 미군들이 이라크인들에게 한 행동을 그대로 드러낸 것이다.

반면, CNN은 미영 연합군이 작전에서 승리하는 모습을 주로 방송했다. 이는 미국의 전시 보도지침에 따른 것으로서 2003년 이라크전에서 나타난 특이한 점은 아니다. 이런 보도 관행은 저널리스트들이 그들 나라의 궁극적 이해에 기초해 국제 뉴스를 선택하고 보도한다는 점을 보여주며, 모든 뉴스 가치 중 자민족주의(ethnocentrism)가 전쟁 보도에서 가장 분명하게 드러난다(Yang, 2003)는 점과 관련이 있다. CNN의 보도 중 "연합군은 매우 훌륭하게 작전을 수행하고 있습니다. 연합군은 바그다드에 입성할 때 이라크 시민들로부터 열렬한 환영을 받았으며 이라크 남부의 저항 세력들은 모두 소탕되었습니다. 이라크 도시들에 떨어진 폭탄들은 모두 이라크의 전략 무기 시설과 위성 장비를 겨냥한 것이었습니다"[138)]와 같은 보도가 그 단적인 예가 될 것이다.

CNN은 무고한 이라크 시민들이 미군의 공습으로 죽거나 다친 모습은 거의 방송하지 않았다. 이런 장면은 이라크 민주주의 실현이라는 명분으로 전쟁을 시작한 미국과 미행정부의 이미지에 큰 타격을 줄 수 있고, 세계적으로 일고 있는 반전 여론을 증폭시키며, 이라크에서 미군의 철군 압력을 가중시킬 것이 분명했기 때문이다.

BBC의 보도 형태는 주로 구두 보도를 취하며 이미지나 영상 자

138) www.robincmiller.com

료를 많이 사용하지 않았다는 점에서 알자지라와 대조되고 CNN과 유사하다. 이는 시청자들에게 보도의 신빙성을 저하시키는 요인으로 작용했다. 또한 BBC는 전쟁을 진행 중인 영국 정부에 우호적인 입장을 보임으로써 방송사 스스로 객관적인 보도를 어렵게 만들었다. 이는 전쟁 보도에 있어 BBC의 주요 정보 공급원이 영국 정부였다는 점에서도 알 수 있다(Ihsan Aly Dabbous 2005, 91).

세 방송사간의 이러한 보도 행태는 각 방송사에 대한 아랍 지역 시청자들의 태도에서도 반영되고 있다. 이집트와 요르단 대학생을 대상으로 조사한 연구(박선희 외 2004, 54)에 따르면, 알자지라의 공신력이 가장 높게 나타났으며, 알자지라는 다른 두 방송사보다 아랍현실을 가장 잘 반영하고 대 아랍 영향력 및 세계 영향력 역시 가장 높은 것으로 인식되었다. 또한 이라크전 보도와 관련하여 알자지라는 중립적으로 보도했다고 평가받은 반면 BBC는 중립적이거나 미국 편향적인 것으로, 그리고 CNN은 미국 편향적으로 보도했다고 평가되었다.

전술한 각 방송사의 보도 성향의 차이는 본 연구의 3장과 4장에서 다루어질 개별 방송사의 이라크 전쟁 보도 프레임 분석과 주요 행위 주체의 이미지 프레임 분석에서 보다 구체화될 것이다.

Ⅲ. 알 자지라, BBC, CNN의 이라크 전쟁 보도 프레임 분석

본 장에서는 이라크 전쟁 관련 개별 뉴스 기사를 분석 단위로 삼아 각각의 기사가 다루고 있는 주제를 분석하고(thematic analysis) 이들을 포괄하는 상위 수준의 주제(맥락) 프레임 즉 일종의 거대 프레임(macro frame)을 추출하였다. 방송사별, 시기별로 어떤 주제 또는 맥락이라는 거대 프레임이 현저하게 부각되었는가를 검토하는 주제 프레임 분석은 4장에서 분석할 행위 주체의 이미지 프레임과 함께 방송사간의 이라크 전쟁 보도의 차이를 확연하게 드러내줄 것으로 판단된다.

3.1 방송사간 프레임 유형의 차이

분석 대상 시기에 세 방송사 즉 알자지라, BBC, CNN 기사에 나타난 주제 프레임은 다음 <표4>와 같았다. 주제 프레임 추출은 하나의 기사에 나타난 모든 프레임을 추출하였으며, 따라서 추출된 프레임 수는 분석 대상 기사 수보다 더 많다.

<표4>에서 보듯이 군사 작전과 선전 포고, 심리전 등으로 전쟁을 보도한 군사 프레임이 전체 프레임 중 21.2%를 차지해 가장 많이 사용된 것으로 나타났다. 또한 전후의 국제 상황과 전쟁의 결과로 인한 파급 및 후유증에 초점을 두고 보도한 결과 프레임이 전체 19.3%를 차지해 방송사들이 두 번째로 많이 사용한 프레임 유형으로 나타났다. 그 외에 반전 데모나 국제 여론을 중심으로 이라크 전쟁을 보도한 국제 여론 프레임이 14.8%였고, 민간인 부상 등 민간인의 상황이나 구호 단체의 지원 등 대민 관련 보도에 초점을 맞춘 민사 프레임이 10.7%로 나타났다. 전체 프레임 분석 결과는, 전쟁 보도에서 흔히 나타나는 군사 상황이나 전쟁 결과에 대한 보도, 그리고 국제 여론의 동향과 민간인 피해 등을 다룬 보도들이 세 방송사의 이라크전 보도의 대부분을 차지한 반면에, 전쟁이 일어난 원인과 전쟁의 책임 등을 해석하고 평가하고 규명하는 보도는 대체로 미

약하다는 것을 보여주고 있다.

〈표4〉 이라크전에 대한 보도 프레임 유형

구분	빈도	%
군사 프레임	99	21.2
민사 프레임	50	10.7
진단 프레임	36	7.7
매체 자기 언급 프레임	12	2.6
책임 프레임	43	9.2
예측 프레임	45	9.6
국제 여론 프레임	69	14.8
결과 프레임	90	19.3
기타 프레임	23	4.9
전체	467	100.0

다음으로 방송사별로 이라크전 보도에 차이가 있었는지, 주로 어떤 프레임을 사용하여 보도하였는지를 분석한 결과 <표5>에서 보듯이 방송사간 보도 프레임 유형에 유의미한 차이가 있었다(χ^2=27.883, $p<.05$).

〈표5〉 방송사간 프레임 유형의 차이

	알자지라	BBC	CNN	전체
군사 프레임	48 21.9%	18 15.7%	33 24.8%	99 21.2%
민사 프레임	30 13.7%	11 9.6%	9 6.8%	50 10.7%
진단 프레임	14 6.4%	14 12.2%	8 6.0%	36 7.7%
매체 자기 언급 프레임	8 3.7%	1 0.9%	3 2.3%	12 2.6%

책임 프레임	20 9.1%	14 12.2%	9 6.8%	43 9.2%
예측 프레임	21 9.6%	9 7.8%	15 11.3%	45 9.6%
국제 여론 프레임	34 15.5%	12 10.4%	23 17.3%	69 14.8%
결과 프레임	34 15.5%	33 28.7%	23 17.3%	90 19.3%
기타 프레임	10 4.6%	3 2.6%	10 7.5%	23 4.9%
전체	219 100.0%	115 100.0%	133 100.0%	467 100.0%

($\chi^2=27.883$, $p<.05$, $df=16$)

먼저 알자지라의 경우 군사 프레임이 전체 프레임 중 21.9%로 주로 군사 상황을 중심으로 이라크 전쟁을 보도하였으며, 국제 여론 프레임과 결과 프레임은 각각 15.5%로 알자지라가 국제 여론이나 전쟁 결과에 보도 초점을 맞추고 있음을 알 수 있다. 반면에 BBC의 경우 결과 프레임이 28.7%로 가장 많았고, 군사 프레임 15.7%, 진단 프레임 및 책임 프레임이 각각 12.2%로 나타났다. BBC 역시 전쟁 결과에 주로 초점을 맞춰 보도한 것으로 나타났지만 알자지라나 CNN과 달리 전쟁의 성격에 대한 규정이나 전쟁을 둘러싼 여러 현상에 대해 심층 보도를 함으로써 차별화된 보도를 하고 있음을 알 수 있다. CNN의 경우 알자지라와 마찬가지로 군사 프레임이 24.8%, 국제 여론 프레임과 결과 프레임이 각각 17.3%로 나타났는데, 이는 스트레이트 기사를 중심으로 전쟁 상황을 신속하게 보도하는 것을 목표로 하는 방송사의 성격이 알자지라나 CNN에서 모두 나타나고 있음을 보여준다. 그러나 알자지라는 민간인 피해나 부상상황 등 민사 프레임이 13.7%를 차지한 반면 CNN은 민사 프레임이 6.8%에 그쳐 CNN이 알자지라보다 민간인 피해나 구호 활동에 대해서는 상대적으로 관심이 미약했음을 알 수 있다. 한편 전쟁 취재 과정에서 기자들이 부닥치는 어려움 등을 보도하는 매체 자기 언급 프레임은 알자지라 방송에서 상대적으로 많이 나타났다. 이는 알자지라가 전쟁의 실상을 현장에서 생생하게 전달해주었음을 의미한다.

3.2 시기별 프레임 유형의 차이

알자지라, BBC, CNN의 이라크전에 대한 보도 프레임이 전쟁 시기에 따라 차이가 있는지를 분석하였다. 그 결과 <표6>에서 보듯이 개전 시기와 티그리트 함락 및 종전 시기에 방송사들의 보도 프레임에 유의미한 차이가 있는 것으로 나타났다(χ^2=115.899, p<. 001).

〈표6〉 시기별 프레임 유형의 차이

	개전 시기	티그리트 함락 및 종전시기	전체
군사 프레임	50	20	70
민사 프레임	14	12	26
진단 프레임	15	6	21
매체 자기 언급 프레임	3	1	4
책임 프레임	23	1	24
예측 프레임	28	6	34
국제 여론 프레임	42	12	56
결과 프레임	7	49	56
기타 프레임	17	1	18
전체	199	108	307

(χ^2=115.899, p<.001, df=16)

먼저 개전 시기에 군사 프레임이 전체 프레임 유형 중 25.1%로 나타나 전쟁초기 방송사들이 주로 군사 작전이나 군사 장비, 선전 포고, 심리전 등을 보도하였음을 알 수 있다. 또한 국제 여론을 비교적 관심 있게 보도한 국제 여론 프레임이 전체의 21.1%로 나타났으며, 전쟁 진행이나 전쟁 결과, 그리고 전후사정에 대해 전망하는 예측 프레임은 14.1%로 나타났다. 그 다음으로 책임 프레임은 전체 11.6%를 차지해 전쟁 초기 전쟁의 책임이 누구에게 있는가에 대해 보도하고 있음을 알 수 있다. 반면에 전쟁의 직접적이고 최대 피해자인 민간인 상황에 대한 보도나 전쟁의 성격에 대한 보도는 전쟁 초기에 상대적으로 소홀하게 다루어졌음을 알 수 있다.

다음으로 티그리트 함락 및 종전 시기에 방송사들이 사용한 보도 프레임 유형은 결과 프레임이 45.4%로 가장 많았으며, 군사 프레임 18.5%, 민사 프레임 및 국제 여론 프레임이 각각 11.1% 나타났다. 전쟁이 끝나가면서 전후 국제 상황이나 전쟁의 결과로 인한 파급 및 후유증이 방송사들의 주요 관심사였음을 알 수 있다. 전쟁이 여전히 진행중인 과정에서 군사 상황에 대한 보도가 지속적으로 이루어지고 있으며, 이와 동시에 민간인 피해 등 인간적 관심사나 국제 여론에 대한 관심도 꾸준히 보도되고 있음을 알 수 있다. 이 시기에 전쟁의 유형이나 성격을 규정한 진단 프레임은 개전 초기나 바그다드 함락시기에 비해 현저하게 줄어들었다.

3.3. 프레임별 시기에 따른 방송사의 보도 패턴의 차이

전쟁은 진행 상황에 따라 상이한 국면을 맞이할 수 있고, 방송사들은 각각의 상황을 여러 가지 프레임으로 보도할 수 있다. 이것은 동일한 전쟁이라 하더라도 국면에 따라 방송사가 중요한 것으로 보도하는 것이 차이가 있기 때문이다. 따라서 각 방송사들이 전쟁 진행 상황에 따라 사용한 프레임 패턴이 차이가 있는지, 즉 전쟁 시기별로 각각의 프레임을 사용한 패턴이 방송사간 차이가 있는지를 분석하였다.

먼저 군사 프레임의 경우 전쟁 기간 내내 세 방송사 모두 유사한 사용 패턴을 나타냈으나 CNN이 군사 프레임을 가장 많이 사용하였다. 둘째, 민사 프레임의 경우 전쟁 기간 모두 알자지라가 가장 많이 사용하였고, BBC가 그 다음이었으며, 이 두 방송사의 민사 프레임 사용패턴은 유사하게 나타났다. 그러나 종전 시기에 CNN은 BBC보다 민사프레임을 더 많이 사용하였고 전쟁 진행 과정에서 민사 프레임 사용빈도가 점점 증가한 것으로 나타났다. 셋째, 진단 프레임의 경우 세 방송사간 차이가 두드러지게 나타났는데 BBC는 시종일관 진단 프레임을 많이 사용한 반면 CNN은 진단 프레임을 거의 사용하지 않은 것으로 나타났다. 넷째, 책임 프레임의 경우 전쟁 초기에 BBC가 가장 많이 사용하였고 전쟁 초기엔 알자지라가, 종전 시기엔 세 방송사 모두 책임 프레임을 거의 사용하지 않았다. 다섯째, 예측 프레임은 전쟁 초기와 종전 시기에 CNN이 가장 많이 사용하였으며 알자지라와 BBC는 전쟁이 진행됨에 따라 예측 프레임 사용 빈도가 현저히 줄어들어 예측 프레임 사용패턴이 CNN과 상이한 것으로 나타났다. 여섯째, 국제 여론 프레임의 경우 전쟁 초기 CNN이 가장 많이 사용하였고 종전 시기엔 알자지라가 가장 많이 사용하였지만 전쟁 진행 과정에 따라 알자지라와 BBC가 유사한 사용 패턴을 보인 반면 CNN은 이들 두 방송사와 상이한 사용 패턴을 보이고 있다. 일곱째, 결과 프레임은 방송사간에 다소 차이가 있지만 세 방송사 모두 전쟁이 진행됨에 따라 결과 프레임 사용이 급속도로 증가하였으며 거의 유사한 사용 패턴을 보인 것으로 나타났다.

이상으로 시기별 방송사간 프레임 유형의 차이를 프레임별로 분석한 결과 군사 프레임과 결과 프레임의 경우 세 방송사간 프레임 사용패턴이 유사하였다. 그러나 나머지 프레임의 경우 시기별로 알자지라와 BBC가 유사한 이용 패턴을 보인 반면, CNN은 이 두 방송사와 상이한 이용 패턴을 보였다. 이는 전쟁이 진행되는 과정에서 방송사가 중요하다고 생각하는 사안들이 알자지라와 BBC는 유사했으나 CNN은 이 두 방송사와 달랐다는 것을 의미한다. 요컨대 방송사의 성격면에서 알자지라와 CNN은 사건 발생 과정을 신속하게 보도하는 것을 주요 임무로 하는 반면 BBC는 사건에 대한 분석 기사에 비중을 둔다는 점에서 차이가 있었다. 동일한 사건에 대해서 알자지라와 BBC는 유사한 틀을 사용하여 보도한 반면 CNN은 이들과 상이한 보도틀 보임으로써 이라크전에 대한 방송사간 태도가 서로 달랐음을 입증한다 하겠다.

Ⅳ. 주요 행위 주체의 이미지 프레임

본 장에서는 알자지라, BBC, CNN이 이라크 전쟁 보도에서 주로 활용했다고 판단되는 이미지 프레임 장치들 중에서 행위 주체에 대한 묘사 용어를 추출하였다.

4.1 개전 시기

4.1.1 미국의 이미지 프레임

<table>
<tr><th>방송사</th><th colspan="4">이미지 프레임</th></tr>
<tr><td>알자지라</td><td colspan="2">불법적인 침략자</td><td colspan="2">우수한 군사 작전의 수행자</td></tr>
<tr><td>BBC</td><td>불법적인 침략자</td><td colspan="2">우수한 군사 작전의 수행자</td><td>인도주의자</td></tr>
<tr><td>CNN</td><td colspan="2">우수한 군사 작전의 수행자</td><td colspan="2">인도주의자</td></tr>
</table>

알자지라는 미국을 불법적인 침략자라는 이미지로서 중점적으로 부각시켰다. 주로 사담 후세인과 이라크의 고위 관료의 입을 빌어 미국을 '인류에 대한 범죄자', '살인자', '국제법 위반자' 등 불법적이며 비도덕적인 범죄 집단으로 규정했다. 이라크에 대한 군사 행위를 '인류와 아랍에 대한 범죄 행위'로 규정하며 미국을 이스라엘과 시온주의를 대변하는 사악한 집단의 이미지로 나타냈다. 또한 알자지라는 '신속한', '우수한', '정확한', '전례없는 빠른 움직임' 등의 표현을 통해 미군의 이미지를 우수한 군사력을 보유한 군사 작전 수행자로서 보도하였다. 반면 BBC와 CNN에서 주로 구축한 인도주의자로서의 미국의 이미지는 '시민들의 피해를 최소화하려 애쓰고 있다'는 미 백악관의 보도를 한 차례 인용하는 등 대체로 미약하게 나타나 알자지라의 이미지 프레임에서는 별도로 분류하지 않았다.

BBC는 알자지라와 CNN 사이의 비교적 중도적 입장에서 미국의 이미지를 구축하고 있다. BBC 역시 '시온주의를 위해 일하다', '범죄자 집단' 등 불법적인 침략자로서 미국의 이미지를 구축하고 있지만 알자지라에 비해 그 정도는 미약하다. 우수한 군사 작전의 수행자 프레임은 '유령이라 불리는 스텔스 전투기가 동원되었다', '미사일 세례를 퍼붇다', '폭격했다' 등 우수한 군사력을 보유한 군대의 이미지를 중점적으로 만듦으로서 미국에 대한 부정적 이미지 구축을 자제하고 있다. 인도주의자로서의 이미지는 '항복과 무기를 버릴 것을 권유하는', '대규모 구호단이 이라크로 갈 것이다' 등 비교적 간단하게 다루고 있어 개전 초기에 인도주의자로서의 미국의 이미지를 적극적으로 구축하지 않고 있다.

CNN은 위의 두 방송사와 달리 불법적인 침략자로서의 이미지는 구축하지 않았으며 우수한 군사력을 바탕으로 군사 작전을 착실하게 수행하는 군사 작전의 수행자 모습과, 그 과정에서 발생할 수 있는 사고와 희생을 최소화하려 애쓰는 인도주의자로서의 이미지를 주로 구축하고 있다. 특히, 군사 작전의 수행자로서 바그다드를 향해 계속 진군하고 있는 미군의 이미지와, 전쟁을 지지하는 국가의 수와 지지 의사를 강조함으로써 전쟁 초기부터 합법적인 승리자로서 미국의 이미지를 보여 주고 있다. 또한 심리전의 일환인 각종 선전물과 삐라의 살포 및 항복 권유를 이라크군의 인명 손상을 줄이기 위한 인도적인 행위로 묘사하고, '민간인 보호를 위해 최선', '전쟁이 빨리 끝나기를 희망', '전쟁이 끝나면 미군은 곧바로 귀환' 등의 표현을 통해 인도주의자로서 미국의 이미지를 부각시키고 있다.

CNN은 전쟁이 미국의 국론을 통일시켰다는 보도와 이라크에서 미군의 희생을 집중적으로 보도함으로써 전쟁의 긍정적인 측면을 강조하고 미국민의 애국심을 자극하는 보도 태도를 보였다. 이는 전쟁을 주도하고 있는 국가의 언론으로서 미국식 애국주의를 표현했다 하겠다.

CNN은 다른 두 방송국이 전쟁에 대한 부정적인 여론을 집중적으로 보도한 것에 비해 미국 내에서의 반전 여론과 시위를 '폭동', '교통 혼잡', '경제 활동 마비', '시민들의 반감 자극' 등 부정적인 시각에서 보도함으로써 전쟁 참여자로서의 미국의 이미지를 긍정적으로 구축하려 애쓰고 있다. 이런 보도 형태는 다른 전쟁에서 나타난 미 언론의 전시 보도 형태와 일치하는 것이다.

4.1.2 이라크의 이미지 프레임

방송사	이미지 프레임		
알자지라`	당당한 대응자		비인도적 집단
BBC	당당한 대응자	무기력한 패배자	전쟁의 원인 제공자
CNN	당당한 대응자	무기력한 패배자	비인도적 집단

알자지라는 '충분한 전쟁 준비', '이라크는 미국이 말한 사항을 받아들이는 나라가 아님', '침략자인 미국과 그 동맹에 총을 겨누고 있음', '이라크 국민들은 사담 후세인 대통령 뒤에 줄을 서있다' 등으로 이라크를 당당한 대응자로 이미지 구축을 하는 한편, '여자와 아이들을 인간 방패로 사용', '결정적 단계에서 화학 무기를 사용할 것'이라는 표현 등을 통해 비인도적 집단으로 이미지 구축을 하고 있다.

BBC 역시 이라크 이미지를 당당한 대응자 프레임을 통해 보도하고 있는데 구체적으로 '시온주의자들에게 대가를 지불할 것', '군복을 입고 무기를 든', '신성한 국가를 보호 할 것', '사담 후세인을 위해 목숨을 바칠 것'이라는 표현을 사용하였다. 다른 한편으로는 '국가에 대한 통제권을 상실하기 시작했다', '사담에게 남은 날이 얼마 남지 않았다', '모든 희망을 잃고서 다가올 공격에 대비하는' 등을 통해 이라크를 무기력한 패배자로 틀 지우고 있다. 또한 '사담은 많은 잘못을 저질러 왔다', '세계에 도전할 것을 결정', '전범으로 처리될 것이다' 등으로 보도하여 전쟁의 원인 제공자라는 부정적인 이미지를 구축하고 있다. 당당한 대응자 프레임의 사용은 CNN의 경우에도 나타났는데, 이라크 국회의원들의 '침략을 물리치겠다는 호언', '사담에 대한 무조건적인 지지 발표', '제국주의의 진면목이 폭로', '바그다드 주변에 방어 기지 구축' 등의 표현을 사용하였다. 또한 '전단을 통한 항복 권유에 응답한 선봉대', '미군에 대항할 마음이 없다' 등의 표현을 반복함으로써 무기력한 패배자로서의 이미지를 구축하고 있으며, '국민의 60%가 식량 원조로 지탱', '생화학 무기를 사용한다면' 등의 표현을 통해 비인도적 집단으로서의 이미지를 구축하고 있다.

요약하면 이라크에 대한 알자지라의 프레임은 외부 공격에 대해서 당당히 대응하는 이라크의 이미지를 만들었지만, 이라크 내부적으로 사담 후세인 정권에 대해서는 여자와 아이를 인간 방패로 사용하는 비인도적인 집단으로서의 비정한 이미지도 함께 만들고 있다. 반면 BBC와 CNN은 미국의 군사 작전 계획과 우수한 전투력을 강조함으로써 이라크를 무기력한 국가로 몰아감과 동시에 전쟁의 책임이 미영이 아닌 이라크에 있음을 집중적으로 부각시켰다.

4.1.3 기타 아랍 국가의 이미지 프레임

방송사	이미지 프레임		
알자지라	반전 세력	중도 세력	전쟁지지 세력
BBC	반전 세력	중도 세력	전쟁지지 세력
CNN	반전 세력	중도 세력	사담 정권에 대한 책임론

알자지라는 '이집트, 예멘, 팔레스타인 등에서 시위대들이 성조기

를 불태우고 이라크와 팔레스타인 국기를 게양하는', '미국 대사관으로 향하는' 등의 표현을 반복해서 사용하며 반전 세력으로서 아랍 국가의 이미지를 만들었다. 또한 '전쟁에 관여하지 않음', '사담 후세인에게 망명 권유', '피난처 제공 의사 표현' 등을 통해 이라크와 미국 사이에서 갈등하는 사우디아라비아와 바레인 등 중도 세력으로서 아랍 국가의 이미지도 구축하였다. 그리고 '사담의 붕괴를 기도했다' 등의 표현과, 전쟁의 공포에 떨고 있는 쿠웨이트 시민 모습을 보도함으로써 전쟁 지지 세력으로서의 이미지도 구축하고 있지만 그 정도는 비교적 미약하였다.

BBC는 '미국의 무기 사찰을 믿지 않으며 부시에게 분노를 느끼고 있다', '극심한 경제 위기를 겪고 있는 이집트인 수천 명이 시위에 가담했다', '미, 영, 스페인, 이스라엘 대사의 추방 요구', '부시와 블레어를 암살' 등의 표현을 사용하여 반전 세력으로서 아랍 국가의 이미지를 구축하였다. 또한 '미국에 대한 지지 보류 발표', '미국의 전쟁에 자신들이 포함되는 것을 바라지 않는다', '사담 후세인에게 망명지로 떠날 것을 촉구했다' 등의 표현을 통해 중도 세력으로서의 이미지를 만들고 있다. 그리고 '이라크의 독재 정권에 분노를 느낌', '아랍 형제에게 애정을 갖고 있지는 않다' 등의 표현을 통해 아랍 국가들이 이라크 정권에 대한 불만과 이를 해결하기 위한 수단으로서 전쟁을 지지하고 있다는 이미지를 구축하고 있다.

CNN은 '이라크에 대한 어떠한 공격도 반대', '이라크 국민은 우리의 일부이며 우리는 그들의 일부다', '미 대사관을 향해 행진' 등의 표현으로서 반전 세력 프레임을 구축하고 있지만, 한편으로 이들의 행위를 '자동차를 방화하고', '미 대사관 근처의 건물과 가옥을 공격한', '법을 위반한 것', '건물을 약탈하고 창문을 부순 데모 군중' 등으로 묘사함으로써 아랍 국가들의 반전 시위를 부정적으로 틀지우고 있다. 또한 '군대를 이용해 이라크의 구조를 바꾸려는 시도에 반대', '이라크와 미국간의 위기 해결 방안 논의', '위기의 평화적 해결 요구' 등의 표현을 사용하여 중도 세력으로서의 이미지도 구축하고 있나. 또한 CNN은, '사담은 무장 해제를 진지하게 수행하지 않았음', '걸프전 이후 12년 동안 세계에 신뢰를 회복할 기간이 있었다', '이라크 지도부는 UN 사찰단에 적극 협조해야한다', '테러에 대한 지원을 포기해야 한다' 등의 표현을 통해 사담 정권에 대한 책임론 프레임을 사용함으로써 이번 전쟁이 사담 후세인 때문에 발발했다는 이미지를 만들고 있다. 특히, CNN은 다른 두 방송사에서 거의 언급하지 않은 이스라엘과의 협력 관계를 비교적 소상하게 다루어 다른 두 방송사와 대조를 이루었다.

4.2 티그리트 함락 및 종전 시기

4.2.1 미국의 이미지 프레임

방송사	이미지 프레임		
알자지라	불법적인 침략자	위협적인 패권주의자	군사 작전 수행자
BBC	불법적인 침략자	세계평화 수호자	승리자
CNN	세계 평화 수호자		승리자

알자지라의 경우 불법적인 침략자의 이미지는 미군을 '침략군', '침략자', '식민주의자들', '점령 세력', '바그다드와 이라크의 유일한 결정권자', '미군이 이 나라 주인' 등의 묘사 용어를 사용하거나 '사람과 경무기를 향해 공습과 지나친 무력을 사용' '미군들이 먼저

발사' 등의 행위를 묘사하며, 미국이 '시아파 무슬림들 사이에 불안 조성의 배후'에 있다거나 '소요에 불을 붙이려'한다는 장면을 묘사함으로써 미국의 불법적인 침략자의 이미지를 보다 강력히 구축하고 있다. 또한 미국이 '대량 살상 무기 보유 중지에 대해 농담하는 것이 아니며', '일이 어떻게 돌아가는지 두고 볼 것이며', '자유를 수호할 필요성이 있을 때는 무력을 쓸 것' 이라는 등의 협박성의 묘사 용어를 빈번하게 사용하여 위협적인 패권주의자로서의 이미지를 부각시키고 있다. 특히 알자지라는 미군이 '코브라 헬리콥터를 동원하고' '탱크를 몰아 '대대적인 공격'과 '치열한 전투를 벌이는' 등 군사작전을 수행하는 장면을 BBC나 CNN에 비해 상대적으로 많이 묘사함으로써 미군을 군사작전 수행자로서 프레임하고 있다.

BBC는 '점령군', '침략자'라는 용어를 사용하여 미군의 이미지를 구축하고 있지만 구체적인 장면을 묘사하지는 않아 알자지라에 비해 불법적 침략자로서의 미군의 이미지는 약한 편이다. 또한 '자유국가'인 미국이 이라크를 압제로부터 '해방시키기 위해 노력해왔으며' '폭력행위 중지를 위해 노력'하는 등 이라크 전쟁에서의 미국의 역할과 전쟁 주도국으로서의 명분을 나타내는 묘사 용어를 사용하여 미국을 세계 평화 수호자로서 프레임하고 있다. 부시에 대해서는 공군 전투기를 몰고 항공모함에 착륙하는 장면을 묘사함으로써 미 대통령에 대해 영웅적인 이미지를 그려내고 있다.

승리자로서의 미국에 대한 이미지는 BBC와 CNN 모두 군사 작전에 대한 묘사보다는 종전을 앞둔 상황에서 '승리를 위한 길을 계속 갈 것', '미군의 임무 수행에 찬사' 등 전쟁에서의 승리자로서 그려지고 있다.

CNN은 세계 평화 수호자의 이미지로서 '미국에 위험이 될 수 있는 개인들과 테러 지원국들을 겨냥해 위협하는' '너희들을 쫓고 있다', '(테러와의 전쟁에서 우리를 지지하는 국가들에게는) 충실한 친구지만', '테러 관련국과의 대치에 들어갈 것', '알카에다의 동맹자를 제거', '테러 자금원을 끊다', '테러 집단과 대항' 등 테러와 관련된 묘사 용어를 빈번히 사용하고 있어 세계 경찰국가로서의 미국의 이미지를 부각시키고 있다.

승리자로서의 미국에 대한 이미지는 BBC와 마찬가지로 실제적인 전투 행위에 대한 묘사보다는 종전을 앞둔 상황에서 '미군과 연합군의 승리 선언' 등 종전을 앞둔 심리전적인 효과를 노린 묘사들이 등장하였다.

4.2.2 반미 이라크의 이미지 프레임

방송사	이미지 프레임	
알자지라	무기력한 패배자	
BBC	무기력한 패배자	당당한 대응자
CNN	무기력한 패배자	사악한 테러집단

알자지라에서 무기력한 패배자의 이미지 프레임에서는 '미군에게 항복' '항복 문서에 서명하고 도와줄 용의 표명', '정의로부터 도주하고 있는' 등 패배자의 이미지가 그려지고 있다.

BBC에서는 '약한 군대', '이라크군 탱크 파괴', '이라크군 대부분 섬멸', '이라크군 최악의 전투 벌여', '이라크 통제권 상실', '부대가 와해되고' 등의 묘사를 통해 이라크 군의 군사적 패배가 부각되고 있다. 사담 후세인에 대해서는 '이라크의 독재자'로 묘사한 경우를 빼고는 그다지 크게 부각되지 않았다.

BBC와 CNN에서는 사담 후세인이 전쟁 시작 전에 했던 호언장담과는 달리 미국의 공격에 무기력하게 무너지는 장면이 알자지라보다 생생하고 구체적으로 묘사되었다. 이러한 부정적 이미지와는 대조적으로 이라크 군이 미군과 영국군으로 이루어진 동맹군의 공격에 당당하게 맞서는 장면은 BBC에서만 부분적으로 묘사되었다. 당당한 대응자의 이미지는 '미군에 대항할 태세가 되어있다', '마지막 순간까지 싸울 태세' 등의 표현으로 프레임되었다.

CNN은 사담 후세인에 대해 '축출된', '붕괴된', '이란과의 오랜 전쟁으로 빚이 과중한', '멸망한', '더 이상 존립하지 않는' 등 패배자의 모습을 그리는 묘사 용어를 수식어로 사용한 점이 특기할 만하다.

사악한 테러 지원 집단의 이미지 프레임에서는 CNN이 가장 빈번하게 이 이미지 프레임을 사용하였음을 알 수 있다. 이라크를 '악의 축', '미국을 공격하기 위해 작전을 꾸미는 단체들의 안전한 은신처', '알 카에다의 동맹자', '테러의 돈 줄' 등의 묘사 용어를 사용함으로써 이라크가 전쟁 발발의 원인을 제공한 사악한 테러 지원 집단임을 부각하고자 하였다. CNN에서는 당당한 대응자의 이미지는 발견되지 않았다.

4.2.3 이라크 민간인의 이미지 프레임

방송사	이미지 프레임			
알자지라	무고한 희생자	혼란 속의 무법자	분노하는 항의자	질서와 권리 수호자
BBC	질서와 권리 수호자		혼란 속의 무법자	
CNN	무고한 희생자		혼란 속의 무법자	

티그리트 함락 이후 시기의 이라크 전쟁 보도에서는 이라크 민간인이 주요 행위 주체로 빈번하게 등장하였는데, 그 이미지는 무고한 희생자, 분노하는 항의자, 질서와 권리 수호자, 혼란 속의 무법자로 드러났다.

먼저 알자지라는 '공습을 피해 바그다드를 떠났던', '전쟁의 고통으로부터 피난하였던' 등의 표현으로 무고한 희생자라는 프레임으로 보도하고 있으며, 혼란 속의 무법자 프레임을 사용하여 이라크인들이 '박물관 소장품을 약탈한', '도둑들'이라는 무법자와 같은 약탈자로 묘사되고 있다. 또한 미국과 미군에 반대하는 '성난' 이라크 민간인 '시위자들' 일부는 '수도 중심부에서 시위하며', '미군 앞에서 미국에 반대하는 고함을 외치는' 모습을 보여줌으로써 분노하는 항의자의 이미지를 형성하였다. 또한 '안정과 치안 유지를 위한 자발적인 노력 증대', '약탈 행위로부터 재산을 지키기 위해 총을 발사', '이라크 국민들이 정부 구성의 권리를 갖는' 등의 묘사를 통해 이라크 국민들을 질서 유지와 자신의 권리를 지키려는 집단으로 틀짓고 있다.

BBC에서는 상반된 두 이미지 즉 질서와 권리 수호자와 혼란 속의 무법자 이미지가 사용되었다. '민주 헌법에 동의', '치안을 확대할 수 있는 정부 구성', '이라크인들이 이라크를 통치', '미국이 친미 정권을 세울까 걱정', '이라크인들은 외부 세력을 필요로 하지 않음' 등을 통해 질서와 권리 수호자로서 이라크인들을 묘사함으로써 이라크의 전후 문제 처리에 대한 이라크인들의 의지를 반영하고 있다. 반면에 '미군에게 총을 쏘는', '정유 수송차에 총을 발사', '동족민에게 총을 쏘는' 등에서는 이라크인들을 과격한 폭력 행위자로 묘사하였다.

CNN에서는 무고한 희생자 프레임에서 '어린이들이 종전에도 불구 큰 위험에 처하다', '(어린이들이) 이유없이 죽게될 것', '이들이 질병의 먹이가 될 것', '(어린이들이)거리에 내팽겨진 채' 등 주로 어린이들의 고통받는 모습을 부각시켜 이라크 민간인을 무고한 희생자로 프레임하면서 동시에 '미군의 총을 빼앗으려는' 등으로 묘사하여 혼란 속의 무법자 이미지를 형성하고 있다.

4.2.4 친미 이라크의 이미지 프레임

방송사	이미지 프레임	
알자지라	꼭두각시	
BBC	자유 민주국가	꼭두각시
CNN		

알자지라는 이라크의 친미 세력을 '(미국의 침략전이 승리한 이후에는) 이 지역에서 미국의 기지가 될 것'이며, '침략 미군의 지지자들'이라고 묘사함으로써 미국의 꼭두각시로서의 이미지를 구축하고 있다.

BBC는 이라크 차기 정부가 '자유롭고 민주적이고' '이라크인에 의해 운영되는 민주적인 정권'이어야 하며, '균형적이고 실제적인 정권'이 되어야 한다고 묘사함으로써 사담 이후의 새 정부를 명실상부한 주권을 행사하는 자유 민주 국가로서 부각시켰다. 또 이라크의 망명 지도자로 친미 인사인 아흐마드 찰라비를 '응석받이 어린애', '기회주의자'로 묘사함으로써 친미 세력에 대해 '꼭두각시'라는 이미지 프레임을 구축하였다.

4.2.5 기타 아랍국가의 이미지 프레임

방송사	이미지 프레임		
알자지라	테러 집단	반전 세력	형제애적 동지 집단
BBC			
CNN	테러 집단		

티그리트 함락 이후 기타 아랍 국가의 이미지 프레임에는 아랍 국가 중에서도 특히 시리아가 행위 주체로 가장 많이 등장한다. 이는 미국이 이라크 붕괴 이후 시리아를 테러 국가로 규정했을 뿐만 아니라 이라크 고위 관리들에게 은신처를 제공하고 대량 살상 무기를 보유하고 있다는 혐의로 시리아를 공격할 가능성이 제기되고 있었기 때문이다.

알자지라는 '테러리스트들의 은신처', '금지된 화학 무기 보유', '사담 정권과 협력', '테러 활동을 계속 조장', '테러 국가', '테러 국가 리스트에 올려진', '이단 국가' 등의 묘사 용어들을 사용하여 테러 집단의 이미지 프레임을 형성하였다. 이미지 프레임 추출 분석과정에서는 아랍 국가중에서도 시리아에 대한 이미지가 부정적이고 적대적으로 그려지고 있음을 알 수 있었다. 또한 '이라크 전쟁 발발을 비난' '이라크 침공에 대한 대규모 평화적 항의', '이라크 전쟁에 가장 많이 반대하는' 등으로 표현함으로써 아랍 국가들을 반전 세력으로 프레임하고 있다. 이와 비슷한 맥락에서 '이라크의 재건 사업을 도와야', '이라크 정권을 지원', '이라크 국민들 스스로 선택하는 정부 구성 요구' 등의 묘사 용어를 사용하여 기타 아랍 국가들을 형제애적 동지 집단으로 규정하고 있다.

CNN의 기타 아랍 국가에 대한 보도에서는 이들 국가를 테러 집단으로 묘사하는 이미지 프레임이 많이 사용되었다. '금지된 화학 무기 보유', '테러 단체 활동지지', '테러 활동을 막기 위해 아무 것도 한 것이 없는', '테러 활동을 오히려 부추겨', '전쟁 범죄자와 테러리스트들의 은신처' 등으로 묘사함으로써 아랍 국가 특히 시리아에 대한 테러 집단으로서의 이미지를 강화시켰다.

Ⅳ. 결론

본 연구는 2003년 이라크 전쟁에 대한 미국의 CNN 아랍어 방송과 영국의 BBC 아랍어 방송, 아랍권의 대표적인 아랍어 위성 방송 중 하나인 알자지라 방송의 보도 성향을 비교하기 위해 수행되었다. 특히, 이들 3개 방송사가 이라크 전쟁이라는 현실을 어떻게 구성하였는가를 살펴보기 위해서 이라크 전이 발발하기 하루 전인 2003년 3월 19일부터 미국의 종전 선언일인 2003년 5월 1일까지로 연구기간을 한정하여 3개 방송사의 보도 기사에 대한 프레임 분석을 수행한 결과 다음과 같은 결론을 도출할 수 있었다.

첫째, 3개 방송사가 이라크 전쟁을 보도하면서 주로 사용한 뉴스 프레임 유형은 총 8가지로, 구체적으로 군사 프레임, 민사 프레임, 진단 프레임, 결과 프레임, 책임 프레임, 예측 프레임, 국제 여론 프레임, 매체의 자기 언급 프레임 등으로 나타났다.

둘째, 방송사간 프레임 유형의 차이를 살펴본 결과 알자지라와 CNN이 가장 많이 사용한 프레임 유형은 군사 프레임이었던 반면에 BBC의 경우는 결과 프레임을 가장 많이 활용했다. 이는 알자지라나 CNN은 주로 전쟁 상황과 관련된 속보를 중심으로 보도했고 BBC는 전쟁의 성격에 대한 규정이나 전쟁을 둘러싼 여러 현상에 대한 심층 보도에 비중을 두었음을 의미한다.

셋째, 시기별 프레임 유형을 조사한 결과 개전 시기에는 군사 프레임이 전체 프레임 유형 중 25.1%를 차지하여 개전 시기에 가장 많이 활용된 프레임이라는 사실을 알 수 있었다. 이러한 결과는 전쟁 초기에 연구 대상 방송사들이 군사 작전이나 군사 상비, 선전 포고, 심리전 등을 보도하는 데 주력하였음을 보여준다. 그밖에 이들 방송사가 개전 시기에 많이 활용한 프레임은 국제 여론 프레임(21.1%), 예측 프레임(14.1%), 책임 프레임(11.6%)순이었다. 티그리트 함락 및 종전 시기에는 3개 방송사들이 결과 프레임(45.4%), 군사 프레임(18.5%), 민사 프레임 및 국제 여론 프레임 (각각 11.1%)을 많이 활용한 것으로 나타났다. 이는 전쟁이 끝나가면서 전후 국제 상황이나 전쟁의 결과로 인한 파급 및 후유증이 이들 방송사의 주요 관심사였음을 의미한다.

넷째, 시기별 방송사간 프레임 유형의 차이를 조사한 결과, 개전 초기와 티그리트 함락 및 종전 시기에는 세 방송사들 간의 보도 프레임 유형에 유의미한 차이가 발견되지 않았다. 그러나 전체적으로 시기별 방송사들의 프레임 사용 패턴을 비교한 결과 군사 프레임 사용패턴은 세 방송사간 유사하게 나타났으나 나머지 프레임의 경우 알자지라와 BBC가 유사한 사용 패턴을 보인 반면, CNN은 이 두 방송사와 상이한 사용 패턴을 보였다. 이는 이라크 전을 보도하는 과정에서 알자지라와 BBC가 중요하다고 생각하는 사안과 CNN이 중요하다고 생각하는 사안이 상이했음을 의미한다.

다섯째, 이라크 전 관련 보도에서의 주요 행위 주체를 미국, 반미 이라크, 이라크 민간인, 친미 이라크, 기타 아랍 국가 등 5개로 한정하여 이들에 대한 묘사 용어를 조사하여 이미지를 추출한 결과 다음과 같은 사실을 조사할 수 있었다.

먼저 이라크 전쟁을 보도하는 방식에서 알자지라 방송은 주요 행위 주체의 이미지 프레임을 통해 미국/친미 이라크를 한 축에 두고 있으면서 불법적인 침략자나 위협적인 패권주의자, 꼭두각시 등으로 묘사함으로써 부정적인 이미지를 강조하는 것으로 드러났다. 다른 한편으로는 반미 이라크를 다른 축에 두고 주로 당당한 대응자와 무기력한 패배자의 상반된 이미지를 부여하였다. 이라크 민간인은 알자지라에서 무고한 희생자, 혼란 속의 무법자 등 동정적이거나 비판적인 이미지 등 다소 대조적인 이미지들이 혼재되어 나타났으며, 기타 아랍 국가에서는 복잡한 아랍의 정치 현실을 반영하듯이 전쟁 반대, 중도, 전쟁 지지의 엇갈리는 이미지들이 부각되었다.

동맹국의 보도 매체로서 비슷한 보도 성향을 보일 것으로 예상되는 BBC와 CNN은 대부분의 행위 주체에 대한 표현 방식이 유사한 이미지로 구축된 것으로 나타났다. 즉, 미국은 승리자나 해방자, 세계평화 수호자, 우수한 군사 작전 수행자의 모습으로 묘사되었다. 특히 BBC는 미국을 불법적인 침략자의 이미지와 우수한 군사력을 소유한 인도주의자로 그리고 있어 비교적 알자지라와 CNN 사이의 중도적 입장에서 미국의 이미지를 구축하고 있는 것으로 나타났다. 또한 반미 이라크에 대해서도 무기력한 패배자, 실패한 독재자 등 부정적 이미지를 공통적으로 크게 부각하고 있다. 그러나 개전 초기 BBC와 CNN역시 알자지라와 마찬가지로 반미 이라크를 당당한 대응자로 묘사하는 것은 의외라고 할 수 있다.

끝으로, 본 연구의 한계를 밝히고 향후 연구에 대해 제언하고자 한다. 우선 본 연구는 아랍과 미국, 영국을 대표하는 단 하나씩의 방송만 분석하였으므로 연구 결과를 이들 국가 보도 매체들의 성향으로 일반화하는 데는 무리가 있다. 따라서 앞으로 이들 국가내의 보다 많은 매체에 대한 분석이 필요할 것이다. 둘째, 분석 기간이 시기별로 9일에 그쳐 전반적인 전쟁의 국면에 대한 분석을 위해서는 보다 장기적인 분석이 필요할 것이다. 특히 CNN의 경우 아랍어 방송을 하지 않고 웹 사이트상으로 영어 뉴스를 번역하여 뉴스를 게재하고 있으므로 아랍어 번역 단계에서 일부 뉴스 아이템들이 누락되거나 편집될 수 있다. 마지막으로 전쟁 기간 중 이슈의 변화에 따라 프레임 사용이 어떻게 변화하는지의 연구와 행위 주체와 묘사 용어 이외의 다른 프레임 장치 요소를 적용한 연구는 추후 과제로 미루어두기로 한다.

본 연구는 연구 주제의 성격상 아랍어학과 신문방송학의 학제간 연구와 외국인 학자와의 국제간 공동 연구로 수행되었다. 분석 대상 미디어의 아랍어 보도 자료를 정밀하게 분석하기 위해서 아랍어 전공학자들이 연구원으로 참여했으며, 아랍권에서의 언론 매체의 역할과 각 매체의 보도 성향에 대한 프레임 분석의 연구를 위해서 신문방송학 전공자와 현직 언론인인 아랍인 전공학자가 참여하였다. 이는 아랍어학계에서 종래 시도된 바 없는 학제간, 국제간 연구로서 학술적 연구의 새로운 지평을 열어줄 것으로 기대된다.

또한 본 연구는 국내 주요 언론 및 방송사들이 2002년 미국의 아프가니스탄 공격, 이스라엘·팔레스타인 분쟁 등 서구와 아랍간의 갈등을 보도하는 과정에서 서구 주요 언론의 시각을 여과없이 그대로 전달해온 종래의 관행을 바로잡는 데 일조할 수 있을 것이며, 궁극적으로 우리나라 국민들이 국제 관계에 대해 보다 객관적이고 균형잡힌 시각을 갖게 하는 데 기여할 수 있을 것이다.

제12장

알자지라 방송 뉴스 기사에 나타난 언어적 연맥성의 연구

Ⅰ. 서론

최근 국내 아랍어 학계에서 수행된 언어학적 연구들은 연구 주제나 연구 방법, 연구 범위 등이 종래의 전통 문법과 구조 문법의 틀을 벗어나 새로운 연구 방법을 도입한 학제 간 응용 연구로까지 확대되고 있는 경향이다[139]. 특히 전통 문법의 연구 대상이었던 문장의 경계를 넘어서 텍스트를 언어의 가장 큰 내재적 구조로 파악하는 텍스트 언어학이 화용론의 발달과 함께 등장하고 있다.

텍스트의 원래 의미는 '언어 기호로 약호화 된 메시지 그것 자체'이다. 즉 문이라는 길이를 떠난 어떤 것으로서 그 길이나 범위와는 상관없는 개념이다(Jinsoon, Cha 1985, 6-10). 따라서 텍스트는

139) 2003년 이라크 전쟁에 대한 알자지라와 BBC 및 CNN의 보도 성향을 비교 분석한 연구(사희만 외 5인, 2005, "아랍어 위성방송 알자지라와 BBC 및 CNN 방송의 비교 분석". <<지중해 지역연구>>, 제7권 제1호, 부산외국어대학교 지중해연구소)를 대표적인 예로 들 수 있다. 이 연구는 각 매체에 대한 프레임 분석을 위해 아랍어 전공자와 신문방송학 전공자들의 학제 간 공동연구로 수행된 바 있다.

문들로 구성되어 있는 문법적 단위가 아니라, 문들로 실재화 된 것으로서 하나의 통일된 전체를 형성하는 단락적 단위라고 할 수 있다(Halliday and Hasan 1976, 1). 이처럼 텍스트가 문장의 범위를 초월하는 의미론적 단위라고 한다면, 하나의 텍스트가 통일된 전체가 될 수 있도록 유대감을 조성시기는 문장들 간의 관계를 지시하는 연맥성(cohesion)[140]의 문제가 제기된다. 여기서 '연맥성'의 개념은 텍스트의 표층적 언어 요소들의 '계기적 연결성(sequential connectivity)'이 유지되는 과정을 의미한다. 표층적 요소들의 '계기적 연결성'이란 텍스트의 내면에 게재된 개념이나 관계들이 한 덩어리가 되는 방법이다(Jinsoon, Cha 1985, 3-10). 즉 계기적 연맥성은 연쇄적인 요소들에 근거를 둔 기법적 표현이다.

헬러데이와 하산에 따르면, 접속은 다른 유형과는 달리 그 자체에 연맥성이 있는 것이 아니라 그것의 특정한 의미에 의해 간접적으로 연맥성이 있다는 것이다. 이들은 담화 속에서 다른 요소들의 존재를 가정하는 어떤 의미를 표현하며(1976, 226), 접속 관계는 텍스트를 구성하는 요소들 간의 의미적 연결을 나타낸다(1976, 321).

본 논고는 이러한 기존 이론 연구의 틀 안에서 방송 기사 텍스트에서의 연맥성에 접속이 기여하는 방식을 분석해보고자 한다. 그렇게 함으로써 현대 방송 아랍어에서 텍스트 형성 요소로서의 접속사들이 수행하는 역할에 관해 고찰해보고자 한다. 그러나, 여기서 '접속사'라는 용어는 '연결사'로 대체될 것이다. 이는 자연 언어에서 연결사에 대한 기술은 접속사가 갖고 있는 본래의 문법 범주의 표현에

---

140) 국내에 소개된 텍스트 언어학 자료에서는 cohesion을 결속성, 결합성, 응집성, 응결성 등으로 쓰고 있지만 본고에서는 그것이 텍스트의 표층적 언어 요소들의 계기적 연결성이 유지되는 과정을 의미하는 것이므로 연맥성으로 번역하여 사용한다. 사희만(1993). "무스따파 카밀 연설의 수사 및 언어 분석". 한국외국어대학교 대학원 박사학위 논문

만 국한하지 않고 부사나 전치사구와 같은 다른 범주로부터의 표현들도 포함하기 때문이다(Van Djik 1977, 14). 또한 본 연구자는 '접속사'를 연맥성의 표현적 기법을 나타내는 언어 요소로 파악하고 있으므로 여기서는 '연결사'라는 용어가 더 적합할 것으로 판단되었다.

본 연구자는 뉴스 기사에 대한 분석 과정에서 위에서 언급한 연결사 이외에 뉴스 기사의 매 문단 시작 부분에서 주로 연결사 wa와 함께 특정 문두 표지어들(sentence-initial markers)이 사용됨을 발견하였다. 이들 표지어들이 문맥 흐름의 연속성에 영향을 미친다고 판단하고 이에 대해서도 고찰해 보고자 한다.

분석 자료로는 알 자지라 아랍어 위성 방송이 보도한 이라크 전쟁 보도 기사 중에서 티그리트 점령관련 스트레이트 중심의 속보 기사 29개를 샘플 분석 텍스트로 활용하였다. 구체적으로 2003년 4월 14일자 15개, 4월 15일자 14개의 개별 아이템을 분석 단위로 삼아 연결사의 발생 빈도를 추출한 다음, 이를 연맥성 조사의 기초 자료로 삼았다. 스트레이트 중심의 속보 기사가 아닌 분석 기사도 비교를 위해 3개의 개별 아이템(4-14-18, 바그다드가 갔던 길...다마스쿠스로 향하는가),(4-14-19, 이라크 전쟁은 새로운 전쟁 시대의 서막이다), (4-15-10, 팔레스타인 호텔은 티그리스와 유프라테스 강이 내려다보이는 벌집이다)을 포함하였다.

따라서, 본고에서는 뉴스 기사에 나타난 연결사의 발생 빈도 분석 자료를 토대로 뉴스 텍스트에서의 연맥성 역할에 관한 분석을 다음 세 가지로 구분하여 수행하고자 한다.

첫째, 뉴스 텍스트에서 발견되는 연결사들을 조사하고 이들이 지시하는 담화상의 의미적 관계와 이들이 작용하는 층위를 조사하며 둘째, 연결사들의 연맥 역할이 어떻게 뉴스 텍스트에서 실현되는지를 논한 다음 뉴스 기사 텍스트의 언어적 특징을 도출한다. 끝으로, 뉴스 기사의 매 문단 시작 부분에서의 특정 문두 표지어들을 분석한다.

II. 연결사의 유형 및 사용 빈도

본 장에서는 연결사의 사용 빈도와 언어 층위별 연결사의 사용 경향을 파악하기 위해 등위 접속의 통사적 기능을 갖는 연결사를 의미 관계나 담화의 움직임에 따라 부가, 인과, 반의, 선택, 시간 등의 유형으로 분류하고 그 중 14개의 연결사를 분석 대상으로 삼았다.[141] 분석 단위는 지금까지와는 달리 구와 절, 문장의 범위를 벗어나 문단과 담화의 층위로 확대하여 조사하였다.

(1) 부가: 전 후 문의 반복, 대비에 의한 접속의 방법으로 '..및,.. 또는'을 뜻하는 연결사 wa, kamā, kadhālika, wāw al-ḥāl, thumma(연속) 등에 의한 접속의 방법이다.

(2) 인과: 원인과 결과, 이유와 귀결의 문맥으로 연결사 fa 등으로 접속된다.

(3) 반의: (wa)-lākinna, bal, innamā, ghayra anna, lā 등으로 접속되는 전면부정, 부분부정의 문맥이다.

(4) 선택: 복수의 사항 중 양자택일식의 문맥이다. 등위접속사 aw, am으로 접속된다.

(5) 시간: 연속과 속행을 뜻하는 fa와 thumma가 시간(temporal)

141) 문맥 접속의 유형은 Al-Batal(1985)의 분류를 따랐다. 그러나 이는 본래 접속사를 의미와 연맥의 측면에서 분류한 Halliday & Hasan의 연구를 모델로 삼은 것이다. Halliday & Hasan, op.cit., pp.238-44 참조.

의 유형에 속한다.

다음 도표는 뉴스 텍스트에서 발견된 연결사들의 기능, 작용 층위, 각 층위에서의 사용 빈도를 보여준다.

[표1]

연결사	기능	구	절	문장	문단	담화	계	비고
wa	부가	352	138	197	218	11	916	
wāw al-ḥāl	상태		18				18	
kamā	부가		8	13	9		30	
ka<u>dh</u>ālika	부가		2				2	
bal	반의	1	2				3	
innamā	반의	1					1	
(wa)-lākinna	반의			23	5		28	
<u>gh</u>ayra anna	반의			1			1	
fa	원인		1	3	2		6	
	결과		5	2	1		8	
	결론		5	1			6	
	요약				1		1	
	연속			1			1	
fa al-jawāb	주제도입		4				4	(화제전환)
<u>th</u>umma	연속		1				1	
aw	선택	19	1				20	
am	선택	4					4	
lā	부정	6	6				12	
		383	191	241	236	11	1062	

분석 결과, [표 1]에서와 같이 연결사들은 그것들이 연결하는 요소들의 성격에 따라 텍스트에서 상이한 층위에서 작용함을 알 수 있다. 이들 층위는 구 층위에서 담화 층위까지의 범위에 걸친다.

(1) 구 층위

이 층위는 wa의 경우에서 보듯이 연결사가 단순히 명사, 동사, 전치사 구를 연결하는 층위이다. 이 층위에서 연결사는 383개의 사용 빈도를 보였으며 이중 연결사 wa가 352개로 가장 많이 사용되었다. 특히 이 층위에서 작용하는 다른 연결사들은 aw(19)와 am(4), 부정사 lā(6)개로 나타났다. bal과 innamā는 각각 1개씩 구 층위에서 발견되었다.

ⓐ min ajl i'ādat l-amn wa l-istiqrār ilay-hi
(안전과 안정을 그곳에 회복시키기 위해)

ⓑ qāla 'Amrū Mūsā inna l-ḥukūmāt ta'tī wa tadhhabu
(아므루 무사는 정부란 왔다가 가는 것이라고 말했다)

(2) 절의 층위

절의 층위에서는 연결사가 절과 절을 연결시킨다. 이 층위에서 연결사는 191개가 사용되었다. 이 층위에서 연결사 wa가 구 층위에서와 마찬가지로 138개로 가장 많이 사용된 연결사임을 알 수 있다. 그 다음은 상태절을 유도하는 wāw al-hāl이 18개로서 이것은 절의 층위에서만 사용된다. 역시 부가적 기능의 연결사 kamā가 8개로 많이 사용되고 있으며, 부정사 lā가 6개, fa(결과)와 fa(결론)이 각각 5개, fa(주제도입)이 4개 등이다.

아래 예문에서 ⓐ, ⓑ, ⓓ의 wa는 부가적 기능이며, ⓒ의 wa는 상태절을 유도하고 있다

ⓐ jundiyayyin qutilā wa uṣība ithnān ākharān fī infijār

qunbula

(폭탄 폭발로 군인 두 명이 사망하고 다른 두 명이 부상했다)

ⓑ illā anna l-muhimma huwa ḥusnu ikhtiyār l- ʻanāṣir l-mushāraka fī l-dawriyāt wa anna mina l-muhimm al-ta'akkud min ʻadam wujūd ʻanāṣir fidāʻiyyī ṣaddām(그러나 국가에 참여하는 구성원을 잘 선출하는 것이 중요하며, 또한 사담의 추종 분자들이 포함되지 않도록 하는 것이 중요하다고.....)

ⓒ kāna l-ʻirāqiyyūn qad asarū-hum athnā' l-qitāl wa hum fī ḥāla ṣiḥiyya jayyida(이라크군이 전투에서 포로로 잡았던......그런데 그들은 양호한 건강 상태였다)

ⓓ wa llatī tataʻaraḍu maʻa kulli l-qawānīn wa l-mawāthīq wa l-a'rāf al-dawliyya(모든 법과 조약, 국제적 관례에 어긋나는..)

(3) 문장 층위

이 층위에서 연결사들은 한 쌍의 문장을 연결한다. 여기서 문장은 구두점의 종지 부호에 의해 표지되는 것으로 한다. 문장 층위에서 작용하는 연결사들은 모두 240개로 파악되었다. 연결사 wa는 197개가 포착되었으며 반의적 연결사 (wa)-lākinna가 23개로 뒤를 이었다. 이 경우 wa는 부가적 순기능의 wa의 범주에 포함시키지 않았다. 기타 연결사 중에서는 부가적 기능의 kamā가 13개로 그 사용빈도가 비교적 높은 것으로 나타났다.

(4) 문단 층위

문단 층위에서 연결사는 두 개의 문단을 연결시키며 이들 간의 일정한 의미상의 관계나 담화 전환을 나타낸다. 문단의 단위는 연구자의 직관에 의한 구분이 아니라 알자지라 위성방송 웹 사이트에서 검색된 기사에서 문단 간 여백이 표지되고 있어 이를 문단의 단위로 파악하였다. 문단 층위에서 사용된 연결사 총 236개중에서 wa가 218개로 압도적으로 많이 사용되었음을 알 수 있다. 이 층위에서 기능하는 연결사 wa는 문단 사이의 부가적 관계를 암시하고 있다. 연결사 kamā가 9개, lākinna가 5개 발생하였다.

(5) 담화 층위

이 층위에서 연결사들은 문단 보다 큰 담화 뭉치들을 연결한다. 이는 연결사가 분석 텍스트에서 취할 수 있는 가장 확장된 범위이다. 담화 층위의 연결사는 wa 만이 사용된 것이 특징적이다. 담화 층위의 구분은 본 연구자의 직관적인 판단에 따라 설정하였으며, 문단 층위 말 뭉치들이 담화의 주된 흐름에서 벗어나는 주제의 도입이 포착된 경우 이를 담화 층위로 파악하였다.

Ⅲ. 연결사와 아랍어 뉴스 텍스트의 특징

앞에서 뉴스 텍스트에서 사용된 연결사들의 의미와 범위, 사용빈도를 조사한 결과 아랍어 뉴스 텍스트에서 연맥성과 관련해 다음과 같은 언어적 특징들을 관찰할 수 있었다.

(1) 연결사 wa의 높은 사용빈도

분석 결과 연결사 wa가 뉴스 텍스트에서 사용된 연결사의 86%

를 차지하여 가장 사용 빈도가 높은 연결사임을 알 수 있었다. 이는 아랍어에서 가장 사용 빈도가 높은 기본 연결사중의 하나라는 기존의 학설과 일치한다(Cantarino 1974:vol.3, 11). 더욱이 wa는 구 층위에서 담화 층위에 이르기까지 모든 층위에서 광범위하게 발생하는 유일한 연결사이다. 이처럼 wa의 높은 사용 빈도는 아랍어 텍스트에서 연결사로서의 중요성을 반영한다.

wa는 등위 접속 기능과 연맥적 혹은 부가적 기능이 동시에 발생한다.[142] 모든 층위에서 wa는 그것이 등위 접속하는 요소들 간의 부가적 관계를 나타낸다. 상위 층위 즉 문장, 문단, 담화 층위에서 반복되는 wa에 의해 나타내지는 부가적 관계는 담화에서의 흐름 즉, 논의가 큰 단절 없이 계속 진행되고 있음을 나타낸다. 구나 절의 하위 층위에서는 wa의 부가적 관계는 반복이나 병렬어구, 말바꿈과 같은 연맥적 기능과 관련이 깊다. 이와 같이 아랍어의 wa는 그것이 구 층위에서 발생할 때일지라도 단순히 등위 접속사가 아니라 보다 광범위한 연맥적 현상의 한 구성 요소인 것이다. 예컨대, 구의 층위에서 wa는 흔히 어휘 대구(couplet)를 연결해준다. 이 어휘 대구는 동의어적인 어휘들의 쌍으로 정의되거나 아랍어 담화에서 반복의 예로서 간주된다(Koch 1983, 49).

ⓐ li-l-ḥaylūla dūna wuqū'i ḥawādi<u>th</u> nahb <u>wa</u> salb(약탈<u>과</u> 강도질의 발생을 막기위해)

ⓑ a<u>th</u>ār wa l-dimār <u>wa</u> l-<u>kh</u>arāb(파괴<u>와</u> 붕괴의 흔적)

---

142) Halliday & Hasan이 영어의 and를 '부가적 '기능과 '등위적 '기능으로 구별하였듯이 Hanania(1984:2) 역시 아랍어의 wa 에 대해 별도의 두 기능을 수행하는 것으로 보았다. 그러나 al-Batal에 따르면, wa의 부가적 기능과 등위적 기능은 wa가 발생하는 어느 경우에서든지 동시에 나타난다고 한다.

이와 같이 연결사 wa에 의해 연결되는 어휘 대구는 텍스트에서 구조적 계층의 가장 낮은 층위에서도 wa가 수행하는 중요한 수사적 기능을 잘 보여준다.

(2) 연결사 lākin의 낮은 사용 빈도

뉴스 텍스트에서는 반의적 연결사 lākin의 사용 빈도가 wa와는 대조적으로 매우 저조함을 알았다. 이는 lākin이 반대를 유도하는 이른바 '논쟁적 형태소'(Ducrot et al.1980, 14)이기 때문이다. '논쟁적 형태소'는 특정 사건이나 상황에 대한 화자의 신념이나 감정, 태도, 의견을 전달하는 언표내적 행위의 일부로서 신문의 사설에서는 자주 나타날 수 있다(Edmondson 1981, 137). 본 연구에서도 논평 기사 3개 아이템에서 모두 9개가 사용되어 31%의 높은 사용 빈도를 보임으로써 위 가설이 어느 정도 입증되었다고 할 수 있다.

(3) 뉴스 텍스트에서의 '무연결사' 사용

[표2]

연결사	기능	구	절	문장	문단	담화	계	비고
무연결사			109	8	42	10	169	

분석을 통해 연결사들은 뉴스 텍스트의 모든 층위에서 발생함을 알았다. 뉴스 텍스트의 거의 모든 문장과 문단은 연결사로 시작한다. 그러나 명시적인 연결사가 사용되지 않은 경우도 간혹 발견되었다.[143] 이러한 연결사의 부재는 어떤 특정한 기능을 수행하고 있는

143) 본 연구에서는 이와같이 명시적인 연결사들이 발견되지 않은 경우를 '무연결사'로 지칭하기

것으로 보인다. 아랍 수사학자들은 아랍어의 수사법인 '분접과 연접'(al-faṣl wa l-waṣl)을 논하면서 '연결성'(al-ittiṣāl)의 개념을 이미 제시한 바 있다(al-Jurjānī 1961:146-163, al-Hāshimī 1963:174-187). 이들 아랍 수사학자들에 따르면, 어떤 문장이든지 두 개의 문장은 5개의 조건 특히 그중에서도 '완전한 연결성 '(kamāl al-ittiṣāl)의 조건 하에서는 연결사 wa에 의해 연결되지 않을 수 있다고 보았다.

본 연구에서 구의 층위에서는 '무연결사'가 아랍어 설명문에서와는 달리 전혀 사용되지 않았다. 절의 층위에서 가장 많은 '무연결사'가 사용되었는데 이는 관계 대명사가 생략된 경우의 '무연결사' 절이 포함되었기 때문으로 추정된다. 문장 이상의 층위에서는 사용 빈도가 낮게 나타났는데 이는 아랍어에서 거의 모든 문장은 연결사로 시작됨을 반증하는 것으로 보인다. 그러나 다음 뉴스 기사의 예에서 보듯이 문장 층위 이상에서 무연결사의 사용은 독자에게 기사와 관련된 배경 지식을 제공해주는 역할을 수행함을 알 수 있다.

wa sabaqa an ṭālaba l-ra'īsu l-amrīkiyy dimashqa bi-l-ta'āwun l-kāmil, wa lā tasmaḥa li-a'ḍā' usra ṣaddām ḥusayn aw kibār l-mas'ūlīn fī niẓām-hi aw ḥizb l-ba'th lladhī kāna yatarra'su-hu bi-l-harab ilā sūriyā. yushāru ilā anna sūriyā min akthar al-duali l-'arabiyya mu'āraḍa li-l-ḥarb fī l-'irāq

(미국 대통령은 다마스쿠스에게 완전한 협력을 요청한 바 있으며,

로 한다.

사담 후세인의 가족이나 그의 정권 혹은 집권 바쓰당의 고위 관리들이 시리아로 도주하는 것을 허용하지 말도록 요청했다. 시리아는 이라크 전쟁에 가장 반대하는 아랍 국가임이 지적될 수 있다)

위 기사에서 두 번째 문장의 시작인 동사 yushāru ilā는 '무연결사' 상태이다. 앞 문장에서 부시 대통령이 시리아에 대해 이라크의 사담 후세인과 고위 관리들이 시리아로 도주하는 것을 허용하지 않도록 협조를 요청하는데 이어서 시리아가 이라크 전쟁에 가장 반대가 심한 나라임을 보충 설명하고 있는 대목이다.

특히 뉴스 텍스트에서 기자가 쓰는 기사의 첫 문장인 리드(lead)는 항상 무연결사로 시작되었다. 리드를 읽으면 글의 흐름이나 강도, 요지 등이 모두 짐작될 만큼 기자가 그 기사에 부여하는 의미와 중요성이 축약되어 있다(이재경 1998, 42). 아랍어 뉴스 기사에서 첫 번째 문장, 혹은 첫 문단인 리드가 항상 무연결사 상태로 시작하는 현상은 모든 아랍어 뉴스 기사에서 공통적으로 나타나는 언어적 특징이다. 반면에 리드 이후 기사의 본문에서는 거의 모든 문장과 문단이 연결사나 문두 시작 표지어로 시작됨을 알 수 있었다.

리드에서 형식상 연결사가 쓰이지 않는 것은 리드가 기사의 첫 문장으로서 앞 문장이나 문맥과 이어지지 않는다는 점이 주된 이유가 될 것이다. 또 리드는 독자에게 강력한 인상을 심도록 가장 중요한 한 가지 사실을 강조하는 기능을 하며 동시에 리드에는 취재 내용이 한 문장으로 요약되어 나타나야 한다. 따라서 연결사로 시작되지 않는 아랍어 기사의 리드는 그 자체가 강조의 기능과 함께 독립적인 짧은 기사로 간주될 수 있는 표현 형식의 특징이 있다.

분석한 스트레이트 성 기사에서 리드의 문두 시작은 모두 동사 문이었으나, 논평 기사인 4-14-18과 4-15-10에서는 명사문으로 시작하고 있는 점도 특징적이다.

ⓐ mawjātu l-ittihāmāt allatī........(시리아가 요즈음 미국과 영국, 이스라엘의 세 방향에서 받고있는 비난의 파고는.....).

ⓑ funduqu filasṭīn al-dawliyy....(티그리스 강을 내려다 보는 거대한 이라크 관광 명소인 팔레스타인 국제호텔은.....더 이상 아름답거나 조용하고 화려하지 않다)

Ⅳ. 연결사 이외의 문두 표지어

연결사의 사용 빈도를 조사하는 과정에서 문두에 사용된 연결사 wa가 특정 언어 요소[144]와 연계하여 함께 사용되는 빈도수가 높은 점에 착안하여 연결사와는 별도로 조사를 하였다. 그 결과 이들 문두 표지어들은 뉴스 기사에서 기존의 등위 접속 기능의 연결사 이외에 기사에 제시되는 사건의 흐름의 전후 관계를 파악할 수 있는 연맥적 기능을 수행한다고 판단되었다.

4.1 사용 빈도

알자지라 뉴스기사에서는 다음 8개의 문두 표지어들이 주로 많이 사용되었으며 그 분포는 [표 3]과 같다.

144) 이를 문두 표지어로 부르기로 한다.

[표 3]

	표지어	수		비고
1	qad	40		(wa)+
2	fī +시간명사	16	39	(wa)+
	fī +장소명사	23		(wa)+
3	min jānibi-hi /min jihati-hi	15		(wa)+
4	min nāḥiya (ukhrā)/ min jihatin ukhrā (thāniyya)/ min jānibin ākhar/	9		(wa)+
5	‘alā ṣa‘īd ākhar/ fī ḥādith ākhar/	8		(wa)+
6	kāna qad	7		(wa)+
7	mina l-muqarrar/ mina l-muntaẓar/ mina l-mutawaqqa‘i/	5		(wa)+
		123		22.5%

위 표에 제시된 7개의 표지어 이외에 ‘alā l-ṣa‘īd nafsi-hi(3), ammā......fa(3), wa fī l-waqt dhāti-hi(1), wa fī mā yata‘allaqu bi(2), fī l-siyāq(2) 등이 사용되었다. 또 뉴스 기사에 자주 사용되는 문두 표지어인 ḥasaba(..에 따르면), jadīr bi-l-zikr anna(..라고 언급할만한 가치가 있다), mimmā yudhkaru anna(..라고 언급된다), mina l-ma‘rūf anna(..라고 알려져 있다) 등은 조사되지 않았다.

전체 조사된 문장의 수 547개중에서 주요 문두 표지어로 시작되는 문장은 123개로서 그 비율은 22.5%였다. 조사된 표지어들 중에서 가장 많이 사용된 표지어는 qad(40)와 fī+시간(장소)의 전치사구(39)이다. 총 분석된 표지어 123개중 64%를 차지하는 만큼 높은 비중이다. 장소의 전치사구가 시간 전치사구보다 많이 사용되었음을 알 수 있다. 세 번째로 사용 빈도가 높은 표지어는 min jānibi-hi(한편 그는)와 그 변형이며, min nāḥiyatin (ukhrā)와 그 변형이 그 뒤를 잇고 있다. 분석 결과, 이들 10개의 문두 표지어들은 모두 연결사 wa가 선행되는 경우가 주로 많았다. 이처럼 연결사 wa가 문두 표지어에 선행하여 사용되는 것은 선행 사건과 느슨하게 관계를 맺고 있는 어떤 사건을 부가하는 즉 선행 사건과의 지속적 관계를 암시하는 것이라고 할 수 있다. 이러한 면에서 문두 표지어와 함께 쓰인 wa는 낮은 의미적 가치 혹은 특성을 갖고 있으며 따라서 이를 중립적 연결사라고 할 수 있다(Khalīl 2000:142).

4.2 문두 표지어 현상의 중요성

앞에서 밝혀진 바와 같이, 문두 표지어가 아랍어 기사에서 높은 사용 빈도를 보이는 것은 본 연구와 관련하여 또 앞으로의 후속 연구를 위해 시사하는 바가 있다.

첫째, 이들 문두 표지어는 앞서 고찰한 아랍어 연결사들과는 다르다. 이들 표지어들은 부가적이거나 연속적 기능을 수행하지 않는다. 또 원인이나 결과처럼 여러 명제들 간의 의미적 일관성(coherence)을 표현하지 않는다. 심지어 어떤 표지어들은 명제들 간의 어떠한 의미 관계도 나타내지 않는 것처럼 보인다.

둘째, 이들 문두 표지어는 의미 관계가 문맥에서 충분히 이해가 될지라도 필수 불가결한 요소이다. 아랍어 연결사가 "기본적 의미 관계를 연결사를 통해 적절히 제시해주는 것 "(Al-Batal 1990, 253)이라고 할 때, 아랍어는 명시적인 연결사를 자주 사용함으로써 독자들에게 텍스트의 다양한 구성 요소들 간의 관계의 유형을 암시한다(Al-Batal 1994, 92). 따라서, 아랍어에서 연결사가 사용되지 않을 경우 연맥성이나 텍스트의 수용성이 위태롭게 된다. 그러나 문두 표지어가 사용되지 않을 경우에는 그보다 훨씬 더 큰 영향을 텍스트에 미칠 수 있다.

셋째, 이들 표지어는 아랍어 기사에서 연맥 관계를 뛰어넘어 작용한다. 이들은 뉴스 기사에서 제시되는 기저 정보의 관련성에 대한 기사 작성자의 관점을 보여준다. 즉 배경(background) 구조라고 하는 고도의 텍스트 특성을 나타낸다. 즉 표지어들은 독자들에게 제시하고자 하는 정보를 전체 텍스트의 배경 구조에 어떻게 통합시킬지에 관한 지침을 제공한다고 할 수 있다(El-Sakran 2004, 31).

넷째, 문두 표지어들은 뉴스 텍스트의 고유한 특성이다. 다른 장르의 텍스트에서도 사용될 수 있으나 그 사용빈도는 현저히 낮다.

V. 샘플 기사의 담화 흐름과 연맥의 망

다음에서는 실제 샘플 기사(4-14-12)의 분석을 통해 연결사와 문두 표지어들이 어떻게 전체 텍스트를 응집하는 연맥과 관계의 망을 나타내는지와 담화의 흐름을 보여주는지를 알아보기로 한다.

[원문 기사 전사]

Mūsā: al-ḥukūmāt tataghayyaru wa l-ʿirāq yaẓallu ʿuḍwan bi-l-jāmiʿat

(1) qāla l-amīn al-ʿāmm li-jāmiʿat al-duwali l-ʿarabiyya ʿAmrū Mūsā inna l-ḥukūmāt taʾtī (2)wa tadhhabu (3)wa yabqā l-ʿirāq dawla ʿuḍwan fī jāmiʿati l-duwali l-ʿarabiyya, fī ishāratin ilā inhiyāri l-ḥukūmat l-ʿirāqiyya (4)wa mā yatarattabu ʿalā dhālika fī qaḍiyya l-tamthīl fī l-jāmiʿa.

(5) wa aḍāfa Mūsā fī taṣrīḥāt ṣaḥafiyya l-yawm anna al-sha'ba l-'irāqiyy huwa man yamliku ḥaqq tanṣīb ḥukūmat bilādi-hi (6)wa anna 'alā l-duwali l-'arabiyya musā'adat l-'irāq fī 'amaliyya i'ādat l-i'mār.

(7) fī hādhihi l-athnā' bada'a l-yawma bi-maqarr jāmi'ati l-duwali l-'arabiyya fī l-qāhira ijtimā' l-mandūbīna l-dā'imīn ladā l-jāmi'a bi-ri'āsati l-amīn al-'āmm (8)wa mushārakati l-mandūbi l-'irāqiyy al-safīr Muḥsin Khalīl.

(9) wa jā'at mushārakatu l-mandūbi l-'irāqiyy ladā l-jāmi'ati l-'arabiyya fī l-ijtimā' raghma mā taraddada 'an tawajjuhi-hi ilā l-yaman ka-lāji'in siyāsiyy.

(10) wa mina l-muqarrar an yabḥatha l-mandūbūna bi-l-jāmi'ati l-waḍ'a l-rāhin fī l-minṭaqati l-'arabiyya ba'da murūr akthar min thalātha asābī' 'alā l-ḥarb llatī tashunnu-hā l-wilāyāt l-muttaḥidda 'alā l-'irāq, ilā jānibi baḥthi l-waḍ' fī l-arāḍī l-muḥtalla (11)wa tas'īdi l-'amaliyyāt l-isrā'īliyya ḍidda l-filasṭīniyyīn.

(12) wa kāna Mūsā qad ṭālaba l-khamīs fī muqābala ma'a l-jazīra bi-an yakhtār l-'irāqiyyūn ḥukūmata-hum (13)allā tafriḍ 'alay-him min qibal dawla ajnabiyya.

(14) wa tawaqqa' maṣdar bi-qurbin mina l-mu'tamar l-waṭaniyy al-'irāqiyy amsi tashkīla sulṭa mu'aqqata fī l-'irāq (15)ta'malu ilā jānib l-idārati l-madaniyya llatī sa-yatawallā-hā 'alā l-arjuḥ l-jenarāl l-amrīkiyy al-mutaqā'id Jāy Ghārnar.

(16) wa qāla l-mustashār l-qānūniyy li-l-mu'tamar Sālim al-jalabiyy fī taṣrīḥāt mina l-kuwayt inna l-sulṭa l-mu'aqqata sa-tu'ayynu hay'atan mina l-khubarā' li-waḍ' dustūr jadīd li-l-bilād qabla ijrā'i intikhābāt 'āmma fī ghuḍūn naḥwa 'al-āmayn

(17) yushāru ilā anna ṣaḥīfa ghardiyān al-barīṭāniyya dhakarat anna ghārnar 'indamā yuṣbiḥu l-ḥākimu l-'askariyy li-l-'irāq sa-yushakkilu ḥukūmatan min 23 wijāra (18) 'alā kull min-hā ḍābiṭ amīrikiyy (19)yuḥīṭ bi-hi arba'a mustashārīn 'irāqiyyīn. (20)kamā tuqaddiru ba'ḍu l-dawā'ir anna ḥukūmata-hu l-'askariyya qad tastamirru min sitta ashuhur ilā sanatayn.

[원문 기사 번역]

무사: 정부는 바뀌어도 이라크는 아랍연맹의 회원으로 존속할 것이다

(1) 아랍연맹 사무총장 아므루 무사는 이라크 정부의 붕괴와(4) 그에 따른 아랍연맹에서의 대표 문제를 가리키며 정부는 오고(2) 가지만 (3)이라크는 아랍연맹의 회원국으로 존속할 것이라고 말했다.

(5) 또한 무사는 오늘 기자 회견에서 이라크 민족이 자기 나라 정부를 세울 권리를 갖고 있으나 (6)아랍 국가들은 이라크의 재건을 도와야 한다고 덧붙였다.

(7) 이러는 동안에 오늘 카이로의 아랍연맹 본부에서는 사무총장의 주재와 (8)이라크 대표 무흐신 칼릴 대사가 참석한 가운데 아랍연맹의 상임 대표자 회의가 시작되었다.

(9) 아랍연맹 주재 이라크 대표의 회의 참가는 그가 정치적 망명자로서 예멘으로 갈 것이라는 설이 있었음에도 불구하고 이루어졌다.

(10) 아랍연맹 대표들은 점령 지역에서의 상황에 대한 검토와 (11)팔레스타인에 대한 이스라엘의 작전이 고조되고 있는 것 외에 미국의 대 이라크 전쟁이 발발한지 3주 이상이 지난 이후의 아랍 지역에서의 현 상황을 논의할 예정이다.

(12) 무사는 목요일 알자지라와의 회견에서 이라크 인들이 그들의 정부를 선택해야하며

(13) 외국 국가에 의해 그들에게 부과되어서는 안 된다고 요구한 바 있다.

(14) 어제 이라크 민족회의에 정통한 소식통은 미국의 퇴역 장군 가르너가 유력하게 맡게 될 민간 행정국과 함께 일할 (15)이라크의 임시 정부를 구성할 것이라고 예상했다.

(16) 이 회의 법률 고문인 살림 알 잘라비는 쿠웨이트로부터의 발언에서 임시정부는 2년 내에 총선거를 실시하기 앞서 이라크의 새로운 헌법을 제정하기 위해 전문가로 이루어진 위원회를 임명할 것이라고 말했다.

(17) 영국의 가디얀지는 가르너가 이라크의 군사 통치자가 되면 그가 23개의 부처를 두고 (18)각 부처에 미군 장교가 배속되며 (19)또 4명의 이라크인 자문관이 그를 보좌할 것이라고 보도한 것은 주목할 만하다. (20)또한 일부 관측통은 그의 군사 정부가 6개월에서 2년 계속될 것이라고 평가한다.

[표 4]

순서	연결사 / 문두 표지어	구성 요소	층위	기능
(1)	무연결사	리드	문단	기사의 첫 문장으로서 전체 기사 내용의 요약
(2)	wa	리드	구	동사+동사
(3)	wa	리드	절	선행절과 주어가 일치하지 않음
(4)	wa	리드	구	전치사구
(5)	wa	본문	문단	동사 aḍāfa와 함께 1에 대한 진술의 부연
(6)	wa	본문	절	5에 대한 부가적 진술

(7)	fī hādhihi l-athnā'(시간명사)	본문	문단	1,5,6에 이은 사건의 연속성
(8)	wa	본문	구	명사구의 부가적 기능
(9)	wa	본문	문단	문단 7의 부가적 진술
(10)	wa min al-muqarrari an	본문	문단	문단 7와 9의 연속성/문장에 표현된 내용의 일부
(11)	wa	본문	구	명사구의 부가적 기능
(12)	wa kāna .....qad	본문	문단	문단 5의 사건을 지시/전체적인 전환 기능을 수행
(13)	wa	본문	절	선행절에 대한 부연 기능
(14)	wa	본문	문단	문단 12에서의 선행 사건과의 연속적 관계
(15)	무연결사	본문	절	관계 대명사 생략
(16)	wa	본문	문단	문단14에 대한 부가적 진술
(17)	무연결사	본문	문단	문단14, 16에 대한 배경 지식 제공
(18)	무연결사	본문	절	관계 대명사 생략
(19)	무연결사	본문	절	관계 대명사 생략
(20)	kamā	본문	문장	문단17의 배경 지식에 대한 부가적 진술

번역 기사문과 표에서 보듯이 기사는 제목과 리드, 본문으로 구성되어 있으며 본문은 여러 개의 문단(혹은 문장)으로 구성되어 있다. 리드를 뒷받침하는 구체적인 사실을 담화의 흐름에 따라 단락별로 제시하고 있다. 특히 표는 연결사와 문두 표지어들에 의해 지시되는 관계들이 기사의 주제를 따라서 글의 흐름에서의 연속성, 부가, 부연 설명을 보여주면서 수평적으로 확장되고 있음을 보여준다. 이는 또한 다른 관계들이 기사 속 문장 층위 내의 구와 절에서의 진술을 연결하면서 문장과 문단, 담화의 층위에서 수직적으로 확장되고 있음을 보여준다.

또 연결사와 문두 표지어들은 이들 수평・수직선상에서 여러 언어 요소들을 단위로 연결하고 그 다음에 이들 단위들을 보다 큰 단위로 연결해줌으로써 기사문의 의미 관계의 연맥성을 표현한다. 즉 연결사 wa는 (5),(9),(14),(16)에서처럼 기사 내용을 배열하는 과정에서 부가적 진술과 부연 기능과 함께 사안의 지속적인 흐름을 나타낸다.

(10)의 문두 표시어 mina l-muqarrar an 은 연결사 wa가 선행 진술의 연속적 흐름을 유지해주면서도 동시에 앞 문단과의 의미 관계와는 무관함을 나타내는 것 같다.

(12)의 문단에서는 연결사 wa와 함께 문두 표지어 kāna qad가 사용되었다. 이 문두 표지어는 무사의 발언이 이미 발생한 선행 사건임을 나타내며, 문단 (1),(5),(7),(9),(10)에서 진술된 아랍연맹 회의 개최 관련 사안에서 기사의 흐름을 크게 변경하고 있다.

무연결사는 사안의 흐름의 전환을 나타낸다. (17)에서 보듯이 기사 작성자는 독자에게 사안이 바뀌고 있다는 것을 암시한다. 즉, 기존의 진술 흐름에서 벗어나 영국 가디너지의 보도를 인용하면서 다소 먼 미래의 일인 임시 정부의 구체적 구성 내용과 가르너와의 관련성을 언급하고 있다. 그러나 (15), (18), (19)에서의 무연결사는 관계대명사가 생략된 절로서 마치 wa의 부가적 기능을 수행하고 있다.

이와 같이 기사 샘플 분석을 통해 이들 연결사들과 문두 표지어들은 뉴스 텍스트의 표층적 연맥 관계를 맺어주는 언어 장치들임이 입증되었다.

VI. 결론

본 연구에서는 아랍어 뉴스 텍스트의 형성 요소로서 연결사들이 텍스트의 표층적 언어 요소들을 계기적으로 연결하는 것을 고찰해 봄으로써 아랍어 뉴스 텍스트의 언어적 특징을 도출해보고자 하였으며, 분석 결과 다음과 같은 연구 결과를 확인할 수 있었다.

첫째, 연결사들은 5개의 층위 구, 절, 문장, 문단, 담화의 층위에서 기능하였으며 뉴스 기사의 거의 모든 문장들과 문단들은 연결사에 의해 연결되었다.

둘째, 가장 높은 사용 빈도를 보인 연결사는 wa로서 다른 장르의 텍스트 연구 결과와도 일치함으로써 아랍어 텍스트의 일반적인 특징으로 판단된다. 그러나 '논쟁적 형태소'인 반의적 연결사 lākinna는 사용 빈도가 적은 것으로 나타났다. 이는 뉴스 기사의 언어적 특징으로 파악된다.

셋째, 문두에서의 무연결사는 기사 작성자가 독자에게 기사와 관련된 기초적 정보 즉 배경 지식을 제공해주는 경우에 사용되었다.

넷째, 뉴스 텍스트에서 기자가 쓰는 기사의 첫 문장인 리드(lead)는 항상 무연결사로 시작되었다. 스트레이트 성 기사에서 리드의 문두 시작은 모두 동사문 이었으나, 분석 기사에서는 명사문으로 시작하고 있는 점이 특징적이다.

다섯째, 문장 시작 부분에서 기존의 연결사의 범주에 속하지 않는 언어 요소들 즉 문두 표지어들이 사용되고 있음을 알았으며, 이들은 연결사 wa와 주로 함께 사용되거나 단독으로 쓰였다. 이 경우 문두 표지어들은 연맥 관계를 뛰어넘어 기사 작성자가 제시하고자하는 정보의 배경 지식을 제공하는 기능을 수행하는 것으로 판단되었다.

끝으로 본 연구는 아랍의 언론 매체 중 알자지라 위성 방송의 뉴스 기사 중 일부만을 분석하였으므로 연구 결과를 아랍어 뉴스 텍스트의 특징으로 일반화하는 데는 무리가 있다. 따라서 앞으로 보다 많은 다른 언론 매체의 뉴스 텍스트와 다른 장르 예컨대 신문 사설과 같은 논설문 장르의 텍스트 분석이 필요할 것이다. 또 조사된 문두 표지어들이 실제로 뉴스 기사 속에서 텍스트의 배경 구조에 통합되는 과정에 대한 분석은 추후 과제로 미루어 둔다.

PART 5

민족주의와 언어

제13장

이집트 민족주의자 무스타파 카밀의 연설

1. 서론

본 연구의 목적은 이집트의 정치가이자 연설가인 무스타파 카밀(Muṣṭafā Kāmil, 1874-1908)의 연설을 대상으로 하여, 연설에 나타난 수사적 특성을 고찰함과 동시에 카밀의 연설이 이집트 민족주의의 맥락에서 어떻게 구현되는가를 구명하는데 있다.

흔히 고대 아라비아 자힐리야 시대의 대표적 시인인 이므루 알-까이스(Imru' al-Qays[145])로 일컬어진 카밀은 당시 이집트 뿐 아니라 유럽에서까지 큰 반향을 불러 일으킬 만큼 설득력과 호소력 있는 명연설가로 알려졌는데, 이는 그의 연설만이 갖고 있는 특유의 표현 기법과 의사소통의 상황(situation)이 상호 유기적으로 관련되면서 창출되는 수사적 특성에서 그 요인을 찾을 수 있다.

145) 카밀의 고교시절, 당시 문교장관 알리 바샤 무바라크가 카밀의 웅변을 듣고 이므루 알-까이스에 비유하여 붙인 별명이다. ʻAbd al-Raḥmān al-Rāfiʻī(1984),Muṣṭafā Kāmil:Bā ʻith al-Ḥaraka al-Waṭaniyya(al-Qāhira:Dār al-Maʻārif), p.35

연설은 연사(speaker)가 여러 사람에게 자기의 주의, 주장 또는 의견을 진술하는 담화 형태로서 지식을 전달하거나 설득을 시키는 데 그 목적이 있다. 특히 대중을 상대로 한 정치 연설은 설득과 선동의 기능을 가진 언어 수행(linguistic performance)이며, 그 연설문은 '언어'라는 매개적 기호의 산물로서 설득을 위한 논리 정연한 산문에 속한다. 이에 연설과 언어와의 밀접한 연관성 아래에서 연설을 연구해야 하는 타당성이 있는 것이다.

지금까지의 무스타파 카밀에 대한 연구 성과를 살펴보면 대체로 다음과 같은 몇 가지 영역으로 구분할 수 있다.

첫째, 초기 아랍 민족주의자로서의 그의 정치적 성향을 분석한 정치사상적 연구
둘째, 그의 생애를 역사적, 사회적 현실과 관련하여 분석한 전기적 인물연구
셋째, 그의 저술과 연설 중에 나타난 정치 용어에 대한 어휘 의미론적 연구
넷째, 국내외에서의 여론 조성 및 홍보에 관한 홍보 책략적 연구이다.

기존 연구들의 대부분은 역사, 전기적 방법에 근거를 둔 인물 연구에 치중되고 있는데, 이와 같은 역사, 전기적 연구 성과는 본고의 기본적인 연구 목적을 달성하는데 밑거름이 될 것이다. 왜냐하면 의사소통 상황의 매개 변수인 연설자의 생애, 사상, 연설시의 시대적 상황이나 연설 주제 등에 대한 예비 지식은 본 연구를 더욱 체계적이고 합리적이게 하는 바탕이 될 수 있기 때문이다.

2. 카밀의 생애와 사상

본 장에서는 무스타파 카밀의 연설이 이루어진 의사소통의 상황을 이해하기 위해 이집트 근대화의 시발점인 나폴레옹의 이집트 침공으로부터 카밀이 애국운동을 시작하는 1890년까지의 이집트의 시대적 상황을 먼저 살펴본 다음에 카밀의 생애와 민족주의자로서의 그의 사상까지도 고찰해보고자 한다.

2.1 시대적 배경

이집트 근대화의 작업은 프랑스가 물러간 뒤 이집트 지배권을 잡은 무함마드 알리(Muḥammad ʻAlī, 재위기간 1805-48)에 의해 시작되었다. 그는 많은 개혁적인 조치들을 시행하였으나 이로 인해 오히려 재정 수입이 타격을 입어 감소되기 시작하고, 잇따른 외정(外征)으로 지출은 급격히 증가하였다. 무함마드 알리의 뒤를 이어 술탄이 된 압바스(ʻAbbās, 재위 기간 1849-54)는 비교적 보수적·반서구적인 경향으로 개혁을 자제하고 재정의 균형을 지켰으나 사이드(Saʻīd, 재위 기간1854-64)와 이스마일(Ismaʼīl, 재위 기간 1864-76)은 궁전이나 관청의 건축, 도로, 철도, 관개용 수로 등 공공시설의 건설로 재정의 낭비를 가중시켜 방대한 차관을 들여오게 되었다. 이 때문에 이집트의 재정이 궁핍하기 시작, 후대에 차관의 누적을 유발할 동기와 외세 간섭의 빌미를 제공하고 있었다. 실제로 영국을 비롯한 5개국은 내정 간섭을 하며 군사적 지배로까지 이르게 하였다.

이러한 상황에서 1882년 아흐마드 우라비 바샤(Aḥmad ʻUrābī Bāshā)는 아비딘 궁전으로 진격, 민중의 반영(反英)운동을 이끌었다. 이 우라비 혁명은 비록 실패로 끝났지만 후에 이집트 민중이 민족 의식을 고취하고 자각하는 계기가 되었다. 우라비 혁명의 실패로 영국은 전 이집트를 군사 점령 하에 두게 되었으며 이후 영국은 총독을 임명하여 이집트 정부를 움직여서 사실상 지배하게 되었다.[146)]

우라비 혁명이 실패로 끝나면서 시작된 9년여의 영국 지배는 이집트 민중에게 실의와 좌절, 절망감만을 안겨다 주었다. 우라비 혁명으로 이집트의 정치적 자유가 회복되리라는 기대를 갖고 있던 이집트인들은 정치적 자유는 고사하고 주권도 상실케 되는 상황이 도래하자 그 실망은 더욱 컸던 것이다. 더욱이 우라비 혁명의 지도자들이 재판 과정에서 보여준 유약함과 굴욕적인 자세, 친영(親英)으로의 변절, 정치적 유배로 인한 혁명 정신의 퇴조는 심리적으로 이집트인들을 더욱 실의에 빠지게 하였다.

여기에 영국의 정치적 기만 즉, 이집트로부터의 철수 공약에 대한 위약과 유럽 국가들의 이집트 문제에 대한 무관심, 영국 총독의 허수아비격인 이집트 정부의 무력함, 이집트 군대의 개편, 헌법의 폐기 등도 이집트인들을 실망시킨 요인이 된다. 따라서 영국이 이집트를 지배한 초기 10여 년 동안 무기력한 정부와 좌절감에 사로잡힌 민중들에게서는 반영 저항 운동이 활발히 전개될 수 없었다.

이와 같은 상황에서 이집트 정부에게 자극을 주고 민중에게는 자존심과 활력을 불어넣어 민족 의식을 고양하며, 반영 저항 운동을 이끌고 나가기 위해서는 새로운 지도자의 출현이 절실히 요구되었는데, 이때 청년 지도자 무스타파 카밀이 그와 같은 구심점의 역할을 맡게 되었다.

---

146) al-Rāfi'ī, op.cit., p.42. 타우피끄 바샤(Tawfīq Bāshā)가 키디브로서 이집트를 통치하였지만 이집트 내정의 실권은 영국이 임명한 크로머(Lord Cromer) 총독에게 있었다. 당시(1890), 친영주의자인 리야드 바샤(Riyāḍ Bāshā)의 내각은 크로머가 임명한 영국 관리들이 실권을 쥐고 있었으므로 영국 총독의 하수인에 불과하였다.

2.2 카밀의 생애

무스타파 카밀은 1874년 8월 14일, 카이로의 알-쌀리비야(al-Ṣalībiyya)가에서 아버지 알리 아판디 무함마드 알-다비뜨 알-무한디스('Alī Afandi Muḥammad al-Ḍābiṭ al-Muhandis)와 어머니 하피자 하님(Hafīẓa Hānim)사이에 태어났다. 유년 시절의 카밀은 기억력이 뛰어나고 총명하였으며, 학교에서는 역사 과목에 가장 많은 흥미를 가졌다. 카밀이 열세 살 되던 1886년, 부친이 세상을 떠나자 노동장관을 역임한 그의 형 후세인 와씨프(Ḥuseyn Wāṣif) 밑에서 자랐으며, 고등학교를 마치고 1891년 당시 국립 법학교(madrasa al-ḥuqūq)에 입학하였다.

카밀은 이미 그의 나이 16세 되던 1890년에 애국 문학단체인 알-쌀리바 문학회(jam'iyyat al-ṣalība al-adabiyya)를 조직하고 연설이나 신문기고 등의 활동을 전개하고 있었다. 법학교에 입학한 1892년에는 시인 칼릴 무뜨란(Khalīl Muṭrān)의 소개로 당시 유력지인 알-아흐람지의 편집인인 비샤라 타끌라 (Bishāra Taqlā)와 알게 되었다. 타끌라는 카밀에게 고정 칼럼을 내주어 이집트 국민을 위해 희망과 애국심을 고취시킬 수 있는 글을 쓰게 하였다. 주간에는 국립 법학교를 다니고 야간에는 프랑스어를 익히기 위하여 프랑스 법학교를 다녔다. 그리하여 카밀은 후에 이집트 문제를 대내외의 여론에 호소할 연설가로서의 교육과 훈련을 받는 셈이었다. 카밀이 당시 이집트 통치자인 압바스 2세[147]를 처음 만난 것은 1892년 11월 압바스 2세가 법학교를 방문하였을 때였다. 이때 카밀이 선발되

147) 타우피끄의 뒤를 이어 키디브 직위에 오른 압바스2세는 초기에는 카밀의 애국 운동을 지지하고 자금도 지원하였으나, 후에 두 사람의 관계는 소원해져 완전히 갈라서고 말았다.

어 키디브를 환영하는 환영 연설을 하였다.

이집트 주재 영국 총독인 크로머가 압바스를 모욕한 사건[148]으로 1893년 1월 이집트 법학교 학생들이 압바스를 지지하는 데모를 일으키자, 카밀은 시위대를 앞장서서 이끌었다. 또한 같은 해에 카밀은 종합 월간지 알-마드라사(al-madrasa)를 창간, 발행하기 시작하였는데 자신이 지은 표어 「너의 학교. 동포. 조국을 사랑하라 ḥubbu-ka madrasata-ka, ḥubbu-ka ahla-ka wa waṭana-ka」는 이 잡지의 모토가 되었다.

이때 우라비 혁명의 대의를 대변하였던 압둘라 알-나딤이 유배에서 돌아와 신문 알-우스타즈(al-Ustādh)를 발행하여 영국을 신랄히 비난하였다. 카밀은 이러한 나딤과의 교유를 통해 이제까지의 민족주의 운동의 발달 과정과 우라비 혁명의 실패 원인을 알게 되었다. 나딤은 카밀에게 자신과 같은 전철을 밟지 않도록 충고하였다.

즉 군대에 의존하지 말고 대중 여론에 호소할 것과 통치자나 정부와 적대 관계가 되지 말라는 것이었다. 이러한 나딤의 충고는 후에 카밀이 애국, 애족 운동을 이끌어나가는데 지침이 되었으며 그가 만든 국민당(al-Ḥizb al-Waṭaniyy)의 정강속에 반영되었다. 이와 같이 나딤은 카밀의 정치 사상에 큰 영향을 끼쳤다.

1894년 6월, 카밀은 첫 유럽 여행길에 나섰다.[149] 초기의 여행 목적은 유학이었으나 점차 정치 문제에 관여하게 되자 그 후의 여행, 특히 프랑스 여행은 이집트의 독립 문제를 유럽의 열강들에게 홍보하기

148) 압바스 2세가 친영내각을 해산하고 크로머와 협의없이 일방적으로 새 내각을 구성하자 크로머는 원상 회복을 요구하며 압바스 2세를 위협하는 사태로 발전하였다. 이에 격분한 이집트 학생들을 중심으로 압바스 지지 데모가 발생하였다.

149) 그의 유럽 방문은 1894년에만 세 차례하였으며 1897년까지 매년 일회 이상하였다. 또한 1899년과 1901년에도 유럽을 여행하였다.

위한 노력의 일환이 되었다. 예컨대, 1895년에 프랑스 의회(Chambre des Deputes)에서 연설할 기회가 주어졌으며 그해에 프랑스어로 '영국 점령의 위험'[150]이라는 소논문을 발표하였다. 또 같은 주제로 비엔나 신문에 기고하였으며 프랑스 지리학회에서 강연하였다. 1896년 영국의 글랜스톤(Gladstone)에게 세 통의 공개 서한을 보내 이집트의 독립을 승인하도록 요구하였다. 이와 같이 카밀은 유럽에서 이집트 문제에 대한 관심을 불러 일으키는데 노력을 기울였다.

정치가로서 카밀은 키디브 압바스 2세가 그의 후견인이었다는 점에서 비교적 순조로운 출발을 한 셈이었다. 이들은 거의 십여년 동안 긴밀한 협력 관계를 유지했으나 여러가지 이유때문에 양자의 사이는 멀어지기 시작했으며 이런 관계 변화에는 1904년 영국-프랑스 우호 협정의 조인도 한 요인으로 작용하였다.

이 당시 이집트 정부의 재정은 파탄 상태였으며, 영국의 이집트 점령에 대항키위한 프랑스의 지원도 기대할 수 없게 되자 카밀은 독일과 러시아의 지원을 모색하였다. 동시에 그는 국내에서의 활동도 적극적으로 전개하여 1905년 고등 교육 클럽(Nādī al-Madāris al- 'ulyā)를 열었고[151] 국립 대학교를 설립할 계획도 세웠다. 이제 그의 후견인 격인 압바스와 프랑스가 그에게서 등을 돌렸기때문에 카밀은 영국 지배에 대한 국민적 저항을 불러 일으켜 대중을 선동하고 좀더 강력한 입헌 정치 운동을 전개하여 대중적 지지 기반을 확대시켜 나갈 수 밖에 없었다.[152]

---

150) 이는 후에 akhṭār al-iḥtilāl al-bariṭānī란 제목으로 아랍어로 번역되었다.

151) 이는 1905년 카밀이 이집트의 고등 교육기관의 졸업생들간의 친목 도모를 위한 단체로 만들었으나 실제로는 반영국 저항 운동을 전개하였다. 이 클럽에서는 모든 분야, 특히 역사와 문학을 주제로 한 연설이나 강연회를 주최하였다. Ibid., p.204

152) 카밀이 처음 입헌 정치에 대한 강력한 지지를 표명한 것은 1902년 부터이다. 따라서 카밀이

그는 문교부 고문관인 더글라스 던롭(Douglas Dunlop)의 가혹한 처사에 항의하여 국민적 저항 운동을 주도하였으며 딘샤와이(Dinshawāy)사건에서 받은 모욕과 분노를 여실히 표현하였다.[153] 1907년에는 카밀이 만든 신문 알-리와지의 영어, 프랑스어판이 발간되기 시작했으며 그의 주도하에 국민당(al-Ḥizb al-Waṭaniyy)이 결성되었다. 1907년 10월22일 알렉산드리아에서 행한 연설은 감동적인 명연설로 그의 명성은 최고에 이르는 듯 하였다. 그러나 카밀은 서른 넷이 되던 해인 1908년 2월 병사하여 정치가, 언론인, 역사가, 연설가로서의 짧은 생애를 마쳤다.[154]

2.3 카밀의 정치 사상

아랍인들의 민족주의적인 각성은 서구 열강의 정치적 간섭과 서구 정치 사상의 유입으로 19세기부터 시작되었다. 처음에는 샴(Shām)의 기독교도 아랍인들 사이에서 민족주의에 대한 각성이 시작되었으나, 이곳에서 활동을 시작한 대부분의 사상가들이 오스만 술탄의 탄압으로 이집트로 망명하여 그곳에서 민족주의를 앙양시켰다.

키디브의 전제정치를 찬성하였고 뒤늦게 기회주의적으로 입헌 정치를 지지하고 나섯다는 비난은 사실이 아님이 드러났다. 이에 대해서는 Fritz Steppat, op.cit., pp.330-32 참조

153) 카밀은 이 사건을 계기로 이집트 문제를 국내외에 널리 알리고자 했으며 프랑스 일간지 Figaro지에 '영국과 문명 세계에 고함'이라는 제목의 글을 실어 영국의 부당한 이집트 통치를 비난하고 이집트의 독립을 호소하였다. 이 웅변적인 글은 유럽 전역에 커다란 반향을 불러 일으켰으며 결국 영국 총독 크로머경은 해임되었다. Ibid., pp.214-22

154) al-Rāfi'ī(274)는 이집트의 새로운 민족 정신이 처음으로 그의 장례식에서 현시되었다고 평하면서 범국민적인 애도속에 장례가 치루어졌음을 지적하고 있다. 그의 사후, 그에 대한 평가는 긍정과 부정이 엇갈리는데 알-아까드(al-'Aqqād)는 카밀을 키디브의 '직위와 훈장에 좌우되는 브로커'(min samāsirat al-rutab wa al-nayāshīn)로 매도하였으며(Crabbs,op.cit.,p.150), 무함마드 압두(Muḥammad 'Abdu)는 그를 공허한 선동가로 규정하였고, 일부 그의 정적들은 그를 가리켜 사기꾼, 반역자 등으로 혹평하였다. 반면에 까심 아민(Qasīm Amīn)은 단 두번, 딘샤와이 사건과 카밀의 서거에 이집트의 심장이 고동을 쳤다고 말했다. Albert Hourani(1988), *Arabic Thought in the Liberal Age* 1798-1939(Cambridge University Press), pp.201-2

민족주의 사상은 당시 두 방향으로 발전했다. 하나는 술탄의 전제정치 비판과 정치 개혁론에 선 자유주의 정치론이고[155], 다른 하나는 서구의 침략을 배격하는 이슬람 옹호의 범 이슬람주의 사상이다.

이집트에서의 민족 운동은 무함마드 알리의 사후, 식민지 세력의 간섭과 그들의 경제적 주도권의 증대로 이집트의 주권이 계속 줄어드는 상황에서 전개되기 시작하였다. 특히 反英의 우라비 혁명이 실패로 끝난 후, 1882년 영국의 이집트 점령은 이집트 역사에서 새로운 국면의 시발점이 되었다.

이러한 이집트의 역사적 경험에서 범 아랍운동과 이집트 민족운동 사이의 차이점을 엿볼 수 있다. 샴 지역의 지식인들은 오스만 통치로부터 그들의 조국이 자유롭게 되기를 바랐으므로 그들은 이를 위해 유럽의 식민지 세력과 협조할 준비를 갖추었으나, 이와는 대조적으로 이집트 민족주의자들의 적대감은 이집트에 더 이상 어떤 영향력도 미칠 수 없게 된 오스만 제국에 대해서보다 실제로 이집트를 점령하고 있는 영국에 대한 것이었다. 이집트 민족주의자들은 영국에 협조하고 오스만 제국에 대항하는 범아랍 민족주의자들을 비난하는 반면에 범 아랍 민족주의자들은 이집트인들의 친 오스만주의를 이해할 수 없었다.[156] 이집트인과 범 아랍 민족주의자 사이의 논쟁은 이집트 민족주의자의 문학 작품, 특히 이집트 민족 운동의 선구자인 무스타파 카밀의 작품 속에 반영되어 있다.[157]

155) 자유주의적인 정치 사상의 계승자로서는 알-나딤, 무스타파 카밀, 사드 자그룰 등의 정치가와 루트피 알-사이이드, 따하 후세인, 알-마다니, 사회주의의 개척자가 된 살라마 무사 등의 자유주의적 사상가들이 있다.

156) 스테파트가 말한대로 그들은 "어째서 이집트인들이 영국의 점령밑에서 견디기보다 오히려 오스만 제국에 복종하려는 것인지" 이해할 수 없었다. Fritz Steppat, op.cit., p.258참조. Steppat는 이 논문에서 카밀의 정치 사상을 논하였는데, 이 분야의 가장 중요한 참고 자료로 간주된다.

19세기 말에 이르러서야 이집트의 민족 의식은 이집트의 지식인들이 조국 (waṭan)에 대한 충성심을 자각할 만큼 발전하였다. 그리고 그러한 자각을 불러 일으켜 이집트 민족주의를 처음 구체화시킨 사람은 무스타파 카밀이었다. 그러나 이 새로운 충성심은 이슬람에 의한 결속이라는 보다 오래된 정서와 충돌할 수밖에 없었고 곧 무스타파 카밀도 종교와 민족사이에서 어느 한 쪽만을 택하여야 할 곤경에 빠지게 되었다.

카밀은 처음에는 양자가 공존과 조화를 이룰 수 있을 것으로 믿었으나 결국 종교와 정치를 분리하는 견해를 취했다. 물론, 카밀은 독실한 무슬림이었지만 그의 종교적 신앙은 민족주의 내용을 표현함으로써 세속화되고 말았다. 그에게 있어 신은 민족으로 대체되고, 애국주의는 새로운 종교가 된 것이다. 즉 카밀에게 신앙은 표면적인 것이었으며 이슬람은 그의 정치 사상인 민족주의에 종속되었다. 카밀의 관심은 이슬람의 근대화에 있지 않고 이집트 민족 운동의 강화에 있었으며 이슬람의 근대화는 오직 그것이 민족 운동에 기여할 수 있는 범위 내에서만 가능한 것이었다.

그러나 카밀은 오스만 제국을 지지하고, 범 아랍 민족주의자들에 대해서는 단지 오스만에 반대한다는 이유만으로 이들을 배제하였다. 그는 범 아랍 민족주의자들이 반대하는 범 이슬람주의를 영국의 지배로부터 이집트를 해방시킬 수 있는 방편으로만 간주하였다. 카밀은 자칭 '오스만의 이집트인'이라 하고 칼리파에 대한 충성을 성스

---

157) 이와 같은 카밀의 작품은 아랍 문학의 새로운 장르인 국민(waṭaniyya) 문학에 속하며, 이 국민 문학의 창시자는 이집트 최초의 민족 사상가인 리파아 라피 알-타흐타위(Rifā'a Rāfi 'al-Ṭahṭāwī)로 알려져 있다. Basam Tibi(1981), *Arab Nationalism*(The Macmilan Press);이근호 역(1990), 『아랍민족주의와 제국주의』(서울:인간과 자연), p.74와 al-Gāli, op.cit., p.129 참조.

러운 애국적 의무라고 선언하였다. 당시 오스만 제국은 유럽 열강이 경계하는 유일한 세력이었고 그것이 영국 식민 통치에 반대하는 한 이집트 민족 운동의 동맹자였다.

카밀은 그의 정치 사상이 이슬람적인 내용임에도 불구하고 유럽화된 자유주의 지식인이었다. 대부분의 진보적 이집트 민족주의자들처럼 그는 이집트 근대화 과정이 프랑스의 영향을 주로 많이 받았으므로 특히 프랑스에 집착하였다. 1908년 카밀이 죽자 그가 1907년에 창당한 민족당은 불법화되고 카밀의 뒤를 이어 무함마드 파리드가 독일에서 반영 활동을 시작하였다.

결론적으로, 무스타파 카밀은 이집트 민족주의를 주창하였으며 이를 위해 오스만 제국을 지지하고, 세속화된 이슬람 신앙만을 그 방편으로 삼은 유럽화된 자유주의적 지식인이었다.

3. 카밀의 연설

이집트에서의 정치 연설은 영국의 이집트 점령과 함께 약 10년 동안 침체기를 겪은 후 카밀이 민족 지도자로 등장하게 되면서 활기를 되찾게 되었다. 여기서도 그 동인(動因)은 의사소통의 과정에서 유추될 수 있을 것이다. 즉 카밀의 연설도 의사소통의 한 유형이므로 화자로서의 연설가 카밀, 연설의 주제, 홍보 수단으로서의 연설, 연설을 위한 준비로서의 청자에 대한 분석 등이 의사소통 과정의 요소가 되기 때문이다.

따라서 본 장에서는 민족 운동에서 본격적으로 정치 연설을 선전 수단으로 삼고 독창적인 연설 기법을 주창한[158] 최초의 정치 연설

158) 무스타파 카밀을 비롯한 국민당의 연설가들은 연설 기법상 선동・감동파(madrasa al-īqāẓ

가인 카밀의 연설이 수사적 효과를 거둘 수 있었던 요인을 의사소통 과정의 요소를 중심으로 고찰하고자 한다.

3.1 대중 연설가 카밀

무스타파 카밀이 대중 연설을 통해 설득의 효과를 거둘 수 있었던 것은 무엇보다도 그가 연설가로서의 자질을 갖추고 있었기 때문이었다. 따라서 여기에서는 카밀의 연설가로서의 자질을 그의 사명감과 위엄있는 태도, 연설의 재능, 인간성 등을 통해 살펴보고자 한다.

첫째, 카밀의 민족 운동에 대한 사명감이다.

무스타파 카밀은 이집트의 독립과 자유에 대한 신봉자였으며, 이집트가 난국에 봉착했을 때도 그와 같은 믿음을 바탕으로 이를 극복하였다.[159] 키디브 압바스가 파쇼다 사건이후 영국에 굴복하고 다른 이집트 고관들이 영국의 지배에 협력의 구호를 외치고 있을 때에도 카밀은 결코 굴복하지 않았다. 카밀의 이와 같은 사명감과 확고부동한 신념이 그의 연설의 기조를 이루며 설득력있는 수사의 원동력이 되었다.

둘째, 그의 위엄있는 용모와 당당한 태도이다.

대중 연설을 성공적으로 수행하고 대중사이에서 존경을 받기위해서는 연설자의 강한 개성이 돋보이도록 하는 것이 효과적임은 물론

---

wa al-ithāra)로 분류된다. 카밀의 후계자인 무함마드 파리드가 이 파에 속하는 연설가이다. Ibid., pp.89-128 참조

159) 카밀은 파쇼다 Fashoda(1898) 사건, 영불 우호 조약 체결(1904), 아까바('Aqaba, 1906) 사건 등과 같은 충격적인 사건을 겪었음에도 불구하고 그의 민족 운동에 대한 결의는 추호도 흔들림이 없었다.

이다. 이를 위해 카밀은 당시 저명 인사들이 그러했던 것처럼 품위와 예의를 갖추기 위하여 알-윤주르(al-yunjūr)[160]란 제복을 즐겨 입었다.

그의 기품은 외모나 옷에서만 풍기는 것이 아니라 직설적이고 당당한 태도에서도 엿볼 수 있다. 그는 진실 앞에서는 다른 사람들의 비난이나 전제군주의 권력도 두려워하지 않았으며 아첨하지도 않았다. 카밀의 이러한 자존심은 언젠가 키디브 압바스와 함께 이야기를 나누는 동안 카밀이 오히려 키디브처럼 보였다는 일화에서도 분명히 드러난다.[161]

셋째, 연설가로서의 그의 천부적 재능이다.

카밀은 청중들을 사로잡고 감동시킬 수 있는 연설가로서의 재능을 타고 났다. 그의 선동적 대중 연설가의 기질과 웅변의 재능은 일찌기 고등학교 시절에 나타났다. 재학시절, 그는 주관이 뚜렷하며 고상한 성품과 용기의 소유자로서 웅변이 뛰어난 것으로 유명하였다. 그의 성격과 표현은 충동적이고 직설적이었다. 이무렵 당시 문교장관인 알리 바샤 무바라크는 카밀을 보고 「너야 말로 이므루 알 까이스이다(inna-ka imru' al-Qays)」라며 그의 유창한 화술을 칭찬하였다. 또한 카밀은 애국 문학단체인 알-쌀리바 문학회를 조직하여 매주 금요일 저녁 이 모임에서 즉석 연설을 하곤 하였는데, 이로 부터 본격적인 연설가로서의 면모가 나타나기 시작하였다. 카

160) '알-윤주르'는 당시 고관대작들이 입던 제복을 가리킨다.

161) 이 일화는 카밀의 조카인 아흐마드 자키 카밀(Aḥmad Zakī Kāmil)이 전하고 있다. "파리의 어느 호텔에서 카밀과 압바스가 나란히 앉아 이야기를 나누는 모습을 본 적이 있는데 카밀의 말하는 태도가 어찌나 당당한지 카밀이 키디브이고 압바스가 카밀의 신하처럼 보일 정도였다".Ibid., pp.119-20에서 재인용.

밀은 1890년 「faḍl jam'iyyāt al-'ālam」(세계협회의 미덕)이란 제목으로 연설가로서의 최초의 연설을 행하였다.

카밀은 연설시 원고없이 즉석 연설을 하였음에도 불구하고 자신의 주장을 논리정연한 문체로 전할 수 있었다. 그리하여 알렉산드리아에서의 마지막 연설처럼 청중들을 두 세 시간씩 꼼짝 않고 자리를 지키게 만들 수 있었다.

넷째, 그의 인간성이다.

카밀의 인간성은 그를 비난하는 정적까지도 인정할 만큼 훌륭한 것이었다. 그는 타인을 비난하면서까지 자신의 조국을 지키려하지는 않았으며 속임수나 아첨을 모르는 도덕적 용기를 지닌 인물이었다. 또한 그는 절망하거나 뜻을 굽히지 않는 강한 의지의 소유자였으며 관대한 인품을 지니고 있었다.[162)]

또한 그는 명예나 직위에 연연하지 않았다. 카밀의 이와 같은 성격덕분에 그가 조국의 독립과 주권을 회복하여 민족 정신을 불러일으키고자 했을 때 그의 연설은 대중의 마음속에 쉽게 와 닿을 수 있었다.

이와 같이 카밀은 이집트 독립에 대한 사명감과 웅변의 재능, 예의바른 태도, 인간성 등 연설가로서의 자질을 갖추고 있었기 때문에 이집트인들로부터 존경을 받을 수 있었으며, 그의 연설은 민족 감정과 애국심을 일깨우기에 충분할 만큼 설득력을 갖게 되었다.

결국 무스타파 카밀의 연설이 청중에게 설득력있게 받아들여진

---

162) 당시 외국인들에 대한 증오감이 팽배하던 상황에서 카밀은 이들도 이집트를 찾아온 손님이므로 환대해야한다고 역설하였다. 이때 그가 말한 「aḥrār fī bilādi-nā,kuramā' li-ḍuyūfi-nā」(우리 나라에서는 누구든 자유로운 몸, 우리를 찾아온 손님에게는 환대를!)는 명언이 되었다. al-Rāfi 'ī, op.cit., p.67

것은 당시 연설을 행한 상황에서 화자(話者)로서의 카밀이 자힐리야 시대 베드윈의 미덕을 지닌 '베드윈 기사'의 전형으로 청중에게 비쳐졌기 때문일 것이다.

3.2 홍보 수단으로서의 연설

의사소통의 과정에서 화자의 메시지는 다양한 전달 수단을 통해 청자에게 전달되는데, 무스타파 카밀은 자신의 주장을 직접 청중에게 전달하기 위해 연설을 수단으로 삼았으며, 연설이외에도 당시 이집트에서 발행되던 신문[163], 저술, 서간문[164] 등 다양한 전달 수단을 사용하였다.

그 중에서도 무스타파 카밀에게 있어 이집트 문제를 대내외적으로 홍보할 수 있는 가장 중요한 대중 전달 수단은 연설이었다. 그것은 당시 대중 전달 수단이 발달되지 않은 상황에서 연설만이 대중을 상대로 직접 주장을 전달하고 설득할 수 있는 유일한 방법이었기 때문이다. 그는 연설을 통해 이집트 젊은이들의 열정에 호소하여 민족 감정을 자극하고 애국심을 일깨웠다.

이와 같이 카밀은 자신의 정치적 주장을 연설을 통해 대중에게 정확하게 전달할 수 있었으며 의사소통 수단으로서의 연설의 효용은 그의 연설이 끝날 때마다 전국 각지에서 쇄도하는 그에 대한 지지 전보와 각 신문마다 발행한 카밀의 연설에 대한 논평 기사에서 충분히 입증되었다.[165]

---

163) 카밀이 기고 등을 통하여 전달 매체로 사용한 신문은 알-아흐람,알-무아이야드, 알-리와 등이 있다. al-Gāli, op.cit., pp.50-6 참조.

164) 카밀은 유럽의 신문사와 정계의 유력 인사들에게 보낸 편지를 통해 이집트 문제를 홍보하였다. 특히 영국의 자유당 의원인 글래드스톤과 프랑스의 여류명사 마담 줄리트 아담에게 보낸 서간이 유명하다. 'Alī al-Sayyid, op.cit., pp. 265-7 참조.

3.3 연설의 주제

의사소통으로서의 연설은 연설자가 청중으로부터 의도한 반응을 얻기 위해 고안한 일정한 내용의 메시지를 담고 있다.

무스타파 카밀의 연설 목적은 절망과 실의에 빠진 이집트인들에게 희망을 주고 영국 식민세력을 축출하여 이집트의 독립을 확보하기 위한 민족 의식을 고취시키는데 있었다. 이와 같은 목적 달성을 위해 카밀의 연설은 일정한 주제로 구성되어 있음을 알 수 있다.

첫째, 카밀은 연설 서두를 청중들이 마음을 열고 쉽게 공감할 수 있는 주제로 시작하였다. 예컨대, 알렉산드리아에서의 연설 서두는 이 항구 도시가 과거 역사와 민족 운동 과정에서 수행했던 지대한 역할에 대한 찬사로 시작되었다.166) 즉, 카밀은 청중들에게 이집트 애국 운동의 근원지가 알렉산드리아라는 점을 넌지시 암시함으로써 연설시작부터 청중들의 관심을 끌고 친밀감을 얻었다.167)

둘째, 이집트의 자연에 대한 예찬을 통하여 애국심을 고취하였다. 그는 이집트야 말로 지상의 낙원이며 이 세상 어느 곳에도 이집트보다 더 아름다운 자연과 비옥한 토양, 맑은 하늘과 깨끗한 물이 있는 곳은 없다고 역설하였다.168) 이는 카밀이 그의 연설 목적을 달성하기 위해 이집트인들의 자연에 대한 전통적 정서를 이용한 것이다.

셋째, 이집트인들이 과거에 이룩하였던 영광을 회고하며 이집트

---

165) 카밀의 연설문이 게재된 알-리와지는 발행당일 매진될 정도로 그 인기가 대단했으므로 연설문을 모아 별책으로 판매까지 하였다. Ibid., pp.159-62 참조.

166) 카밀이 1896년 3월 3일 알렉산드리아에서 행한 최초의 연설을 예로 들 수 있다. 원문은 카밀 연설문집 pp.96-106 참조

167) 이는 마치 고대 아랍 시인들의 시가에서 청자의 관심을 끌기 위한 도입부로 쓰이던 nasīb를 연상케한다.

168) 이는 1907년 10월 22일 알렉산드리아 연설중에서 인용한 것이다. 원문은 카밀 연설문집 p.305 참조.

인들의 자존심을 불러일으키는 것이다. 카밀은 위대한 역사와 영광을 가진 이집트인들이 충분히 실의를 극복하고 과거의 영광을 되찾을 수 있음을 강조하고, 이집트 국민들이 현재 겪고 있는 고통과 과거의 영광을 비교하면서 이를 이집트의 현재와 미래에 항상 연관시켰다.

넷째, 이집트인들에게 자신감을 불어넣어 주기위해 일본이나 스위스 등의 다른 민족의 예를 들어 식민 세력에 맞서 대항할 수 있음을 강조하였다.

이상과 같은 공통적인 주제를 다룬 후, 카밀은 말하고자 하는 핵심 주제로 옮아가 예컨대 교육의 중요성[169], 이집트 위인들에 대한 추모[170], 이집트의 공업이나 무역 등에 대한 관심을 촉구하였다. 이때 그는 반드시 영국의 정치적 과오를 여론앞에 폭로함으로써 이집트인들의 마음속에 영국 식민주의자들에 대한 반감을 일으켰다.

카밀의 연설 내용에 대한 지금까지의 고찰에서 카밀은 이집트인들 사이에 민족 감정을 널리 확산시키고자 청중의 심리 상태에 영향을 미칠 수 있는 방법을 사용하였음을 알았다. 즉, 그는 청중들로부터 호의적 반응을 기대할 수 있는 특정의 도입부로 연설을 시작하였으며, 동업자(<u>sh</u>arīk bā'i') 수법을 사용하여 청중들로 하여금 자신이 그들의 생각을 대변하고 있다고 믿게끔 하였다. 또한 자신의 주장을 반복하고 강조함으로써 청중들을 설득, 감화시키고자 하였다.

따라서 카밀의 연설은 위와 같은 주제로써 한 편의 '이야기'를 이루게 되며 청중의 흥미를 유발하여 설득에 이르게 된다.[171]

---

169) 1904년 6월 8일 행한 연설은 특히 교육의 중요성을 논한 연설로 유명하다. 연설문 원문은 카밀 연설문집 pp.262-76 참조.

170) 이러한 유의 연설로는 1902년 5월 21일 행한 무함마드 알리 즉위 100주년 기념 연설이 있다. 연설문 원문은 카밀 연설문집 pp.238-54 참조.

3.4 표현 기법

카밀의 연설은 그의 정적(政敵)들의 온갖 방해에도 불구하고 어느 곳에서나 많은 청중을 유치할 수 있었다. 이는 앞서 언급하였듯이 연설가 카밀 개인의 자질이나 연설의 내용에 대한 청중들의 호의적 반응을 나타내는 것이다. 여기서는 카밀이 청중에 대한 설득의 효과를 얻기위해 사용하였던 전통적인 아랍의 수사법뿐 아니라 카밀 특유의 표현 기법도 고찰하고자 한다.

3.4.1 설의법

형식상으로는 의문 형식으로 되어있지만, 내용상으로는 의문이 아니고 반어적으로 상대방을 납득시키는 것을 설의법이라고 한다. 이는 일반적인 평서문으로 나타낼 수도 있는 것을 의문 형식의 문장으로 바꾸는 것이 특징이다. 여기서 화자나 작자가 의문을 제기하는 것은 그것의 정답을 얻고자 하는 것이 아니라 이미 알고 있는 사실이지만 청자나 독자로 하여금 마음의 여유를 주어 그 해답을 생각게 하려는 것이다.

카밀이 연설시 열변을 토할 수 있었던 것은 그의 정서적 성향과 옹호하는 문제의 상황에 대한 정확한 인식 때문이기도 하였다. 그는 영국의 이집트 점령이 오히려 이집트 발전에 도움이 되었으므로 영국인들은 이집트인들로부터 환대와 존경을 받을 자격이 있다고 주장한데 대해 단호한 입장의 연설을 행하였다. 그는 이 연설을 통해 그들이 이집트를 위해 무엇을 했는가를 반문하고 있다.

---

171) 아랍의 연설가 중 이러한 유형의 대표적 연설가로는 이집트의 나세르 대통령을 꼽을 수 있다. 특히 그의 연설에는 20세기 후반의 아랍 역사, 영웅, 악한, 희생자, 반역자 등이 등장함으로써 한 편의 서사시가 된다. Mendoza, op.cit., p.302

hal intiqāl al-waẓā'if min aydi l-miṣriyyīn ... wa imātat kulli nufūdhin la-hum?
(겨우 이집트인들로부터 자리를 앗아가고...그들의 모든 영향력을 말살한 것인가?)
hal huwa maḥw kulli rūḥin waṭaniyya fī l-ma'ārif?
(애국정신을 말살한 것인가?)
hal huwa raf' al-'alam al-bariṭāniyy 'alā 'āṣimat al-sūdān?
(수단 수도에 영국기를 게양한 일인가?)

이처럼 카밀은 그의 연설에서 의문문의 형식을 빌려 반어적으로 상대방을 설득하고 있는데, 이는 반문적 질문인 수사적 의문(rhetorical question)인 경우가 대부분이다.

3.4.2 연호(連呼)

카밀의 연설에서는 종래 알려지지 않은 새로운 표현 기법으로 청중의 감정에 강하게 호소하는 표현 기법이 사용되었다. 이는 프랑스 혁명에서 특징적으로 나타났던 표현 기법으로 연설자가 구호를 사용하여 장엄한 분위기를 연출, 청중들을 감동시켜 연설자가 의도하는 바대로 이끌고 가는 기법이다.

따라서 카밀의 연설이 끝나면 청중들은 자신들을 감동시킨 구절을 계속 반복하여 구호로 외쳤는데, 이는 그의 사후 오늘에 이르기까지 이집트 국민들이 애호하는 구호가 되었다.

aḥrār fī bilādi-nā kuramā' li-ḍuyūfi-nā
(우리나라에서는 누구든 자유로운 몸, 우리를 찾아온 손님에게는 환대를!)
lā ma'nā li-l-ḥayāt ma'a l-ya's wa lā ma'nā li-l-ya's ma'a l-ḥayāt
(희망이 없는 삶은 의미가 없다)

innī law lam ūlad miṣriyyan la-wadadtu an akūn miṣriyyan
(내가 이집트인으로 태어나지 않았더라도, 나는 이집트인으로 태어나길 바랐을 것이다)

bilādī bilādī
la-ka ḥubbī wa fu'ādī,
la-ka ḥayātı wa wujūdī
la-ka damī wa nafsī
la-ka 'aqlī wa lisānī
la-ka lubbī wa janānī,
fa-anta l-ḥayāt wa lā ḥayāt illā bi-k yā miṣr[172)]
(나의 조국 나의 조국,
그대에게 나의 사랑과 나의 마음을 바치리
그대에게 나의 인생과 존재를 바치리
그대에게 나의 피와 영혼을 바치리
그대에게 나의 이성과 나의 언어를 바치리
그대에게 나의 모든 것을 바치리
그대는 나의 인생, 오 이집트여, 그대 없는 인생은 없도다)

3.4.3 논증(al-istidlāl)

논증은 인간의 이성에 호소함으로써 그 목적을 달성한다. 연설자가 감정에만 호소하고 납득은 얻지 못했다면, 그가 정적인 설득에는 성공했어도 지적인 납득에는 실패한 것이 된다.

카밀의 연설이 감동적 표현 특성을 보였다는 점은 앞에서 지적된 바 있지만 카밀이 폭넓은 대중적 인기와 지지를 받은 것은 그의 열변 뿐 아니라 그의 주장이 구체적 증거와 명확한 논리로써 입증되었기 때문일 것이다.

카밀은 영국인들이나 이집트 국내의 그의 정적들로부터 비난을

172) 1907년 10월22일에 행해진 이 연설 구절은 후에 이집트 국가의 가사가 되었다. 카밀 연설문집 p.304 참조

받았지만 이에 대해 적절히 반박하였다. 여기에는 그의 법학교에서의 학업과 정의를 수호하고 불의에 항거하는 법학도로서의 그의 능력과 본성이 도움이 되었다. 카밀에 대한 비난은 주로 그의 완미한 신앙과 대중선동에 대한 것이었는데 특히 영국총독들이 이집트인들을 비난한 것은 영국의 이집트 지배에 대한 명분을 정당화시키기 위한 구실에 지나지 않았다. 따라서 카밀은 자신과 조국의 명예를 옹호하고 동시에 그에 대한 비난을 반박해야만 했다.

예컨대, 카밀과 이집트인들이 종교를 맹신한다는 영국인들의 비난에 대해 이는 "상상에 의한 허구"(khayyālī)일 뿐이라고 주장하며 이를 반박하는 논거를 제시하였다.

> inna al-urubbiyīn ya'īshūna bi-a'ẓam sakīna fī l-qurā ma'a l-falāḥīn alladhīna hum akthar al-nās tamassukan bi-l-dīn wa ma 'a hādhā yutājirūn fī ashyā' yuḥarrimu-hā l-dīn,wa lā yajidūn min al-falāḥīn illā ḥusn al-'alā'iq

즉 유럽 사람들은 신앙심 깊은 농민들에게 종교상 금지되어있는 물건을 매매하기를 원하지만, 농민들에겐 좋은 여물만 있다고 하면서 이집트인들의 신앙이 편협된 것이 아님을 옹호하고, 오히려 유럽인들의 비종교적 세속성을 비난하고 있다.

카밀은 또다른 논거로 이집트인들이 종교적으로 편협하지 않음을 입증하고 있다.

> fa law kānat al-ummatu l-miṣriyya muta'aṣṣiba a kānat tasmaḥ li-abnā'-ha bi-an yadhhabu li-muḥārabat ummatin ashadd tamassukan min-ha bi-l-islām. a-lā yaqūlu al-inglīz wa du'ātu al-iḥtilāl muḥibbūn li-ḥukmi l-inglīz fa-kayfa takūnū al-umma fī ānin

wāḥidin muta'aṣṣiba fī l-dīn wa muḥibba li-l-inglīz」

만약 이집트인들이 이슬람교를 광적으로 믿고 있다면, 어떻게 이집트보다 더 강한 신앙을 가진 나라와 싸울 수 있으며, 영국인들의 말대로 이집트인들이 통치와 점령에 만족한다면, 이집트인들이 종교를 광신하면서 동시에 영국을 좋아할 수 있겠느냐고 반문한다.

3.4.4 인용(al-iqtibās)

인용은 현인들의 명언이나 적절한 예화, 유사한 사실을 글이나 말 속에 인용하여 문장과 담화에 무게를 주고 내용을 풍부하게 하거나 변화를 꾀하는 표현기법이다. 따라서 연설에서 청중을 효과적으로 납득시키려면 적절한 인용을 하여야 한다. 그럴 경우 청중은 나중에 가서 연설은 잊었다고 하더라도 실례만은 기억하게 될 것이다.

물론 카밀의 연설에는 진실성이 담겨있었고 자신의 의도를 표현하는데도 당당하였지만, 카밀은 자신의 견해만을 표명하기보다는 더 감동적이고 설득력 있는 연설이 되도록 하기 위해 많은 인용을 하였다.

특히 이집트의 대중 여론에 정적들의 의도를 폭로하고 그들의 주장을 반박하고자 유럽의 유명한 자유주의 사상가들의 말을 인용하였다. 그리하여 이집트인들의 마음속에 희망을 불어넣고자 할 때는 나폴레옹이나 Gambetta[173]의 명언을 인용하였다.

lā takūnū l-asmā' al-'aẓīma illā fī l-sharq

173) 1881년 11월14일부터 1882년 1월30일까지 프랑스 수상을 지냈다. 그는 영국과 연대하여 이집트에 대한 재무 감독을 군사 감독으로 전환하는 정책을 추진하였다. Muraqqaṣ, op.cit., p.110

(위대한 이름은 동방에서만이 나온다)
laysa l-mustaqbal bi-mustaʻṣi ʻalā aḥad
(미래는 배반하지 않는다)

카밀은 이집트인들의 애국심을 고취하고자, 부인을 살해한 죄로 사형수가 되었으나 애국심은 열렬하였던 어느 항가리 남자의 일화를 인용하기도 하였고[174] 이집트인들이 절망과 유약함에서 벗어나 이집트의 독립을 위해 투쟁할 것을 선동하면서 어느 무슬림 신도가 칼리파 오마르에게 말한 구절을 인용하였다.

wa law ra'ayna fī-ka iʻwijājan la-qawwamnā-hu bi-suyūfi-nā
(만약 그대 마음이 비뚤어지면, 칼로써 바로잡으리라)

3.4.5 분절(taqsīm)의 기법

이는 문장을 다수의 짧은 도막으로 나누어 듣는 이의 주의를 환기시키기 위한 표현 기법이다. 주로 열변을 토할 때 특히, 연설자가 자신의 주장에 대한 단호한 결의와 의지를 표현하는데 사용된다.[175]

fa-lā al-dasā'is tukhfī-nā/, wa lā al-tahdidāt tuwqif-nā fī ṭarīqi-nā/, wa lā al-shatā'im tu'aththir fī-nā/ wa lā al-khiyanāt tuzʻij-nā/, wa lā l-mawt nafsu-hu yaḥūlu bayna-nā wa bayna hādhihi l-ghāyati allatī tuṣaghghiru bi-jānibi-hā kulla ghāyatin/
(어떤 음모도 겁나지 않는다/, 어떠한 위협도 우리의 길을 막지는 못한다/, 아무리 욕을해도 우리는 끄떡없다/, 배반한들 우리는 놀라지 않는다/, 죽는다 해도 이 가장 중요한 목적은 반드시 달성할 것

174) 1898년 1월8일 알-아즈바키야 공원에서 고등학교 학생들이 주최한 파티에서 행한 연설중에서의 인용이다. ʻAlī Fahmī Kāmil, Sīrat Muṣṭafā kāmil fī arba ʻa wa thalāthīn rabī ʻan, vol.5, p.140에서 재인용.

175) 사선으로 그은 부분이 문장의 분절을 나타낸다.

이다/,)

3.4.6 강조(al-ta'kīd)

아랍인의 언어심리상 말하고자 하는 바를 청자에게 강하게 인상지우기 위해 강조와 과장을 하게 되는데 카밀 역시 연설에서 자기의 견해를 청중들에게 납득시키기 위해 수사적 강조법을 많이 사용하였다. 이와 같은 강조는 언표상 문법 장치에 의해 나타났다.

또한 카밀은 강조를 위해 반복 어법(al-tikrār)을 빈번히 사용하고 있다. 다음 예는 같은 어구가 되풀이되어 쓰이는 동어반복(同語反復)의 기법을 보여준다.

> makāna-ka ayyuhā l-muhājim makāna-ka ayyuhā l-dākhil makāna-ka ayyuhā l-muzāḥim, inni umma ḥayya ta'ba al-ḍaim wa al-hawān
> (침입자여, 멈추시요. 이방인이여, 멈추시요. 경쟁자여, 멈추시요. 나는 모욕과 불의와 타협하지 않는 살아있는 움마입니다)

또한 카밀은 확고한 신념과 자신감에서 2인칭 대명사와 명령형 문장을 많이 사용하여 힘있는 연설 분위기를 연출해 낼 수 있었다. 그 밖에도 카밀은 사용빈도는 낮지만 강조를 위한 도치법(al-taqdīm wa al-ta'khīr)을 사용하고 있는데 이는 문법이나 논리상 말의 순서를 뒤집어 놓는 기법으로서 감정의 변화를 준다.

> bāṭilan ya'taqidu l-busaṭā' anna al-inglīz ma'a kawni-him yanwūna l-baqā' fī miṣra yaqbalūna manḥ ahli-hā ḥukūma dustūriyya
> (순진한 사람들은 잘못 생각하고 있습니다. 영국은 이집트인들에게 헌정(憲政)을 허용하면서 이집트에 남아 있기를 바란다고,)

3.4.7 비유

비유는 두드러진 표현 효과를 꾀하기 위하여 다른 대상에 빗대어 나타내는 기법이다. 비유는 주로 문학 작품에서 사용되는 수사법이지만 카밀의 연설문에서도 비유가 간혹 발견되고 있다. 특히 연설에서의 비유는 그 표현 효과가 청자들의 기억 속에 오래 남아있게 된다.

카밀은 미약한 민중이 힘을 합하면 독립도 쟁취할 수 있다는 의미를 물방울이 거대한 바위도 뚫을 수 있다는 것에 비유하였다.

> fa-l-ṣa<u>kh</u>ra l-ḍa<u>kh</u>ma ta<u>dh</u>ūb wa tatafattatu bi-suqūṭi l-miyāh 'alay-hā nuqṭa ba'da nuqṭa[176]
> (거대한 바위도 물방울이 한 방울 한 방울 떨어지면 잘게 부서진다)

또한 카밀은 투쟁을 계속할 것임을 비유적으로 다짐하고 있다.

> sa-astamirru bi-ma<u>sh</u>ī'ati allāhi ṭūla ḥayāti wa law baqītu waḥīdan a<u>kh</u>ṭub fī l-ṣaḥrā' wa aktub 'alā ṣafaḥāti l-mā'」[177]
> (신의 뜻에 따라 나홀로 사막에서 연설을 하게 될지라도, 수면위에 글을 쓰더라도, 한 평생 계속 투쟁하리라)

3.4.8. 연설을 위한 고려

카밀은 연설하기에 앞서 연설할 시기와 장소, 청중에 대한 분석 등 의사소통의 상황을 고려하여 그의 연설 목적을 최대한 달성코자 하였다.

---

176) 카밀의 1896년 12월 23일 카이로 연설 중에서 인용한 것이다.

177) 1898년 12월 23일 행한 연설 중에서 인용, 카밀 연설문집, op.cit., p.178

(1) 시의적절

카밀은 어떤 연설 주제를 정해놓고 그 연설에 가장 적절한 시기를 택함으로써 청중을 감동시키는데 효과적인 연설이 되도록 하였다. 카밀이 이집트 문제를 홍보하기 위한 첫 해외 여행을 마치고 귀국하자 이미 유럽에서 행해진 그의 투쟁 소식을 접하고 있던 이집트인들의 모든 시선이 그에게 쏠리게 되었다. 그리하여 카밀은 이 기회를 이용하여 대중과의 관계를 공고히 해두려 했으며 특히 이집트 키디브가 자신에 대한 지지를 철회한 것을 알고 나서는 반영 운동에서 대중과의 관계에 더 의존하려하였다. 1896년 3월 3일 알렉산드리아에서 카밀이 그의 첫 연설을 행한 이래로 그러한 원칙은 모든 연설에 적용되었다.

카밀은 이집트 국민들의 민족 의식에 대한 자각을 불러일으킬 수 있는 기회를 적극 활용하였다. 예컨대, 그는 1882년 7월 11일의 알렉산드리아 침공, 같은 해 9월 14일의 영국군의 카이로 입성, 수단 조약이 체결된 1월 19일, 딘쉬와이 사건 등이 발생하자 이를 그의 연설기회로 삼았다.

또한 그는 유럽에 체류하는 동안 어떤 기념일이 가까워지면 이집트인을 비롯한 아랍인들이 모인 자리에선 반드시 연설을 행하곤 하였다. 그리하여 작금에 발생한 사건과 해당 기념일을 연계시켰다. 카밀은 1897년 9월 1일 파리에서 술탄 즉위 기념식을 주최하고 참석한 이집트인들과 오스만 제국 민들에게 애국심에 관해 열변을 토했다. 그는 연설 서두에서 그리스와의 전쟁에서 오스만 군대가 승리를 거둔 것을 찬양한 다음 9월 14일이 영국이 카이로를 점령한지 15주년이 되는 날임을 기억하고 모두 상복을 입을 것과 이집트인들의 독립 투쟁을 촉구하였다.

카밀은 이집트인들에게 이집트의 미래에 대한 희망과 자신감을 심어주기 위해 가장 암울한 때를 골라 대중들과 만나기를 바랬다. 그리하여 그는 민족 운동을 그의 본래 의도대로 계속 추진하면서 이집트인들이 다시는 실의에 빠지지 않도록 하였다.

1904년 영불 우호 조약의 체결로 이집트 국내 지도층 인사들은 무기력과 우유부단에 빠지게 되었다. 예컨대, 전 수상 리야드 바샤는 무함마드 알리 공업학교 설립 기념식에서 연사로 나와 크로머 총독과 영국의 이집트 지배를 찬양하였다. 이에대한 비난의 여론이 비등해지자 카밀은 이를 계기로 이집트인들에게 이집트의 미래에 대한 자신감을 불어 넣어주고 이집트의 자유와 독립을 위해 그들이 무엇을 해야 되는가를 분명히 밝히려고 하였다. 그는 1904년 7월 7일에 알렉산드리아에서 행한 연설에서 이집트가 독립을 달성하기 위해서는 자주적이어야 한다고 주장하면서 이집트를 영국의 속국으로 만들려는 식민 정책을 비난하고 독립 쟁취를 위한 방법을 개진하였다.

(2) 연설 장소의 적절성

무스타파 카밀이 행한 최초의 애국적 연설은 1896년 3월 3일 알렉산드리아에서였음은 이미 언급한 바 있다. 카밀이 알렉산드리아를 연설 장소로 택한 데는 몇가지 이유가 있었다.

첫째, 당시 카밀과 키디브와의 관계가 냉각되어 있었고 영국의 이집트 지배에 동조하는 친영 이집트인들이 영국 총독과 키디브가 있는 카이로에서 주로 활동을 하였으므로 카밀은 카이로 외의 다른 지역에서 애국 운동을 시작해야 했다. 더욱이 알렉산드리아에는 카밀의 지지 세력이 많이 있었으므로 국내 홍보 활동의 본거지가 되었다.

둘째, 알렉산드리아는 1882년 영국의 이집트 침공시 영국 함포

사격의 첫 목표물이었다. 카이로가 영국의 지배에 대한 저항이 거의 없었던 반면, 알렉산드리아는 영국의 침략에 대항한 우라비의 저항이 이곳에서 일어났던 것처럼 강력한 반영 저항 운동을 보여준 곳이었다. 따라서 카밀은 영국의 일차 점령 목표였던 이 도시에서 민족 각성(al-ba'th al-waṭaniyy) 운동을 펼침으로써 저항 활동이 가일층 강화될 수 있다고 생각했다.

셋째, 카밀은 알렉산드리아 시민들의 애국심과 열정을 의식하고 최초의 연설 장소로 알렉산드리아를 택하였다.[178]

넷째, 카밀은 만일 국내에서 소요가 발생하여 영국이 이를 빌미로 이집트 지배를 정당화하지 않도록 자신은 이집트 독립을 위해 평화적으로 활동하고 있음을 명백히 해두었다. 따라서 카밀은 외국인들과 접촉이 빈번함에 따라 외부 선동자들의 부추김에 감정이 풍부한 알렉산드리아 시민들이 이용당하지 않도록 이집트 독립을 위한 청사진을 연설 속에서 제시하였다.

(3) 청중의 심리 상태에 대한 파악

카밀은 당대 연설가들에 비해 젊은 나이에 민족 운동을 시작하였으므로, 그의 정적들로부터 시기와 질투를 받을 여지가 충분하였다. 그러나 카밀은 반대자들의 자신에 대한 이러한 감정을 불식하고 그 대신 호의적이고 우호적인 감정을 갖게 하는데 천부적 재능을 보였다. 즉 자신을 위해 베풀어진 식전(式典) 행사에서 일지라도 청중들의 열띤 환호와 경의의 표시가 자신에 대한 것이 아니라 그가 수호하려고 하는 대의(大義)와 사랑하는 조국에 대한 것임을 겸허히 밝

178) 카밀은 이 연설에서 오히려 알렉산드리아 시민들이 열정을 자제하고 온건함을 보여줄 것을 당부하고 있을 정도이다. Ibid., p.452

히곤 하였다.[179)]

innī aḥmil kulla dhālika l-ikrām min ahli l-iskandariyya ‘alā ‘aẓīm raghbati-him fī i‘zāz mabda’i al-waṭaniyya al-sharīf la ‘alā ikrām shakhṣī l-ḍa‘īf
(알렉산드리아 시민들의 저에 대한 모든 경의의 표현은 미약한 개인에 대한 것이 아니라 숭고한 애국심의 원칙을 굳건히 하려는 그들의 소망에서 나온 것입니다)

카밀은 청중의 심리 상태를 이용하는데 있어 청중에 대한 깊은 이해를 바탕으로 그들과 관련된 사실들을 적극 활용하였다. 따라서 그의 연설은 이집트가 당면한 모든 문제에 대해 알고 싶어하는 청중들의 욕구를 충족시켜 주고 있었기 때문에 연설 분량이 다소 길더라도 청중들의 반응은 호의적이었던 것이다.

4. 결론

아랍어 연설은 담화의 한 유형으로서 본질적으로 설득의 기능을 가진 언어 수행이며, 그 연설문은 산문의 한 양식이 된다. 본고에서는 연설문의 이와 같은 장르상의 개별적 특성을 염두에 두고, 이집트 민족주의자이자 정치 연설가인 무스타파 카밀의 연설에 나타난 수사적 특성을 의사소통의 상황 속에서 파악해보고자 하였다.

아랍에서의 연설은 자힐리야 시대 이래 발달된 전통적인 담화의 한 유형으로서 자힐리야 시대의 시인이야말로 전사(戰士)이자 언어

179) 이는 카밀의 연설중 1896년 3월3일의 알렉산드리아 연설과 1907년 10월 22일의 연설 서두에서 잘 나타나고 있다. Muraqqaṣ, op.cit., p.96, p.301 참조

의 마술사로서 현대적 의미의 대중 연설가로 간주되었다. 새로운 문체와 다양한 주제의 본격적인 정치 연설은 19세기 중반 이집트를 중심으로 발달되기 시작하여 침체기를 겪고 난 후, 무스타파 카밀에 이르러 정치 연설이 활기를 되찾게 되었음을 알았다.

본 연구 결과 다음과 같은 결론에 도달할 수 있었다.

첫째, 이집트가 영국의 지배를 받고 있는 절망적인 시대적 상황에서, 카밀은 고대 아랍인들이 이상적인 영웅상으로 간주한 전사이자 언어를 무기로 삼은 웅변가였다. 따라서 카밀의 연설이 설득력을 발휘할 수 있었던 것은 그의 훌륭한 웅변과 성격, 시대적 상황, 청중들의 호응이 맞아 떨어졌기 때문이다.

둘째, 카밀은 이집트 민족주의를 주창한 민족주의자로서 종교적으로는 독실한 무슬림이었으나 정치 사상의 측면에서는 유럽화된 자유주의 지식인이었다.

셋째, 카밀은 연설을 대중 전달 수단으로 삼았으므로 청중에 대한 심리 분석, 연설이 이루어지는 장소, 시간, 청중과의 관계 등을 고려하였다.

넷째, 카밀은 그의 연설에서 전통적 아랍 수사법과 특유의 새로운 표현 기법을 혼용하였다. 특히 청중의 감정을 불러 일으켜 설득에 이르게 하는 표현 기법들 예컨대 반복 어법과 강조법을 많이 사용함으로써 카밀은 감동·선동적 연설파의 유형에 속하게 된다.

제14장

아랍 민족주의 텍스트의 열쇠어 분석

-〈움마 Umma〉와 〈샤압 Sha‘b〉-

1. 서론

본 연구는 19세기말에서 20세기 초까지 활동한 이집트 무슬림 민족주의자들의 글과 연설에서 나타나는 ‘민족’을 뜻하는 어휘들의 사회・정치적인 의미 변화에 대한 분석을 목적으로 한다. 본고에서는 이집트 민족주의자들이 민족주의를 소재로 쓴 글이나 담화를 <까우미야(qawmiyya)> 텍스트로 지칭하기로 한다.

본 연구를 수행하기 위한 연구 방법의 기초가 되는 열쇠어의 개념은 본래 의미론에서 어휘를 사회 구조의 표현으로 분석하고 해석하려는 사회 언어학적 접근 방법으로 제시되었다. 열쇠어는 “사회가 그것들 속에서 이상을 인지하는 한 살아있는 인물, 감정, 사상을 표현하는 의미론적 단위”[180]로서 특정 사회의 이상을 구체화하는 용어이다. 따라서 본고에서처럼 <까우미야> 텍스트의 열쇠어는 민족

180) 남성우 역(1988). 『의미론』. 탑 출판사. p.345

주의자의 어떤 입장이나 의도를 파악하는 열쇠어가 되는 말이어야 한다.

동시대의 이집트 민족주의자들은 대내적으로는 영국의 이집트 지배에 대한 이집트인들의 민족적 자각을 불러일으키고 대외적으로는 오스만 터키와의 동맹 관계 하에 유럽 열강에 이집트 독립 문제의 해결을 촉구하는데 노력을 기울였다.

또한 19세기 아랍 세계가 근대화 과정에서 유럽으로부터 '민족'(nation) 이라는 새로운 개념을 접하게 되었을 때, 아랍어의 <따이파 ṭā'ifa>(분파), <까빌라 qabīla>(부족) 등의 용어로서는 '민족'의 개념을 제대로 전달할 수 없었다. 실제로 이들 용어를 아랍인들과 같이 종족이 다양하고 공동체에 대한 충성심이 확고부동한 집단에 적용하기란 매우 여려운 일이다. 이에 따라 이슬람의 정치 용어 중 <움마>, <샤압>, <와딴 waṭan>과 같은 기존의 정치 용어들이 그와 같은 새로운 의미를 갖기 시작했다.

따라서 본 연구에서는 민족과 국가의 개념이 아직 정립되지 않은 19세기 말의 상황에서 민족주의자들의 정치적 견해와 주장을 반영하는 공통적 의미를 지닌 어휘로서 '민족'을 뜻하는 어휘들을 <까우미야> 텍스트의 열쇠어로서 설정하고자 한다. 특히 '민족'을 뜻하는 어휘로서 이집트의 전통적인 이슬람 종교 사회(umma)에서 정치적 권리의 의미를 내포한 <샤압>이 이들 민족주의자들의 <까우미야> 텍스트에 수용되는 과정과 어휘 자체의 의미 변화에 연구의 초점을 맞추고자 한다.

2. 동시대의 역사적 배경

1798년 나폴레옹 보나파르트의 이집트 침공은 이집트에 새로운 기술과 지식이 도입되는 계기가 되었다. 비록 짧은 기간 동안의 점령이었지만 프랑스의 침입이 정체된 이집트 사회에 미친 영향은 지대하였다. 프랑스가 물러간 후 4년 후 부터 이집트의 지배권을 잡은 무함마드 알리는 개혁 정책을 폄으로써 이집트를 근대화시키려 하였다. 그는 세제와 토지 제도의 근본적인 개혁을 단행하였으며 재정 개혁의 일환으로서 무역의 독점 제를 실시하며 소비 물자의 자급자족을 위한 공업 근대화의 개발을 서둘렀다. 또한 농지 개발과 농업 개혁에 힘써 수출 농산물로서 면화나 사탕수수의 증산을 계획하였다. 그러나 이들 개혁에는 적잖은 결함과 불만도 수반되었으며 결과적으로 재정 수입이 타격을 입어 저하되기 시작하는 한편, 대대적인 영토 확장을 목표로 한 잇따른 외정은 방대한 지출을 가져왔다. 그리하여 후대에 차관의 누적을 유발할 동기를 만들어 내고 있었다.

무함마드 알리의 말년에 재정이 파탄 직전에 몰린 상황에서 이브라힘의 뒤를 이어 술탄이 된 압바스 'Abbās(1849-1854년 재위)는 보수적·반 서구적인 경향으로 서구화를 자제하면서 재정의 균형을 지켜나갔다. 그러나 사이드 Sa 'īd(1854- 1864년 재위)와 이스마일Ismā 'īl(1864-1876년 재위)은 수에즈 운하 건설 등 공공 시설의 서구화에 치중한 나머지 재정의 낭비를 가중시켰다. 그리하여 1876년경에는 유럽 5개국이 차관단을 조직, 2명을 감독관으로 각의에 참석시켜 내정 간섭을 하기에 이르렀다. 이같은 차관단의 내정 간섭이 결국 국민의 불만을 환기하여 저항을 폭발시켰다. 1882년 아흐마드 우라비 바샤(Aḥmad 'Urābī Bā<u>sh</u>ā)는 군인 해직과 군대

축소에 반항하여 아비딘 궁전으로 진격, 민중의 반영(反英)운동을 유발하고 있었다. 이 우라비 혁명은 비록 실패로 끝났지만 후에 이집트 민중이 민족 의식을 고취하고 자각하는 계기가 되었다. 우라비 혁명의 실패로 영국은 이권 보호라는 명분아래 군대를 파견, 전 이집트를 군사 점령 하에 두게 되었으며 이후 영국은 총독을 임명하여 이집트 정부를 움직여서 사실상 지배하게 되었다.[181]

이와 같이 아랍인들의 '민족'에 대한 각성은 서구 열강의 정치적 간섭과 서구 정치 사상의 유입으로 19세기 중엽부터 싹트기 시작하였다. 그것은 기독교도 아랍인 지식인들 사이에서는 비교적 빨리 자각되어 주장되기 시작했다. 그러나 무슬림 지식인들 사이에서는 강한 종교적 동포애에 제약을 받아 늦게 진행되었다.

본격적인 민족주의의 발전은 탄압을 피해 레바논에서 이집트로 망명한 시리아의 기독교도 지식인들에 의해 이루어졌다. 민족주의 사상은 두 가지 방향으로 발전했는데 하나는 술탄의 전제 정치에 대한 비판과 정치 개혁론에 선 자유주의 정치론이고, 다른 하나는 서구의 침략을 배격하는 이슬람 옹호의 범 이슬람주의 사상이다. 압둘라흐만 카와키비('Abdu l-Raḥmān al-Kawākibī, 1892년 사망)가 폭정에 대해 맹종하는 무지의 계발과 몽매한 신학의 개혁을 외쳐 전자를 대표하였으며 이 정치 사상의 계승자로서는 알-나딤(al-Nadīm, 1893년 사망), 최초의 이집트 정당을 결성한 무스타파 카밀(Muṣṭafā Kāmil, 1908년 사망) 등이 있다. 범 이슬람주의의 주창자는 자말 알-딘 알-아프가니(Jamāl al-Dīn al-Afghānī)로서 서구 문화를 배격하고, 무슬림 아랍 민족의 독립을 확보하는 기초는 이슬람의 순

181) 'Abdul Raḥmān al-Rāfi'ī(1984), *Muṣṭafa Kāmil:Bā 'ith al-Ḥaraka al-Waṭaniyya* (al-Qāhira, Dār al-Ma'ārif), p. 46

수성을 지키는 일이라고 하면서 무슬림 전체의 단결을 제창하였다. 그의 종교 사상의 전통은 무함마드 압두(Muḥammad ʻAbdu, 1905년 사망)에 의해 계승되었다.

3. 〈까우미야〉 텍스트의 열쇠어

19세기 중반이후 전개된 이집트의 정치적 상황을 통해서 보았듯이, 영국의 내정 간섭과 통치자들의 무기력함에 자극을 받은 이집트의 지식인들은 ʻ민족ʼ이라는 정체성에 대한 자각을 서서히 갖게 되었다. 따라서 동시대에 전개된 사회·정치적 상황은 언어적으로 ʻ민족ʼ이라는 정치 용어의 사용을 불가피하게 만들었다. 또한 유럽의 ʻ민족ʼ과 ʻ국가ʼ를 지칭하는 용어들도 다양하게 사용되어 종래 외국인을 뜻하던 Ifranj는 서서히 <밀라 Milla>, <움마>, <샤압>, <따이파>, <까빌라> 등의 용어로 대체되었다.[182] 본 장에서는 우선 이들 ʻ민족ʼ을 뜻하는 정치 용어들의 개념을 정의한 후, 무슬림 사회를 뜻하는 전통적 의미의 <움마>에서 주권 재민의 정치적 권리를 내포하는 의미로 <샤압>이 사용되는 과정을 무슬림 민족주의자들의 <까우미야> 텍스트 분석을 통해 구명해보고자 한다.

---

182) Ami Ayalon(1987). *Language and Change in the Arab Middle East:The Evolution of Modern Political Discourse*. N.Y:Oxford University Press. p.19

3.1 '민족' 관련 제 아랍어 용어의 의미

3.1.1 <밀라>

<밀라>는 본래 아람어(Aramaic)에서 '말'을 의미하여 어떤 말이나 계시서를 받아들이는 사람들을 일컫는 용어였다. 기독교도들의 아람어에서는 이성에 대한 대칭어로 쓰였지만 코란 이후의 기록에서는 이슬람교의 종교 사회와 다른 종교, 이슬람내의 분파를 뜻하는 의미로 사용됨으로써 <움마>보다 더 엄격한 종교적 의미를 함축하게 되었다.[183)]

12세기의 역사학자 샤흐라스타니(Shahrastānī)는 이 세상에 살고 있는 사람들을 두 유형으로 구분하여 조로아스터 교도나 유태교도, 기독교도, 무슬림을 포함하는 신자들과 그 공동체인 ahl al-diyānāt wal-milal과 철학자나 우상숭배자들과 같은 ahl al-ahwā' wal-ārā'로 구분하였다. 그는 인간을 그들이 믿고 있는 신앙에 따라 구분하는 방법이 가장 적합하다고 주장하였다.[184)]

오스만 제국 하에서 이 용어는 인종이나 사용 언어에 상관없이 전체 무슬림 신자들에게 적용되었다. 또한 이슬람 뿐 아니라 다른 종파의 종교 집단을 뜻하는데도 광범위하게 사용되었다. 외국 정부와의 관계에서 사용되는 <밀라>는 정치 사회적 실체를 종교로서 분류하는 방식으로 적용되었다. 예컨대 19세기까지는 유럽의 군주를 '기독교 millet[185)]의 지도자'로서 호칭하였다.

유럽에 대해 다소간의 지식은 있었지만 유럽 사회를 구분하는 일

183) Bernard Lewis(1988), *The Political Language of Islam*(The University of Chicago Press), p.38

184) Muḥammad 'Abd al-Karīm Shahrastāni, *al-Milal wal-niḥal*, Ed. 'Abd al- 'Azīz Muḥammad al-Wakīl(Cairo, 1968). vol.1.pp.10-11

185) milla의 터키어 어형

정한 기준이 없었던 19세기 초반의 아랍 지식인들은 유럽 대륙과 개별 국가를 모두 <밀라>로 지칭하였다.

> 예) '기독교도 밀라가 거주하는 유럽'
> '교황은 가톨릭 교계의 수장(kabīr millati-him, kabīr al-milla al-'īsawiyya)'
> '프랑스인들 (al-milla al-faransāwiyya)'
> '영국인들(al-milla al-inklīziyya)'

이집트의 역사학자 자바르티(Jabartī)는 프랑스의 이집트 침공 시 프랑스 군인들이 보여준 높은 사기에 대해 "전장을 이탈하는 자는 누구든 <밀라>에 대한 반역자이거나 신앙에 대한 배교자로 생각하던 초기 이슬람의 전통에 따라 성전을 수행하는 전사처럼 싸웠다"[186]고 기술하였다.

또한 리파아 라피아 알-타흐타위(Rifā'a Rāfi' al-Ṭahṭāwī)는 나폴레옹 시대의 종말에 대해 "프랑스 <밀라>의 반대에도 불구하고 Bourbons가 왕좌를 다시 차지하였다"라고 기술한 바 있다. 여기서의 <밀라>는 프랑스 '민족'을 가리킴이 분명하다. 그러나 타흐타위가 프랑스의 종교를 "로마 카톨릭 <밀라>"라고 언급하는 대목에 이르러서는 매우 혼란스럽다. 또 같은 텍스트에서 타흐타위는 1830년 프랑스가 알제리를 점령한 것을 두고 "기독교 <밀라>가 이슬람 <밀라>에 대해 거둔 커다란 승리"라고 평하였다. 또 덴마크인들은 "종교가 프로테스탄트 <밀라>이다(wa-dīnu-hum al-milla al-brutistāniyya)"고 하였으나 같은 텍스트에서 노르웨이 의회를 "<밀라>의 대표들의 모

---

186) 'Abd al-Raḥmān al-Jabarti,, *Ta'rīkh muddat al-Fransīs bi-Miṣr*. Ed. Shmuel Moreh.Leiden,1975, pp.20-21

임(majlis wukalā' l-milla)"이라고 명명하고 있다. 이 마지막 예에서 사용된 <밀라>에는 전혀 새로운 의미가 부여된 것으로 보인다. 즉 종교 집단을 가리킨다기 보다 일정한 정치 권리를 향유하는 정치 집단을 가리키는 것이다. <밀라>를 이처럼 새로운 의미로 적용한 예는 나흐타위와 동시대의 지식인들의 저술에서 쉽게 찾아볼 수 있다.

예) jam'iyyāt al-milla(les assemblees de al nation)
wukalā' l-milla(leaders of the French Revolution)
majlis mab'ūthī l-milla(영국 의회)

위에서 살펴 본 바와 같이, 아랍의 지식인들은 자신들이 이해하고 있는 바 이슬람 세계와 오스만 제국에 존재하던 종교 신앙에 따라 결정되는 공동체의 구분 원칙에 따라 유럽의 제 민족을 기술하였음을 알 수 있다. 또한 유럽 민족의 모든 <밀라>들이 하나의 기독교 <밀라>를 형성하면서도 일부 <밀라>들은 주권을 가진 정치적 존재로서 기술된 것은 이해하기 어려운 점이다. <밀라>가 이처럼 다양한 의미로 사용되었다는 것은 19세기 전반부에 유럽의 민족이라는 성격에 관해 아랍 지식인들이 확실한 개념을 파악하고 있지 않았음을 입증하는 것이다.

3.1.2 <움마>

<움마>는 셈어족에 속하는 히브리어의 umma나 아람어의 ummetha의 차용어이다[187]. <움마>는 이미 이슬람 이전 자힐리야 시대부터

187) Bernard Lewis, op.cit., p.17

사용되어 남부 아라비아 지방에서는 lumiya가 '부족 연합체'를 뜻하였으며, 예언자 무함마드의 생존 시 메디나에 최초로 세워진 이슬람 공동체가 <움마>라 불린 것도 그와같은 의미에서였다. 그러나 무함마드가 신자들의 공동체를 조직화하려던 초기 단계에서 그가 사용한 <움마>에 내포된 의미는 모호한 것이었다. 코란에서의 <움마>는 다양한 의미로 쓰였다. 코란에서 아랍인들의 <움마>를 언급할 때는 종족을 지칭하며, 기독교도인들의 <움마>를 말할 때에는 종교적 의미로 쓰인 것이다. 또한 착한 사람들의 <움마>를 말할 때에는 도덕적 의미인 것이다.

중세 아랍의 역사학자나 지리학자들은 언어와 인종의 측면에서 비무슬림 민족을 가리키는데 <움마>를 사용하였다.

(1) Mas'ūdī
umam al-Ifranj wal-Ṣaqāliba wal-Nukubard(프랑크, 슬라브 및 롬바르디아족)

(2) Ṣā'id al-Andalusī
al-Rūs, al-Yūnāniyyūn, al-Rūm, al-Ṣīn(러시아인들, 그리스인들, 로마인들, 중국인들)

(3) Ibn Khaldūn
umam al-Ṣaqāliba wa-l-franj wa-l-Turk[188]

또한 다른 민족을 지칭할 때 사용되는 <움마>는 종교적 측면에서 이슬람 이외의 타 종교 집단을 가리켰으며 특히 기독교도를 al-umma al-naṣrāniyya로 표현하였다. 이 경우 <움마>는 <밀라>로 대체될 수 있다.

---

188) Ayalon, op.cit.,p.22에서 재인용

1798년 나폴레옹이 이집트 침공 시 공포한 포고문의 서두에서 이집트인들을 <al-umma al-miṣriyya>로 호칭하였다. 이는 당시 유럽의 국가 개념을 적용하여 아랍어의 <움마>를 사용한 것이다. 그러나 술탄 살림 3세는 <움마>가 이슬람 공동체를 가리킨다는 점을 이용하여, 프랑스가 무슬림들의 공동체를 파괴하려는 음모를 분쇄하도록 오스만 제국의 무슬림들에게 촉구하였다. 이는 <움마>란 용어의 의미를 정치 사회적으로 이용한 술탄에 의한 고도의 심리전이었다.

오늘날 <움마>는 모든 무슬림들의 정서적인 통합의 상징으로서[189] 이슬람법이 지배하는 모든 영토를 포함하며 단일의 포괄적 이슬람 공동체를 의미한다. 특히 <알-움마 알-아라비야 al-umma al-'arabiyya>는 아랍어를 모국어로 하는 사람들의 종교적, 사회적, 정치적 공동체를 말하며[190] 아랍 민족의 공동체를 지칭하기도 한다.

3.1.3 <따이파 ṭā'ifa>

이 용어의 원의는 전체의 일부분을 뜻하며 사람들로 이루어진 보다 큰 구성체의 일부를 형성하는 일단의 사람들을 뜻하는 의미로 발전하였다. 코란에서는 각기 규모와 성격이 다른 집단을 가리키는 의미로 자주 사용되었으며 그 후 이 용어는 다양한 사회를 가리키는데 사용되었다.

11세기 아랍 지배하의 스페인에서 출현하였던 군소 왕조의 통치

---

189) Van Nieuwenhuijze(1959), "The Ummah, An analytic Approach", Studia Islamica, 10, p.16

190) 김정위, 『이슬람 문화사』, 문학예술사. p.267

들을 mulūk al-ṭawā'if[191]라 통칭하였으며, 1840년경 마론파 주교는 신자들에게 "드루즈파, 무타왈리파 등 다른 여러 기독교 분파들(ṭawā'if)이 정부에 항거하는데 동참해줄 것"[192]을 호소하였다. 또 유럽의 제 민족과 기독교 공동체를 지칭하는데도 <따이파>가 사용되었다.

예) ṭā'ifa al-Fransīs(프랑스 민족)
ṭā'ifa al-Bulghār(불가리아 민족)
al-ṭā'ifa al-'Īsawiyya(기독교 공동체)[193]

이와같이 <따이파>는 어느 정도 그 성격이 뚜렷한 집단에 대해 사용되었다.

3.1.4 <까빌라 qabīla>

<까빌라>는 본래 혈통상 한 조상의 자손들인 사람들의 집단을 의미하였다. 이슬람 이전부터 부족을 뜻하는 의미로 사용되어 코란에서도 같은 의미로 사용되었다. 특히 <까빌라>는 부족의 계층 구조상 최대 단위인 <샤압> 다음의 큰 단위이다. 이 용어는 가족, 혈족, 세대, 인종 등 폭넓은 의미로 사용되었는데 이 점이 아랍이외의 타민족을 기술하고자 하는 아랍의 지식인들이 이 용어를 선호하게 된 이유이다.

19세기 초에서 중반에 이르기까지 각기 다른 인종으로 구성된 유

191) ṭā'ifa의 복수형

192) 'Abd al-'Azīz Sulaymān Nawwār(1974), *Waṯā'iq asāsiyya min ta'rīḵ Lubnān al-ḥadīṯ*, 1517-1920. Beirut. Ayalon, p.24에서 재인용

193) Ayalon, op.cit.,p.24

럽 사회를 지칭하는데 이 용어가 자주 사용되었다. 예를 들면, 1858년 파리 국제 박람회에는 미국인과 영국인, 이태리인, 터키인, 아랍인 등 "여러 나라에서 온 <까바일 qabā'il>[194]"이 한 자리에 모였으며, 19세기 중반의 신문 기사에는 다음 예에서 볼 수 있듯이 이 용어가 자주 등장하게 되었다.

(1) 일부 <까빌라> 사이에 이견이 있음에도 불구하고 유럽은 단결해야 한다.
(2) 1830년의 프랑스 혁명은 "<까빌라>가 왕에 대항해 일어난 것"이다.
(3) 나폴레옹 3세는 "프랑스 <까빌라>의 사랑을 받을 수 있는 유일한 사람"이다.[195]

또한 타흐타위는 이 용어를 다른 나라로 이주한 이주민들을 지칭하는 데 사용하였는데 이는 <까빌라>가 유목민들의 이동을 암시하는 데서 착상을 얻은 것으로 보인다. 따라서 신대륙으로 이주한 영국의 청교도들을 qabā'il al-ifranj fī amirīka로, 미국을 al-qabā'il al-mujtami'a l-amirīqiyya(미국의 연합 부족)으로 옮겼다.[196]

3.1.5 <라이야 ra'iyya>

'백성'을 의미하는 <라이야>(복수:ra'āya)는 고대로부터 근대 유럽에서 정치적 민족 개념이 들어오기 까지 피통치자의 정치적 신분을 나타내는데 사용된 용어이다. 본래 "양치기(rā'ī)의 보호를 받는

---

194) qabīla의 복수형

195) Birjīs Bārīs, 13 Oct 1859, pp.3-4. Ayalon, p.26에서 재인용. Birjīs Bārīs는 1859-1866년까지 파리에서 발행된 아랍어 일간지로서 1860년이후에는 아랍어와 프랑스어로 발간되었다.

196) Ayalon, op.cit.,p.26

양떼"를 뜻하던 어휘가 피통치자를 뜻하는 은유로 의미가 확장된 것이다.[197)]

코란에서 이 용어가 사용되지 않았으나 8세기 중반경에는 좀 더 발전된 의미로 통용되기 시작했다. 대법관인 까디 아부 유숩 qāḍī Abū Yūsuf이 칼리파 하룬 알-라쉬드(Hārūn al-Rāshid)를 위해 저술한 『토지세에 관한 책』의 서문에서 양치기와 양떼의 관계처럼 칼리파가 지켜야할 본분에 관해 언급하고 있다. 이후 종교나 법률, 문학, 행정 등의 문서에서 이 용어가 그와 같은 의미로 널리 사용되었다. 우마이야 시대의 산문 작가인 이븐 알 무깟파(Ibn al-Muqaffa ʿ) 도 그의 저서에서 이 용어를 자주 사용하였으며[198)] 그 후 이 용어는 이슬람 제국 내외의 모든 백성들을 지칭하는 용어로 정착되었다. 18세기 스페인 주재 모로코 대사는 영국 청교도들의 미국 이주를 최초로 아랍어로 언급하면서 "미국 사람들(ahl)은 과거 영국의 <라이야>들이었다"[199)]고 하였다.

아랍의 역사학자들이 유럽의 정치에 대한 인상을 기록하기 시작하면서 국외의 피통치자들에게도 적용될 수 있는 용어를 모색하였다. 19세기 초부터 말까지 이 용어는 전제 정치를 비롯해 어떤 통치 형태를 띠고 있든지 간에 모든 나라의 국민들에게 적용되었다. 이집트의 이슬람 신학자들인 울라마들이 나폴레옹 보나파르트에게 "프랑스와 이집트의 두 민족은 모두 하나의 <라이야>이다"라고 말한 것이나 문학사가 주르지 자이단이 "미국의 <라아야>"의 정치적 권리와 특권을 논한 것 등[200)]에서 이 용어가 피통치자라고 할 수 있는

197) Lewis, op.cit.,p.61

198) Ibn al-Muqaffa ʿ, *al-Adab al-Kabīr*(Beirut, 1956),pp.21,31,38

199) Lewis, op.cit.,p.140

모든 사람들에 대해 사용되었음을 알 수 있다.

3.1.6 <아흘 al-ahl>, <수칸 al-sukkān>, <줌후르 al-jumhūr>

근대로 접어들기 이전의 아랍인들에게 일반 개개인의 정치 참여라는 개념은 낯선 것이며 이슬람의 정치적 전통과도 맞지 않는 것이었다. 19세기 말경의 민족주의자들은 <라이야>의 구태의언한 개념으로는 주권재민이라는 새로운 개념의 시민을 나타내는데 적합하지 않음을 인식하게 되었다. 그리하여 유럽이나 중동지역 문제에 관해 기술할 때 그들은 <라이야>대신 정치적 색채가 없는 다른 단어들을 모색하기 시작했는데 바로 각각 사람들, 주민, 대중을 뜻하는 <아흘 al-ahl>, <수칸 al-sukkān>, <줌후르 al-jumhūr>[201]이다. 이들 용어는 통치자와 피통치자사이의 특정 관계를 나타내지 않는 일반인들을 뜻한다.

3.1.7 <샤압 <u>sh</u>a'b>

원의는 '부족'이나 '종족' 특히 비 아랍계의 종족을 의미하였다. 이 용어는 타 민족 특히 페르시아 인들에 대해 아랍 민족이 우월하다는 주장에 대해 반대하는 슈우비야파(al-<u>Sh</u>u'ūbiyya) 운동과 관련하여 부정적인 의미를 내포하였다. 즉, <움마>의 통일을 저해하는 분리주의자적인 경향을 암시하였기 때문이다.

19세기 초의 역사서에서는 '프랑스의 <샤압>'과 '파리의 <샤압>'이란 어구가 동일 텍스트에서 사용되는 것과 같이 특기할만한 기준

---

200) Ayalon, op.cit.,p.44

201) 아랍어에서 공화국을 의미하는 jumhūriyya도 이 용어의 파생형이며, 리비아의 국명에 이 용어의 복수형 jamāhīr가 사용된 것은 민중의 직접적인 정치 참여를 나타내고자 한 것이다.

없이 자유롭게 사용되었다. 이 용어에는 통치자에 대항하는 피통치자의 의미나 정치적 권리에 대한 의미를 내포하지 않았다. 그러나 아랍의 지식인들이 프랑스 혁명과 나폴레옹 정부를 언급하면서 "프랑스의 <샤압>이 루이16세에 항거하여 일어났다"고 묘사함으로써 <샤압>을 그와같은 의미로 사용하기 시작했다.

<샤압>이 이처럼 19세기 아랍의 정치 용어로 사용케 된 것은 1860년대와 1870년대에 시리아의 기독교도 아랍인들이 발간한 신문과 잡지를 통해서이며, 이 용어가 정치적 의미로서 이집트에 소개되는 과정 역시 1875년 이후 이집트에 체류한 시리아 출신 기독교도 아랍인들이 발간한 신문을 통해서이다. 유럽 등지에서 발생한 사건들을 보도한 신문 기사에서 이 용어가 사용된 예를 찾아볼 수 있다.

(1) 영국 정치에서 '대중 여론(ra'y al-sha'b)'의 역할
(2) 미국에서의 정부(ḥukūma)와 <샤압>의 관계
(3) 바스티유의 날은 프랑스 <샤압>이 자신들의 권리를 인식하고 독재적인 법을 무너트린 날이다.
(4) 공화국은 국민의, 국민에 의한 정부이다(ḥukūma al-sha'b bil-sha'b)
(5) 민주주의는 '<샤압>에 의한 통치'를 뜻하는 그리스어이다.

주권재민의 개념은 특히 유럽 국가에서의 의회 활동을 다루는 기사에서 더욱 두드러져 복합어인 wukalā' al-sha'b(<샤압>의 대표자)로 표현되었다.[202] 앞에서 논한 <아흘>이나 <수칸>, <줌후르>가 정치적 맥락에서 사용되기는 하였지만 용어 자체에 정치적 의미가 내포된 것은 아니었다. 그러나 <샤압>은 ḥuqūq(권리), irāda(의

---

202) Ḥadīqat al-akhbār(1858), al-Jinān(1870), al-Muqaṭṭam(1897)

지), quwwa(힘), ṣawt(목소리) 등의 어휘와 복합어 형태로 반복적으로 사용됨으로써 일정한 정치 · 사회적 의미를 지니게 되었다.[203] 이와같이 <샤압>은 정당하게 자신들의 목소리를 내고 자신들의 의지가 정부에 의해 인정받는 피지배자인 대중을 지칭하는 용어로 자리 잡게 되었다.

3.1.8 <무와띤 muwāṭin>

지금까지 다룬 용어들은 모두 피지배자, 백성, 민족 등 집합 개념의 어휘들로서 국가내의 개인의 지위에는 적용할 수 없는 용어들이다. 19세기의 아랍어에는 '시민'과 같은 개인의 정치적 실재를 나타낼만한 어휘도 없었으며 그와같은 정치적 실재도 아랍의 정치적 전통상 인정될 수 없는 것이었다. 따라서 정치적 맥락에서 개인을 언급할 수 있는 방법은 '<라이야>의 한사람'이나 '<샤압>의 한사람' 등으로 표현하는 것 뿐이었다. 19세기 말경에 이 용어는 '외국인(ajnabiyy)'과는 대조적인 의미로 '주민'을 뜻하는 기술적 의미로 사용되고 있었다.[204] 이러한 기술적 의미 외에 이 용어는 점차 정치적인 의미를 획득하였다.

어근 w-ṭ-n에서 파생한 <와딴 waṭan>은 고전 아랍어에서 '출생지, 거주지' 또는 '고향'을 의미하였으므로 이 용어에는 감상적 분위기와 향수가 함축되어 있다. 19세기에 애국주의 운동이 출현하면서 <와딴>은 애향심, 애국심과 충성의 의미를 갖게 되었으며, <와딴>의 파생어인 <와따니 waṭaniyy>, <와따니야 waṭaniyya>는 이집

203) Ayalon, op.cit., p.50

204) 1890년의 이집트 특허법은 '이집트에 살고 있는 누구에게나 <waṭanī이든 ajnabī이든> 적용될 수 있다.

트 민족주의자들의 상용어구가 되었다. 애국자라는 것은 조국과의 일체감을 뜻하며 조국에서의 의무와 권리를 모두 마땅히 갖는다.

아랍 국가들이 독립 투쟁을 전개함에 따라 20세기에 이르러서야 정치적 법률적 권리를 가진 개인의 정치적 지위를 나타내는 용어로서 <무와띤>이 사용되기 시작했다.

3.1.9 <까움 qawm>

본래 혈연 관계를 나타내는 이 용어는 20세기에 이르기 전까지는 정치적 의미를 갖지 못했다. 특히 2차 세계대전 이후 <알-까우미야 알-아라비야 al-qawmiyya l-'arabiyya>는 아랍 민족주의를 뜻하는 어구로 자주 사용되었다. 이 용어는 지정학적인 경계선에 관계없이 아랍어를 모어로 하는 모든 아랍인들에게 적용되었다. 따라서 이 표현은 아랍 민족주의를 뜻할 뿐 아니라 아랍 세계의 통일을 의미하게 되었다.[205]

3.2 〈움마〉와 〈샤압〉

<움마>는 앞에서 살펴보았듯이 통치자와 피통치자의 관계를 나타내기보다 타 민족이나 국가와 구별되는 '민족' 또는 '국가'라는 전통적 의미에 더 많이 사용되었다. 19세기 말에 민족주의 사상이 도입되면서 이러한 경향은 점차 보편화되었으며, 오늘날 <움마>는 외부의 적에 대해 이집트 민족, 아랍 민족 혹은 이슬람 공동체를 내세우는 데 적합한 용어가 되었다. 국내에서 정치적 권리를 달성하려고 투쟁하는 피 지배인들은 <샤압>으로 불리었다. 그러나 <움마>와 <샤

---

205) 김정위, op.cit., pp.267-8

압> 두 용어를 엄격하게 구분하여 사용한 것은 아니며 오히려 민족주의자들의 텍스트에서는 두 용어가 동일한 맥락에서 혼용되었다.

본 장에서는 19세기에 활약한 이집트 민족주의자 4명의 텍스트와 신문 기사를 분석, <움마>의 전통적 종교 사회에서 정치적 주권재민의 의미를 내포한 <샤압>이 도입된 과정을 고찰해보고자 한다.

3.2.1 타흐타위

19세기의 이집트 민족주의자중에서 이집트 근대화에 가장 기여한 리파아 라피아 알 타흐타위는 <움마>와 <아할리>, <라아야>의 세 용어를 각기 다른 용법으로 사용하였다.[206)]

> "이스마일은 <움마>와 적절한 조치와 규정에 대해 협의하며 -이의 도입은 <움마>의 이익에 도움이 될 것이다- 자의적으로 <움마>를 통치하게 되었다."

위에 인용한 텍스트에서의 <움마>는 문맥상 <민족>으로 옮길 수 있다. 그러나 아랍어 원문에서는 두 번째 <움마>가 앞 문단의 <알-아할리 al-alhālī>를 가리킴을 알 수 있다.

> "이스마일이 지혜로운 대표자들을 선출, 자신들의 이익을 논하도록 <아할리>에게 촉구한다면, 이스마일로서는 충분히 명예로운 일일 것이다."

타흐타위는 동일 텍스트에서 <움마>와 <아할리>뿐 아니라 백성을 뜻하는 <라아야>도 사용하였다.

206) Leon Zolondek(1963), *The Language of the Muslim Reformers of the late 19th century*, Islamic Culture, V.37, p. 155

“이스마일은 그들의 권리를 훼손하지 않도록 해야한다. 왜냐하면 절대자 하느님께서 그로 하여금 그들의 보호자가 되도록 하셨기 때문이다. <라아야>의 권리에 대한 자신의 의무를 수행하는 외에 이스마일은 특권을 누리는 <라아야 아흐라르 aḥrār>(자유로운 국민)를 통치하는데 대해 칭송을 받는다.”

타흐타위는 <샤압>의 어원에 ‘분리’의 의미가 함축되어 있기 때문에 <아할리>와 <라아야>를 더 선호했을 것으로 추정된다. 그러나 이러한 현상은 무함마드 압두와 카와키비의 텍스트에서도 발견된다.

3.2.2 알-카와키비

카와키비는 <움마>와 <라이야>, <샤압>을 다음 구절에서 보듯이 모두 구별하여 사용하였다.

“현명한 독자라면 정부가 인간에 유용하도록 하기 위해 세워졌음을 알 수 있을 것이다. 그러나 전제 정치가 그것을 변화시켜 <라이야>를 통치자들(ru‘āt)의 종이 되게 하였다. 또한 독자들은 전제 정치가 정부의 권력 그 자체인 <샤압>의 권력을 그들의 이익에 반하게 이용했다는 것을 알게 될 것이다.”[207]
“인류가 도달한 가장 유용한 단계는 조직적인 정부가 전제 정치를 막아주는 둑으로서 세워진 단계이며 어떠한 권력이나 영향력도 법에 군림하지 않도록 하며, 입법권을 <움마>손안에 넣어주는데 있어...그리고 <움마>는 어떤 잘못에도 동의하지 않을 것이며...통치 방향을 감시하도록 <움마>를 깨어있게 함으로써..”

이 텍스트에서 카와키비는 <샤압>을 ‘민족’의 의미로 사용한 것으로 보인다. 그러나 주권을 다루는 구절에서는 <움마>를 더 선호

---

207) Kawākibī, *Tabā'i' al-Istibdād*, Aleppo, 1957, p.97. Zolondek, op.cit.,p.157에서 재인용.

하였음을 다음 예에서 알 수 있다.

(1) bi irādati l-umma
(2) hal al-irāda lil-umma
(3) al-umma hiya ṣāḥibat al-sha'n
(4) quwwat al-tashrīfī yad al-umma

여기서 카와키비는 '민족'의 주권보다 <움마>의 주권을 강조했음을 보여준다.

타흐타위와 마찬가지로 카와키비 역시 대중 혹은 '민족'을 가리키는 문맥에서 <알-아왐 al-'awam>, <알-카파 al-kaffa>, <까움 qawm>, <라이야>를 사용한 반면, <샤압>은 사용하지 않았다.

3.2.3 무함마드 압두

무함마드 압두의 다음 텍스트는 "al-umma wa sulṭa al-ḥākim al-mustabidd"라는 제목의 논설문에서 발췌, 인용한 것이다(1884년 8월 14일).

> "문제를 풀고 묶는 힘이 없는 <움마>는 그 자체의 이익을 위해 협의의 대상이 되지 않는다. 오히려 자의적으로 통치하며 법 그자체인 통치자에게 복종해야 한다. 이는 한 국가안에서 존속하지 못하게 될 <움마>이다. 만약 <움마>안에 생기가 아직 감돌고 또 신의 축복이 함께한다면 의원들은 이러한 악의 나무를 뿌리뽑는데 동참할 것이다...(ijtama'a ahl al-ra'y wa arbabab al-himma min afradiha wa ta'awanhu)".[208]

---

208) Rashīd Riḍā, *Ta'rīkh al-Ustādh al-Kabīr al-Imām al-Shaykh Muḥammad 'Abdu*, Vol 2.,Cairo,1931, pp.335-6

또다른 텍스트 "asbāb ḥifz al-mulk"(1884년 9월 11일)은 다음과 같다.

> "<움마>의 정신이자 이슬람 신앙의 지도자들인 기성의 지식인들은 무슬림들을 각성시켜 정도를 걷게 하는데 열중해야 한다(fa 'ala l-umma al-rasikhīn wa hum rūḥ al-umma wa quwwat al-milla al-muḥammadiya)"

위 문맥의 논리상 ahl al-ra'y는 울라마에 해당된다. 따라서 첫 번째 인용문은 <움마>를 폭정으로부터 자유롭게 해줄 권리가 '국민'에게 있는 것이 아니라 이슬람 교리와 일치하는 견해인 <이즈마아 ijma'(합의)>에 도달하는 '울라마'에게 있는 것임을 말하고 있다.

또 다른 논문 텍스트는 우라비 'Urābī에 대한 압두의 입장에 관한 것이다. 그는 우라비의 사상을 분석하고 있다.

> "우라비는 자신과 자신을 따르는 장교들이 <움마>의 소망을 실현할 수 있는 수단이 될 수 있다는 생각에서 -마치 <움마>가 그들을 이용하는것처럼- 불법적인 반란에서 <움마>에 대한 복종으로 그의 행동을 변화시키려 했다. 그러므로 혁명은 군대의 혁명이었다. (그는 추측하기를) <움마>가 자유를 성취하고 정부의 잘못된 것을 바로 잡기위해 무엇을 하든지 그것은 반대에 부닥치지 않을 것이며 또한 어떠한 처벌도 정당화할 수 없다."

따라서 압두에게 <움마>의 의지는 그에게 중요하지 않으며 오직 <움마>의 의지를 누가 자극하느냐가 그의 관심거리인 것이다. 그것은 군대가 아니라 울라마들의 역할이다.

알-카와키비와 마찬가지로 압두 역시 주권을 다루는 문맥에서 <샤압>을 사용하지 않았으며 <아할리>와 <라이야>를 더 자주 사용하였다.

동시대 무슬림 민족주의자들의 텍스트에서 <샤압>이 사용되지 않은 것은 어근 sh'b에 '분리'의 의미가 내포되어 있으며 샤리아법에 기초한 이슬람 움마와 이집트 움마의 단결에 대한 관심 때문일 것이다.

3.2.4 신문

본 연구에서는 <샤압>에 대해 보다 세속적인 견해를 갖고 있던 동시대 시리아의 기독교도 지식인들의 텍스트에 대한 분석은 다루지 않을 것이다. 이 경우 <샤압>은 특히 유럽이나 외국의 문제와 관련되는 것이기 때문에 이는 별도의 연구에서 다루어져야 할 것이다. 여기서는 정치적, 상징적, 감동적 의미를 갖은 <샤압>이 칼릴 알-쿠리(Khalīl al-Khūrī)와 살림 알-부스타니(Salīm al-Bustānī)와 같은 시리아계의 기독교도 지식인들에 의해 편집된 1860년대와 1870년대의 시리아 신문 잡지들을 통해 19세기의 아랍 정치 텍스트에 주로 소개되었다고 하는점을 지적해 두는 것으로 족하다.

특히 이집트의 경우 살림과 비샤라 타끌라(Bishāra Taqlā)가 발행한 이집트 최초의 일간지 알-아흐람(al-Ahrām)지가 <샤압>을 이집트의 정치 텍스트에 처음 도입하는데 주요한 역할을 수행하였다. 이는 특히 외국 문제를 다루는 기사들에서 <샤압>이 지속적으로 사용되었다는 점에서 입증된다.

타끌라는 자신이 직접 쓴 기사중 주권과 관련된 문맥에서 <샤압>을 지속적으로 사용하고 있다. 전제 정치와 입헌 정치사이의 차이점을 논하는 다음 기사를 일예로 제시한다.

"전제 정치와 입헌 정치의 각기 다른 이점에 관해서는 논쟁의 여지가 없다. 왜냐하면 후자는 <샤압>에 기초하여 <샤압>을 위한 것 인데 반해(taqūm bi-l-sha'b li khidmat al-sha'b) 전자는 한 개인에 기초하기 때문이다....."[209]

프랑스의 상황을 기술한 다음 기사를 보자.

"이러한 사태의 진전은 당연한 일이다. 왜냐하면 <샤압>이라는 단어가 궁극적으로 권위가 있기 때문이다(kalimat al-sha'b ṣāḥibat al-qawl al-fāṣil)"

시리아의 기독교도 언론인인 살림 사르키스가 편집한 알-무쉬르(al-Mushīr)지에서는 ḥuqūq al-sha'b(민족의 권리), ṣawt al-sha'b(민족의 소리), irādat al-sha'b(민족의 의지), quwat al-sha'b(민족의 힘)과 같은 구절이 반복, 사용되었다.

이들 구절들은 이미 알-아흐람지에서 사용된 것들이었다. 그러나 <샤압>은 점차 감동적인 어조를 띄게된다.

"<샤압>은 사라지지 않을 것이며 또한 물러서지도 않을 것이다(al-sha'b lā yanfā wa lā ya'zal)."

3.2.5 무스타파 카밀

이집트 대중들이 <샤압>이란 용어를 시리아계의 기독교도 지식인들에 의해 발간된 신문을 통해 접하게 되는 한편, 1890년대의 무슬림 지식인들중에서 특히 무스타파 카밀은 주권을 다루는 문맥에서 그동안 사용되오던 <움마>를 <샤압>으로 대체하였을 뿐 아니라

---

209) al-Ahrām, no.3936, Jan. 30,1891. Zolondek(1965), *Ash-sha'b in Arabic Political Literature of the 19th century*, Die Welt des Islams, X, p. 11에서 재인용

<샤압>에 감정적이고 상징적 의미를 부여하였다.

무스타파 카밀은 그의 텍스트에서 <샤압>을 폭넓게 사용하였다. 앞서 언급한 타흐타위와 카와키비, 무함마드 압두 등 개혁주의자들과 달리 무스타파 카밀은 '민족'에 관해 분명하게 세속적 의미로 설명하였다.

> "우리의 애국적 의무로 말하면, 이 귀중한 우리의 삶의 터에 봉사하고 그것의 자유와 독립을 위해 노력하기 위해 이집트를 조국으로 여기는 무슬림과 콥틱교도, 그밖의 모든 다른 종교 신자들사이의 완전한 단결을 위해 노력하는 일이다. 우리는 평생동안 이점을 표방해왔다. 우리는 이집트의 무슬림과 콥틱교도들이 한 민족(umma wāḥida)이며 모든 이집트 무슬림들의 혈관속에 흐르는 피는 같다는 점을 널리 알린다. 또 우리는 무엇보다도 봉사하고 서로 도와야할 조국(waṭan)을 갖고있는 민족(umma)으로서의 이집트인들의 단결에 목적이 있음을 알리자."[210]

카밀은 이와같이 '민족'에 대한 세속적 해석을 바탕으로 <샤압>과 <움마>를 주권과 관련된 문맥에서 혼용하였음을 알 수 있다.

> "al-umma ṣāḥibat al-kalima al-'ulya fī bilādi-ha."
> (<움마>는 나라에서 가장 지고한 단어의 소유자이다)
> "al-sha'b huwa ṣāḥib al-ḥaqq al-awwal fī bilādi-hi"
> (<샤압>은 나라에서 첫 번째 권리의 소유자이다)
> "al-umma hiya ṣāḥibat al-bilād wa sayydat al-mamlaka"
> (<움마>는 나라의 소유자이며 주인이다)
> "al-sha'b huwa fil ḥaqīqa ṣāḥib al-bilād wa sayyidu-ha"
> (<샤압>은 사실상 나라의 소유자이며 그 주인이다)

그러나 무스타파 카밀이 다른 민족주의자들과 구별되는 점은 단

---

210) 'Alī Fahmī Kāmil, *Muṣṭafā Kāmil fī 34 Rabī'an*, 9 vols., Cairo, 1908-1911, p.254

지 그가 민중에 의한 주권을 지지했다거나 그가 이집트 민족에 대한 세속적 견해를 견지했다는 점이 아니라 카밀이야 말로 감정적인 어조를 띤 <샤압>이란 용어를 광범위하게 사용한 최초의 무슬림 개혁자란 점이다.

> "우리나라에서 가장 위대한 것을 꼽는다면, 그것은 나라를 일으킨 <샤압> 즉 민족이라고 할 수 있다. 힘있는 자들이 생각지도 않는 이들 작은 개인들이야 말로 사실상 국가의 부의 기본적 원천이다. 만약 그들이 없다면 우리에게는 삶이 없을 것이다. 누구를 위해 군대를 만드는가? 민족의 개개인들이다(afrād al-sha'b). 누가 생산물을 생산하는가? 민족의 개개인이다(afrād al-sha'b). 힘있는 자들은 누구에 의지하여 살아가는가? 민족의 개개인이다(afrād al-sha'b). 이처럼 민족의 개개인들은 조국의 지주이며 영광과 행복의 원천이다. 어떻게 그들의 권리가 훼손될 수 있는가? 힘있는 자들이야 말로 민족의 개개인들(afrād al-sha'b)이 그들을 받들고 순종하는 덕택에 존재한다는 것을 알지 못하는가? 민족의 개개인들이 힘 있는 자들에게 거슬리는 행동을 한다면 그들 힘있는 자들은 어떻게 할 것인가? 과연 맞설 수 있을까? 그렇지 않다. <샤압>이야말로 유일하고 진정한 세력이며 지배자로서 그들의 뜻에 가장 힘센 자들이라도 복종해야만 한다(inna al-sha'b huwa al-quwwa al-waḥīda al-ḥaqīqiya wa huwa al-sulṭān alladhī yakhḍa'u li irādati-hi akbaru al-'uzamā' wa a'zamu l-aqwiyā)".[211]

5. 결론

본 연구에서는 19세기 말에 주로 활동한 이집트 무슬림 민족주의자들의 <까우미야> 텍스트에서 나타나는 '민족'을 뜻하는 아랍어 용어들을 열쇠어로서 분석 대상으로 삼아 사회·정치적인 의미 변화

211) Ibid.,p.290

와 대체 과정을 고찰해 보고자 하였다.

이를 위해 우선 '민족'의 개념에 대한 새로운 인식과 각성이 싹트는 19세기 이집트의 정치적 상황을 시대적 배경으로 일별한 다음, '민족'과 관련된 아랍어 용어들인 <밀라>, <움마>, <따이파>, <까빌라>, <라이야> 등의 의미를 고찰하고 시대적 변천에 따라 어휘의 의미 변화와 대체가 이루어짐을 알았다. 양치기와 양떼의 의미에서 유래된 통치자를 뜻하는 <라이>와 백성을 뜻하는 <라이야>의 용어는 19세기 민족주의에 대한 각성이 시작되면서 <아흘>, <수칸>, <줌후르> 등의 정치적 색깔이 없는 어휘로 대체되고 곧 주권재민의 문맥에서 <샤압>이 사용되기 시작하였다. 그러나 <움마>는 시대의 변천에도 불구하고 이슬람 초기이래 현재까지 이슬람의 공동체를 뜻하는 종교적 의미 뿐 아니라 정치적 공동체로서 아랍 민족을 의미한다.

이집트의 근대 무슬림 개혁가들인 타흐타위, 무함마드 압두, 카와키비, 무스타파 카밀 등의 <까우미야> 텍스트 분석 결과, 카밀을 제외하고 모두 이슬람 공동체를 뜻하는 <움마>를 <샤압>보다 더 선호하였음이 드러났다. 그것은 <샤압>의 어근에 내포된 분리와 분파의 부정적인 의미때문인 것으로 추정된다. 그러나 <움마>와 <샤압>이 확연하게 구분되어 사용된 것은 아니었으며 오히려 후대에는 두 용어가 텍스트에서 혼용되었다. 또 <샤압>이 이집트에서 널리 사용되기 시작된 것은 이집트에서 발행된 신문의 역할이 중요하였음을 신문기사 텍스트 분석을 통해 알았다.

특히 무스타파 카밀이 <샤압>을 정치적 의미로 광범위하게 사용한 최초의 개혁주의자이며 그가 사용한 <샤압>은 주권을 뜻하는 문맥에서 정치적 실재를 나타내며 감정적인 어조를 띄었음을 알았다.

아랍어 원문 자료 및 인터넷 출처

□ (제2장) 엘-제네랄 rais lebled(우리나라 대통령): http://www.allthelyrics.com/forum/showthread.php?t=114682

□ (제3장) 타흐리르 광장의 시위 노래

irḥal: https://www.nmisr.com/vb/showthread.php?t=251818

yā al-mīdān: http://www.qlbna.com/vb/qlbna8871.html

ṣawt al-ḥurriyya: https://vb.shbab5.com/t225815

izzay: https://www.nmisr.com/vb/showthread.php?t=255319

□ (제4장) 튀니지 벤 알리 대통령 연설

(1차 연설: 2010년 12월 28일): https://www.babnet.net/cadredetail-31652.asp

(2차 연설: 2011년 1월 10일): https://www.babnet.net/cadredetail-31855.asp

(3차 연설: 2011년 1월 13일): https://www.tunisia-sat.com/forums/threads/1536026/

□ (제5장) 이집트 무바라크 대통령 연설(1차, 2차, 3차 연설)

https://25janaer.blogspot.kr/2012/02/blog-post_9709.html

□ (제2장) 튀니지 엘-제네랄의 노래 تونس بلادنا (튀니지는 나의 조국)

تونس بلدنا بالسياسة او بالدم

تونس بلدنا ورجالها عمرها ما تستسلم

تونس بلدا اليد في البد الكل،

تونس بلدنا واليوم لازم نلقى الحل

مادام القلب لازال يتألم

مادام لازلت ارى الظلم

مادام الشعب لازال يهيج بريس البلاد

مادام الدولة لازالت تسقي الشعب في كاس السم

رمونا مثل الكلب وضحكوا علينا

الا ترى قلب المواطن امتلأ من العذاب

سرقوا الفلوس والمناصب

رمونا مثل الكلاب

لعبوا علينا علينا وعلمونا تونس بلاد الخير

سرقتونا يا اولاد ال

جعلتم حتى الأطباء فينا تحتار

علمونا منذ الصغر ان السياسة لا تهمنا

اسقطونا في القوانين وبعد ذلك بصقوا علينا

حرام عليكم صنعتم شبابا ياسا

مصابا بفيروس عقلي

بنيتم القصور بدمائنا وبعرقنا لبستم الحرير

بكفي سكوتا لان سكوتنا لا ينفع

دخلنا في طريق كلام يأخذ ولا يرد

ينقصون في الأذان في كل مكان فلا تستغرب ان سيأتي يوم يمنعون عنا الاسلام

كل يوم اسمع بلادي ماضية في طريق الهلاك والحال اليوم ابكاني وابكاك

الاسلام اصبح عار وتخلف ولم يعد مرغوب فيه

انه عصر صار فيه الكفر محبوب

ترى فيه الدولة تشجع في الحانات

لذلك الشعب بات يرى المنكر في كل مكان

ليلة راس العام حجورات خمور خلاعة في كل مكان

هناك في تونس أناس تصرف مليارات في سهرات خمور لرفع الاقتصاد

يقتلوننا بالخرطوش فضلا عن الإصابات والجرحى في المستشفيات الشعب اليوم يتنفس الدخان في ققصة وفي سيدي بوزيد

قابلونا بالدبابات والابادات ومن الخارج إعانات

هذا كله لأننا طالبنا بحقنا في الحياة وأنتم رافعين شعار لا للعمل حتى الممات

ظلم كبير خاصة حين ترى فلان على الكرسي والمتعلم عاطل

لذلك الشعب لم يعد يفرق بين الحياة والموت والتونسي فهم وأدرك ولكن بعد فوات الأوان

ترى دموع الشعب روت الارض حزنا فرضوا علينا العيش بلا مبدأ بلا ألوان لكن تونس بلادنا ....عودة الى المقدمة

□ (제6장) 이집트 무바라크 대통령의 취임사

الثلاثاء, 27 سبتمبر 2005

كلمة السيد الرئيس أمام مجلس الشعب عقب أداء اليمين الدستورية

الإخوة والأخوات أعضاء مجلس الشعب

السيدات والسادة

أود أن أرحب بالأخ العقيد معمر القذافي قائد الثورة الليبية.. أخاً عزيزاً وكريماً.. يحمل له شعب مصر كل الاعتزاز والتقدير.. بما يربط بلدينا وشعبينا من وشائج الأخوة والجيرة والقربي.. وما يجمعنا من علاقات راسخة.. وتعاون وتشاور وتنسيق مستمر.. تحية لضيف مصر في وطنه الثاني.. جاء ليشاركنا هذا اليوم.. فله منا جميعاً كل الامتنان والترحيب.

الإخوة والأخوات

السيدات والسادة

أحييكم تحية من القلب.. في يوم مشهود في تاريخ هذا المجلس الموقر وتاريخ مصر.. يوم لم يشهده هذا المبني العريق منذ افتتاحه عام 1924.. ولم تشهده حياتنا النيابية منذ بدايتها عام 1824.. يوم سوف تعيه ذاكرة الوطن.. وتتذكره أجيال المستقبل. *شرفت منذ لحظات قليلة.. بأداء اليمين الدستورية أمام نواب الشعب.. أتيت لهذه القاعة تحملني أصوات الناخبين.. وأقسمت هذه اليمين مؤيداً بدعم شعب عظيم.. حسم خياراته في صناديق الاقتراع.

إنني أري اليوم حلما يتحقق.. حلما مشتركا لي ولكم.. تحقق بتعديل المادة "76" من الدستور.. والأبواب التي فتحها أمام مرحلة جديدة في تاريخ حياتنا السياسية. "تجربة جديدة" *لقد خضنا معا تجربة جديدة.. قال الشعب كلمته في انتخابات تنافسية بين أكثر من مرشح.. انتخابات حرة ونزيهة حازت اهتمام العالم.. انتخابات خرجت بالتعديل الدستوري إلي أرض الواقع والتطبيق.. وجسدت مغزاه ودلالاته في حاضر عملنا السياسي ومستقبله.

إنني أتوجه بالتحية والتقدير لشعب مصر .. ولكل من حرص علي الإدلاء بصوته. أتوجه بتحية خاصة للمرأة المصرية وإقبالها علي المشاركة في الانتخابات.. أمد يدي كرئيس لكل المصريين لمن اعطاني صوته.. ولمن أعطاه لغيري.. أقول لكم انني في حاجة لمساندتكم.. كي ننطلق لنعمل يدأ بيد في المرحلة المقبلة. *أتوجه بالتحية والتقدير لكل من أسهم في إنجاح هذه التجربة الجديدة.. للجنة العليا للانتخابات الرئاسية ورجال القضاء. بما وفروه من ضمانات حيادها ونزاهتها.. لرجال الشرطة وما بذلوه من جهود لضمان سلامة اللجان والناخبين.. للإعلام المصري القومي والمستقل. بما التزمه من حياد وموضوعية.. لكتاب مصر ومفكريها ومثقفيها. بما أسهموا به في طرح الرأي والرأي الآخر.

وكما وعدت قبل إجراء الانتخابات الرئاسية.. فإن الانتخابات التشريعية المقبلة سوف تكون بدورها.. حرة ونزيهة.. إنني إذ أؤكد تمسكي بالمضي في هذه الإصلاحات والخطوات الجديدة.. أثق كل الثقة أن المجلس الجديد الذي ستأتي به هذه الانتخابات.. سوف ينهض بدوره.. ويفي بمتطلبات المرحلة الجديدة القادمة

السيدات والسادة

لم تكن انتخابات يوم 7 سبتمبر علي شخص رئيس الجمهورية فحسب.. وإنما كانت علي ما طرحه المرشحون من رؤي وبرامج. والآن وقد حزت

ثقة الشعب وتأييده.. فسأعمل بكل التصميم.. علي تنفيذ الرؤية التي طرحتها لمستقبل هذا الوطن.. والبرنامج الذي عرضته للست سنوات المقبلة. لقد مددت يدي لأبناء وبنات الوطن خلال حملتي الانتخابية.. سعياً لتأييدهم ومؤازرتهم.. والآن وقد أولاني الشعب ثقته وتفويضه في ولاية جديدة. فإنني أمد يدي لكل مصري ومصرية.. كي نصنع معاً غداً جديداً ومستقبلاً أفضل.. إننا مقبلون علي مرحلة تتطلب فكر وسواعد كل منكم.. والإصلاح الذي ننشده يتطلب دوراً أساسياً لشباب مصر وشاباته.

أقول لكل مصري ومصرية.. إنني إذ التزم بتنفيذ برنامجي الانتخابي.. أثق كل الثقة أننا قادرون سويا علي تحقيق طموحاته.. بعزمنا وتصميمنا وتضافر جهودنا. كما أنني علي يقين من أن هذا الجيل.. سوف يثبت جدارته بالانتماء لمصر العظيمة وتاريخها العريق.. وسوف يقدم عطاءه لوطن عزيز.. تواصل عطاء أجياله جيلا بعد جيل. إنني عندما أتحدث عن تعزيز إمكانات مصر القوية والآمنة.. فإنني لا أعني فقط الحفاظ علي أمن مصر القومي.. بجيشها القوي المتطور.. وسياستها الخارجية النشطة.. ولكنني أعني ما هو أبعد من ذلك بكثير.

أعني مصر القوية الآمنة بديمقراطيتها.. ببرلمان فاعل وحكومة نشطة وقضاء يضمن سيادة القانون.. بمجتمع ديمقراطي يعزز حرية أبنائه ويحمي حقوقهم.. يعلي حقوق الإنسان.. يساند قضايا المرأة ويدعم مشاركتها.. يحقق المزيد من التوازن بين السلطات.. يثري التعددية ونشاط الأحزاب.. ويمضي في فتح أبواب جديدة أمام حياتنا السياسية. نعم.. سوف أسعي لكل ذلك وغيره.. بإيمان لا يتزعزع بأن قوة مصر من قوة ديمقراطيته.ا استشرف مصر القوية الآمنة باقتصاد يزدهر عاما بعد عام.. يوفر فرص العمل ويحاصر البطالة.. يحقق التوازن بين الأجور والأسعار.. يرتقي بدخول المواطنين ومستوي معيشتهم وما يقدم لهم من خدمات.. يساند طموحاتهم ويتصدي لهمومهم ومشكلاتهم.

أسعي لمصر القوية الآمنة بتكافلها.. بمجتمع عصري يقف إلي جانب كل مواطنيه.. لا يترك منهم أحدا في منتصف الطريق.. لا يتخلي عن الضعفاء وغير القادرين.. يتيح الفرص لكافة أبنائه دون تمييز.. يرتقي بخدمات التعليم والرعاية الصحية والتأمين الصحي والإسكان.. يؤمن المواطن في حاضره ومستقبله.. ويثبت لكل مصري ومصرية.. أن لهم دوراً ونصيباً وحقاً مشروعاً في هذا الوطن.
أتطلع لمصر القوية الآمنة.. بموروثها الثقافي والحضاري.. بثروتها من المثقفين والمفكرين والكتاب.. ورصيدها من حملة مشاعل التنوير والفنون والآداب. مصر القوية الآمنة بوحدة مسلميها وأقباطها.. ووقوف أبنائها صفاً واحداً في مواجهة الإرهاب والتطرف.

مصر القوية الآمنة باستقرارها وتماسكها.. تحمي مكتسبات أبنائها.. تسهم في استقرار منطقة غاب عنها الاستقرار.. وعالم متغير يشهد تحولات غير مسبوقة.. ويطرح العديد من المخاطر والتحديات.

الإخوة والأخوات

السيدات والسادة

من أجل مصر القوية الآمنة.. من أجل هذا المجتمع العصري الذي ننشده.. والمستقبل الذي نسعي إليه.. فإنني أدعو كل أبناء الوطن.. أغلبية ومعارضة.. أتوجه إليكم جميعاً.. كي نعمل سوياً خلال المرحلة المقبلة.

دعونا نتفق علي أن تحقيق كل ذلك.. هو مسئولية مشتركة.. دعونا نتفق علي ان المرحلة المقبلة.. هي مرحلة سوف تتوقف أمامها الأجيال المقبلة.. ويتذكرها الأبناء والأحفاد.. دعونا نعمل يداً بيد.. كي نسلم هذه الأجيال المقبلة.. مصر القوية الآمنة التي ننشدها.. والمجتمع العصري الذي نحلم به. *إن اليمين التي أقسمتها اليوم.. هي عهد ومسئولية وأمانة.. أتحملها بشرف واعتزاز في ولايتي الجديدة.. عاقداً العزم أمام الله والوطن والشعب.. علي الوفاء باستحقاقاتها.. والنهوض بواجباتها وتبعاتها. لم أفرط فيها يوما خلال المرحلة الماضية.. ولن أفرط فيها لحظة خلال المرحلة المقبلة. *إنني أبدأ هذه الولاية الجديدة.. بإيمان لا يتزعزع في الله وعونه.. وثقة راسخة في مصر وشعبها.. ويقين أكيد بقدرتنا علي صنع غد جديد ومستقبل أفضل. أمضي معكم بإيمان وثقة ويقين.. أحفظ عهد الوطن وأمانته.. أدافع عن أرضه وسيادته واستقلال إرادته.. أرعي مصالحه العليا ومصالح أبنائه.. لا أنجرف لما يقامر بمقدراته.. ولا أتردد لحظة في صون أمنه واستقرار.

نمضي معاً يداً بيد.. لا نتخلي عن قضايا أمتنا.. نتمسك بثوابت مواقفنا ومبادئنا.. ننفتح علي العالم بثقة وفكر متطور.. نواصل الإصلاح والتحديث بعزم لا رجعة فيه.. وفق رؤية وطنية خالصة.. ونعبر إلي المستقبل الذي نحلم به.. والغد الذي نتمناه ونعمل من أجله ندعو الله مخلصين أن يهيئ لنا من أمرنا رشدا.. وأن يوفقنا في خدمة الوطن وأبنائه.

حفظ الله مصر مرفوعة الراية والهامة.. وأمد شعبها برعايته وتوفيقه ونصره. إنه نعم المولي ونعم النصير.

□ (제8장) 오사마 빈 라덴의 담화

رسالة بن لادن الئ الشعب الأمريكي

السلام على من اتبع الهدى
أيها الشعب الأميركي

حديثي هذا لكم عن الطريقة المثلى لتجنب مانهاتن أخرى، عن الحرب وأسبابها ونتائجها، وبين يدي الحديث أقول لكم إن الأمن ركن مهم من أركان الحياة البشرية، وإن الأحرار لا يفرطون بأمنهم بخلاف ادعاء بوش بأننا نكره الحرية, فليعلمنا لم لم نضرب السويد مثلا؟

ومعلوم أن الذين يكرهون الحرية لا يملكون نفوسا أبية كنفوس الـ 19 رحمهم الله وإنما قاتلناكم لأننا أحرار لا ننام على الضيم، نريد إرجاع الحرية لأمتنا فكما تهدرون أمننا نهدر أمنكم، ومن يعبث بأمن الآخرين ثم يتوهم بأنه سيبقى آمنا إلا اللص الأحمق؟! وإن العقلاء إذا وقعت المصائب كان من أهم أعمالهم البحث عن أسبابها وتجنبها
ولكنني أعجب منكم فبالرغم من دخولنا السنة الرابعة بعد أحداث الـ 11 فما زال بوش يمارس عليكم التشويش والتضليل وتغييب السبب الحقيقي عنكم, وبالتالي فإن الدواعي قائمة لتكرار ما حدث. وإني سأحدثكم عن الأسباب وراء تلك الأحداث, وسأصدقكم القول باللحظات التي اتخذ فيها هذا القرار لتتفكروا فيما أقول لكم. علم الله ما خطر في بالنا ضرب الأبراج، ولكن بعدما طفح الكيل وشاهدنا الظلم وتعسف التحالف الأميركي الإسرائيلي على أهلنا في فلسطين ولبنان تبادر إلى ذهني ذلك

وإن الأحداث التي أثرت في نفسي بشكل مباشر ترجع إلى عام 1982 وما تلاها من أحداث عندما أذنت أميركا للإسرائيليين باجتياح لبنان وساعد في ذلك الأسطول الثالث الأميركي وبدأ القصف وقتل وجرح كثيرون وروع وشرد آخرون، ومازلت أتذكر تلك المشاهد المؤثرة.. دماء وأشلاء وأطفالا ونساء صرعى. في كل مكان منازل تدمر وأبراج تدك على ساكنيها، قذائف كالمطر تصب على ديارنا بلا رحمة، وكان الحال كتمساح التهم طفلا لا حول له ولا قوة غير الصراخ فهل يفهم التمساح حوارا بغير سلاح؟ وكان العالم كله يسمع ويرى ولا يزيد. وفي تلك اللحظات العصيبة جاشت في نفسي معان كثيرة يصعب وصفها، ولكنها أنتجت شعورا عارما يرفض الظلم وولدت تصميما قويا على معاقبة الظالمين

وبينما أنا أنظر إلى تلك الأبراج المدمرة في لبنان انقدح في ذهني أن نعاقب الظالم بالمثل وأن ندمر أبراجا في أميركا لتذوق بعض ما ذقنا ولترتدع عن قتل أطفالنا ونسائنا، فتأكد لي يومها أن الظلم وقتل الأبرياء من الأطفال والنساء عن عمد قانون أميركي معتمد، والترويع حرية وديمقراطية، وأما المقاومة فإرهاب ورجعية.. وتعني الظلم وحصار الملايين حتى الموت كما فعل بوش، أكبر مجزرة للأطفال جماعية عرفتها البشرية، وتعني أن يلقى من القنابل والمتفجرات ملايين الأرطال على ملايين الأطفال في العراق أيضا كما فعل بوش الابن لعزل عميل قديم وتنصيب عميل جديد يعين على اختلاس نفط العراق، وغير ذلك من الفظائع

وعلى خلفية تلك الصور وأمثالها جاءت أحداث الـ11 ردا على تلك المظالم العظام، فهل يلام المرء في الذود عن حماه؟ وهل الدفاع عن النفس ومعاقبة الظالم بالمثل إرهاب مذموم؟ فإن يكن كذلك فما لنا منه بد، فهذه هي الرسالة التي حرصنا على إبلاغها لكم قولاً وعملاً مرارا منذ سنين قبل أحداث الـ11 فطالعوها إن شئتم في لقاء مع سكوت في مجلة التايمز عام 1996، وكذلك مع بيتر أرنيت في س.أن.أن عام 1997 ثم لقاء مع جوني هتر عام 1998، وطالعوها عمليا إن شئتم في نيروبي وتنزانيا وفي عدن، وطالعوها في لقائي مع عبد الباري عطوان ولقاءاته مع روبرت فيسك والأخير هو من جلدتكم وعلى ملتكم وأحسب أنه محايد

فهل يستطيع مدعو الحرية في البيت الأبيض والقنوات الخاضعة لهم أن يجروا معه لقاء لينقل للشعب الأميركي ما فهمه منا عن أسباب قتالنا لكم، فإن تجتنبوا هذه الأسباب تكونوا قد سرتم في الطريق الصحيح الذي يوصل أميركا إلى أمنها الذي كانت عليه قبل الـ11، فهذا عن الحرب وأسبابها

وأما عن نتائجها فهي بفضل الله تعالى إيجابية جدا وفاقت كل التوقعات والمقاييس لأسباب كثيرة من أهمها: أننا لم نجد صعوبة في التعامل مع بوش وإدارته نظرا للتشابه بينها وبين الأنظمة في بلادنا والتي نصفها يحكمها العسكر والنصف الآخر يحكمه أبناء الملوك والرؤساء، وخبرتنا معهم طويلة. وكلا الصنفين يكثر فيهما الذين يتصفون بالكبر والغطرسة وأخذ المال بغير حق

فقد بدا هذا التشابه منذ زيارات بوش الأب إلى المنطقة، ففي الوقت الذي كان بعض بني جلدتنا منبهرا بأميركا ويأمل أن تؤثر هذه الزيارات في بلادنا، إذا به يتأثر هو بتلك الأنظمة الملكية والعسكرية ويحسدهم على بقائهم عشرات السنين في حكمهم يختلسون مال الأمة دون حسيب ولا رقيب، فنقل الاستبداد وقمع الحريات إلى بلاده وسموه قانونا وطنيا واتخذوه ذريعة لمحاربة الإرهاب. واستحسن بوش الأب تولية الأبناء على الولايات، كما لم ينس أن ينقل خبرات التزوير من رؤساء المنطقة لولاية فلوريدا للاستفادة منها في اللحظات الحرجة

كما ذكرنا سابقا سهل علينا استفزاز هذه الإدارة واستدراجها فيكفي أن نرسل اثنين من المجاهدين إلى أقصى المشرق ليرفعوا خرقة مكتوبا عليها "القاعدة" حتى يركض الجنرالات إلى هناك مسرعين ليتسببوا في تكبيد أميركا الخسائر البشرية والمالية والسياسية دون أن يحققوا لها شيئا يذكر باستثناء بعض المنافع لشركاتهم الخاصة. إضافة إلى أننا خبرنا حرب العصابات وحرب الاستنزاف فيما قارعنا القوة الكبرى الظالمة حيث استنزفنا مع المجاهدين روسيا عشر سنين إلى أن أفلسوا بفضل الله فقرروا الانسحاب منهزمين فلله الحمد والمنة، ونحن ماضون في هذه السياسة في استنزاف أميركا إلى درجة الإفلاس بإذن الله وما ذلك على الله بعزيز، فمن قال إن القاعدة انتصرت على إدارة البيت الأبيض أو أن إدارة البيت الأبيض قد خسرت في هذه الحرب، فهو كلام يفتقد إلى الدقة لأنه عند النظر بتمعن إلى النتائج فلا يمكن القول إن القاعدة هي السبب الوحيد في الوصول إلى هذه المكاسب المذهلة، فإن قيادة البيت الأبيض الحريصة على فتح جبهات لتستقبل شركاتها على اختلاف أنواعها سواء العاملة في مجال السلاح أو النفط أو الإعمار.. شاركت جميعها في تحقيق تلك النتائج الهائلة للقاعدة كما بدا لبعض المحللين والدبلوماسيين. إننا والبيت الأبيض نلعب كفريق واحد يهدّف في مرمى الولايات المتحدة وإن اختلفت النوايا

وبمثل هذه المعاني وغيرها أشار الدبلوماسي البريطاني في محاضرة بالمعهد الملكي للشؤون الدولية فعلى سبيل المثال إن القاعدة أنفقت 500 ألف دولار في الحدث بينما خسرت أميركا على أقل تقدير في الحدث وتداعياته أكثر من 500 مليار دولار، أي أن كل دولار من القاعدة هزم مليون دولار بفضل الله تعالى، علاوة على فقدها عددا هائلا من الوظائف. وأما عن حجم العجوزات المالية فقد فقدت أرقاما قياسية تقدر بأكثر من تريليون دولار

والأمر الأخطر على أميركا أن المجاهدين اضطروا بوش أخيرا إلى أن يلجأ لميزانية الطوارئ لمواصلة القتال في أفغانستان وفي العراق، مما يدل على نجاح خطة الاستنزاف إلى درجة الإفلاس بإذن الله
وصحيح أن هذا يوضح أن القاعدة كسبت لكنه في المقابل يوضح أن إدارة بوش كسبت أيضا، لأن الناظر إلى ضخامة العقود التي نالتها الشركات الكبرى المشبوهة كهاليبرتون ومثيلاتها ذات الصلة ببوش وإدارته يتأكد له ذلك، وإن الخاسر في الحقيقة إنما هو أنتم الشعب الأميركي واقتصاده

وللعلم كنا قد اتفقنا مع الأمير العام محمد عطا رحمه الله أن ينجز جميع العمليات في 20 دقيقة قبل أن ينتبه بوش وإدارته، ولم يخطر ببالنا أن القائد الأعلى للقوات المسلحة الأميركية سيترك 50 ألفا من مواطنيه في البرجين ليواجهوا تلك الأهوال وحدهم وهم في أشد حاجتهم إليه، لأنه قد بدا له أن الانشغال بحديث الطفلة عن عنزتها ونطحها أهم من انشغاله بالطائرات ونطحها لناطحات السحاب، مما وفر لنا ثلاثة أضعاف المدة المطلوبة لتنفيذ العمليات ولله الحمد

كما لا يخفى عليكم أن المفكرين وأولي الألباب من الأميركيين حذروا بوش قبل الحرب من أن كل ما تريده لتأمين أميركا بنزع أسلحة الدمار الشامل على افتراض وجودها متاح لك ودول العالم معك في التفتيش، ومصلحة أميركا لا تقتضي أن تزج بها في حرب غير مبررة ولا تعرف نهايتها، ولكن سواد الذهب الأسود ختم على بصره وبصيرته، فقدم المصالح الخاصة على مصلحة أميركا العامة فكانت الحرب وكثر القتلى، استنزف الاقتصاد الأميركي وتورط بوش في مستنقعات العراق التي تهدد مستقبله، ومثله كما قيل:

فكان كعنز السوء قامت بظلفها إلى مدية تحت التراب تثيرها

وإني أقول لكم لقد قتل من أهلنا أكثر من 15 ألفا وجرح عشرات الآلاف كما قتل منكم أكثر من ألف وجرح أكثر من عشرة آلاف، وجميع هؤلاء القتلى من الطرفين تلطخت أيدي بوش بدمائهم من أجل النفط وتشغيل شركاتهم الخاصة

واعلموا أن الأمة التي تعاقب الضعيف إذا تسبب في قتل رجل من أبنائها من أجل المال وتترك الشريف الذي تسبب في قتل أكثر من ألف رجل من أبنائها من أجل المال أيضا.. وكذلك حلفاؤكم في فلسطين يروعون النساء والأطفال ويقتلون ويأسرون الرجال، وتذكروا أن لكل فعل رد فعل

وأخيرا يحسن أن تتدبروا وصايا الألوف الذين فارقوكم يوم الـ11 وهم يلوحون في يأس، وهي وصايا ملهمة ينبغي أن تخرج في بحوث ودراسات، وإن من أهم ما أقرأه نثرا في تبريحات قبل السقوط قولهم: كنا مخطئين عندما تركنا البيت الأبيض يفرض سياساته الخارجية على المستضعفين بلا رقيب، وأنهم كانوا يقولون لكم: أيها الشعب الأميركي حاسبوا الذين تسببوا في قتلنا، والسعيد من وعظ بغيره. ومما أقرأه شعرا في تلويحاتهم أيضا

البغي يصرع أهله والظلم مرتعه وخيم

وقد قيل "درهم وقاية خير من قنطار علاج". واعلموا أن الرجوع إلى الحق خير من التمادي في الباطل، وأن العاقل لا يفرط بأمنه وماله وبيته من أجل كذاب البيت الأبيض

وفي الختام أقول لكم وأصدقكم القول إن أمنكم ليس بيد كيري أو بوش أو القاعدة، إن أمنكم هو في أيديكم وإن كل ولاية لا تعبث بأمننا فهي تلقائيا قد أمنت أمنها. والله مولانا ولا مولى لكم

والسلام على من اتبع الهدى

참고 문헌 및 자료 출처

곽중철. 2003. “미국 대통령의 위기 수사(Rhetoric)에 관한 연구 - 북한 핵 위기 관련 Clinton과 Bush 행정부 담론의 비교”. 경희대학교 대학원 신문방송학과 박사학위 논문.

김관상. 2004. 『세계의 24시간 TV 뉴스 채널』. 서울: 커뮤니케이션 북스.

김봉군(1990). 『문장기술론』. 삼영사

김용현. 2002. 『알자지라』. 서울: 홍익출판사.

김정위(1981). 『이슬람 문화사』. 문학예술사.

김창룡. 2003. “2003년 미국, 이라크 침공과 한국방송보도 분석”. ‘이라크 침공보도’ 무엇이 문제인가 발제문. 민주언론운동연합 외 주최 세미나.

니콜슨 R.A, 사희만 역(1995). 『아랍 문학사』. 서울. 민음사

류재화.2012. 『권력과 풍자』.한길 책박물관.

박영신(2005). “운동 문화의 사회학: 집합 열광의 공간과 운동 노래”. 『사회이론』. 봄 여름.

사희만(1991), “아랍친족용어에 대한 고찰”,한국중동학회 논총,제12호

사희만(1993). “무슬림 아랍인의 이름에 나타난 형태구조와 의미 분석”. 한국중동학회 논총 14

사희만(1993). “무스따파 카밀 연설의 수사 및 언어 분석”. 한국외국어대학교 대학원 박사학위 논문

사희만(1998). “아랍 민족주의 텍스트의 열쇠어 분석 -<움마Umma>와 <샤읍 Sha'b>을 중심으로”, 『한국중동학회 논총』, 제18호. 한국중동학회.

사희만(2007). “오사마 빈 라덴의 담화에 나타난 언어적 특징과 수사적 전략에 관한 고찰”. 한국중동학회 논총 제27-1호

사희만(2008). “부시와 빈 라덴의 담화에 대한 수사적 비교 분석 - ‘우리’와 ‘그들’의 관점에서-”. 아랍어와 아랍문학 12집 2호

사희만(2012). “독재자와 언어 -재스민 혁명과정에서의 벤 알리 튀니지 대통령 연설을 중심으로- “. 지중해지역 연구. 제14권 3호.

사희만(2013). “무르시 이집트 대통령에 대한 정치적 풍자-바셈 유세프의 ‘엘 베르 나메그’를 중심으로-”.지중해지역연구. 제15권 제3호.
사희만(2015). “튀니지 재스민 혁명에서의 저항 노래에 관한 연구 –엘 제네랄(El Général)의 랩(Rap)을 중심으로-”. 아랍어와 아랍문학. 제19집 3호.
사희만(2016). “혁명의 언어: 아랍 민주화 혁명에 나타난 시위 구호의 언어 및 수사 분석 –튀니지와 이집트를 중심으로-”, 아랍어와 아랍문학. 제20집 1호.
사희만(2017). “혁명참여의 음악: 타흐리르 광장의 시위노래에 관한 연구”. 아랍어와 아랍문학 제 집 호.
사희만, 공지현, 박선희, 오명근, 윤용수, Ihsan Aly Dabbous(2005). “아랍어 위성 방송 알 자지라와 BBC 및 CNN 방송의 비교 분석”, <<지중해 지역연구>>, 제7권 제1호, 부산외국어대학교 지중해 연구소.
오두(2011). “이집트 시위대 구호 ‘키파야(Kifaya)!’와 ‘물러가라차이’”.http://blog.daum.net /odu1893/258(검색:2013.8.13.)
오명근(1994). 『아랍어 구문어체 비교론』. 한국외국어대학교 출판부
왕한석(1988), “한국친족용어의 내적구조”.한국문화인류학회,
유종순(2016). 노래, 세상을 바꾸다 –저항의 시 저항의 노래-, 목선재
이광숙(1981), “사회계층과 작명”. 어학연구 제17권 제1호
이규철(1984). “영어에서의 아랍어 차용어에 대한 연구”. 부산외국어대학교 논문집 제2집.
이민웅, 윤영철 외. 2004. “대통령 탄핵관련 TV 방송 내용 분석”. 한국언론학회보고서.
이성만(2005). “페어클러프의 비판적 담화분석”. 독일어문학 제28집
이원표(2002). 『담화분석-방법론과 화용 및 사회언어학적 연구의 실례-』.서울.한국문화사
이재경, 1998, <<기사 작성의 기초>>. 나무와 숲
이정민・배영남(1987). 『언어학 사전』. 박영사
이창호. 2004. “뉴욕 타임스, 아랍 뉴스, 중동 타임스의 이라크 전쟁 보도 비교”. 『한국언론학보』 48권 6호. 한국언론학회.
중앙일보(2016). “튀니지 실직 청년의 죽음...5년 전 재스민혁명 재연되나”. http://news. Joins.com/article/19445215#none(검색:2016.1.19.)

최영길(1988). 『꾸란 해설』. 서울. 송산출판사
한겨레 기사, "정치 풍자, 웃음에 감싸인 약자의 비수". 1997.2.26.

'Abdu l-laṭīf, 'imād(2012). *balāgha al-ḥurriyya ma'ārik al-khiṭāb al-siyāsiyy fī zaman al-thawra*. dār al-tanwīr. al-qāhira

'Alī Fahmī Kāmil(1908). *Muṣṭafā Kāmil fī 34 Rabī 'an*, 9 vols. Cairo

Abou-seida(1971),'Abdelrahman Mohsen. *Diglossia in Egyptian Arabic:Prolegomena to a Pan-Arabic Sociolinguistic Study*. The University of Texas. Austin.

Al Yafai, Faisa(2011)l. "A song to start something: the Arab Spring's greatest hits".http://www.thenational.ae/arts-culture/music/a-song-to-start-something-the-arab-springs-greatest-hits(검색:2011.12.22)

Al-Batal, Mahmoud Mohammad Adel(1985), *The Cohesive Role of Connectives in a Modern Expository Arabic Text*. Ph.D. dissertation University of Michigan. Ann Arbor

Al-Batal, Mahmoud Mohammad Adel(1990),"Connectives as Cohesive Elements in a Modern Expository Arabic Text." In

Al-Batal, Mahmoud Mohammad Adel(1994), "Connectives in Arabic Diglossia: The Case of Lebanese Arabic." In Mushira Eid,

Alexander, Jeefrey C.(2011). *Perfomative Revolution in Egypt*. Bloomsbury Academic. New York

Alif(2011). *Dégage/La Révolution Tunisienne*. Ēditions du Laveur.

al-Jabarti, 'Abd al-Raḥmān(1975), *Ta'rīkh muddat al-Fransīs bi-Miṣr*. Ed. Shmuel Moreh.Leiden

Al-Jurjani, Abd al-Qahir(1961). d.471. A.H. *Dala'il al-i'jaz fi 'ilm al-ma'ani*. Cairo: Maktabat al-Qahira,

Al-Khalidi, Zuhayr Sadiq Rida(1989), *Al-Qiyam 'ind Saddam Husayn*, Baghdad Dar al-Hurriya Li-Tiba'a

al-Rāfi'ī, 'Abdul Raḥmān(1984). *Muṣṭafa Kāmil:Bā'ith al-Ḥaraka al-Waṭaniyya*. al-Qāhira. Dārr al-Ma 'ārif

Al-Warraki and Ḥassanein(1981). *The Connectors in Modern Standard Arabic.* American University in Cairo.

Amara,Muhammad(2000). "Political Discourse in an International Crisis:The Speeches of Saddam Husayn and George during the Gulf Crisis". Beit Berl College. *al-Risala.* No.9

Ammar,Hamid(1961). *Growing Up in an Egyptian Village*. London: Routledge and Kegan Paul.

Andrew Hammond and Tarek Amara, "Tunisians take pride in "Arab spring" slogans, humor" http://www.reuters. com/article.

Assaf, Sherif(2011). *The Road to Tahrir. Front Line Images by Six Young Egyptian Photographers.* The American University in Cairo Press.

Atkinson M. (1984). *Our Master's Voice:The Language and body language of politics*, London, Methuen.

Ayalon, Ami(1987). *Language and Change in the Arab Middle East:The Evolution of Modern Political Discourse*. N.Y:Oxford Univ. Press

Badawi, El-Said & Hinds,Martin (1986). *A Dictionary of Egyptian Arabic.*

Bahry, Louay Y. (2001). "The New Arab Media Phenomenon: Qatar's Al-Jazeera", *Middle East Policy*, Vol.Ⅷ, No.2.

Bakalla, Muhammad Hasan.1981. *An Introduction to Arabic Language& Literature.* Taiwan:European Languages Publications Ltd.

Bassiouney, Reem(2014). *Language and Identity in Modern Egypt.* Edinburgh University Press.

Baym, Geoffrey.2005. "The Daily Show:Discursive Integration and the reinvention of Political Journalism". Political communication.22

Bengio, Ofra(1992). *Saddam Speaks on the Gulf Crisis A Collection of Documents.* Tel Aviv University.

Berenger, Ralph.(2004). *Global Media Go to War: Role of news and entertainment, Media during the 2003 Iraq War*, Marquette Book.

Blanc H.(1964). *Communal Dialects in Baghdad*, Cambridge, Mass., Harvad Middle Eastern Monoghraphs X.

Bohn, Lauren E(2011). "Rapping the revolution". http://mideast. Foreignpolicy.com/posts/2011/07/22/rapping_the_revolution(검색: 2011.10.6)

Boussofar-Omar, Naima. 2005. "Political Transition, Linguistic Shift", in Alhawary and Benmamoun, Eds., *Perspectives on Arabic Linguistics* XVII-XVIII,

Brenda Z. Seligman, "Studies in Semitic Kinship" (SOASB, v.3, 1923-1925)

Brown, P.& Levinson, S.C.(1987). *Politeness: Some Universals in Language Use.* Cambridge: Cambridge University Press

Cantarino, Vincente(1974). *Syntax of Modern Arabic Prose.* Vol.3, Bloomington: Indiana Univ. Press.

Chejne, Anwar(.1969). *The Arabic Language: its Role in History.* Minneapolis:University of Minnesota Press.

Cline,Eric.H.(2003). "Does Saddam Think He's a Modern-Day Saladin?". http://hnn.us/articles/1305.html(검색:2011.4.4)

Clive Holes,(1984). *Colloquial Arabic of the gulf & Saudi Arabia.* London :Routledge & Kegan Paul,

Coelho, Nuno(2013). *The Arab Spring in Tunisia -A semiotic perspective.* University of Coimbra. http: //www. motelcoimbra. pt/wp-content/ uploads/2013/04/AlternativeAcademia_Nuno Coelho. pdf (검색:2015.11.28)

Colla,Elliott(2012). "The People Want". *The Art and Culture of the Arab Revolts.* Vol 42. Summer

Cronick, Karen. (2002)."The Discourses of President George W. Bush and Osama bin Laden : A Rhetorical Analysis and Hermeneutic Interpretation". Forum: Qualitative Social Research. Vol 3, No.3-September

Cullum, Brannon(2011). "Music of the Revolution: How Songs of Protest have rallied demonstrators". http://www. movements.

org/blog/entry/ music-of-the-revolution-how-songs-of-protest–have-rallied-d emonstrators/(검색: 2011.5.12)
Dawud, Muḥammad Muḥammad. (2003). *Ḥarb al-kalimāt fī al-ɣazw al-amrīkī li-lʕirāq.* al-Qāhirah: *Dār al-ɣarīb.*
DeGhett, Torie Ros(2012)e. *The Rhythms of the Revolutionaries.* http://www.jadaliyya. com /pages/index/4545/the-rhythms-of-egypts–revolutionaries(검색:2012.6.16)
Denisoff, R.Serge(1966). "Songs of Persuasion: A Sociological Analysis of Urban Propaganda Songs". *The Journal of American Folklore.* Vol,79. No.314(Oct.-Dec.1966).
Denton,R.E.(1980). "The Rhetorical Functions of Slogans. Classifications and Characteristics". *Communication Quarterly*, 28:10-18
Detrie, Megan(2011). *Cairokee: one Cairo band becomes a revolutionary discovery.* December 29, 2011. http://www.thenational.ae /arts-culture /musiccairokee-one-cairo-bandbecomes-a-revolutionary-discovery#full(검색:2012.3.21)
Devereux, Robert. "The Arabic Contribution to English". Islamic Quarterly, Vo.28,N.3
Dickson, S.H. (1994). "Understanding media bias: The Press and the U.S. invasion of Panama". *Journalism Quarterly* 71.
Duboc,Marie.(2013). "Bassem Youssef and the Politics of Laughter in Egypt". Middele East Insights No.95. Middle East Institute. National Univ. of Singapore.
Ducrot Oswald, and Tzvetan Todorov(1979). *Encyclopedic Dictionary of the Sciences of Language*, trans. by Catharine Porter. Baltimore: The Johns Hopkins University Press. .
Dunne, Michel Durocher.(2003). *Democracy in Contemporary Egyptian Political Discourse*, John Benjamin Publishing Company. Amsterdam.
Edelman.M.(1974). *Language and social problems.* mss
Edmondson, Willis(1981). *Spoken Discourse: A Model for Analysis*, London:Longman.

El-Feki,Shereen(2013). "Arab World's red lines':Politics, Religion and Sex "http://timesofnews.co/2013/03/24/arabworlds-red-lines-politics -religion-and-sex/

El Guabli,Brahim. (2011). "The Arab dictator's final speech". http://www. resetdoc.org.

El-Wakil,Mai.(2011). "Drawing inspiration from the revolution". Al Masry Al Youm April 21. http://www.egyptindependent.com/news/drawing-inspiration-revolution

Entman, R.M. (1993). "Framing U.S. coverage of international news: Contrasts in narratives of the KAL & Iran air incidents". *Journal of Communication.* 43(4).

Fairclough, N.(1995), *Media discourse.* London.

Fawwaz Al-Abed Al-haq & Hussein Abdullah Abdelhameed(2011). "The Slogans of the Tunisian and Egyptian Revolutions: A Sociolinguistic study". *Yu-D space. Yarmouk University. http://repository.yu. edu.jo /handle/123456789/1733*

Ferguson, Charles A. (1968). "Myths about Arabic" in Fishman J.A.(ed.) *Readings in the Sociology of Language*, The Hague, Mouton

Fernandes, Sujatha(2012). "The Mixtape of the Revolution". *The New York Times.* http://www.nytimes.com /2012/01/30 /opinion/the -mixtape-of-the-revolution.html?_r=0(검색:2012.2.16)

Filiu,Jean-Pierre(2011). *The Arab Revolution, Ten Lessons from the Democratic Uprising.* Oxford University Press

Freedman, Leonard (2009). *The Offensive Art: Political Satire and Its*

Fuad I. Khuri, (1981). "Classification, meaning, and usage of Arabic Status and Kinship terms". Studia Arabica & Islamica,

Gaines,Elliott.(2010). "The Narrative semiotics of the Daily Show". *Media Literacy and Semiotics.* Palagrave Maccmillan.

Gana,Nouri(2013). *The Making of the Tunisian Revolution.* Edinburgh University Press

Gastil, J.(1992). Undemocratic discourse: A review of theory and research on political discourse. *Discourse and Society*, 3

Geis.M.L.(1987). *The Language of Politics*. New York. Springer-Verlag.

Giglio,Mike.(2013). "Qatar Sends Aid Money to Help Egypt". http://www.thedailybeast.com/articles/2013/04/11/qatar-sends-aid-money-to-help-egypt.html

Giltin, T. (1980). *The Whole world is watching*. Berkley. CA: University of California Press.

Gintsburg, Sarali(2013a). "Yo! I'll spit my rap for y'all...in darija:Local and global in Moroccon hip hop culture". *Evoloution des pratiques et representations langagieres dans le Maroc du XXI siecle, Volume 1*. L'Harmattan. Paris

Gintsburg, Sarali(2013b). "Songs of Social and Political Protest in Morocco: Key Themes and some Linguistic Aspects". Academial.edu

Goffman,E(1967). *Interactional Ritual*. New York: Free Press

Goffman,E(1981). *Forms of Talk*. Philadelphia: University of Pensylvanina Press

Google(2011).Translated Egyptian Protest Signs. http://www.buzzfeed.com/ mjs53/translated-egyptian-protest-signs (검색:2012. 4.12.)

Gröndahl, Mia(2011). *Tahrir Square The Hear of the Egyptian Revolution*. The American University in Cairo Press

Haeri, Niloofar. (1997). "The Reproduction of Symbolic Capital" *Current Anthropology* 38(5).

Hallin, D.C.(1986). *The uncensored war The media and Vietnam*. New York: Oxford Press.

Hanania, Edith(1984). "*And* in English and Arabic". Ms., Linguistic Society of America.

Hassan abd el-Jawad, "A Linguistic & Sociocultural Study of

Personal Names in Jordan". Anthropological Linguistics, Vol .28,No.1

Hassan, Hamdi A.(1999). *The Iraqi Invasion of Kuwait*, London. Pluto Press.

Haywood,J.A.& Nahmad,H.M.(1978) *A New Arabic Grammar of the Written Language*. Harvard University Press.

Hendawi,Hamza.(2013). "Bassem Youssef, Egyptian Satirist, Faces Escalated Campaign From Government".http://www.huffingtonpost.com/ 2013/04/02/bassem-youssef- egypt-government_n_3001376.html

Henken, Heather. "Evil in the name of Good". http://gseweb.harvard.edu/`t656_web/peace/Articles_Spring_2003/Henken_Heather_GoodEvil LangBushBinL aden.htm

Holes, Clive.(1995). *Modern Arabic Structures, Functions and Varieties*. Longman. London & New York.

Honwana, Alcinda(2013). *Youth and Revolution in Tunisia*. Zed Books. London & New York.

Hosu,Loan & Anisoa Pavelea(2009). "The Analysis of the Candidates' Slogans in the Romanian Presidential Campaign". J*ournal of Media Research,* 6/2010

Huckin, T.N.(1997) 'Critical Discourse Analysis' in Miler,

Ibn al-Muqaffa '(1956), *al-Adab al-Kabīr*. Beirut

Jinsoon,Cha(1985),*Linguistic Cohesion in Texts: Theory and Description*. Seoul:Daehan Textbook Printing co.

Kagan, Eleanor(2012). *Egypt's Underground wakes up*. June 13, 2012 http://m.npr.org/story/154463041.(검색:2013.3.11)

Kaid, L., Harville, B., Balloti, J. & Wawrzyniak (1993). "Telling the Gulf war story: Coverage in five papers". B.S. Greenberg & W. Gantz eds. *Desert storm and the mass media*. NJ: Hampton Press.

Kawākibī(1957). *Tabā 'i' al-Istibdād*. Aleppo

Lewis, Bernard(1988). *The Political Language of Islam*. The

University of Chicago Press
Kaye Alan S. (1986). "The Etymology of coffee: the Dark Brew". Journal of the American Oriental Society 106.3
Keating, R.(2007) "A Critical Discourse Analysis of President Bush's 'Fifth Anniversary of September 11th' Speech". http://appliedl I nguisticsjapan.com /gpage4.html
Kellner, Douglas. "Bush and bin Laden's Binary Manicheanism: The Fusing of Horizons". http:// www.gseis.ucla.edu/faculty/ kellner/
Khalil, Esam N.(2000). *Grounding in English and Arabic news discourse*. Amsterdam:John Benjamin
Khalil,Karima(2011). *Messages from Signs from Egypt's Revolution.* The American University in Cairo Press.
Khrisat, Abdulhafeth.(1991). "A Note on English Borrowings from Arabic". International Journal of Islamci and Arabic Studies 8(2)
Kishtainy, Khalid.(1985). *Arab Political Humour*. Quartet Books.
Koch, Barbara J.(1981).*Repetition in Discourse: Cohesion and Persuasion in Arabic Argumentative Pros*". The University of Michigan. Ph. D dissertation.
Koebner,Richard,and Helmut Dan Schmidt(1960), *Imperialism:The Study and Significance of a Political Word*, Cambridge, England.
Lahlali, El Mustapha(2014). "The Discourse of Egyptian Slogans: from 'Long Live Sir' to 'Down with the Dictator'". *Arab Media & Society Issue 19.*
LeVine, Mark(2007a), *Heavy Metal Islam. Rock, Resistance and the Struggle for the Soul of Islam*, Three Rivers Press
LeVine, Mark(2011b), "From protest songs to revolutionary anthems"http://www.aljazeera.com/indepth/opinion/2011 /07/20117111615224515.html (검색:2011.9.28)
Levinson,S.(1983). *Pragmatics*. Cambridge: Cambridge University

Press
Lewis, Bernard.(1988). *The Political Language of Islam.* The University of Chicago Press.
Liberman, Mark.(2011). "Ben Ali speaks in Tunisian for the first time". http://languagelog.ldc.upenn.edu/nll/?p=2905.
Liliyaal-tamimi(2011). "Shi 'ārāt thawra tūnis wa miṣr .irtijāl wa isti 'āra. http://www.tunisia-sat.com/vb/showthread.php?t=1567891(검색: 2014.2.6)
Lincoln, Bruce.(2002a) "The Rhetoric of Bush and Bin Laden" *excerpted from Holy Terrors: Thinking about Religion afte September 11.* The University of Chicago Press. http://fathom.lib.uchicago.edu/1/777777190152/
Lutterbeck, Derek(2013). "Tunisia after Ben Ali:retooling the tools of oppression?". *Policy Brief.* Norwegian Peacebuilding Resource Centre.
M. Aziz F. Yassin, "Kinship Terms in Kuwait Arabic" Anthropological Linguistics, V.19, N.3
M.A.K. Halliday and R. Hasan(1976), *Cohesion in Modern English* (London; Longman)
M..Aziiz, F.Yassin, "Personal Names of Address in Kuwaiti Arabic". Anthropological Linguistics,Vol.20,No.2
Mackay, Meiri(2011), "Tahrir Square musicians keep revolutionary spiritalive".July26,2011,http://editio.cnn.com/2011/WORLD/meast/0726/egypt. revolution. music /index.html(검색:2011.9.29)
Maher,Hatem(.2013). "April 6 nominates President Morsi for a 'trip to space".http://english.ahram.org.eg/NewsContent/1/64/65355/Egypt/Politics-/April-nominates–President–Morsi-for-a-trip–to-spa.aspx
Malinowski,B.(1972). Phatic communion. In J. Saver and S. Hutcheson(Eds). *Communication in face to face Interaction.* Harmondsworth : Penguin.
Matar,Fuad(1990), *Saddam Hussein:A Biographical and Ideological*

Account of His Leadership Style and Crisis Management. London. Highlight Publications

Mathiesen, Nis Leerskov(2005). "Dialogue with the Devil? Bin Laden and the Rhetorical Construction of a Strategic Persona". Journal of Diplomatic Language.

Mazraani, Nathalie.(1997). *Aspects of Language Variation in Arabic Political Speech-Making.* Curzon Press.

McDonald, David. A(2013). *My Voice is My Weapon Music, Nationalism, and the Poetics of Palestinian Resistance.* Duke University Press. Durham and London.

McLeod,James & Abe,Goh.(1995). "Introduction and Oveview Cross-Cultural Rhetoric and the Gulf Crisis". *Intercultural Communication Studies* Vol. 2

Mehrez, Samia(2012). *Translating Egypt's Revolution: The Language of Tahrir.* The American University in Cairo Press.

Mendoza, Nancy Wandling(1973). "Arabian Daze and Bedouin Knights: Arabic Rhetorical theory to 1492". Washington State Univrstiy.

Mia Grondahl & Ayman Mohyeldin(2011), *Tahrir Square:The Heart of the Egyptian Revolution..* Cairo:The American University in Cairo Press

Michel, Nazir Nader Harb(2013). " İRHAL!': The Role of Language in the Arab Spring". A thesis of M.A. Georgetown University.

Miller, T.ed.(1997) *Functional Approaches to Written Text: Classroom Applications* Washington D.C: United States Information Agency.

Millicent R. Ayoub.(1962). "Bi-polarity in Arabic Kinshi Terms". Proceedings of the 9th International Congress of Linguistics

Moyseowicz, Andrew. "Dictators and Dialects" http://thenew sconnections.com/2011/03/15/dictators-and-dialects.aspx.

Muraqqaṣ, Yawāqīm Rizq(1984), *Awrāq Muṣṭafā Kāmil:al-Khuṭub.*Markaz Wathā'iq wa Ta'rīkh Miṣr al-Mu 'āṣirNegus, Stev. Cairo Times.

Mushira Eid and John McCarthy(eds.), *Perspectives on Arabic Linguistics II*. Amsterdam:John Benjamins,

Norton,Ann(1988). *Reflections on Political Identities*. Baltimore,MD. Johns Hopkins University Press.

O'Hefferman, P. (1994). "A Mutural exploitation model of media influence in U.S. foreign policy". *Taken by Storm : The Media, Public Opinion, and U.S. Foreign Policy in the Gulf War.* W.Lance Bennet eds Chicago: The University of Chicago Press.

Parker, Ned(2011). *Young Egypt musician's songs struck revolutionary chord.*February18,2011 http://articles.latimes.com/2011/feb/18 /world/la-fg-egypt-singer-20110219(검색:2012.3.24)

Pedelty, M. (1995). *War stories: The culture of foreign correspondent*, New York: Routledge.

Peterson,Mark Allen. August 12. (2012). "A Sense of humor will preserve Egypt's revolution". The Daily Star. http://www.dailystar.com.lb

Peterson,Mark Allen.(2012). "News Parody and Social Media: The Rise of Egypt's Fifth Estate". Paper given at the panel "All the News? Reporting and Media 2.0" at the International Studies Association meetings in San Diego, CA April 2,

Pollard, Arthur.(1970). Satire. 『풍자』. 송락헌 역. 서울: 서울대출판부.1982

Post, Jerrold M.(1991). "Saddam Hussein of Iraq: A Political Psychology Profile". *Political Psychology* Vol.12, No.2,

Rashīd Ridā(1931). *Ta'rīkh al-Ustādh al-Kabīr al-Imām al-Shaykh Muḥammad 'Abdu.* Vol 2. Cairo

Rifai Ryan.(2011). Timeline:Tunisia's uprising http://www.aljazeera.com /indepth/spotlight/tunisia/2011/01/201114142223827361. html.

Rosenberg, Tiina(2013). "The Soundtrack of Revolution", *Culture Unbound Journal of Current Research*, Volume 5, 2013:175-188. Linköping University Electronic

Rusysdael, Salomon(2003). *Speeches of Deception. Selected Speeches of Saddam Hussein.* New York. Writers Press Club

Saeed, Saeed(2011), "Songs of revolt are never lost in translation". http://www.thenational.ae/arts-culture/music/songs-of-revolt-are-never-lost-in-translation (검색:2011.6.3)

Safwat, Safā. (2013). "Youssef li-Mursi. Laka jāʔiza ʔūskār li-ʔafḍalmu maththil". http://shorouknews.com/news/view.aspx?cdate=02032013&id=98f0d218-e68c-4f3e-8f69-45bc2257f9bd

Saghieh,Hazem(.2013). "On the Phenomenon of Bassem Youssef". http://alhayat.com/Details/501548

Saleh, Heba.(2013). "Egyptian satirist shrugs off death threats". http://www.ft.com/intl/cms/s/0/c44a1614-742d-11e2-80a7-00144feabdc0.html#axzz2VbnczeY8

Salwa Ferahian.(1983). "Standardization: The essence of Formulating Arabic Personal Names Headings". MELA Notes, No.30

Searle,J.(1975). *Speech Acts.* Cambridge: Cambridge University Press

Semetko, H.A. & Valenburg, P.M. (2000). "Framing European politics: A Content analysis of press and television news", *Journal of Communication,* 50(2).

Spitulnik, Debra. (1998). "Mediating Unity and Diversity: The Production of Language Ideologies in Zambian Broadcasting." In *Language Ideologies: Practice and Theory.* B. Schieffelin, K. Woolard, and P.Kroskrity, eds. Oxford: Oxford University Press.

Srage, Nader(2013). "The Protest Discourse: The Example of 'Irhal '(Go/Get Out/Leave)". Orient-Institut Studies 2.

Street, John(2012). *Music & Politics.* Polity Press.

Tannen (1989). *Talking Voices, Repetition, Dialogue, and Imagery in Conversational discourse.* Cambridge: Cambridge University Press

Tharwat M. El-Sakran(2004), *News Translation Strategies and*

Techniques (Al-Ain; University Book House)

Topoushian, Mayda. (2002). *Interpreting the constructed realities of the 1991 Gulf War: A comparative textual analysis of two Arab and two North American newspapers*, Canada: Concordia University.

Trewinnard,Tom(2011). "Revolution Songs". http://meedan.org/2001/02 /revolution-songs/ (검색:2011.8.12)

Tuchman, G.(1978). *Making news.* New York: Free Press.

Ullmann, Stephen(1962). *Semantics:An Introduction to the Science of Meaning*; 남성우 역(1988). 『의미론』. 탑출판사

Van Dijk, T.(1993). Principles of critical discourse analysis. *Discourse and Society*. 4

Van Djik, Teun A(1977). "Connectives in Text Grammar and Text Logic". *Grammars and Descriptions* ed. by Teun Van

Van Nieuwenhuijze(1959), "The Ummah, An analytic Approach", Studia Islamica, 10,

Vincente Cantarino, and Keith Walters(eds.) *Perspectives on Arabic Linguistics VI*.Amsterdam:John Benjamins,

W.Momtgomery Watt, "His name is Ahmad". The Muslim World,v.43

Walt, Vivienne(2011). "El Général and the Rap Anthem of the Mideast Revolution. *TIME*. http://www.time.com/timeworld /article /0,8599, 2049456,00.html (검색;2011.3.9)

Williams, David(2011). "Wife of Tunisian President fled riot-torn country with 1.5 tons of gold". http://www.Dailymail.co.uk /news/article-1347938/Tunisian-presidents-wife-Leila-Trabelsi- fled-riots-35m-gold- bars.html(검색:2012.4.11)

Yahya R. Kamalipour and Hamid Mowlana (ed.) 1994. *Mass Media in the Middle East.* London: Greenwood Press, Westpoint, Connecticut.

Yang, J. 2003. "Framing the NATO air strikes on Kosovo across countries: Comparison of Chinese and US newspaper

coverage", *Gazette* 65.
Zack Sultan(2011). "Egypt Slogans". http://egychants.tumblr. com/ (검색: 2013.9.22.)
Zolondek, Leon(1963). "The Language of the Muslim Reformers of the late 19th Century". Islamic Culture, vol.37
Zolondek, Leon(1965). "Ash-sha'b in Arabic Political Literature of the 19th Century". Die Welt des Islams,10

찾아보기

사희만

조선대학교 아랍어과 교수
■ 전자메일: hmsa@chosun.ac.kr

약력

■ 충남 조치원 출생
■ 한국외국어대학교 아랍어과 졸업
■ 통역대학원 영어·아랍어과 졸업(문학석사)
■ 한국외국어대학교 대학원 졸업(문학박사)
■ 이집트 카이로 아메리칸 대학교 방문교수
■ 미국 오하이오 주립대학교 근동언어문화학부 방문교수
■ 조선대학교 외국어대학 학장 역임
■ 한국아랍어아랍문학회 회장 역임
■ 현) 조선대학교 외국어대학 아랍어과 교수

저술

■ 아랍의 언어와 문화
■ 글로벌 리더를 위한 글로벌 매너
■ 인샬라! 우리는 지금 아랍으로 간다
■ 국제매너와 교양
■ 아랍의 언어와 문학
■ 아랍 문학사(번역)
■ 고등학교 전공기초 아랍어(공저)
■ 중학교 생활아랍어(공저)
■ Handbook for Arabic Language Teaching Professionals in the 21st Century (공편저)

아랍의 언어와 정치

초판인쇄 2017년 12월 31일
초판발행 2017년 12월 31일

지은이 사희만
펴낸이 채종준
펴낸곳 한국학술정보㈜
주소 경기도 파주시 회동길 230(문발동)
전화 031) 908-3181(대표)
팩스 031) 908-3189
홈페이지 http://ebook.kstudy.com
전자우편 출판사업부 publish@kstudy.com
등록 제일산-115호(2000. 6. 19)

ISBN 978-89-268-8248-1 93790

책에 대한 더 나은 생각, 끊임없는 고민, 독자를 생각하는 마음으로 보다 좋은 책을 만들어갑니다.